国家出版基金项目
NATIONAL PUBLICATION FOUNDATION

2011—2020年国家古籍整理出版规划项目
2021—2035年国家古籍工作规划重点出版项目

王闓運全集

［清］王闿运 著

朱汉民 主编

六书存微（上）

马涛 杨超 点校

CNS PUBLISHING & MEDIA

岳麓書社·长沙

文獻叢書

嶽麓書院

前　言

六書爲造字之本，其名初見於《周禮》，後劉歆《七略》言爲"象形、象事、象意、象聲、轉注、假借"六端，至東漢許慎撰《説文解字叙》始條析其義，以爲：

> 一曰指事，指事者視而可識，察而見意，上下是也。二曰象形，象形者畫成其物，隨體詰詘，日月是也。三曰形聲，形聲者以事為名，取譬相成，江河是也。四曰會意，會意者比類合誼，以見指撝，武信是也。五曰轉注，轉注者建類一首，同意相受，考老是也。六曰假借，假借者本無其字，依聲托事，令長是也。

許氏創解六書名義，但其中語焉不詳、事類不清者仍時時有之。有清以來，治經之風大盛，自乾嘉已還，學者又以小學爲治經之根底，崇慕許（慎）、鄭（玄）之學，故治《説文》、析六書者不勝枚舉。其中，戴震所創"四書二體"説影響最大。此後學者或補苴其説，或申延其論，或另立新法，使得六書研究成爲清代許學之中的顯學。王闓運《六書存微》（下稱《存微》）便是這一學術風潮下的産物。

是書題"湘潭王湘綺夫子原定""弟子桂陽陳兆奎隱庵輯存""弟子衡陽喻謙昧庵述微"。據篇首王闓運、喻謙二序，知是書初爲王氏教授季女習篆的教材，乃王氏裁剪綴合《説文》而來，其編次、分類源於王氏早前對於六書名義的理解。是稿初未流行，弟子陳兆奎存其説於《王氏六書存》中，後喻謙以爲本，敷延申述撰成十二卷本《六書述微》，並敬呈壬秋。後以師説已遷，喻書又屢經删削、調整，終以今見八卷本《六書存微》面世。故是書雖題王氏，但實成於喻謙之手。其以王氏“原定”，是其編次、分類尚存壬秋六書之旨；“存微”者，是其本自陳氏《存》與喻氏《述微》。

《存微》八卷，諸卷以六書條目名之，但因王氏於兩漢以來六書名義多有異義，於“形聲”之外，别創“諧聲”“亦聲”二目，故成八卷之目：卷一象形、卷二指事、卷三會意、卷四形聲、卷五諧聲、卷六亦聲、卷七轉注、卷八假借。其中象形、指示、會意三卷又分細目，象形中分天物、山川、井邑、草木、人物、禽鳥、獸畟、蟲魚、器用、服飾等十目，指事中分對文、反文、獨體、合體、增文、省文、變文、分體、假體、複體等十目，會意則分兩體、三合、假借三目。卷目之首，先辨其名義，述其與他類之異。後將《説文》九千餘字，依其造字之法，置於諸卷諸目之下，令其六書之屬皎然明晰。對於各字的注疏解説，前三卷較詳，此後諸卷大率裁切許注而已。其各字疏文則多以徐鍇《説文繫傳》、段玉裁《説文解字注》二書爲據，偶及他説，後略作案語以斷其構形含義。

是書對六書的分類與定義，多迥異於前儒。如其所别“諧聲”“亦聲”者，雖此前學者如王筠《説文釋例》等著既已言之，但皆以之爲“形聲”屬類，而不違漢代六書舊目。王氏獨列二目，頗悖於許學傳統。另如其定“象形”之義，認爲：“夫有形必有物全體乃成象。”即便許慎認定的口、耳、目諸字，由於“或取其一支，或寫其半體，或爲形容之詞，或爲初生之號，既非全形，則不成物”，皆不當在象形之列，可謂新異之論，以至於民國學者馮汝玠評其説爲“大背六書原旨”“尤爲臆斷”。

《存微》不循常軌，闡述形聲、指事、轉注多有新意，對於研究晚清民國時期的六書學史具有一定的價值。同時，結合王氏小學存稿，亦可從中一窺王闓運的小學研究成就。

《存微》有民國五年東洲講舍刻本，今據此整理點校。

马　涛

二〇二三年十二月六日

目　录

敘

六書之學，大壞於隸，但取流傳，不問所由。若馬援所言四下羊，許慎所言馬頭人，猶知有形聲者也。自唐以來，師説殆絶，二徐始復究之，然觀其新坿及非聲諸説，非能達董者也。至於近代，乃有諸儒致力於此，然皆以遵許為能，未敢發明。其蔽在不分六書而重解字，以説為經，莫能致疑，至以後世里語上誣經典，如以鬼為可畏，以醜為耻，其可閔笑非文字之總也。余既冠，乃知讀經則先識字。聞羅先生與曾文正説轉注而疑焉，時左文襄教子作篆，余亦以篆教女，既而子女篆皆勝其父，乃悔幼之失學也。今之教識字者，翦紙各書，余以為即《内則》所謂“方名”。值兵亂，經二十三年，乃得居家教授，始欲分別六書以教小女。分別形事似易實難，葢口耳之類，竝曰“象形”，及其畫成，實又非物，既乖許説，又亂古傳，此之不分何云識字？於是粗發其端，判分其類，方欲徧窺經義，解釋積疑，顔子所歎竭才，曾侯譬之敗葉，誠不暇也。同縣郭子、衡陽喻生，竝好學深思，郭有《六書討原》始分形事，今來東洲，喻生以《六書述微》十二卷見示，驚其鉅製，讀之旬日，其分部釐然，誠可謂當矣。夫以有跡之文，舉隅昭示，厤年二千，曾莫之分，乃著作滿車，自謂經師，儒林流傳，不其恧與？今既區别，誠便後學，就有微異，大指可尋。惟其標題乃云王氏雖同三家四氏之義，而本非章句掠美為嫌，故宜仍本許書，庶幾理董云爾。乙卯五月乙亥朔王闓運題。

述

古者六書之敎，掌於保氏。世有傳書，以養國子。大哉孔聖，宏我籀史。天地之道，一畫原始。貫三爲王，合十爲士。牛羊舉形，黍禾入水。烏者盱乎，狗者叩爾。分别六書，燎於掌指。吁嗟秦火，不焚史篇。漢興尉律，諷籀九千。新莽居攝，徵求遺編。更始之亂，缺而不全。鄦慎《説文》，廣收俗字。雔入鳥部，互相褫厠。隹本象形，加鳥何意？復訓隹聲，自亂其例。近代諸人，各有疑議。畫物不明，混形於事。轉注取聲，假借取義。悠悠衆口，莫之能易。紛紜萬耑，疇區其類。湘綺夫子，天縱將聖。學博思淵，方名昉始。教篆裁箋，判别精細。厥誼昭然，蘋藻教成。有齊季女，因以遺焉。故六書之説，唯桂陽陳氏獨守其傳，完夫部郎，默志師法。信古彌堅，假自瓊閨。手寫一通，題曰“王氏六書存”。莘莘學子，群欲借觀，乃屬謙讎校，釋其疑難。偶下已意，略致推研。首説形事，敬呈講筵。未達微旨，莫稱哲顔。及再削藁，親承訓言。始知師説，更殊於㫋。條説數事，猥蒙獎勸。謁選入都，就正於陳。益加贊勖，雅意諄諄。乃時易世殊，斯編付刊。而良朋殂謝，撫卷增歎。因爲摹篆，略窺一斑。匪敢自擬，用志不諼。若夫俗文乖謬，諸家異説。偏旁誤加，方音各别。皆就陳編，逐類剖決。將以曉學僮，通玄恉。理群倫，究萬始。尋道之原，繹文之理。既竭愚才，不能罷止。幸印高山景行，大雅承命。校勘手篆，心寫梨棗。已殘見聞，猶寡擁篲清塵，企望達者。丙辰春三月庚午朔衡陽喻謙謹述。

卷一

象形

鄦《叙》説象形云："畫成其物，隨體詰詘，日月是也。"此葢史篇舊文，取保氏遺意而分别之。夫有形必有物，全體乃成象。三代以來，字學之通論非鄦所刱説也。若分支半體，既不成物，斯非全形，不在畫成之例者，皆不得相混也。孔子曰："牛羊之字以形舉。"又曰："視犬之字如畫狗。"聖門講求六書，其説象形，不外畫成之旨，知鄦書所説由來舊矣。是知名無虚寄，形不偏立，物有全體，象取純備，品類雖殊，各有專形。故鄭樵别象形爲十種，今兹所説雖不盡如鄭氏所分，然所謂天物之形者，日、月、雨、靁是。山川之形者，山、屾、厂、石、川、𡿨、巜、卝、水、𣶒、泉、仌、氏、𠂤、𨸏皆是。井邑之形者，冂、丼、𩫏、田、𢎘是。艸木之形者，屮、丰、竹、來、木、桼、朿、禾、朮、米、朩、尗、韭、瓜是。人物之形，人、从、兒、女、子是。禽鳥之形，隹、鳥、朋、烏、舄、焉、燕、乙之類是。獸嘼之形，牛、虎、爲、羊、豕、彖、𦉼、象、馬、廌、鹿、㲋、兔、犬、鼠、嘼是。蟲魚之形，貝、易、魚、虫、蠆、它、龜、黽、卵、萬、禹、离、巴、巳皆是。器用之形者，臾、冊、鬲、盾、革、刀、互、㭒、丌、豆、皿、凵、缶、矢、朱、甾、㫃、鼎、臼、网、㔶、舟、殸、勿、壺、珡、瑟、匚、曲、甾、瓦、弓、糸、率、金、𤮊、勺、几、且、斤、斗、矛、車是。服飾之形者，玉、冃、巾、帶、市、衣、衰、求、先、皃是。凡此十類，皆有物可象，故爲象形。若耳、目、口、自、巛、面、牙、爪、又、手、丫、角、丂、𠂢、鹵、耑、卩、𣏟、而、彑、亢、囟諸文，或取其一支，或寫其半體，或爲形容之詞，或爲初生之號，既非全形，則不成物名，尚未正何所取象，故師說皆以爲不在象形之列，不得入此篇也。蓋六書之中唯象形、指事難於分别，鄦於耳、目之類，皆說爲象形，故學者惑焉。然耳指所聽，目指所視，口指所食言，推古聖造字之原，皆爲指事而作，雖曰象形，實象事也。蓋畫物必有全形，一端可以見事，又所以執，手所以掌，爪、牙所以搏噬，皆事也。故舉一體者，不得謂之象形，明矣。謹依師說區分其類，凡全體象形，畫成其物，合於古說者，彙入此篇，使學者因名按物，即字求形，一見瞭然云爾。

◉實也。太陽之精不虧。从囗一，象形。凡日之屬，皆从日。鄦書“昌”下載籀文作𣅏，知“日”篆古本作⊙，《魏正光中碑》猶有作⊙者，可證古聖造字但作●，爲純形。後加○，象曰旁气暈，以别於火▲之▲，爲合體象形，則彌文矣。小象求工，乃結方體作⊟，說者以从○●爲从囗一，順小篆以改《史篇》。後人遂以囗爲回帀之囗，一爲一二之一，反疑師說象形者爲會意字，則大謬也。鄦叙六書皆本之《史篇》，其說象形，明舉日月爲例，何得爲會意？首舉日月者，重天物也，今分十類仍以爲首，猶古志也。𡆸古文。象形。段玉裁說象中有烏，此蓋古文奇字也。

☽闕也。太陰之精。象形。凡月之屬，皆从月。段玉裁說象不滿之形，亦純形也。吕翼文說鄦叙舉日月爲例，實與闕所謂體也。陽主生，非實無以發育；陰主殺，非闕無以收藏。案，《記》言："播五行於四時，和而後月生也。"是以三五而盈，三五而闕，葢月隨地遊行，因地熱力而運，故云"地和而後月生"。或云：月本無光，受日光而明。方合朔時，日在上，月在下，則月向天者有光，向地者無光，故人不見。及至望時，月向人者有光，故見其圓滿。若至弦時，則依光之遠近以爲參差，故上弦三五而盈，下弦三五而闕。D正象弦時，如弓弦，)象其始生魄，古但作)形。

雨水从雲下也。象雲覆之水霝其間也。凡雨之屬皆从雨。鄦書"雨"下出此爲古文。冂象雲，𣲡象水霝其間。《公羊傳》曰："觸石而出，膚寸而合，不崇朝而徧雨天下。"蓋興雲乃能致雨，故先冂之，而後見𣲡，亦古合體象形之樸質者。鄦以"雨"爲正篆，次雨後，今說形，故先古文。雨或从一象天，冂象雲，水象水霝其間也。李陽冰寫作雨。段玉裁遂說"水者，水字也"。則是會意矣。王筠說"'丨'所謂'引而上行讀若囟'者，此地气上騰也，冂則天气下降也。八則雨點，非巛變爲水也。"案，丨與八皆象雨下霝形，本古文雨而省，亦合體象形者。

靁霒昜薄動，生物者也。象畾間有回轉形。回，靁聲也。鄦書靁下出此爲古文。案，回本最初之古文"靁"字。鄦書"回，靁聲也"，本《史篇》舊訓，是古讀回若靁。回本象雲靁回轉形，嫌與古文云相近，乃加畾象靁物形，專以回爲回轉字。大篆加雨，小篆省作畾，此古今文字繁簡之變也。靁籀文。从雨省。鄦書"靁"下出此云："籀文靁間有回。回，靁聲也。"本籀書原文，亦古音也。凡聖人名物多取其聲，此靁亦是也。《書》曰："烈風雷雨。”又曰：“天大雷雨。”蓋靁鳴必雨，故大篆加，爲合體象形。古文，蓋古文奇字，省畾爲。篆文。省爲畾。

山川气也。象回轉形。凡之屬皆从。鄦書云下出此爲古文。段玉裁説：“此最初古文，象回轉之形。其字引而上行，所謂‘觸石而出，膚寸而合’者也。”王筠説：“有形之物而屬於天，故用天左旋之法，不與回之象雷同矣。”案：此本古文純形最簡質者，今畫家猶作形，所謂隨體詘詰畫成其物者也。因説形，故先古文。古文。省雨。鄦書以“雲”爲正篆，出“云”於下，順文説之，故曰“省雨”。段玉裁説：“古文無雨，非省也。二，蓋上字。象自下回轉而上也。小篆加‘雨’作‘雲’，後遂叚‘云’爲‘曰’，如‘詩云’即‘詩曰’是也。”篆文。从雨。云象回轉形。是鄦説“雲”亦以从“云”爲象形，蓋舊説也。爲純體象形，嫌與混，乃變作。小篆更从雨者，《易》曰：“雲行雨施。”故加雨爲合體象形。

右天物象形之文五　重七

宣也。宣气散，生萬物。有石而高，象形。凡山之屬皆从山。吕翼文説：“宣散者，斥象也。《易·係傳》曰：‘山澤通气。’繼長增高，山之體也。多不過三，故以象之。”案：，象峰巒嵯峨形。中空者，象气之宣通。今畫者作形，知古本作也。

東岱、南靃、西華、北恒、中泰室。王者之所以巡狩所至。象高形。鄦書“嶽”下出此云：“古文。象高形。”案：古本作形。嶽高於山，故重叠象之。今圖畫猶作形，蓋與自自同，各有專形。屾非省㞡，㞡非从屾，小篆變屾作山，遂變㞡作㞡，皆書法求工，非古意也。山嶽爲宇宙最大之物，故象其層高之形。山小於嶽，故但見三峰而已。古聖造字，體物之精如此。隸作㞡，俗又作岳。嶽篆文。獄聲。蓋小篆以㞡不得聲，乃變爲諧聲字。

厂山石之厓巖，人可居。象形。凡厂之屬皆从厂。鄦説"厓"云"山邊也"。"巖，厓也。"吕翼文説："厓，邊也。邊亦半也。與對彼合彼之形同也。廣居屋、厂可居，與工飾、巫舞同一詞例。彼工、巫皆言同意，知此脱佚久矣。"案廣、厂各自爲物，皆有專形，非有𠂆乀相對之文，不得爲半體也。𢊁籒文。从干。段玉裁説："从干聲。"然則象形與聲相亂者，實始於史籒繁文之世。

石山石也。在厂之下，口象形。凡石之屬皆从石。厂本山邊縣石，上古之世，人多就居之。後因厂爲屋，則厂有專名，更加口以象石形。口非口、非甘，古當作𠄌，象空峒石竅形。今畫家猶作𠄌形，不必正方。書家求工作方口形，又嫌與口、口混，故於厂下見之，則知爲石亦合體象形字也。王筠説："石與果一類，本以〇象石形，而此形多矣，乃以厂定之。"此指小石言之，不足盡石形。或曰口形方正，主謂已治之石，又不得空中。皆非也。

卝銅鐵樸石也。象形。鄦書"礦"下出此爲古文，云："《周禮》有'卝人'。"吕翼文説："象銅鐵在樸中，其理從横，可辨治五金，性質剛柔不同，皆具於一樸，故造文者以從横象之，與𠀤同意。侌昜水火藏於地，受气不全，則不成卝也。又王懿榮據西國卝人説，讀《洪範》'从革'爲'从横'，此剖卝之教勿絶其理，以字形證之，其是與?"案：丨丨象剖分之理，●●象樸石形。古本作卝與丹同意。丹砂在中，卝金在旁，與古文"金"从●●在土中同。段玉裁據《九經字様》《汗簡》以卝、丱爲一字，遂奪鄦書"磺"下之古文卝，於"卵"下出卝爲古文"卵"，轉失鄦書之舊。磺篆文。从石，黄聲。讀若穬。

𡿨水小流也。《周禮·匠人》爲溝洫，枱廣五寸，二枱爲耦。一耦之伐，廣尺，深尺，謂之𡿨。倍𡿨謂之遂，倍遂曰溝，倍溝曰洫，倍洫曰巜。今凡𡿨之屬皆从𡿨。段玉裁説："𡿨、巜、川三篆下皆宜曰'象形'，鄦不言者，省文也。"案小水獨流，無他，水相入，故以𡿨象之，亦獨體象形最古之文。一與丨無專物，故不得爲實形，𡿨、巜、川皆地上物。有形可象，故不得爲事，此形事之辨也。鄦所引《周禮》爲《考工記·匠人》職文，唯𡿨作甽，用後起字。甽古文𡿨，从田川。段玉裁説："𡿨、巜皆古文。"此當是。籀文。从田川，會意。畎篆文𡿨。从田，犬聲。六畎爲一畮。案：小篆以𡿨甽不得聲，故改从犬聲。

巜水流澮澮也。方百里爲巜，廣二尋，深二仞。凡巜之屬皆从巜。段玉裁説："水流涓涓然曰𡿨，㴾㴾然則曰巜。"案：巜大於𡿨，故書巜者重𡿨以象之。巜、𡿨皆水流也。水大流多，故重畫以象之。《考工記》云："方百里爲同，同間廣二尋，深二仞爲澮。"古本作巜，後假"澮"爲之。

川毌穿通流水也。《虞書》曰："濬𡿨巜距川。"言深𡿨巜之水會爲川也。凡川之屬皆从川。川大於巜，故畫者三之。三𡿨以象川流，與㠯、𨸏同，亦多不過三也。𠂤、𨸏由土層積，𠂤小故二之。𨸏大，故三叠，各有專形。巜會水少，川會水多，巜川皆象其流。巜非省巛，巛非从巜，𡿨各自爲物，皆有實形，故不得在事意之區。與二三不同者，一、二、三無專形也。

水準也。北方之行。象衆水竝流，中有微昜之气也。凡水之屬皆从水。段玉裁説："火，外陽内陰。水，外陰内陽，中畫象其陽。云'微陽'者，陽在内也。"王筠説："水本當作☵。𣲝、𡿧諸文所从是也。後孳乳字多用作偏旁，不便書寫，故直之，因並本字而直之。猶𠫓本作𠫓，偏旁難於相合，故曳長之作𠫓，因並本文曳長之也。其實水本象形，觀繪水者，有長有短，皆水紋也。"案：伏羲畫卦爲中國文字之始，水火二字本坎離而變。☵即水，☲即火也。古但以☵☲爲水火，後文字漸繁，造文者隨體詘詰，畫作水火，乃別讀☵☲爲坎離。水實火虚，故水字中畫不斷，亦實形也。

𣶒回水也。象形。𠂇又岸也，中象水皃。鄦書"淵"下出此云："淵或省水。"斥𣶒爲象形，川爲𠂇又岸，水象水皃，皆《史篇》"𣶒"下舊訓。古但以𣶒象形，後加水旁作"淵"，則俗字也。鄦反以此爲省水者，便文耳。葢鄦以"淵"入水部，不得不以"淵"爲正篆，而以"𣶒"爲或省。其實，𣶒有專形，本最古之文。囦古文。从口水。段玉裁説："口其外，水其中。"案：當从回省。象水回轉形。若水在口中，則止水耳，非回水也。此訓回水，故知从回省，爲會意字。淵𣶒或从水。鄦書以"淵"爲正篆，故次"𣶒"，今説形，故先𣶒。

泉水原也。象水流出成川形。凡泉之屬皆从泉。白象穴，川象水流出成川形，古本作泉，隸即因之作泉。《释水》："濫泉正出。正出，涌出也。沃泉縣出。縣出，下出也。氿泉穴出。穴出，仄出也。”此分言之耳，其實凡泉出皆有穴，此正象自穴出形。

仌凍也。象水凝之形。凡仌之屬皆从仌。段玉裁說：“象水初凝之文理也。”王筠說：“初寒釐凌作此形，極寒仌裂亦作此形。”案，仌本山川中自然之物，有實形可象，故仌亦純體象形。古文。今用“冰”爲仌凍字。鄦於此下出“冰”篆，又出“凝”爲冰之俗字，是冰、凝本一字。仌、冰實二字。

氏巴蜀名山岸脅之旁箸，欲落墮者曰氏，氏崩聲聞數百里。象形。凡氏之屬皆从氏。揚雄賦：“響若氏隤。”舊傳本“象形”下有“乀聲”二字，葢淺人所加。段玉裁說：“𠂆象傍於山脅也。”案：古彝器文《毛公鼎》作氏，《散氏盤》作氏，《頌鼎》作氏，皆以𠃊象山脅旁箸形，ǂ象欲落橢形，亦純形字。小篆求工，變作氏，十亦象欲落橢形，即ǂ之變，而横畫之，知非从乀聲也。

𠂤小𨸏也。象形。凡𠂤之屬皆从𠂤。徐鉉曰：“今俗作堆。”段玉裁說：“象小於𨸏，故𨸏三成，𠂤二成。”王筠說：“𠂤、𨸏是土而非石，層累而高，不能如山之突然隆起，故以𠂤、𨸏象之。”案：古本作𠂤，象積土形，層累而上，今畫家猶然。𠂤、𨸏各有專形，故不得言从𨸏省，與屾、㕣、乚、巜、巛同。

𨸏大陸山無石者。象形。凡𨸏之屬皆从𨸏。段玉裁說：“象土山高大而上平，可層累而上。首象其高，下象三成也。”鄦於“山”下曰：“有石而高。象形。”此言“無石”，以別於有石者也。鄦書分別之嚴如此。案，古本作𨸏，象層絫形，與山石之隆起者不同。或說側山爲𨸏，陋矣。𨺅古文。上象絫高，下象可層級而上也。

右山川象形之文十五　重八

巴越之赤石也。象采丹井。●，象丹形。凡丹之屬皆从丹。此亦合體象形者。冂象采丹井，《史記》所謂“丹穴”也。復加●，象丹形者，嫌冂於形不備，故以●明之。古文丹。凵象丹穴口也。不得言从口。亦古文丹。

八家爲一丼。象構韓形。●，罋象也。古者伯益初作丼。凡丼之屬皆从丼。此與丹同，亦合體象形者。加●明其爲汲丼也。鄦云“罋象”，汲丼必用罋，●在井中，其形乃全，亦非外加之物。與月不同者，此象九區分畫構韓形。鄦云“八家爲一丼”，即古井田之説也。或疑井、丼本兩字，井爲井田，丼爲汲丼，鄦始合而一之。《穀梁傳》曰：“古者公田爲居，丼灶葱韭盡焉。”不嫌井田中有汲丼也。

度也。民所度居也。从回。象城𩫖之重，兩亭相對也。或但从囗。凡𩫖之屬皆从𩫖。此亦合體象形者。外𩫖内城，故从回，象重圍之形，知非从回水之回也。亼象亭形，《漢典略》曰：“雒陽十二城門，門一亭。”必兩亭相對，其形乃全。故以亼ᛘ象之，不嫌重也。鄦云“或但从囗”者，明當時師説不一，故寫本各殊，鄦廣異聞耳。段玉裁説：“當有𩫖篆，在‘皆从𩫖’之下，爲𩫖之重文。”案：鄦不出𩫖篆者，嫌从囗於外𩫖之形不顯，不得爲或體，鄦所不从也。

陳也。樹穀曰田。象四囗十，阡陌之制也。凡田之屬皆从田。段玉裁據《韵會》引作“象形。囗十。阡陌之制也”，謂囗與十合，所以阡陌有一從一横之象。王筠説：“古者田皆井授，經

界必正，口以象之。溝涂四通，十以象之。此通體象形字，不可謂之从十也。”鄦不以爲从口十者，欲明田有專形，不得在事意之區也。

𠃬耕治之田也。象耕田溝詰詘也。鄦書“疇”下出此爲古文。吕翼文説：“コ ㄈ象東南畝，不先畫東南畝，則𠃬之爲溝，其形不見。”謙案：𠃬、コ、ㄈ皆象耕田洫溝水流詰詘之形，與巜巛同意，空處皆田也，不必更畫畝形。コ ㄈ與巜之ココ 八象短流，合不象畝形，畝必成方也，田字可見。段玉裁説：“《韵會》引‘𠃬’云‘象耕田溝詰詘也’。”此據古本《説文》，所引不誤。今本《説文》“疇”下誤作“从田象耕屈之形”，蓋淺人所改。

疇鄦書以“疇”入田部，故出𠃬於下云：“疇或省。”案：𠃬本最初古文純體象形者，疇蓋大篆加田旁爲合體象形。今説形，故先𠃬。

右丼邑象形之五　重三

屮艸木初生也。象丨出形，有枝莖也。古文或以爲艸字。讀若徹。凡中之屬皆从中。尹彤説。此云“象丨出形”，明丨亦隨體畫成之形，非从丨也。古字當作屮，象艸初生之形，本古艸字。艸有專物，故爲實形。徐鉉曰：“丨，上下通也。象艸木萌芽通徹地上也。”此説似是而實非，學者不可不察。

丯艸蔡也。象艸生之散亂也。凡丰之屬皆从丯。讀若介。吕翼文説：“艸蔡，蓍也。蓍叢生百莖，故云散亂。”丰、蓍古今字。丨象蓍生莖形，三象旁出，散亂。丯有專物，亦純體象形者，與中同意。

竹冬生艸也。象形。下垂者。箁箬也。凡竹之屬皆从竹。此象竹葉畫成之形，與林艸不同者，中木皆成字，重之則爲會意。雖成文，不竝之則箬箬之下垂之形不顯，又嫌與巾同故，鄦書無个字。段玉裁欲據此以補“个”篆，誤矣。

周所受瑞麥來麰。一來二縫，象芒朿之形。天所來也，故爲行來之來。《詩》曰：“詒我來麰。”凡來之屬皆从來。此鄦書説形最詳之文，段玉裁説：“‘一來二縫’不可通，《诗·思文》正義作‘一來二夆’當爲‘二麥一夆’，夆即縫之省。夆者，朿也。二麥一夆爲瑞麥，如二米一稃爲瑞黍，同夆即同稃矣。”案：麥即來，夆即縫。象二縫，謂夆朿，象麥之一穗自垂。此純形字。

冒也，冒地而生。東方之行。从屮。下象其根也。凡木之屬皆从木。此本純體象形者。古彝器作木形，如《木父丁爵》作，上象枝榦，下象根，不必言从屮也。徐鍇曰：“屮者，木始甲圻，萬物皆始於微，故木从屮。此曲説也。”吕翼文説：“‘未’下云：‘象木重枝葉形’，不言从木。‘桼’下云：‘桼如水滴而下’，不言从雨。於‘未’見專形之例，於‘桼’見同意之例。又禽、离頭相佀，龟、兔同頭例亦數見。而昧者又以木生必微，當从屮，乃與鄦例相謬，可謂思而不學者。”其説是矣。

木汁可以髼物。象形。桼如水滴而下。凡桼之屬皆从桼。木汁爲桼，因名其木爲桼，是有實物可象。吕翼文説：“此以汁在木爲形，不言从木，亦足證木下从屮之謬。嫌木汁不得竝舉木形，故明斥其斤割桼言之。”案：汁从木出，不舉木，則形不見，故以象如水滴之形，而以木爲體，亦合體象形者。

木芒也。象形。凡朿之屬皆从朿。讀若刺。此木芒，則木形自明，故不言从木。不以木爲體，則朿形不見，但作不成字，又嫌與羊角相混，故造文加於木，則形自全，亦合體

象形者。吕翼文説：“‘桼’下、‘未’下、‘朿’下皆不言从木，而‘木’下乃云从中，其謬自明。朿有專物，故有實形。”

禾嘉穀也。二月始生，八月而熟，得之中和故謂之禾。禾，木也。木王而生，金王而死。从木，象垂穗形。凡禾之屬皆从禾。王筠説：“禾字上揚者葉也，垂於左者穗也，下象根。禾止一直根，以其耐旱，俗呼旱根。三十日不雨而不死也。”案：禾與莠絶相侣，唯吐穗時禾垂莠揚爲異，故造文者屈筆下垂以象其穗。吕翼文説：“未、朿皆不言从木，足明禾从木之誤。俗本作‘从垂省’，垂象其穗。段玉裁訂之是也。”

朮稷之粘者。象形。鄦書以“秫”爲正篆云：“朮象形。”下出“朮”篆云：“秫或省禾。”案：朮本純體象形。古文朮，垂穗倍於禾，故重一筆。古當作朮，屮象莖葉，巾象根，乀象垂穗重疊。小篆求工，變作朮，上體反與又同，誤也。朮、禾同類，各有專形，故皆象形。秫朮或从禾。鄦以“秫”入禾部，不得不先“秫”云“从禾朮。象形”。朮本古文，籀加禾，爲合體象形。今説形，故先朮。吕翼文説：“齒以止爲聲，秫以禾爲名，象形與諧聲相亂，葢當時官書有此俗字，師説誤入正篆。徐鍇本作‘朮聲’，謬矣。”

米粟實也，象禾實之形。凡米之屬皆从米。段玉裁説：“四點者，聚米也。當作圜形，十其間者，四米之分也，今作長點者誤。”吕翼文説：“禾之爲穀，秉气中和，故以十象其德。十，中和之象也。此其異於麥菽者也。十之气發越爲粟，ㄨ以象之，如衆星之環衛北辰者。然此其形有專屬，故鄦目言之以爲禾實，足明之矣。此與十同意。‘十’下云‘四方中央備矣’，言乎其法象天地也，故以爲中和之德。”案：凡米皆長形，惟高粱形圜。作長點者不誤。㐅正象米形，非聚米也。十象禾秉無根葉之形，故見禾實，非四分之也。如吕説則从十會意，是自亂其例。

𣎳枲也。莖皮可分析也。象形凡𣎳之屬皆从𣎳。讀若髕。案：𣎳本古枲字，純體象形者。後加台爲聲，乃專枲名，而以𣎳爲分枲莖皮字，其實𣎳爲枲之古文。禾、朮皆象形古文，此𣎳不得獨異。舊本鄦説作“分枲莖皮”也。从屮，八象枲莖皮也，於六書不甚曉，故吕翼文駁之謂：“枲，牡麻也。字形與𣎳同，故知𣎳爲壯大形。績麻者，剥其皮而剖之以爲縷，莖壯則皮堅，織絺者利之。中八皆無專字，故以分皮言之，皮去而莖猶存，故不可从八，會意。又中爲初生之艸，非可分者，而俗師誤以爲象意，由未悟同而不从之例，故多窒耳。然則當云‘象莖皮可分之形’。”謙案：鄦書𣎳部出“枲”爲正篆，出“𦯞”爲籀文，其實本一字。𣎳爲古文，枲爲小篆，下又出林部云：“葩之總名也，象形。”不言从二𣎳者，林亦𣎳之重文，與中艸二字同。疑鄦書“林”下象形之訓，舊本當在“𣎳”下，未有本篆不象形，而从𣎳者反得象形，此理之不可解者也。葢鄦書經後人竄亂者亦復不尠。

尗豆也。象尗豆生之形也。凡尗之屬皆从尗。段玉裁説：“豆之生也，所種之豆必爲兩瓣而戴於莖頂。故以一象地，下象其根，上象其戴生之形。”吕翼文説：“尗豆結房如蓮實，一莖嘗有數十房，房數豆，故以三垂象之，多不過三也，與𠨲同意。𠨲吐穗上見與此下垂者互相明，𠨲尗亦至不之例，但𠨲下象深土，此上則莖跗爲異耳。此⺊當爲厂，疑亦隸變之迹。”吕説較段爲長，亦與今豆角形似。此本純體象形古文，故鄦不言从一，又不言下象根形，不得與木、耑同也。如吕説，古篆當作𠨲，小篆求工，變作尗。

韭菜名。一穜而久者，故謂之韭。象形。在一之上，一，地也。此與耑同意。凡韭之屬皆从韭。吕翼文説："據鄦以韭、耑同意，則䪢亦題也。韭無歧根，故與耑同而異也。而傳本以一爲地，韭實不必言地。耑言地者，以區上下耳。《曲禮》曰：'韭曰豐本。'《周官經》'有韭菹'。菹以配醢，根老者其耑乃澤，故以'豐本'爲號。"案：韭一穜而久，故以地言之，吕不知象形有合體者，故不以一爲地，嫌有兩體。

瓜㼌也。象形。凡瓜之屬皆从瓜。"蓏"下曰："在木曰果，在地曰蓏。"故以蓏釋瓜。㼌即蓏也。段訂作"蓏"，是也。吕翼文不知"㼌"即"蓏"，乃改其訓爲："天瓞也。象剥瓜而瓤見也。一曰瓜有藤蔓垂實卤卤然。"謂此下説形之文久佚。瓜一而㼌二，其義判然，而傳本乃以㼌訓瓜，又不言形何所斥皆非其例。案：鄦既言象形，厶象瓜瓞，𠂆象其蔓，人所易曉，故鄦不煩言也。若以爲象削瓜形，則字義當爲削瓜矣。且瓜有專物，自象全形，徐鍇説："外象其蔓，中象其形。"是矣。

右艸木象形之文十四　重一

又鄦書所説象艸木形而不得爲實形者，如𣎵象艸木朩朩然盛，𠂹象艸木華葉𠂹，𢎘象艸木之華未發圅然，𠧪象艸木實𠂹卤卤然，耑象物初生之題，皆狀物形容之詞，既無專物又無全體，皆不在象形之列。鄦雖説形，實象事也。學者不可拘泥鄦注，疑爲實形，使説六書者無从分曉也。

人天地之性最貴者也。此籒文，象臂脛之形。凡人之屬皆从人。上象臂，宜短。下引而長者，象脛。起筆微重，則身首亦具此，則立人形也。今畫家猶作形，寫者整齊之作，則誤也。吕翼文説：“據此言籒文，則知丨爲古文，人丨下引而上下云云，用字之例也。其説形舊文葢久佚矣。”案：象人形，葢古文人字。古以三爲天，以爲大，以爲人，象人正，立形。後三爲一二三之三，乃以天为三，以爲大小之大，而更造側立人形之，以别之古文。奇字作，象人屈服形，故爲仁人，非此古文人字也。丨自爲一物不似人形。

仁人也。古文奇字，人也。象形。孔子曰：“在人下故詰屈。”凡儿之屬皆从儿。此亦隨體詰屈，古之純形字，故引孔子説證之。吕翼文説：“當時師説以體詰屈，象仁者之自貶損以利人，與籒文判然爲兩字，故彼直云‘籒文’，此訓仁人。然則鄦云‘奇字人’者，謂奇字以爲人耳。”案：籒文象臂脛側立，此象人體屈服，舊爲兩字，分二部久矣，故鄦不得出此於“人”下爲古文也。

孺子也。从儿。象小兒頭囟未合。段玉裁説：“囟者，頭會匘葢也。小兒初生，匘葢未合，故象其形。”案：象匘葢未合，但作，嫌與杵臼相混，故加儿，亦合體象形。

婦人也。象形。王育説：“凡女之屬皆从女。”段玉裁説：“象其揜斂自守之狀。”王筠説：“女篆下半侣，亦在人下，故詰屈之意。”案：“”下云：“象褱子形，一曰象乳子也。”知爲純體象形，上象身首，故加八爲乳形，則爲母女子以身事人者，故下體詰詘與同也。

十一月陽气動，萬物滋，人㠯爲偁。象形。凡子之屬皆从子。李陽冰説：“子在襁緥中足併也。”王筠説：“子有首，有身，有手足，小兒之手不能下垂，故上揚以象之。”案：古本作，爲純體象形。小篆求工，乃引向上，非小兒手不能下垂也。又金刻作，亦有兩足垂手形。古文子。从巛，象髮也。與𡿺同意，亦合體象形字。籀文子。囟有髮，臂脛在几上也。案：臂謂也，巛象髮，象兩脛也，亦合體象形字。

右人物象形之文五　重二

又皆象人形，然既用爲大小之大，則無專物可指，當在假物指事之例。至於耳目口鼻諸文，皆偏體指事，不得爲全形也。

鳥之短尾總名也。象形。此與鳥爲長尾禽總名對文相起，然經傳鳥、隹同文用字者多通變也。俗又加鳥旁作鵻，於形义無可説，《詩》“翩翩者鵻”，釋文“鵻本作隹”。《尔疋·釋鳥》“隹其夫不”，釋文“隹旁或加鳥，非”。鄦不出“鵻”爲或體次“隹”下者，嫌“隹”不得説从鳥，故入鳥部，猶可言隹聲也。鄦又出“隼”於“鵻”下云：“或从隹。一。”然則隹、隼、鵻三者實一字。吕翼文據已爲辟藏詘形，如爲短尾羽，同意，則隹亦短也。然以字形，羽尾相齊，故師説云然。

長尾禽總名也。象形。鳥之足佀，从。凡鳥之屬皆从鳥。此純體象形字，不得更有所从，鳥畫足，隹不畫足者，尾長則足高，故見足也。、皆畫其足，作形，不言所从，則知此言鳥之足佀。“从”者，爲淺人所增。

神鳥也。象形。飛群鳥从，以萬數，故以爲朋黨字。鄦於“鳳”下出此爲古文，葢純體象形之最古者，象頸背首尾形。段玉裁説：“象其首及羽翼。”然則鄦引天老曰：“麐前鹿後，蛇頸魚尾，龍文龜背，燕頷雞喙，五色備舉。”爲説形之文，當注此下。朋或从鳥。鄦云："亦古文鳳。"蓋中古專以朋爲朋黨字，乃加鳥旁爲鵬鳥字以别之，當起於"鳳"字之前，亦古俗字也。故崔注《莊子》亦以"鵬"爲古"鳳"字。篆文朋。此蓋起於大篆，時嫌鵬从朋鳥，兩體皆象形，於六書無可説，故更造从鳥。凡聲之鳳，鄦以此入鳥部，故先"鳳"引天老曰"鳳之象也，鴻前麐後，蛇頸魚尾，鸛顙鴛思，龍文龜背，燕頷雞喙，五色備舉。出於東方君子之國，翱翔四海之外，過崑崙，飲砥柱，濯羽弱水，莫宿風穴，見則天下大安寍"。案：此本後起形聲字，則純體象形最古之文，今説形，故先。

孝鳥也。象形。孔子曰："烏，盱呼也。"取其助气，故以爲烏呼。凡烏之屬皆从烏。此亦純體象形，與鳥同。但鳥畫目，烏不畫目者，以純黑不見目也。又慈烏與鷹隼異性，故不見其疾視與。古文烏。象形。王筠説："烏象立形，象飛形。"謙案：象反哺形。者，省爲之，與篆文烏省鳥爲之同，皆不畫目也。者，象众烏子向之反哺。、皆省，三之者，畫者之列，多不過三也。此本合體象形古文，篆文時嫌於六書不甚曉，故相承用烏。象古文，烏省。琅邪繹山碑作，蓋隸變之迹。

䧿也。象形。鄦於此下出篆文从隹昔，明舄爲象形古文，故以䧿訓舄，用今字釋古字也。古用爲履舄，取其形近，隸變作鵲，今呼喜鵲所在有之。吕翼文疑舄頭與鼠頭同，謂"鵲種非一，因地而異，造字者不一師，其與鼠頭同者，未識何地"。案：舄身尾小，其頭較他鳥爲大，故履舄象之。畫字者但詰詘象其形，不必與鼠頭同也。篆文舄，从隹昔，蓋从昔聲。本後起形聲字，因舄既專履舄，乃别作"䧿"爲䧿鳥。

焉焉鳥，黄色，出於江淮。凡字，朋者羽蟲之長，烏者日中之禽，舄者知太歲之所在，燕者請子之候，作巢避戊己。所貴者故皆象形，焉亦是也。㵾以舄、焉入烏部，而不言从鳥省者，葢烏亦省鳥爲之。然則烏、舄、焉三者皆省鳥，而不得言从鳥省者，貴之使得爲專形，故㵾於此發其凡也。焉、舄既非从鳥，當各自爲部，葢《史篇》舊文本以烏、舄、焉次烏部末，不言从鳥省，㵾但依類次之，本古聖相承，知部居之學起自後賢也。師説焉、烏即黄鶯，葢黄鶯當春而鳴，其音清婉有節可聽，《詩》所謂“睍睆黄鳥，載好其音”者也，然至秋則音變，亦識時之候鳥也。

燕玄鳥也。籋口、布翄、枝尾象形。凡燕之屬皆从燕。段玉裁説：“廿象籋口，北象布翄，火象枝尾。”王筠説：“燕象飛形，故畫其背。烏之古文𠩞省六翮而爲四，燕之翮亦四，葢飛則不全見也。”吕翼文説：“形如畫成，不嫌於詰詘之繁。”郭廷敬以爲，燕趙地名，从黄省从北，與冀同則是會意矣。師説何得云象形？案：燕即籀文乚，嫌與乙混，故更象飛形。

乚玄鳥也。齊魯謂之乙，取其鳴自呼。象形。凡乙之屬皆从乙。徐鍇曰：“此與甲乙之乙相類，其形舉首下曲，與甲乙字少異。”案：乚古本作乚，象小鳥側飛向上之形，故不見足。燕輕，飛則因風斜掠，故造文者作側形以象之，舉首向上而尾下曲也。小篆引長作乚，遂與甲乙之乙相混，乃更作燕象布翄、枝尾之形。葢乚爲請子候鳥，《商頌·玄鳥》周祀高禖爲世所重，故特制專形以象之。㵾知乚、燕本一字，但於説解見之，不并入一部者，以燕次魚後龍前，合乎部首之例，故乚仍承燕，隸變作乞，與乙别。師説乚即求乞之乞，燕來請子，故借鳦爲乞。請子始於有族，夏以前不必請子，然則乚本古文，燕爲大篆，後以乚爲乞求字專用叚義而燕遂專乚鳥義。俗又加鳥作鳦。乚或从鳥。此與朋之俗字加鳥作鵬同，皆後起俗字，於六書無可説。

右禽鳥象形之文八　重六

彘也。竭其尾，故謂之豕，象毛足而後有尾，讀與豨同。凡豕之屬皆从豕。舊本有“按今世字誤以豕爲彘，以彘爲豕。何以明之？爲啄、琢从豕，蠡从彘，皆取其聲，以是明之”三十三字，義不可曉。段玉裁正之，謂當是“以豖爲豕，以彖爲彖”，以啄、琢从豖聲，蠡从彑部訓豕之彖爲聲，而今俗作啄、琢，蠡俗又作蠡，是豖誤爲豕，彖誤爲彖也。然通觀鄦書，無此文法，故徐鉉以爲後儒所加也。吕翼文説：“禮升首於室，鼎唯載牲體，故不言首也。此主牲體，故言毛。毛，血腥祭也。牲不貴髀與蹄，而言足尾者，蓋斥游牝言之。養牲者，敬之道也。牛不見足，豕不見首，皆主牲體言之，故畫形不必全。”謙案：牛、羊之字以形舉也，説解不言首足者，文不備耳。其實豕古篆作，上象首形。小篆求工，變作。禮有升首之典，因特造字，象豕頭，畫空爲之以作，不成字。古文。段玉裁説與亥同，此下當有“象毛足”三字，“㣇”下亦云“象毛足”也。

脩豪獸。一曰河内名豕也。从彑，下象毛足。凡㣇之屬皆从㣇。讀若弟。案：此本古文豕字也。象頭尾毛足之形，本全體象形字，不必言从彑。後分彑爲豕頭，與𦍌爲羊角，虍爲虎文同，皆先有羊、虎諸文而後分作𦍌、虍爲分體指事。鄦出“一曰河内名豕”也者，蓋當時河内評豕爲㣇，知㣇即古豕字，後專用豕爲羊豕之豕，乃以㣇爲脩豪獸之偁。《尔疋・釋獸》曰：“隸，脩豪。”一作“肆”，篆作𧰼，古文作，象四足有毛之形。㣇、𧰼本一字，籒時文繁，乃增加筆畫作𧰲，𧰲隸變作肆。豕、肆聲近。𧰲籒文。案：加冂象脩豪形，是籒時已用此爲脩豪獸之專名，知𧰲豕皆古文也。𢑱古文。案：象前後毛足形，即𧰲之省也。

兕如野牛而青。象形。兕頭與禽离同。凡兕之屬皆从兕。吕翼文説："凡云同意者，嫌其从，故明其各有專形也。此兼以同意説，不更言毛足以彼顯此也。據此知禽离亦獨體，上體與兕同，下體與内同。如桼上體與木同，下體與雨同也。"案：凵象頭角，𠔼象四足有尾，亦純體象形字。古當作兕，小篆變作兕，段玉裁據《論語》《爾雅》疏所引《説文》有"其皮堅厚可制鎧"七字。兕古文。从儿。段玉裁説："以其似人脂也，虎足亦與人足同。"案：凵亦象頭角形，下象其足，不必言从儿。漢隸作兕。

象長鼻牙，南越大獸，三年一乳。象耳牙四足之形。凡象之屬皆从象。吕翼文説："鼻卷舒無定形，故不可畫。ㄅ，耳也。ㄗ，牙也。耳申牙蹠，亦畫例也。"案：物之有尾、耳者，莫不舒卷，不獨犬馬然也。象以長鼻、牙爲形，不畫其鼻、牙則形不顯。右畫作ㄅ，宜引長，正象鼻形。〇象耳，丿象牙，下象尾足。鄦書出古文"豫"作豫，ㄗ正象兩牙形。此葢大篆，更象其鼻，其形益肖。

馬怒也、武也。象馬頭髦尾四足之形。凡馬之屬皆从馬。吕翼文説："目爲頭，彡其髦也，如人有兩髦。然則古篆當作馬，馬與凡獸同，惟髦爲異。"案：鄦書古籒二文均以目象馬首，彡象髦，本作馬。小篆求工，變作馬，寫法稍殊，而象形則同也。影古文。目象頭，彡象髦，㐅象足。影籒文。馬與影同，有髦。此鄦明言古籒同也。段據《玉篇》載籒文作▢，謂大篆作“▢”，與古文少異，疑寫者筆誤。

▢解廌獸也，似牛一角。古者決訟，令觸不直者。象形。从豸省。凡廌之屬皆从廌。吕翼文説：“廌一角兩耳，故不言與鹿、虎頭同。”然云觸不直，亦猛獸也。解、廌亦複音，與閶闔、噭咷同。吕以此爲獨體象形，不得言从豸省。案：▢亦以▢象四足，不言从豸省，此自象四足形甚明。段玉裁又以爲當有“豸亦聲”者，亦非也。吕説是。

▢獸也。象頭四足之形，鳥、鹿足相佀。凡鹿之屬皆从鹿。吕翼文説：“此亦舉全形，然不言封與尾，欲明鹿爲豆實殺於大牲，故詞有詳略。舊本有‘从▢’字，葢淺者增入。”段玉裁據《韵會》“鳥、鹿足相比”，謂當从比。案：鄦云“鳥、鹿足相佀”，本同而不从，言从▢，則贅矣。若从▢爲比密，則是會意矣，尤謬於六書者也。鹿之異於凡獸者，以角不以足，故古籒作▢，正象其角之歧出。小篆作▢，與▢▢角同，皆以▢象角形。▢象頭，▢象腹，▢象竭其尾回首側立形。▢▢畫其背象，頭角三封及尾之形。王筠説：“鹿尾恆豎，故側立見尾。”

▢獸也。似兔青色而大。象形。頭與兔同，足與鹿同。凡㲋之屬皆从㲋。此鄦君明説同而不从之例。㲋雖合兩體象形，然不得言从兔、从鹿省者，㲋有專物可象，非合二體會意。▢籒文。案：此非疊二▢也。▢不从兔省，葢象其頭下當作▢，象兩足屈伏形。篆本作▢，與古文▢作▢同。隸作臭，《中山經》：“其獸多臭。”

▢獸名。象踞後其尾形。兔頭與㲋頭同。凡兔之屬皆从兔。

此兔象踞形，故但見前足。者，足也，亦與鹿足同。鄦不言者，不見全足省文也。而左引者，象其尾也。王筠説：“兔字下半似古文人。作者，足也。末一筆作者，尾也。”案：龟、鹿足皆作形，兔不得獨異。龟又兔之大者耳，其形本相似也，故造文者省龟之後趾爲尾形也。段以爲足，象蹲踞者，不誤。王説非是。

狗之有縣蹏者也。象形。孔子曰：“視犬之字如畫狗也。”凡犬之屬皆从犬。王筠説：“犬有頭、耳、足而無尾者，犬尾行則盤曲而負於尻，蹲則下垂而附於股。字象蹲踞形也。《印林》疑爲象走形。筠意兔善走，故人於恍惚中見兩足，虎字象蹲踞形，亦兩足。犬乃家嘼，不當以兔爲例，故疑爲踞形，又疑古文簡質，犬字乃側面形，故舉二以見四。”案：王説此犬字無尾者，蓋以寫者作，下象兩足形，與古文同。不知此篆自象側臥形，象首、耳，象足及尾之形。犬盤曲見前兩足，後足屈伏，身與尾俱。古彝器文作，則畫其縣蹏。吕翼文所謂“牛則畫封，馬則髦，兔則後，犬則蹏，各有專形”，此其是與？

穴蟲之總名也。象形。凡鼠之屬皆从鼠。段玉裁説：“上象首，下象足、尾。”案：鼠能穿穴齧物以齒，故畫其齒。，古齒字。不言从臼者，鼠有專形，不得爲从也。王筠説：“鼠首之大，幾如其身，腹大而足短，其行卑伏而曳尾，字形象之。惟頭與兒舄字同形，竊所未喻。”《印林》曰：“鼠之性好囓。疑象其齒不與兒舄同意。”案：象頭形，兒象腦葢未滿，舄象頭平，大鼠象齒，雖取象各别，然同頭則同形，又何足異？但段説“下象足尾”者，鼠行卑伏，本不見足，象其腹、尾耳。

豐𧖴也。象耳頭足地之形。古文“豐”下从。凡豐之屬皆从嘼。段玉裁説：“門田象耳與頭，禸地謂古也。”案：古文本作嘼，禸地謂其本从禸也。此下説解亦《史篇》舊文。小篆改作古，不見禸地之形，故鄦言古文“嘼”下从禸以明之。小篆以古象口，凡嘼禸地則口鼻下臭。門象兩耳，田象頭，古象口鼻。小篆改古則爲純體象形，鄦書不更出古文作嘼，省文也。

𩲃周成王時，州靡國獻𩲃，人身反踵，自笑。笑即上脣掩其目。食人。北方謂之土螻。《爾雅》云：“𩲃𩲃如人，被髮，一名梟羊。”从内象形。段玉裁説：“囟象其首，𦥑象其手執人。”案：𩲃有專形，故合囟、𦥑、内以象之，鄦不言从囟、从臼者，不得在會意之區也。此字蓋起於周成王時，其文繁重，亦籀書也。

右獸嘼象形之文十七　重十

貝海介蟲也。居陸名猋，在水名蜬。象形。古者貨貝而寶龜，周而有泉，至秦廢貝行錢。凡貝之屬皆从貝。段玉裁説：“象其背穹隆而腹下岐。”吕翼文説：“魚尾與貝尾同，知字形當作貝，象其腹有交文，與魚形近似。”案：鄦書“鼎”下云：“籀文以鼎爲貝字。”是鼎、貝本一字，分古籀。古但象其背介隆起之形，籀更加丌象其足、尾之形。小篆時用貝爲貨貝，以鼎爲三足和五味之鼎，而變其音讀。古今文字遞更之迹於此可見，不必如吕所説改篆也。

易蜥易、蝘蜓、守宫也。象形。秘書説曰：日月爲易，象陰陽也。一曰从勿。凡易之屬皆从易。段玉裁説：“上象首，下象四足，尾甚微，故不畫。”鄦引緯書《參同契》云“日月爲易，象侌易”者，謂上从日象易，下从月象侌，然非六書之本。下體又不似月形，故非鄦所从。“一日从勿”者，謂从旗勿之勿，亦無此象，葢當時師説不同，𨙸并采之以廣異聞耳。

水蟲也。象形。魚尾與燕尾相似。凡魚之屬皆从魚。段玉裁説：“魚、燕尾皆枝，故象枝形，非从火也。”案：象魚頭，据“角”下云：“角形與刀魚相似。”知魚頭鋭與刀角同也。象魚有鱗，象其尾，亦純體象形之文。

一名蝮博，三寸，首大如擘指，象其臥形。物之微細，或行，或飛，或毛，或蠃，或介，或鱗，以虫爲象。凡虫之屬皆从虫。段玉裁説：“象冤曲垂尾形。”《印林》説：“虫專爲蝮，象其臥形，指蝮言之。葢昂其首而蟠曲者，蝮之臥也，非凡蟲之象。”王筠謂：“𨙸説凡兩義，首四句本之《釋蟲》，此一義也。‘物之細微’以下，指凡蟲而言，所以領部，明其爲昆蟲之總名也。”吕翼文説：“欲明臥形，必先舉其仰首之象，詞義精詳，足明隨體畫成之例。”

毒蟲也。象形。段玉裁説：“𨙸不曰从虫而但曰象形者，虫篆有尾，象其尾也。蝎之毒在尾，《詩》：“卷髮如蠆。”箋云：“蠆，螫蟲也。尾末揵然，似婦人髮末上曲卷。”然其字本不从萬，以象其身首之形。俗作“蠆”，非。案：象其足，象其身首，象其下身及尾，亦合體象形字。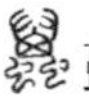蠆或从䖵。段玉裁説：“蠍尾有雙鉤者，故或从䖵。”案：此葢籀文。

虫也。从虫而長，象冤曲𠂹尾形。上古艸居患它，故相問無它乎。凡它之屬皆从它。段玉裁説：“冤曲者其體，𠂹尾者其末。象其臥形，故詘尾而短，象其上冤曲而下𠂹尾。故長詘尾謂之虫，𠂹尾謂之它。”王筠説：“它與蚐大小，非二物大，它盤曲昂頭居中，以向物，而尾垂於下。它字象之。𨙸君説从虫而

長者，非它之字形。从虫而長也，謂它由虫長成耳。”《吴語》“爲虺弗摧爲蛇將若何”，韋注：“虺，小蛇大也。”虺即虫，蛇即它。此小者名虫，大者名它之徵也。虫它有專形，故分二篆。

它或从虫。此後起諧聲俗字，轉失其本形，葢當時已叚它爲他。

舊也。外骨内肉者也。从它，龜頭與它頭同。天地之性，廣肩無雄，龜鼈之類，以它爲雄。象足甲尾之形。凡龜之屬皆从龜。此鄦説合體象形最詳審者，龜以它爲雄，其種本合體象形而成，故字亦从它頭，形本與它同也。段玉裁説：“从它者，象它頭，而已左象足，右象背甲，曳者其尾也。”古文龜。此象背甲首尾，爲純體象形之最古者。

鼀黽也。从它。象形。黽頭與它頭同。凡黽之屬皆从黽。徐鉉曰：“象其腹也。”案：此亦合體象形，與龜同。黽頭與它頭形同，故字亦从它，下蒙此，故知象腹也。籀文黽。段玉裁説：“古文象其頭腹，籀文更象其長足善跳。”案：《本艸》：“鼀，一名長股。即今蝦蟇。”故籀加象長股形，不得言从會意也。案：龜亦籀文，以象足，以黽不見足，嫌形不備，故以足之。

凡物無乳者卵生。象形。凡卵之屬皆从卵。段玉裁説：“此冡上黽，象形言之，卵未生則腹大，卵侌昜所合，天地之襍也。故象其分合之形。”王筠説：“卵謂魚卵，自腹中剖視之，有膜包裹，兩包相比，故作卵以象之。外象膜，内象子之圓也。引《禮記·内則》鄭注：‘卵讀爲鯤。鯤，魚子也。’爲證。”案：鳥亦卵生，後用此爲鳥卵字，別作鯤爲魚子，遂異其音讀。鄭知古

音，王因發明古誼，卵本魚子，故以次魚、黽之後。

蟲也。从。象形。段玉裁説：“其蟲四足象獸，故从。”亦合體象形者。案：虫部有蠆，亦以象足與身形。鄦不言从蠆省者，以萬、蠆各有專形，不得在會意之區。蠆蓋長身似虫，萬則四足似獸者與？

蟲也。从。象形。段玉裁説：“蓋亦四足，夏王以爲名，學者昧其本義。”案：象蟲頭。今所見黑蟲大如巨臂，四足，身首兩截，能穴地行水，作圓孔深尺許，屋下卑溼處往往有之。从者，四足蹂地，去土穿穴。夏王胼手胝足，穿地行水，故因以爲名云。古文禹。上象其頭，鋭能穴土。下象蹂地去土之形。皆合體象形字。

蟲也。从。象形。讀與偰同。段玉裁説：“殷王以爲名，見《汉書》。俗用偰、契字。”案：禼即《爾雅》“竊脂”“竊丹”“竊藍”“竊黄”，蓋九雇農桑候鳥，扈民不婬。禼爲司徒，因以名焉。古文禼。案：、皆象其身首。、其首上之毛角，與鬰皆以囟象其首，此禼亦是也。

蟲也。或曰：食象它。象形。凡巴之屬皆从巴。王筠説：“巴亦盤曲形。”徐鍇曰：“一所吞也。”乃望文爲義，且附會食象之説也。其《袪妄篇》作，是也。與同一象形。蟲類皆好盤曲，蟲小則曲少，它、巴大則曲多。夢英作，斷之也。今本作，亦隸變之迹耳。鄦書次己後者，段玉裁説：“非从己也，取其形似而軵之。”案：此依鍇本作，當次虫、它之間。《山海經》曰：“巴蛇食象，三歲而出其骨。”亦最大之它也。古篆當作，與、均象盤曲之形。但盤首居中而尾垂，則曲而右轉，巴則曲而左轉，以此爲異。

右蟲魚象形之文十三　重六

臾艸器也。象形。《論語》曰：“有荷臾而過孔氏之門。”鄦於“蕢”下出此，言古文象形，引古文《論語》以證之。案：甶象艸器，人象繫器之繩可負荷也。因説象形，故類次之。蕢篆文臾。鄦以此入艸部，云：“从艸貴。”爲形聲字。其實“貴”从臾聲，蕢又从貴得聲，展轉相从，幾失其初。玆因説形，乃先臾篆本其所始亦以見古文質樸多純形也。

冊符命也。諸侯進受於王者也。象其札，一長一短，中有二編之形。凡冊之屬皆从冊。冊象簡札長短相間。者，編之也。蔡邕《獨斷》曰：“其制長者一尺，短者半之。”此漢法也。鄭引《鉤命决》云：“《易》《詩》《書》《禮》《樂》《春秋》策長皆二尺四寸，《孝經》謙半之，一尺二寸。《論語》策八寸尺二寸者，三分居二，又謙焉。”此古制也。《聘禮記》云：“百名以上書於策。”即冊之叚借字，鄭注《尚書》云：“三十字一簡之文。”《漢志》云：“劉向曰：古文簡有二十五字者，有二十二字者。”長短有不同也。一冊五簡，當百字以上，與《聘禮記》合。古文冊。从竹。爲合體象形。葢後起古文加竹耳。

鬲鼎屬。實五觳。斗二升曰觳。象腹交文，三足。凡鬲之屬皆从鬲。上象其口，乂象腹交文，下象三足。亦純體象形字。鬲或从瓦。《漢令》鬲从瓦厤聲。

盾瞂也。所以捍身蔽目。象形。凡盾之屬皆从盾。徐鍇曰：

“𠂆象盾形，必加目者，以𠂆於形不備。目者，知所以捍身之用者也。目及之，乃以盾蔽之。”是爲合體象形。鄦不言从目者，明不得在事意之區也。《周禮·司兵》“五盾”。盾有專物，故爲實形。呂翼文説：“目當爲𠔿，象手所持繫紐。”

𠦒箕屬。所以推棄之器也。象形。凡𠦒之屬皆从𠦒官溥説。⊞與⊠同，故云箕屬。但𠦒有柄，故以十象其柄。⊠以竹爲之，故其文㐅。⊞以木爲之，故其文十，從横之象也。鄦言所以推棄之器，亦説形詳審者。王筠説：“鄉中䅰禾，所以推而聚之，之器似此形。”案：此即今糞𠦒。

刀兵也。象形。凡刀之屬皆从刀。案：籀文𠛱从刀，如此正象刀環形。古刀柄上有環，故造文者象之，爲純體象形。小篆作刀，但象有柄及鋒刃形。《禮記·内則》：“佩用有刀。”知古刀柄有環。《禮》：“割牲執鸞刀。”《詩》：“執其鸞刀。”毛傳：“刀有鸞者，言割中節也。”葢謂刀柄之環鸞然中節。五兵各有專名，鄦以兵釋刀，通名之耳。

互可以收繩者也。象形。中象人手，所推握也。鄦出此於“笠”下云：“笠或省。”案：此本純體象形古文。互象器，⺈象人所手相推握者。今所見猶然。鄦以“笠”入竹部，故先笠，今説象形，乃首互。笠互或加竹。呂翼文説：“正篆。加竹，俗字也。故鄦注或體駁之。象形與諧聲相亂，自兩漢已然。笠箕加竹，齒函加聲，鄦皆有駁文，鄦之功於是爲大。”

𠀠所以簸者也。象形。鄦於“箕”下出此爲古文箕。案：此亦純體象形之古文。㐅象編竹形，凵象器，與𠦒同意。箕𠀠或从竹丌。鄦出此爲正篆，云：“从竹𠀠。象形，下其丌也。”凡箕之屬皆从箕。案：此加竹丌，亦後起俗字，與“笸”同。鄦以“簸”从箕，故以“箕”爲部首。今説形，故先甘。亦古文箕。段玉裁説：“下象竦手。”案：加廾亦合體象形。亦古文箕。段玉裁説：“此象箕之多口形，不得言从八。”籀文箕。古箕有丌，所以奠箕者。隸變作其，本此經典通，用此爲語詞。籀文箕。案：籀時已用其爲語詞，故復加匚以别之。匚籀文匚字也，然則六書之亂，當在彌文之世。

丌下基也。薦物之丌。象形。凡丌之屬皆从丌。讀若箕同。此亦純體象形者。平而有足，可以薦物。

豆古食肉器也。象形。凡豆之屬皆从豆。案：此本獨體象形。中象其腹所容，上象其蓋。舊本有“从口”二字，蓋淺人所增，非鄦例也。據“皿”下云：“與豆同意。”知此亦獨體無从。古文豆。鍇本如此。大徐本作，但用筆微省。皆純體象形者。正篆本此而變，不得更言从口。

皿飲食之用器也。象形。與豆同意。凡皿之屬皆从皿。讀若猛。此象器有兩耳形。古鐘鼎作，籀文作，象口奓而中有實，與古文豆同。但豆有蓋，皿無蓋，又嫌皿有兩耳，故以同意顯之，明造文者、無殊，取象其形而已。凵下亦云：“飯器。”故皆無蓋。

凵凵盧飯器。以柳爲之。象形。凡凵之屬皆从凵。凵以盛爲形，故言飯器，足以明之。皿下亦云：“飯器。”皆以盛爲形，故皆無蓋。凵有專物，實獨體象形之古文也。凵或从竹。厺聲。蓋小篆嫌凵與凵口之凵無别，乃改爲形聲字，其實厺本从凵聲，笿又从厺，展轉相从，幾失其本，與臾蕢同。鄦竝録之，以見文字變更之原。形聲之用，便於俗學，古文樸質，轉難區别，此孳乳之字所以寖多也。《士昏禮》注作"笿簏"，《方言》作"厺簏"。

缶瓦器。所以盛酒漿。秦人鼓之以節謌。象形。凡缶之屬皆从缶。人象蓋，凵象器，中象所實，亦純形也。但缶有大小，《記》門外缶大於門内壺。韋昭説："缶，庾也。"庾實二觳，《論語》包注："十六斗曰庾。"《尔疋・釋器》"盎謂之缶"，郭注："缶，盆也。"鄦云："盎，盆也。罌，缶也。"盎、罌聲轉通用，此缶之小者也。

矢弓弩矢也。象鏑栝羽之形，與午同意。古者夷牟初作矢，凡矢之屬皆从矢。此亦純體象形者。古文作矢，人象矢鏑。人象矢栝。栝者，檃弦處岐，其耑以居弦也。中象羽形。吕翼文説："午所以舂也。俗作杵。午、矢皆所摧殘物者，故其鏑同。但午有栝無羽，栝以木爲之。據'午'下有同意之文，而此下乃云'从入'，脱譌較然。"

𣏕兩刃臿也。从木丫。象形。宋魏曰："芣也。"此亦合體象形者。但作丫，嫌與羊角丫混，故加木以明之。木者，其柄也。丫者，其刃也。師説即今爬也。《方言》曰："臿，燕之東北朝鮮洌水之間謂之斛，宋魏之間謂之鏵，或謂之鍏；江淮南楚之間謂之臿；沅湘之間謂之畚；趙魏之間謂之梟；東齊謂之梩。"段玉裁説："芣、鏵古今字也。"釫或从金，亏則爲形聲字矣。玄應曰："芣，古文奇字作鋘。"亏、吴、華皆聲轉。

柙檻也。以藏虎兕。象牢檻之形。鄦出此於"柙"下云："古文柙。"案：此爲純體象形，實最初古文也。吕翼文説："柙以藏虎兕，較牛羊之牢爲堅密，故有重檻亦容。屮，象桎梏薄地，使不得上突，如今時獄中門限。"柙或从木，甲聲。鄦以入木部，故以此爲正篆，其實"柙"本後起字，嫌柙與之混，故相承用柙。

㫃旌旗之游象形。讀若偃。古人名㫃，字子游。凡㫃之屬皆从㫃。鄦於"㫃"下出㫃，爲古文㫃字。大徐本云："象形，及象旌旗之游。"小徐本作："象旌旗之游及㫃之形。"則舊説爲象形字無疑。入象旌上𠂤羽，屮象杠首上見之皃，𠂆象旌旗之游。小篆本此微異，但上不相連，於綴𠂤之形不見。今説形，故先古文，亦《史篇》舊例。㫃篆文。从中曲而垂下㫃相出入也。鄦云："旌旗之游㫃蹇之皃。"則此亦象形也。段玉裁説："當云：'从中曲而下垂者游。从入，游相出入也。'"是以入爲入，則爲會意字。案：此本古文而變者，入亦象𠂤羽形，非从入也。

鼎三足兩耳，和五味之寶器也。昔禹收九牧之金，鑄鼎荆山之下，入山林川澤，螭魅蛧蜽莫能逢之，以協承天休。《易》卦、巽木於下者爲鼎，象析木以炊也。籒文以鼎爲貝字。凡鼎之屬皆从鼎。吕翼文説："鼎頭當與鬲頭同，故'鬲'下云：'鼎屬。'而諸本皆作目，亦隸變之譌。"案：鄦云："籒文以爲貝字。"是此字籒時以爿片象介蟲足形，小篆時用爲和五味之鼎，以鼎與鬲形相近耳。古彝器文作鼑。

臼舂也。古者掘地爲臼，其後穿木石。象形。中米也。凡臼之屬皆从臼。吕翼文説："'舂'下云'古者雝父初作舂'，則其來已舊，掘地亦污尊之制，麤疏可知，故以象其掘穿之痕，非米也。臼言米在中，井言甕在中，皆與獨體之例相違，非鄦舊也。”案：象臼中空形，有米則知其爲臼也，故加象米形，此合體象形之最精者。又鄦書部居，臼本蒙米而次之，米亦以象形，若以爲掘穿痕，則尚未成臼也，且未知其爲坎陷也，與何以爲臼。考《太平御覽》《世本》“雝父作舂杵臼”，宋衷曰：“雝父黄帝臣也，此自主穿木石言之耳！非上古掘地之臼。非掘痕甚明。

庖犧所結繩以漁。从冂。下象网交文。凡网之屬皆从网。冂象其覆，㸚象其合交之目，非从冂會意也，亦合體象形之古文。”吕翼文説：“文鬲諸形，皆爲乂，亦凡詞也。此複乂者，以网有凡有目。凡謂之綱，《書》曰：‘若网在綱’，綱者，持网繩，所以收發者也。目則眾繩之坿綱者，《春秋傳》曰：‘前目後凡。’”案：吕删“从冂”字，謂网有綱目，吕以象形皆獨體，故以冂象綱，以㸚象目，其實鄦本舊師説，合兩體以象形者甚多，不可易也。网或从亡。案：以亡爲聲，與齒从止聲同，皆後起俗字。网或从系。古文网，从冂，亡聲。籒文。从冂。

籍也。禮天子諸侯席有黼繡純飾。从厂因，象形。與石同意。鄦於巾部“席”下出此，云：“古文席，从石省。”案：此當从厂，鄦書“厂”下云：“山石之厓巖，人可居。”又“广”下云：“因广为屋，象對刺高屋之形。”此从厂，象人所居屋下之形，因象敷席方正有文，中作㐅形者，象織席之文也。賓主相見，設㘞必在屋下。但作“因”嫌形不具，故加厂以明之。因在厂下爲㘞，與口在厂下爲石同，皆合體象形之古文。舊本當云“與石同意”，展轉譌脱爲“从石省”。段玉裁遂云下象形，上从石省聲，非也。古象形不與聲混。席篆文。从巾，庶省。案：鄦以此入巾部，故先篆文。兹説形，故先古文。徐鉉曰："席以待賓客之禮，賓客非一人，故从庶。"段玉裁以爲庶省聲，非也。此當从广，广猶厂也。廿當作廿，象席方正形，與因同，巾以拂之也。

舟船也。古者共鼓貨狄，刳木爲舟，剡木爲楫，以濟不通。象形。凡舟之屬皆从舟。案：此本當作舟，爲純體象形。爪象船倉篷，丿象船頭及尾之形。尾有舵，所以使船𠂇又上下者，故以乀象之。吕翼文説："此据《易傳》文，説舟爲刳木形，乀其楫也，楫所以進船。古彝器文作舟，横寫之，純象船形，今畫家猶然。小篆求整直，寫作舟，轉失其真。"

殸樂石也。声象縣虡之形，殳所以擊之也。古者毋句氏作殸。鄦"書磬"下出此云"籀文省"。案：此本合體象形。声上中與豈言陳樂立而上見者同。段玉裁説："此从中，謂虡之上出可見者，崇牙樹羽是也。一象栒之横，丨象虡之植，厂象編殸係焉。或曰𠃊象殸之股，丿象殸之鼓，殸之縣也，股横出而鼓直。凡言磬折者，取象於此。"但作声，則未知其爲縣石也，與編磬也。與殳以擊之，其聲硜硜然，則知其爲殸也。小篆加石，非籀省也。鄦以磬入石部，故先磬而出殸於下，順文説之耳。磬篆文。从石。亦合體象形。硜古文。从巠。葢巠聲，亦後起古文。

勿州里所建旗。象其柄有三游，襍帛，幅半異，所以趣民，故遽稱勿勿。凡勿之屬皆从勿。段玉裁説："丿象柄，彡象三游。"吕翼文謂："此詞義詳確不謬，畫成之例，則篆體當作勿。"案：鄦言"襍帛幅半異"，謂正幅半赤半白，然則三游之外更有襍帛爲正幅，故見爲彡，丿自象其柄，亦古之純形字。㫚勿或从㫃。

此後起俗字，以旗、旟、旂皆从㫃，故加㫃耳，不知旗六游，旟七游，旂九游，於字形無可畫，不得不諧聲，故皆以㫃爲形。若勿有專形，則無取乎㫃矣。先聖制勿以趣州里之民，後因增其游數以爲等差，其制皆始於勿，唯此勿有專形，實最古之文。

壺昆吾圜器也。象形。大象其蓋也。凡壺之屬皆从壺。壺圜器，不得言从大，此大斥蓋形言之也。不取大義，又不取大形，故知非从大也。舊傳本大上有“从”字，寫者誤衍。此以亞象壺形，以大象。蓋亦合兩體象形者，是物本有兩體也。《聘禮》注曰：“壺，酒尊也。”古者昆吾作匋，壺者，昆吾始爲之，故稱昆吾圜器。

珡禁也。神農所作，洞越，練朱五絃，周加二絃。象形。凡珡之屬皆从珡。段玉裁說：“象身、首、尾也。上圜下方，故象其圓。”王筠說：“此背面形。冂以象首及仙人肩，玨下二畫，雁柱也。直者二七，絃分繫也。上二二，蓋臨岳形。”鑋古文珡，从金。

𤨶庖犧所作弦樂也。象形。鄦書“瑟”下出此爲古文瑟。案：此本純體象形，古文中Ⅲ者，絃也。畫者之列，多不過三也。糸者，臨岳也。𠘧者，身長下方之形。人象首之廣也。以古文鑋推之，知先有𤨶而鑋从之，此最古之文。自周文、武時於珡加二弦，乃別造珡篆，加二直畫於糸中作玨，明後聖所增益也。又省中Ⅲ之Ⅱ，亦多不過三之意也。又取𠘧之象其身者，而曲之以象其圓長之形。然則籀文珡本此而變。古文先造𤨶，後造鑋，故鑋从𤨶。周加珡絃，先改珡篆，後改瑟篆，故瑟从珡。曾朝祐說：“从八聲。”非也。瑟篆文。从珡，必聲。此亦大篆也。

受物之器。象形。凡匚之屬皆从匚。讀若方。段玉裁説：“此其器葢正方，文如此作者，横視之耳。”王筠説：“匚葢避凵作此形，凵以避凵弇上以別之。匚字更無避法，側之而已。”案：凵盧飯器也。不弇上，則不適用，故以凵見凵盧實形。匡、匪、匝、匱皆受物之器，側傾則泄也，此指未受物之器而言，故見爲横形耳。吕翼文説：“一畫之文最古，非後世文家之事，當云與厂冂同意，亦人所居穴也，然鄦以受説形，亦不謬於畫成之例。匚非厂穴甚明，籒作𠥫可證。”籒文匚。案：此象竹器織文。別於凵凵諸文，曲爲蠶薄，故此仍横之。

象器曲受物之形。或説曲蠶薄也。凡曲之屬皆从曲。段玉裁説：“匚象方器受物之形，側視之。曲象圜其中受物之形，正視之。”案：蠶薄本圜器，此鄦采當時師説以廣異聞者，其實與𠥫皆起於籒，不必分方圜。古文作𠃊，不象圜形，隸作曲。古文曲。本作𠃊，嫌與隱匿之𠃊同，故文之。

東楚名缶曰甾。象形。凡甾之屬皆从甾。段玉裁説：“口大而頸少殺，故篆作甾。”案：此與缶形略同。缶以凵象器，此亦以凵象器。缶以午象葢及中所實，此作丰在中亦同。但寫者於凵引而上之，則丰微下，是缶、甾本一物，但秦人呼缶，東楚名甾，方音既殊，又所造之器異地，則形弗同。缶、甾各有專形，故古聖造文分二篆。太史公曰：“自彭城以東，東海吴、廣陵，此東楚也。”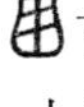古文甾。案：丰非字不得言从三之者，畫者之列多不過三也。小篆省作丰。

土器已燒之總名。象形。凡瓦之屬皆从瓦。案：《記》言“毀方瓦合”，瓦有專形，後以爲總名耳。段玉裁説：“象卷曲之

形。”王筠說：“瓦之爲物，其坯爲圓形，劙爲四而不絶之，既乾之後，乃就所劙之處敲而坼之，故㼲瓦合四而成規。瓴瓦則不然矣。以字形觀之，外則屈曲，中有界畫，蓋象其初爲圓筩形。專指屋瓦，乃有實形可象，鄦以瓦部諸文惟甍爲屋瓦，故以總名說之。”

以近窮遠。象形。古者揮作弓，《周禮》六弓：王弓、弧弓以鉃甲革甚質。夾弓、庾弓以鉃千侯鳥獸。唐弓、大弓以授學鉃者。凡弓之屬皆从弓。王筠說：“弓本作，象弛弓形，垂於左者，弦也。”案：古彝器亦作，皆象彎弓形。若弛弓，則作形。吴大澂據亞尊有，釋爲弛弓形，其近之乎。《記》曰：“凡遺人弓者，張弓尚筋，弛弓尚角。右手執簫，左手承弣。”箋言：“簫，弭頭也。謂之簫簫邪也。弣，把中。”此篆上曲作者，象弓簫也。中作彎形者，弓弣也。弓不畫弦者，弦與弓本兩物也。觀篆可知。

細絲也。象束絲之形。凡糸之屬皆从糸，讀若覛。段玉裁說：“象束糸之形者，謂古文也。小篆作，則有增益。”吕翼文說：“者束其端，外見三，則多之極也。故言細。”案徐鍇說：“一蠶所吐爲忽，十忽爲絲，糸五忽也。”物甚細者，象其端之垂也，亦純形字。古文糸。象糾合相束形。

捕鳥畢也。象絲網上下其竿柄也。凡率之屬皆从率。段玉裁說：“象絲網，干象竿柄。”吕翼文說：“此說形詳審之文，既舉全形，則絶不言从玄以自亂其例。据此知說象形，又以形爲从某者，皆俗師所補，非其舊矣。”

五色也。黄爲之長，久薶不生衣，百鍊不輕，从革不

韋，西方之行，生於土，象金在土中形。凡金之屬皆从金。鄦於“金”下出此爲古文金。段玉裁説：“此象形而不諧聲。”案：此本最古之純形字。◇象取金之穴，與囗、井同。穴在土上，金在土中，故以丷象金砂，其形自見，不必言从土也。又楚公鐘金旁作金，象兩穴形，以丷在穴旁，象金，知古本不从土。金篆文。从土ナ。又注象金在土中形。今聲。案：小篆以金不得聲，故改从今聲。鄦以小篆時从金者多，故以金爲部首，兹説形，故先古文。

鋀酒器也。象形。鄦於“鋀”下出此云：“鋀或省金。”案：此本純體象形古文也。後以金爲之，乃加金旁耳，非省金也。象兩耳有口，古爲瓦器與金同，今所呼酒鋀，器形正相似。段玉裁説：“或曰《詩·行葦》‘大斗’字當作鋀，是也。”鋀篆文。从金。鄦以入金部，故先篆。今説形，先古文。

勺挹取也。象形。中有實，與包同意。凡勺之屬皆从勺。案：勹象器形，上其柄也。中有所實，謂一也。一非字，象所盛之物，故不得言从，但作勹，雖足象器形，又嫌與勹混，故加一於中以實之，亦合體象形者。

几踞几也。象形。《周禮》五几：玉几、雕几、彤几、髹几、素几。凡几之屬皆从几。段玉裁説：“象其高而上平可倚，下有足。”吕冀文説：“丌則云薦，几則云踞，其形自見。”案：鄦引《周禮·司几筵》文唯“髹”，今本作“漆”。

且薦也。从几。足有二横，一其下地也。凡且之屬皆从且。案《禮記》：“有虞氏以梡，夏后氏以嶡，殷以椇，周以房俎。”鄭注：“梡，斷木爲四足而已。嶡之言蹷也，謂中足爲横距之象。

《周禮》爲之距。椇之言枳椇也，謂曲橈之也。房爲足下跗也，上下兩間，有似於堂房。《魯頌》曰：“籩豆大房。”是且爲夏制，二蓋象其足中橫距之者，且與几本相似，然各自爲物，各有專形，當與龜它頭、鳥鹿足同例，亦合體象形之文。古文以爲且。又以爲几字，據小徐本如此。案：此即有虞氏之梡，斷木爲四足而已，後因夏后氏中足爲橫距，乃更造且篆以象之。又以爲几，以几亦著於地也，此可見古今文字變更之原。

斫木斧也。象形。凡斤之屬皆从斤。段玉裁説：“横者象斧頭，直者象柄，其下象所砍木。”案：此純象斧形，不見所斫木。段氏分而二之，非也。吴大澂據《天君鼎》作，蓋古本作。小篆求工，於下引長，遂不滿畫，古彝器可證也。

十升也。象形。有柄。凡斗之屬皆从斗。段玉裁説：“上象斗形，下象其柄也。斗有柄者，蓋象北斗。”王筠説：“先有斗形，而北斗、南斗象之，因名以斗，非取象於星也。《六書正譌》作，即鄦君之所斥人持十者。”

酋矛也。建於兵車，長二丈。象形。凡矛之屬皆从矛。段玉裁説：“直者象其柲，左右象其英，《詩・鄭風》傳云：‘重英，矛有英飾也。’《魯頌》傳云：‘朱英，矛飾也。’”案：《考工記》有酋矛、夷矛，酋矛常有四尺，夷矛三尋，鄦不言夷矛者，舉類以曉人，不煩言也。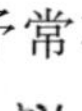古文矛，从戈。亦合體象形。

輿輪之總名。夏后時奚仲所造。象形。凡車之屬皆从車。段玉裁説：“象兩輪一軸一輿之形。此篆橫視之乃得。”案：吴大澂所據《孔作父癸鼎》作，與段説正合。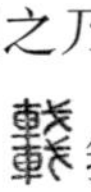籀文車。段玉裁説：“从戈者，車所建之兵，莫先於戈也。从重車者，象兵車聯綴

也。重車則重戈矣。”吴大澂據《毛公鼎》作𨏥，《盂鼎》作𨏥，謂古“車”字也。又《立戈父丁卣》作𨏥，《咎作父癸卣》作𨏥，皆古“車”字，象輪轂轅軛之形。或从戔，非。吴意謂此籀文从重，戈者，即此𢦏𢦏之譌，亦不爲無據。蓋古本作車，籀時文繁作𨏥，小篆求工，變作車，皆不失爲純形字。

右器用象形之文四十三　重三十有四

玉石之美，有五德。潤澤以温，仁之方也。䚡理自外可以知中，義之方也。其聲舒揚，專以遠聞，智之方也。不撓而折，勇之方也。鋭廉而不忮，絜之方也。象三玉之連，丨其貫也。凡玉之屬皆从玉。此與王形近而義别。王从三，爲天地人之道，故中畫近上。此象佩玉之連，玉之列多不過三，亦畫例，非从三也。鄦言“丨其貫”者，明非从丨也。王言三畫而連其中，孔子曰：“一貫三爲王。”亦貫通之義，而非繩貫之也。此專斥貫謂繩貫，實純體象形者。徐鉉引李陽冰説：“三畫正均，如貫玉也。”以别於中畫近上之“王”，隸變作玉，顯而易别。𤣪古文玉。象有絲組。荀偃以朱絲係玉二瑴。

𠃚佩也。象形。鄦於“曶”下出此爲籀文，曶云：“一曰佩也，象形。”案：鄦書無笏，古象笏字蓋如此。《玉藻》曰：“凡有指畫於君前者，用笏。”笏所以書思對命，紳笏皆卑者之制，亦事佩也。上端以指畫，下方以書，此正象笏形。既爲實物，自有專形，故入象形。與正篆異義者，當時師説麗褫，各據所見也。

曶出气詞也。从曰□，象气出形，《春秋傳》曰：“鄭太子曶。”鄦出此爲正篆，以其入曰部，故言从曰，其實笏制最古，臣記事於君前，恐其忽忘，因書於笏，引申有忽忘義。古籀皆作𠃚，象笏形。小篆時以其用爲飄忽、奄忽，乃改从曰，而師説亦訓爲出气詞，皆後起字義，鄦故以象形正之。俗又分作笏、忽兩文，而㫚、曶廢。

冃小兒蠻夷頭衣也。从冂。二其飾也。凡冃之屬皆从冃。案：二非字，象所飾者之形，冂但象其覆葢，則未知其爲頭衣也與，幬帳也與，故加二以明之，亦合體象形者。不言从二，故不得爲會意。荀卿曰："古之王者有務而拘領者矣。"楊注："務讀爲冒。"葢上古聖人未制冠冕，但用冃覆首而已。後世文物大備，而冃遂爲小兒及蠻夷頭衣，然則冃亦象形字之最古者。

巾佩巾也。从冂。丨象糸也。凡巾之屬皆从巾。巾有系可佩於帶，故以丨象之，冂象其覆物之形。《周禮·冪人》注："以巾覆物曰冪，亦合體象形，非从冂會意也。"吕翼文説："佩巾，事佩也。《内則》曰：'左右佩用。'巾必有綦組，以好之系。不言組者，嫌若異物，巾下言系，玉下言貫，詞例皆相似。"

帶紳也。男子鞶革，婦人鞶絲。象繫佩之形，佩必有巾。从巾。冖象帶絲，卌象繫佩之形，必加巾者，佩必有巾，合之其形乃全，此鄦説合體象形之最明者。段玉裁改鄦説"从巾"爲"从重巾"。案：帶有專形，卌象繫佩下乑，巾、冖象帶形，非重巾也。

巿韠也。上古衣，蔽前而已，巿以象之。天子朱巿，諸侯赤巿，大夫葱衡。从巾。象連帶之形。凡巿之屬皆从巿。吕翼文説："壓裳縫之飾也，以韋爲之，後起諧聲字从韋犮聲。冕、弁、冠皆用韋者，以存古制。茹毛之世，衣鳥獸之皮，先知蔽前，不忘恥也。故後聖貴之。"案：此本作巿。上象帶，與帶篆之冖同，故𠌶云“象連帶之形”也。篆文市，从韋，从犮。葢形聲字。徐鉉曰：“今俗作紱，非。”

依也。上曰衣，下曰裳，象覆人之形。凡衣之屬皆从衣。舊本作象覆二人之形。段玉裁説：“覆二人謂貴賤皆覆。”案：一衣何能覆二人？不詞甚矣。二字葢誤衍也，但言象覆人之形足矣。孫星衍説：“二人當作三乚乚，古文肱也。”案：一人無三肱，亦非也。象覆，象人端坐，兩夾衣紋向下之形。王筠説：“象領褎，非入字也。”

艸雨衣，秦謂之蓑。象形。𠌶於衰下出此爲古文。案：象覆，象領，象編艸參差之形。本純體象形之最古者，故先之。吕翼文説：“裘、衰皆䢔重文以存疑，凡象形字兼義兼聲皆當時俗字，師説誤入正篆者，故據古文駁之。裘、衰皆有專形，不待从衣造字之例，形不可畫而後求之於義，義不可訓而後求之於聲，若相襍複，則俗字也。篆文。从衣。𠌶入衣部，以此爲正篆，本後起俗字。

皮衣也。象形。與同意。凡求之屬皆从求。𠌶於“裘”下出此，云：“古文省衣。”案：此本純體象形最古之文。象皮毛之形，象領卷及背中革縫。《詩》曰：“羔羊之縫。”補箋謂執皮者攝毛於内，故見革縫余毛然，故云“與同意”。篆文以象形，嫌人不曉，故加衣耳，非古省衣也。寒則索，因叚借爲乞字。漢時師説有分、爲二字者，故以爲从衣，求聲。𠌶所不从，乃下己意以駁之，云：“一曰象形與衰同意”者，斥求言之也。朱駿聲説：“从又持尾省，會意。”不知求乞爲衣求之叚借義，妄生新説，以又持尾會索求之意。其實獸尾不可持，持之則噬人，何能遂所求？其説陋矣。或疑爲九聲，亦非也。古本作，上圓象衣領，後誤作，遂生異説，今陝西衣求者，猶以革爲表，其形可見也。篆文。从衣，求聲。一曰象形，與衰同意。鄦於“衰”下曰“从衣，象形”。是鄦意以衰、裘皆合體象形，明求非聲也。衰之古文，以象領，以象領，皆純形也。

首笄也。从人匕。象形。凡先之屬皆从先。段玉裁説：“此非相與比叙之匕，乃象先之形。先必有岐，故加匕於人上，則首笄之形顯矣，亦合體象形字也。左象其所抵以固弁者。俗先。从竹，从朁。

冕也。周曰皃，殷曰吁，夏曰收。从皃，象形。段玉裁説：“象皮弁之會。”鄭康成説：“會，縫中也。”案：但作，嫌與小混，故加皃以明。在皃上，則形具矣。亦合體象形。籀文皃，从収，上象形。案：象皃形，但作，嫌與混，故加収象兩手承皃之形，則形乃顯。或覍字。隸變作弁。本此象覆首之皃，與同，非从也。从収者，本籀文而變。

右服饰象形之文十一　重八

象形之部都一百三十五文　重八十五文

卷二

指事

鄦君説指事曰：“視而可識，察而可見，丄丅是也。”葢象形實而指事虛，象形有全物，指事無定形，隨所指而可見，如丨在一上爲丄，在一下爲丅，丨非專物，一無定形，但以一爲體，則高底之義相起而明，此吕氏翼文所謂對文起義者也。又舉𠃌𠃋以比附其例，謂鄦誤説爲象形，不知鄦於指事之屬，往往多説以形，葢事因指而明，若指其掌然無形，則無可指矣。所謂事可識、可見者，明明有形在也，不得疑鄦所説之形不可謂之事也，審矣。且指事之支流甚廣，略致推求，厥有十類：其對文指事者，如丄丅止㞢出彳亍爪𠬜丮𠬞又𠂇予𠂔丂亏亯𣆪夂𡕒本末㞢帀身㐆欠旡𦥑県后司𠨍𠨎永𠂢不𡉚𠃊𠃑厂乁亅𠂆𢇍𢇁孑孓已㠯之類是。其有指事之文，起於象形、會意之後者，如乏𣥖𠀆𨸏匕𠂈𠩵𠨑丸𠫓諸文，不得與正𣥖可邑人从印𠆤子諸字相對起義者，則以正𣥖可邑从印𠆤皆兩體會意。人子又爲象形，此乏𣥖諸文，實起於其後，但反到其形以明之，所謂反文指事者也。其獨體指事者，則一丨丶，乃入冂厶乚乙之類是也。又有併體指事者，或二之，或三之，非合併則事不明，如三气㒸八勺十卜爻冓羽𠀃亼灥彡弱二幵厽宁叕之類，分之則刃㢲匃，皆不成文，故不得在會意之區。若獨體之字，有物爲形，無物爲事，此六書之通例也。但事必因物以明，若牟羋之屬，不先出牛羊之形，則無以見事。事不空見，假形以立，既窮於形，必坿於所从之形以見義，或增其文，或省其文以起之，如牟廴疋㗊只𠀆𤔔叉𠬪父夬尹坐刃刅巨乎朱果朵𣎵冂㕯卒兆豕馬、馬𩧶亦夾取母毋广𠂢升𡳿丑未皆增其文以起義者也。若谷凵支丫𠀌虍不臯㕡夕片谷非卂弦鹵俎弋𤔔了酉之類，皆省其文以起之。又有變其文以起之，如禾勹大夭交尣，是皆不离於所从之母文，而義乃得緣之而起，若以耳所聽，目所以視，口所以食，言既非全物，亦無全形，故師説皆以爲指事之支流也。至於形容之詞，小大之數，不假物以明之，則事不顯，故列采動口𥝢臼牙谷西厷目㗊眉自白冎肉胃肩角麥吕毛皃百面牙而𡈼亢囟心耳𦣝手𠂹也力之屬，爲分體象事者三十七文。列示王屯小丵革臣乚幺工巫豊豐皿主皀高京畗亩夊弟久樂才出生牛乇𠂹巢壺囧毌丂卣𠭯亯枲凶耑疒肯兩襾户方丏文豸火囪大亦夫立巛霝飛西户門民氏土甾四亞五七九甲丁戊己庚壬癸寅丣午申酉之屬，爲假體象事者八十三文。或为人物之分体，或假人物之全体，要足以明其事而后已。更有一体半支不足以明其事者，則假两体三体以明之，故列画壴夒舍㿝爵蜀鼠畺离之屬，爲複體指事之文十。凡此十類，略加研考，皆顯而易見，學者引而申之，發其微旨，於指事之文觸類可通，庶不爲古人所愚乎？

丄高也。此古文上字。指事也。凡丄之屬皆从丄。此鄦書説六書明以爲指事者，蓋《史篇》舊文。不言从丨在一上者，丨不成字，故籀作一，篆作上，無專物，無定形，不得屬形意之區也。上篆文丄。段以二爲古文，以丄爲篆。案：二爲籀文。丄，籀文上从之，隸變作上，本小篆。二 籀文上。依籀文上補。

丅 底也。指事。此與丄爲對文相起。吕翼文説：“高底者，詞例與反文到文同，以一爲體，則高底之義相起而明。”下 篆文丅。段以二爲古文，以丅爲篆文，而删上下二文，是未見秦碑者，徐本不誤。二 籀文丅。據偏旁補。

止 下基也。象艸木出有阯，故以止爲足。凡止之屬皆从止。基阯是事，足止亦不成物，此與𣥚亦對文相起。凡人行步則一止一𣥚相背，故步从止𣥚，足相剌，癶亦如是。

𣥚 蹈也。从反止。讀若撻。吕翼文以此爲反文指事，蓋以止爲象形，不知此亦丄丅之例，非正匕之例。

彳 小步也。象人脛三屬相連也。凡彳之屬皆从彳。三屬者，上爲股脛，次之足，又次之舉步。則脛動而三者相連，是説事之文也。

亍 步止也。从反彳。讀若畜。此與彳亦對文相起。小步爲彳，步止爲亍。案：彳亍古躑躅字，《魏都賦》曰：“澤馬亍阜赭。”《白馬賦》曰：“秀騏齊亍。”

爪 丮也。覆手曰爪。象形。凡爪之屬皆从爪。此與𠬤同部對文，亦丄丅之例。鄦云象形，實象事也。覆手丮之，是説事之文也。事必因形而見，故鄦於此類往往説以形，學者不必以此而泥之。

𠬤 亦丮也。从反爪。闕。鄦謂闕其音讀。案：此即古“掌”字，楊雄《河東賦》：“河靈矍踼，𠬤華蹈衰。”蘇林曰：“掌據之，足蹈之也。”小顔云：“𠬤，古掌字。”酈注《水經·河水篇》引此作“掌”，蓋覆手曰爪，仰手曰掌，對文相起，其義易明。

持也。象手有所丮據也。凡丮之屬皆从丮。讀若戟。象手有所丮據，指事言之也。吕翼文説：“當言‘从手’，坿形以起義。傳本脱‘从手’字，非其例也。”非專字，不知與同部對文，亦丄丅之例。鄦言象手有所丮據，坿形之義自明，不必言从。

亦持也。从反丮。闕。此亦闕其音讀也。毛傳云：“拮据，戟挶也。”丮讀如戟，故反丮讀如挶，今人讀居玉切是矣。手部云：“局戟，持也。”與此義同。然則丮𠃨即戟挶之古今字。

手也。象形。三指者，手之列多略不過三也。凡又之屬皆从又。此ナ又亦丄丅之例。ナ指其ナ手，又指其又手，是指事也。

ナ手也。象形。凡ナ之屬皆从ナ。此與上又對文相起，鄦雖説形，實象事也，與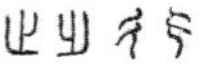同。

推予也。象相予之形。凡予之屬皆从予。推予是事也，無定物，故無專形，以指相推予之物，以指其事。

相詐惑也。从反予。《周書》曰：“無或譸張爲。”吕翼文説：“推予以誠，故詐者反之。”案：此與予同部對文相起，亦丄丅之例。

气欲舒出，上礙於一也。，古文以爲字。又以爲巧字。凡丂之屬皆从丂。此亦鄦書説象事之文，與同部對文相起。

反也。讀若呵。吕翼文説：“者，怒也。丂者，上礙於一气不得舒，故怒呵者反之。”鄦云讀若者，主用字言之，明

𠀀，呵爲古今字。

亯獻也。从高省曰。象進孰物形。《孝經》曰："祭則鬼亯。"凡亯之屬皆从亯。亯獻亦事也。此象進孰物，亦説象事之文，與㫗對文相起。亯篆文亯。

㫗厚也。从反亯。凡㫗之屬皆从㫗。徐鍇曰："亯者，進上也。以進上之具，反之於下則厚也。"案：進上爲亯，反亯爲㫗，義亦相起。

夂从後至也。象人兩脛後有致之者。凡夂之屬皆从夂，讀若黹。此䣊説象事之文最詳審者，與㐄同部對文相起。

㐄跨步也。从反夂。䟫从此。跨步爲㐄，後至爲夂。跨步者，謂前行也，故與後至之義相起。

本木下曰本。从木，一在其下。此以一指其所在，與丄丅同，亦埘形見義者。徐鍇曰："一説其處也。"𣎵古文。

末木上曰末。从木，一在其上。案：本、末同部，亦對文相起，以一指其在上者爲末，在下者爲本，非从一會意也。

㞢出也。象艸過屮，枝莖漸益，大有所㞢也。一者，地也。凡㞢之屬皆从㞢。案：㞢與帀亦對文相起。㞢往奮發，無所限制，帀則有限制也。

帀匊也。从反㞢而帀也。凡帀之屬皆从帀。周盛説。吕翼文説："師字从此。帀則畫地爲營域，使不得分散，故以反㞢起其事。"

身躳也。象人之身。从人。凡身之屬皆从身。此與㐆亦對文相起。身者，出身以事人，故《語》曰：“事君能致其身。”此从人，而指其屈伸俯仰之事。舊本有“厂聲”，段玉裁說：“厂非聲，葢淺人所增。”然段又以爲申省聲，亦非也。

㐆歸也。从反身。凡㐆之屬皆从㐆。徐鍇曰：“古人所謂反身修道，故曰歸也。”吕翼文説：“言歸者，本造字之義，非訓詁也。”案：出身事人，反身歸㐆，義亦相起。

欠張口气悟也。象气从儿上出之形。凡欠之屬皆从欠。《曲禮》：“君子欠伸。”凡人欠伸，則張口气悟。此言象气从儿上出，亦説事之文。

旡㱃食气屰不得息，曰旡。从反欠。凡旡之屬皆从旡。此與欠亦對文相起。張口气悟爲欠，气屰不得息曰旡，故於文反欠爲旡，今假用㤅唈噎歐字，而古義廢。𠂽古文旡。隸作旡，本此而變。

𦣻百同古文𦣻也。巛象髮，髮謂之鬊，鬊即巛也。凡𦣻之屬皆从𦣻。此與県亦對文相起。𦣻者，指自𦣻也。有罪自𦣻減死，故反之則爲斷𦣻到県也。

県到首也。賈侍中說此斷首到縣県字。凡県之屬皆从県。此以到文起其斷義，則𦣻者謂得保其𦣻也。

后繼體君也。象人之形。从口。《易》：“后以施令告四方。”凡后之屬皆从后。此不言“从人”，則非會意。葢以口爲形，而以𠂆指其所施之令，則君體自明。鄦引《易》説从口之意，而以𠂆爲象人之形，亦説事之詳審者。

司臣司事於外者。从反后。凡司之屬皆从司。此與后亦對文相起。君施令爲后，臣司事爲司，故於文反后爲司。

卪瑞信也。守邦國者用玉卪，守都鄙者用角卪，使山邦者用虎卪，土邦者用人卪，澤邦者用龍卪，門關者用符卪，貨賄用璽卪，道路用旌卪，象相合之形。凡卪之屬皆从卪。此與𠨍同部對文相起。鄦説象相合之形，明卪爲半體，亦指事也。

𠨍卪也。闕。鄦不言此从反卪者，以卪象相合之形，卪爲半體，故知此亦卪也，而闕其音讀。案：𠨘爲反印，从此知此亦反形起義。

永水長也。象水巠理之長永也。《詩》曰："江之永矣。"凡永之屬皆从永。此與𠂢亦對文相起。正流則永長，衺流别𠂢則不能長。

𠂢水之衺流别也。从反永。凡𠂢之屬皆从𠂢。讀若稗縣。徐鍇曰："永，長流也。反即分𠂢也。水部别作派，爲後出俗字。"

不鳥飛上翔不下來也。从一，一猶天也。象形。凡不之屬皆从不。此不至與丄丅同，皆以一指其所在。非字，但象鳥上翔耳，故不得爲會意。鄦雖説象形，實指不下來之事也。

至鳥飛从高下至地也。从一，一猶地也。象形。不上去而至下來也。凡至之屬皆从至。此鄦説不上去而至下來，是鄦以不至二字爲對文相起也。亦非字，但指鳥下至之象耳。吕翼文疑鄦書有二文爲象形，不知不从一以起之，則義無可説，於形不顯。是知本不成文，非鄦書脱佚。

丿又戾也。象𠂇引形。凡丿之屬皆从丿。

乀𠂇戾也。从反丿。讀與弗同。此與丿同部對文相起。丿象𠂇引，乁象又引，與𠂇又同。鄦不言又引者，明反丿相起也。

厂抴也，朙也。象抴引之形。凡厂之屬皆从厂。虒字从此。此與丿象𠂇引者詞例同，亦對文指事者。徐鍇曰：“象丿而不舉首。”

乁流也。从反厂。讀若移。凡乁之屬皆从乁。此與乀丿同例。鄦不言象抴引，明與厂相起。訓流者，亦抴引之義。

亅鉤逆者謂之亅。象形。凡亅之屬皆从亅。讀若橜。此與𠄌同部對文相起。鉤逆者自下逆上。鄦雖象形，實象事也。

𠄌鉤識也。从反亅，讀若窡。案：戉斧字从此爲聲。鉤識者，用𠄌表識其處，謂文書𠄌絕之與亅相起。

𢇍斷絲也。象不連體絕二絲。鄦於系部“絕”下出此，云：“古文絕，象不連體絕二絲。”案：此説象事之文，斷絲是事也。以絲爲母文，以丿指其所斷者，與㡭同部對文相起。絕篆文。从刀糸。卩聲。鄦入糸部，故先“絕”。

㡭續也。反𢇍爲㡭。小徐本“繼”下出此，云：“或作㡭，反𢇍爲㡭。”寫者脱此篆，於文不可曉，段玉裁補之，是也。𢇍、㡭對文相起，本指事之最古者，後乃加糸旁作“繼”。繼篆文。从糸㡭。

孑無又臂也。从了乚。象形。此與孒爲對文相起，與丄丅𠂇又同。孑無又臂，孒無𠂇臂，二者反乃足相起也。

孒無𠂇臂也。从了亅。象形。吕翼文以孑、孒二文爲象事之雙文相起者，謂此下傳本皆誤加“象形”字，葢校者補之。然六書之例，唯象形獨體無从，若實形，不得又言“从”，“从”則爲事矣。不言从子者，从子則在片夕之例，非相起之例。若其文單出，則在廴㢟之例，亦非相起之例。凡無从則爲形，有从則爲事，又不得以觀象之例疑之。案：孑孓，古拮据字，言無𠂇又手不能行也。《廣雅》：“孑孓，蜎也。”郭璞云：“井中小蛣蟩，赤蟲也。”郭以蛣蟩釋孑孓，蓋俗加虫旁从吉厥爲形聲，與拮据同。孓讀居月切，据厥雙聲。

巳已也。四月陽气已出，陰气已藏，萬物見成文章，故巳爲它。象形。凡巳之屬皆从巳。《律書》曰：“巳者，言萬物之已盡也。”《釋名》曰：“巳，畢布已也。”辰巳之巳既久用爲已然，已止之已，故即以已然之已釋之。案：此與㠯同部對文相起。𨛜言“陽气已出，陰气已藏”，亦說事之文，下蓋有“一曰巳爲它”。象形。此近十二屬之說，廣異義耳。傳本脱誤，則詞意不明。

㠯用也。从反巳。賈侍中說㠯意㠯實也。象形。此引賈說與“巳爲它，象形”同，皆别一義，廣異聞耳。其實巳爲已盡，㠯爲用始，兩義相起，終則有始，故於文反巳爲㠯。師說“㠯”即古“胎”字。

右對文指事之文五十　重九

乏《春秋傳》曰：“反正爲乏。”案：从一从止爲會意，此反文指事，起於會意之後者，不得與之對文相起也。不正則情理匱乏，義亦相反相成。吕翼文說：“《射禮》曰‘乏參侯道’，三分之一爲獲者，禦矢之次，無形可畫，故以反正起其事乏者。所以辟矢與正鵠之受矢者義相反，故以反文起之而形見矣。”

𠬞引也。从反廾。凡𠬞之屬皆从𠬞。案：廾从𠂇又，會意，不得與之相對起義。象引物於外，故反以指其事。，或从手、从樊，蓋樊聲也。

不可也。从反可。此篆大徐本文一下有“新附”二字，蓋寫者誤衍。《三蒼》：“叵，不可也。”《説文叙》亦云：“雖叵復見遠流。”知鄦書有“叵”云“不可”者，釋反文之例。《論語》曰：“予所叵者。”

从反邑。𨛜字从此。闕。闕謂闕其音也。此亦反文見義。邑从口卪，會意，故不得與之相起。

變也。从到人。凡匕之屬皆从匕。案：爲象形字，故到之則爲指事。形气漸滅者，無常形，故以爲變。

相與比叙也。从反人。匕亦所以用比取飯。一名柶。凡匕之屬皆从匕。此反文見義，謂人與人相比叙，則反其面以應之，與人相對，故从反人以起事。鄦書凡云“亦”者，詞例與“或説”“一曰”同，廣異聞耳。

密也。二人爲从，反从爲比。凡比之屬皆从比。此亦反文見義，不言从二匕者，鄦不以爲會意也。古文比。

按也。从反印。印从爪卪，會意。用印必向下按抑之，故𠨘从反印以起其義。俗从手，隸變作抑。

圜傾側而轉者，从反仄。凡丸之屬皆从丸。此亦反文起義。吕翼文説：“仄者人在厂下，不能圜轉自如，與丸之走阪異矣。故以起之，此亦漢人説指事舊文。”段玉裁説：“圜則不能平立，故从反仄以象其事。仄而反復，是爲丸也。”

𠫓不順忽出也。从到子。《易》曰：“突如其來。”如不孝子突出，不容於内也。𠫓即《易》突字也。凡𠫓之屬皆从𠫓。子有專形，故不與𠫓相對，然鄦所説“如不孝子突出”，其義實相起。吕翼文説：“突从犬𠫓，从到子，非一字，經師以其同義而通用之耳。”㐬或从到古文子。

右反文指事之十　重三

一惟初大極，道立于一，造分天地，化成萬物。凡一之屬皆从一。段玉裁説：“一之形於六書爲指事。”案：此爲獨體記事之文。吕翼文以一爲象天地浮於四遊之形，不知天地即兩體，究非專象一物，一爲指事明矣。古聖造字，所以記事，一畫開天，爲數之始。段説是。弌古文一。師説从弋，所以記數也。

丨下上通也。引而上行，讀若囟。引而下行，讀若退。凡丨之屬皆从丨。此鄦所説一字數音，皆因事爲名。囟之言進也，進退是事也，亦獨體指事之文。

乃曳詞之難也。象气之出難也。凡乃之屬皆从乃。气之出難無形，故以乃象其事而已。隸作乃。𠄎古文乃。𠄏籀文乃。

丶有所絶止，丶而識之也。凡丶之屬皆从丶。段玉裁説：“此於六書爲指事。凡物有分别，事有可不，意所存主，心識其處者皆是。非專謂讀書止、輒乙其處。”

入内也。象从上俱下也。凡入之屬皆从入。徐鍇曰：“从上俱下入而散也，陰陽气入地則流散。”段玉裁説：“自外而中也。上下者，中外之象。”

囗回也。象回帀之形。凡囗之屬皆从囗。凡囗繞之，所以防奸，此但指其所回帀之處，亦獨體指事者。

厶姦衺也。韓非曰："倉頡作字自營爲厶。"凡厶之屬皆从厶。段玉裁説："自營爲厶，六書之指事也。"葢姦衺自營，無形可畫，但以厶指其懷厶之事而已，不與了相對者，了从子省也。

乚匿也。象迟曲隱蔽形。凡乚之屬皆从乚。讀若隱。此亦獨體指事之文。匿亡者，迟曲隱蔽，無形可見，故但以乚指其隱曲之處而已。鄦雖言形，實不得在象形之列，明矣。

乙象春艸木冤曲而出。陰气尚彊，其出乙乙也。與丨同意。乙承甲，象人頸。凡乙之屬皆从乙。鄦云"與丨同意"者，謂與自下而上通之，丨同，爲獨體指事之文也。乙自下出，上礙於陰，故冤曲難伸。云"其出乙乙"者，乙乙，難出之皃。《史記》曰："乙者，言萬物生軋軋也。"軋軋，即乙乙之叚借。又云："乙承甲象人頸"者，冡上大一經之文，别一義，廣異聞耳。

宀交覆深屋也。象形。凡宀之屬皆从宀。交覆深屋是事也，古者屋四注，以宀指其交覆之事耳。

右獨體指事之文十　重三

三天、地、人之道也。从三數。凡三之屬皆从三。三本乾卦，象《易》气三連之形。其道則合天地人，謂之三才。因爲一、二、三之三，則以三平列，分指天、地、人，爲合體指事。段氏據《韵會》所引"於文一耦二爲三"與鄦言"天、地、人之道"不合，二爲地之數。弎古文三。从弋。古以三爲乾，又以三爲天、地、人三才，故加弋以記數。

气雲气也。象形。凡气之屬皆从气。气無專物，亦無實形，此亦指天、地、人之气，故蒙三而次之。气無形可畫，但以气指其出气之事而已。鄦雖説象形，非實物也。

芻刈艸也。象包束艸之形。此指刈艸之事以長條束其小枝，故以芻指其所束之艸。必重之其事，乃顯束芻者必疊之也。不言从勹中者，不在會意之區也。

八别也。象分别相背之形。凡八之屬皆从八。分别無定，物亦無實形，但以八指其分别相背之事而已。

丩相糾繚也。一曰瓜瓠結丩起。象形。凡丩之屬皆从丩。此亦合體指其相糾繚之事，分之則不成字，故非會意。鄦出“一曰”者，廣異聞耳。

十數之具也。一爲東西，丨爲南北，則四方中央備矣。凡十之屬皆从十。此亦記數之文。不言从一丨者，鄦以一爲指其東西所在，則一非一、二、三之一，丨爲指其南北所在，則丨非上下通之丨，分之皆不成字，與會意殊也。必合一、丨兩體以指之，則四方中央備而數具。

卜灼剥龜也。象灸龜之形。一曰象龜兆之縱横也。凡卜之屬皆从卜。灼剥是事也，以一指其所灼，以丨指其物。或説象龜兆之縱横者，以丨指其縱，以一指其横，與十同意。卜古文卜。

爻交也。象《易》六爻頭交也。凡爻之屬皆从爻。吕翼文説：“二㐅交也，象《易》六爻相交也。从重乂，乂，古文五字。乂，侌昜在天地間交午也。《易》之爲數，六爻共一侌昜。爻爻各一，侌昜交而後相應相成，此製字取象之義也。鄦書脱佚久矣，容頭相形近而誤，昧者遂以爲蓍艸之頭，疑不能明，而複文之義隱矣。”案：此六爻相交，指卜爻之事而言必重之，其事乃見。今卜者猶然，鄦不言从重乂者，乂爲侌昜交午，非説爻之象也。

鳥長毛也。象形。凡羽之屬皆从羽。與飛同。鳥飛則羽張，故竝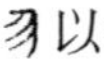以指之。不成字，不得爲會意。鄦雖説形，而字實指其羽飛之事也。段以几部有，謂“羽从竝彡”，非也。長毛必有耦，故彡之所謂六翮者與？

交積材也。象對交之形。凡冓之屬皆从冓。此象結冓之事也。必兩體對相交積，其事乃見，亦竝體指事之文。

三合也。从入一。象三合之形。凡亼之屬皆从亼。讀若集。徐鉉曰：“此疑只象形，非从入一也。”案：三合無專物，亦無定形，不得爲象形，更非會入一之意。

邑外謂之郊，郊外謂之野，野外謂之林，林外謂之冂。象遠界也。凡冂之屬皆从冂。八象各分介畫，一象遠介聯亙。是一非一、二、三之一，八非分别之八，但合之指其遠界所在而已。古文冂。从口。象國邑。謂國在冂内也。冂或从土。小篆加口，俗又加土旁。

日初出東方湯谷，所登榑桑叒木也。象形。凡叒之屬皆从叒。日出之地非人迹所到，故叒木亦不可見，但以叒指其日初出登榑桑之象。吕翼文説：“叒以日初登之光爲形，以向日之光爲形。”其説近之。籀文。

毛飾畫文也。象形。凡彡之屬皆从彡。毛者，聿也，所以畫者也。畫飾無專物，亦無實形，但以彡指其所飾畫之文耳。

橈也。上象橈曲，彡象毛氂橈弱也。弱物并，故从二𢎘。此鄦説并體指事之文。𢎘非字，不得屬會意。

地之數也。从耦一。凡二之屬皆从二。鄦言地之數者，明一、二、三皆古人記事之文，以代結繩爲指事之最古者。古文二。从弋。亦古記數之文，與弌弍同。弋，猶个也。

平也。象二干對冓上平也。凡幵之屬皆从幵。此以二干起其岐頭两平之事。不言从二干者，不从干會意也。

絫坺土爲墻壁。象形。凡厽之屬皆从厽。此合三厶者，指絫坺土之事也。一臿土謂之坺。

辨積物也。象形。凡宁之屬皆从宁。此亦竝體指其積宁之事，與冓同，非實形也，無專物可象。

綴聯也。象形。凡叕之屬皆从叕。綴聯是事也，無專物可象，不得爲實形，亦合體指事之文。與幵、冓同。

右合體指事之文二十　重六

牛鳴也。从牛。象其聲气从口出。吕翼文説："此云象，亦象事也。乚無專字，故知非會意，但以增文爲起義耳。聲與气雖若有形，然必坿於所从，故知此形亦事也。形實而事虚，事者，虚形也。"案：此不出牛之形，則事無由見，故增乚以指其聲气从口出而事顯矣。

長行也。从彳引之。凡廴之屬皆从廴。吕翼文説："引之以起其長意也。引之非有專字，故不屬會意。"

足也。上象腓腸，下从止。《弟子職》曰："問疋何止？"

古文以爲《詩·大雅》字，亦以爲足字。或曰胥字。一曰疋，記也。凡疋之屬皆从疋。吕翼文説："當云足病也。腓腸無形可畫，而云象者，象事之例也。牟之聲气、疐之軸耑，皆無形而可象之者，皆有以起之故也。'腨'下云：'腓腸也。'《素問》云：'痿厥腨痟。'王冰説：'足肚酸痛爲腨痟。'腨或爲蹲，腸或爲脹。腓之言變也。或説聲气、軸耑之象，較腓腸爲實，然其形不能獨具，必坿於所从而後有象，則不可直謂之形，但可謂之事也。'止'下云：'象艸木出有址。'故以'止'爲'足'，用字之義也。"

多言也。从品相連。《春秋傳》曰："次於喦北。"讀與聶同。山水字篆作山，知山非字，但指其三口相連之事，吕翼文説："喦以山爲連，亦無專字，其例較然。"

語已詞也。从口。象气下引之形。凡只之屬皆从只。吕翼文説："此亦象事，非形也。下引無專字，亦增文起義之例也。引气本無形可畫，故不能自具其體，必坿形以見意，从口，則其所坿形也。象形之形，實指事之形虚也。"

三十年爲一世。从卅而曳長之，亦取其聲。吕翼文説："引之、曳之皆明其無專字，且坿於所从，非異體也。於所从之文增之以爲起義，其非會意、諧聲自明。而傳本乃云亦'取其聲'，曳既非字，而云取聲乎？其謬甚矣。"

歷也。古文亦鬲字。象孰飪五味气上出也。凡鬻之屬皆从鬻。吕翼文説："此亦象事也，當云'从鬲'。傳本濫脱耳，無从者爲形，有从者爲坿。形則虚也。故气可言形，而鬻但爲事也。"案：鬲、鬻古本一字，後分而二之。鬲既爲專形，而鬻但以弜指其孰飪气上出之事也。

叉手指相錯也。从又。象叉之形。吕翼文説：“此亦象事，非形也。凡無專形者，皆不可言形，傳本久亂矣。形，實也。事，虚也。無形，坿所从以起其事。或增之，或省之，皆不離於所从之母文，而義乃得緣之而起。”

叉手足甲也。从又。象叉形。亦增文指事字，與叉同，皆从又，爲坿形見義。段玉裁説：“叉，爪。古今字。《曲禮》：‘大夫士去國不蚤鬋。’蚤，即叉字也。鄭注：‘蚤讀爲爪。’此蓋以⺀指其叉鬋之事。”

父巨也。家長率教者。从又舉杖。丿非專字，此舉之者，亦引之、曳之之例，但以丿指其所舉之杖而已。

夬分決也。从又㐅。象決形。徐鍇曰：“コ，物也。丨所以決之。”案：㐅非專字，不得爲會意，亦指其所決分之事耳。

尹治也。从又丿，握事者也。段玉裁説：“又爲握，丿爲事。”案：丿無專字，但指其所握之事，不得爲會意也。古文尹。

芈羊鳴也。从羊。象聲气上出，與牟同意。段玉裁依《五經》文字《篆韵》譣作“芈”云：“气出不徑直也。”吕翼文説：“云‘同意’者，嫌丨與乚異事也，蓋造字者不一師，故繁簡或異。”案：牛大聲气盛，故以乚象之。羊小气微，故以丨指之。

刃刀堅也。象刀有刃之形。凡刃之屬皆从刃。刀堅爲刃，今語猶然。丶非字，但指其刃之所在。吕翼文説：“言堅者，明其無專字，此亦象事，非形也。”

刅傷也。从刃从一。徐鍇曰：“一刃所傷。指事，謂指所傷之處。”創开或从倉。

巨規巨也。从工。象手持之。持之與引之、曳之、繫之同一詞例，皆無專字，但增其文耳。榘巨或从木矢。矢者，其中正也。𢀚古文巨。

乎語之余也。从兮。象聲上越揚之形也。以兮爲母文，以丿指其聲上越揚之事，亦牟、芈之例也。

朱赤心木，松柏屬。从木，一在其中。徐鍇曰：“赤心木之總也。一者記其心，秉木亦然。指事也。”案：赤心不可象，故以一識之，亦增文之例。

果木實也。从木。象果形在木之上。案：果爲木實總名，⊕非專字。指果之在木上者，與朱、未同。

朵樹木垂朵朵也。从木。象形。此與采同意。徐鍇曰：“今謂華爲朵，亦取其下垂也。此下从木，其上乃但象其垂形，無聲，非全象形字。權而言之，則指事也。”案：鍇謂乃不成字，故曰無聲，此以乃指其樹木之垂，故以木爲母文。段玉裁説：“宋本作（作）釆，今本作采。釆、采皆會意。朵則不同，此言其梗槩而已。”

𣎵止也。从朩。盛而一横止之也。此以朩爲母文，而一以止之。一非字，與母同。

冖覆也。从一下巫。凡冂之屬皆从冂。段玉裁説：“一者，所以覆之也。覆之則四面下巫。”案：此从一下巫，亦引之、曳之之例，皆增文指事者也。

敗衣也。从巾。象衣敗之形。凡㡀之屬皆从㡀。此从巾，爲坿形見義，非實形也。八非專字，但指其敗衣之處而已。

隸人給事者衣爲卒。卒，衣有題識者。段玉裁依《韵會》云：“古以染衣題識，故从衣一。”案：此／非字，但指其所題識之處而已，故必以衣爲母文，而增其文以起之。不屬會意，不必言从衣一也。

廱蔽也。从人。象右，右皆蔽形。凡兜之屬皆从兜。讀若瞽。此亦坿形見義，不得爲實形。ㄈㄋ非字，乃以坿於儿者起其事，又不得爲會意。廱蔽之物無可畫，故但以ㄈㄋ指其左右蔽之事而已。吕翼文説：“鄦言讀若瞽明，即兜之通變字也。兜指事，瞽諧聲耳。”

豕絆足行豖豖也。从豕，繫二足。此與牟、芈、彔、馽諸文同，不先出豕之形，則其事無所坿，故必以豕爲母文，而以＼指其絆足之事。＼非專字，不得屬會意。豖豖，絆足艱行之皃。

馬一歲也。从馬，一絆其足。讀若弦。一曰若環。此與豖爲豕絆足詞例同，亦坿形見義。以＼指其所絆之足而已。

馬後左足白也。从馬，二其足。讀若注。段玉裁説：“謂於足以二爲記識，如馵於足以一爲記識也。非一二字。”案：此嫌與馵同，故又增其文作⺀，以指其左足白處也。＼⺀皆不成字，不屬會意。

絆馬足也。从馬，口其足。《春秋傳》曰：“韓厥執馽前。”讀若輒。此與馵詞例同。馵小，故絆小，此从馬加〇。〇不成字，非會意，但指其所絆。馽或从糸。執聲。

人之臂亦也。从大，象兩亦之形。凡亦之屬皆从亦。亦者，兩臂下當空處，無實形可畫，故从大爲母文，而以八指其兩亦之所在，亦增文指事之例。八非字，不得屬會意。

盜竊褱物也。从亦，有所持，俗謂蔽人俾夾是也。宏農陝字从此。挾持，亦虚形，不足爲形，故坿於形以起其事。此从亦爲母文，與办从刃爲母文同，皆增文指事之孳乳寖多者。

耳垂也。从耳，下垂。象形。《春秋傳》曰“秦公子輒”者，其耳下垂，故以爲名。此與只从口，象气下引同一詞例。乀非字，但指其下垂耳。

牧也。从女，象褱子形。一曰象乳子也。此言象，皆象事也，與办、夾同例。从女，亦坿形見義。八非字，但象其褱褏乳子之事也。

止之也。从女，有奸之者。凡毋之屬皆从毋。顜不言从女一者，以一非一二之一，指有奸之者耳，非从女一會意也。

因广爲屋，象對剌高屋之形。凡广之屬皆从广。讀若儼然之儼。此以厂爲母文，以丨指高之事，故云“象對剌高屋形”。此注“因廣爲屋”，當作“因厂”，謂因山石之厓巖人可居，因以爲屋，增其文以起之。

木本。从氏，大於末。讀若厥。此亦坿形見義。以一在氏下，指其本大於末也。不言从氏一者，一非字，但識其處，不得爲會意。小徐本作“从氏而大於末也”。段玉裁以爲：从氏丅，氏猶是下，謂此木之下。丅者，木本也。木榦大於上體，故製其字从氏丅，則改篆矣，非也。

升十龠也。从斗。亦象形。此从斗，亦坿形見義。丿非字，十升爲斗，故以丿指於斗，明升入於斗也，亦增文指事之例。段玉裁説："此當爲十合也，合龠爲合，龠容千二百黍。"又云："丿象耳形。"非也。

軎車軸耑也。从車。象形。杜林説。吕翼文説："此亦牟、芈之例，屬象事，而杜林乃以形爲偁，据此則當時師説龐褋久矣，而鄦獨於此無一曰存疑之文，鄦之過也。"案：鄭康成説："轂末小穿曰軹。"而軎出於此穿外，此以口象其穿耳，出口則軎見，亦增文指事字。徐鍇曰"指事"，是也。轊軎或从彗。蓋以彗爲聲。

丑紐也。十二月萬物動用事。象手之形，時加丑，亦舉手時也。凡丑之屬皆从丑。吕翼文説："言紐者，明其以聯綴爲起義，非有專字，與又又同，亦象事也。言其時寒气有加。亦緣陰極陽生，人感陽气欲舉，動其手足而寒復拘孿之，故紐也。用事，謂農事也。云'舉手'者，舉手擕鋤時乃知紐也。"

未味也。六月滋味也。五行木老於未。象木重枝葉也。凡未之屬皆从未。此从木，亦坿形見義，以凵指其枝葉重出之象。凵無專字，不得屬會意。既以木爲母文，則更不得爲實形，亦增文指事之例。

右增文指事之文四十　重六

㕣山間陷泥地。从口，从水敗皃。讀若沇州之沇，九州之渥地也，故以沇名焉。段玉裁説："谷字、㕢字皆从水半見。㕣亦从水半見，出於口也。水敗土而淊泥多，是曰㕣。"吕翼文以此爲省文指事之例，云“水敗皃”者，明亦半見之義，與谷、酉、谺、組諸文同。葢所从省者不足爲母文，則必更从某以起之。古文㕡。段玉裁説：“下葢从谷，上从列骨之殘𣦻字。𣦻象水敗也。”

張口也。象形。凡凵之屬皆从凵。此鄦雖明言象形，實象事也。凡人仰面欠伸、張口气悟，則不見其上，故以口爲母文，而省其上以起之，與片夕同，亦省文指事之例。

去竹之枝也。从手，持半竹。凡支之屬皆从支。吕翼文説：“此以半義起其所去之事也。去枝則竹不具體，故半之而意顯矣。鄦書凡云半竹、半木、半月、水半見、羽不見，皆與凡云省者，互相明其云从省而説解非半義，則其文脱譌，而俗師以意推補耳，非其舊也。”古文支。段玉裁説：“上下各分竹之半，手在其中也。”

羊角也。象形。凡丫之屬皆从丫，讀若乖。段玉裁説：“知爲羋角者，於羋字知之也。”案：此以羋爲母文，省之以起其義者也。

列骨之殘也。从半冎。凡歺之屬皆从歺。讀若櫱岸之櫱。徐鍇曰：“冎，剔肉置骨也。歺，殘骨也。故从半冎。”徐鉉曰：“義不應有中一，秦刻石文有之。”吕翼文説：“此以殘説半義也，與片夕同例。”古文歺。

虎文也。象形。凡虍之屬皆从虍。此與丫同，亦省文指事者。不言从虎、从羊、省者，羊角、虎文視而可識，不煩言也。既以虎爲母文省之以起其義，則鄦雖言象形，非實形也。徐鍇曰：“象其文章屈曲也。”

伐木餘也。从木無頭。《商書》曰：“若顛木之有甹𣎴。”鄦出此爲“𣡌”之古文，葢指事之最古者，以木爲母文，省之以起其義，與片同意。吕翼文説：“𣎴伐木餘，故省木以起之。片爲判木，故省其半體。𣎴爲伐木，故省其上體，義皆審確，當云與片同意。今脱佚矣。”鄦於木部出此爲正篆，云：“从木，獻聲。”葢小篆形聲字。或从木，辥聲。

不孝鳥也。日至捕梟磔之。从鳥頭在木上。吕翼文説：“磔者，釋斬頭之義，此以省文起其磔意也。”段玉裁改篆爲从鳥，非是。

乾肉也。从殘肉日㫳晞之，與俎同意。不成字，指其殘肉之象日者，所以晞此殘肉者也，亦指其乾肉之事而已，與从日會意者不同。段玉裁説：“俎从半肉且薦之。昝从殘肉日晞之，其作字之恉同。”吕翼文説：“殘亦省也，以殘爲起義也，嫌肉自殘，故目言日晞，以起指事有偏旁之學也。”案：肉作，此本从省也。籒文。从肉。籒時好繁，更加肉以足之，亦當時之俗字。隸變作腊，《周禮·腊人》：“掌乾肉，凡田獸之脯腊膴胖之事。”用籒文。今分昔爲今昔字，腊爲脯腊字，葢昨之殘肉日乾之，因有昨昔義。

莫也。从月半見。凡夕之屬皆从夕。半木、半月皆坿月木爲形以起其事。月木即其母文，故不嫌其虚也。若所省者不爲母文，則必更有所从，谷、㕣、酉、昝、俎皆是也。此莫夕月未全見，故省月以起其事。

判木也。从半木。凡片之屬皆从片。吕翼文説：“此以省

形爲起義，絶不與五書相亂，故凡云‘省者’，皆其義所從出，非省減之省也。”

谷泉出通川爲谷。从水半見，出於口。凡谷之屬皆从谷。吕翼文説：“出者，由山徑之蹊間而出，又有口以約之，冤曲而乃得通，亦陷泥也。故與谷同意。此説半之義也。谷、谷皆不純水，但谷瀦而谷流，谷小而谷大，此製文詳略之異也。此當云‘與谷同意’，今脱佚矣。”

非違也从飛下翄，取其相背。凡非之屬皆从非。此“从飛下翄”，謂从飛省而下見其翄，翄垂則有相背之象，則飛亦半見之義也。卂省非，非省卂，互相起也。古本作非，小篆變作非耳。

卂疾飛也。从飛而羽不見。凡卂之屬皆从卂。飛而羽不見者，疾之甚也，故省飛以起其義。吕翼文説：“言疾者，釋不見之省義，不見猶半見也，皆省也。水不暫停，月不深冥，飛不瞬息，各有所起。”

弦弓弦也。从弓，象絲軫之形。凡弦之屬皆从弦。此从弓，亦附形見義。言“象絲軫”者，亦象事之文也。不言从古文系者，明糸爲省絲以起其事，嫌系爲細絲，不足見義也。徐鉉曰：“今别作絃，非是。”

鹵西方鹹地也。从㢴省，象鹽形。安定有鹵縣，東方謂之㡿，西方謂之鹵。凡鹵之屬皆从鹵。此以㐅象鹽，於事不顯，故省㢴以起之，明其爲㢴方鹹地，故以㢴爲母文，亦省文指事者。

俎禮俎也。从半肉在且上。“䈞”下云：“與俎同意。”明日與且皆母文，此言半，彼言殘，亦互相起且所以薦也。禮有設俎，有徹俎。

[illegible]臬也。象折木衺銳著形。从厂象物掛之也。此“象折木衺銳”者，謂省木作乀也。與谷从水敗皃詞例同。厂象物挂之，謂象事也。乀不成字，故不得爲會意。

𤔔治也。幺子相亂受治之也。讀與乳同。一曰理也。此以受爲母文。[illegible]不成字，指幺子相亂，亦并省之例。以省起其亂也。宵小同惡相濟，不可分治，如幺子然也。亂即𤔔之後起字。

了尥也。从子無臂。象形。凡了之屬皆从了。此从子無臂，是从子省也。以省起其了戾。孑、孓既對文相起，皆以子爲母文也。段玉裁說：“尥，行脛相交也。凡物二股或一股結糾紾縛不直伸者，曰了戾。

酋繹酒也。从酉水半見於上。禮有大酋，掌酒官也。凡酋之屬皆从酋。此與谷同。谷从八，象水敗皃，起其陷泥之義。此以醳爲義，故以八象水半見，各有所起。

右省文指事之文二十一　重五

禾本之曲頭止，不能上也。凡禾之屬皆从禾。吕翼文説：“此變文起義，嫌有所增，故明其曲頭而已。”此交尣之例，非牟、坐之例也。

勹裹也。象人曲形有所包裹。凡勹之屬皆从勹。此以人爲母文，變而下曲，指其有所包裹之事。知非久、世之例。

夨傾頭也。从大。象形。凡夨之屬皆从夨。傾頭將有所視聽是事也，故以大爲母文，而傾其頭以指之。亦變文相起之例，非實形也。

屈也。从大。象形。凡夭之屬皆从夭。夭屈亦事也。故以大爲母，而屈其頭以指之。吕翼文說："此當云'象其屈也'，與禾曲頭同一詞例。夨、夭皆言形，實非象形。"

交脛也。从大。象交形。凡交之屬皆从交。吕翼文說："此當云'从大而交其足'，與傾頭、曲頭同一詞例，或言交，或言屈，或言尳曲，或言傾曲，皆似畫成詰詘之狀，然必坿於形以起事，則非形也。"

尳曲脛也。从大，象偏曲之形。凡尣之屬皆从尣。事意皆可言象，惟形有專物，此既从大而偏曲之，亦變文以起其事耳。

古文。从㞷。

右變文指事之文六　重一

辨別也。象獸指爪分別也。凡釆之屬皆从釆。讀若辨。鄦敘云："倉頡見鳥獸蹏迒之迹，知分理之可相別異也，於是始造書契。"案：此象獸指爪分別，因之造字，實象事最古之文。古文釆。此本最初古文。篆者嫌與平近易誤，乃加八作釆，亦當小篆前。《尚書》"平章""平秩"，惠棟說"平"即此"乇"字而誤者。

獸足謂之厹。象形。此與釆皆分體象事之文。師說有物者謂之形，無物者謂之事。手、口、耳、目皆指事也，鄦皆誤爲象形，尚未通六書之奧與。鄦以此入釆部云："从采田，象其掌。"明⊕非田。㔾字下出厹爲古文，葢本古文而變者。此葢指熊番食品之貴者，故古聖專爲製字。或从足从煩。葢後起聲以

別之，爲形聲字。嫌番不得聲也。

人所以言食也。象形。凡口之屬皆从口。言食皆事也，故畫以指之。《頤象傳》曰：“君子以慎言語，節飲食。”

咽也。上象口，下象頸脈理也。鄦於“嗌”下出此爲籀文，亦象事之最古者。咽嗌之事不可明，故畫以指之，仍以口爲母文。口爲人身之一端，又爲口中之一端，既非全物，皆不得爲實形。篆文。从口，益聲。

口斷骨也。象口。鄦於“齒”下出此爲古文。案：亦口中之一端，故省口爲母文，以指其斷骨，亦分體象事之文。篆文止聲。鄦以此爲部首，統从齒者四十三文。以籀文皃作貌加聲旁證之，知此當於大篆繁文時所造。

牡齒也。象上下相錯之形。凡牙之屬皆从牙。牙又齒中之一端，象上下相錯，指牙齒之事也。戴侗説：“齒當脣，牙當車。”車，輔頰也。今謂之丁牙、丁壯也。牡亦壯。古文牙。

口上阿也。从口，上象其理。凡谷之屬皆从谷。口上阿，亦口外之一端，故以口爲母文，而以指其理。理深故畫複，阿則文曲。無專字，故不得在會意之區。谷或如此。或从肉，从豦。

舌皃。从谷省。象形。舌出口耑，又谷外之一事，故省谷以起之，非實形也。段玉裁説：“象吐舌也。从谷省者，謂人也。”古文西。讀若三年導服之導。一曰竹上皮，讀若沾。一曰讀若誓。弼字从此。

臂上也。从又，从古文。鄦於此下出𠃋爲古文厷，象形。案：厷爲又之一端，古但曲𠃋象之，嫌事不顯，故加又以起之。以又爲母文，以𠃋指其曲肱之事而義備。古文厷。象形。案：此本臂上半體，非全形也。厷或从肉。

人眼也。象形。重童子也。凡目之屬皆从目。目所以視也。師説凡不成物者，皆不得爲象形，此目指其所視耳。古文目。

目圍也。从䀠丿。讀若書卷之卷。古文以爲醜字。此以䀠爲母文，以丿指其目圍之回轉，與眉之丿同。丿非字，故不得爲會意。段玉裁以爲丿抴之丿，誤矣。

目上毛也。从目象眉之形。上象頟理也。凡眉之屬皆从眉。此以目爲母文，舉目即知眉之所在，故以在目上指之。無專字，不屬會意。與谷同，皆象其理，若阿若毛，非有專形，故謂之事。事，虛也。

鼻也。象鼻形。凡自之屬皆从自。此即古鼻息字。气從自出，因爲自從人之生也由自始，又以爲自始至終，乃别作鼻爲口鼻字。案：自亦分體指事字，非實形。古文自。以一象頟題，非从一也。

此亦自字也。省自者。詞言之气从鼻出，與口相助。凡白之屬皆从白。此鄦説古今文字之變，明自、白爲一字也。葢造字者不一師，或增之，或省之，取足明其事而已，非别有意也。

剔人肉置其骨也。象形。頭隆骨也。凡冎之屬皆从冎。剔

肉置骨是事也，無可指，又凡骨無專斥，故畫頭隆骨以起之。

胾肉。象形。凡肉之屬皆从肉。此指切肉之事，故訓爲胾肉。胾者，大臠也。《禮經》言“胾四豆”，盛豆中者，必片切之而不離也。《禮》：“午割勿没絶而祭之。”故不離也。横切爲午切者，斷其理也。鄭君説：“午割使可絶也，勿没爲其分散也。”象大臠正方中，指其午割勿没之事也。

穀府也。从肉。象形。此从肉，亦以肉爲母文，而以指其穀府。蓋胃在腹中不可見，臠切之乃見，亦祭祀取腸胃之事也。

髆也。从肉。象形。此指豚肩而言，亦祭肉也。故以肉爲母文，以指其肩髆之象。肩胃皆分體，不得爲實形。非字，不屬會意。俗肩从户。案：本戶而省，非从户也。蓋淺人所增。

獸角也。象形。角與刀魚相似。凡角之屬皆从角。此指鹿角解而言，亦分體象事者。凡獸有角，所以觝觸鬥角，亦事也。

囟蓋也。象皮包覆囟下，有兩臂而夂在下。讀若范。此以夂爲母文，以在上指其兩臂囟蓋，亦分體指事字。

脊骨也。象形。昔太嶽爲禹心吕之臣，故封吕侯。凡吕之屬皆从吕。吕骨節相承，亦分體象事之文。篆文吕。从肉，从旅。蓋旅聲。沈彤説：“項大椎之下二十一椎曰膂骨，或謂弟八節下乃曰膂骨。”

眉髮之屬及獸毛也。象形。凡毛之屬皆从毛。此專斥治皮毛之事而言，故以指其腠理，以指其彩倝。毛部所屬五文：毪、𣯛、毨、𣯴、氈，皆指獸毛。人之毛既眉髮而冄須别之，不

與毛同也。

皃頌儀也。从人白。象人面形。凡皃之屬皆从皃。段玉裁説："上非黑白字，乃象人面也。"案：此以人爲母文，以白指其頌皃之事。貌皃或从頁，豹省聲。𧢞籀文皃，从豹省。

𦣻頭也。象形。凡百之屬皆从百。此與𩠐同。𩠐行而百廢者，𩠐有對文，其義顯也。吕翼文説："字形與冎、自皆相似，訓頭者，斬頭也。'冎'下云：'頭隆骨也。''自'下云：'象鼻形。'此與二者形近，葢造文者取象於獻馘者耳，故無耳目之制也，然則百彑亦同意例也。故臯人縣首竿，其字从百到文，是其證也。"

面顔前也。从百。象人面形。凡面之屬皆从面。此謂與人相面也，故與背爲反對，亦以百爲母文，以囗指其顔前之象。吕翼文説："此亦象字非形也。囗不成字，不得爲會意。"

冄毛冄冄也。象形。凡冄之屬皆从冄。王筠説："冄葢髯之古文，象頰須之形。"《釋名》曰："隨口動揺，冄冄然也。"本形容之詞，亦分體象事者。

而頰毛也。象毛之形。《周禮》曰："作其鱗之而。"凡而之屬皆从而。案：此即耏之古文，謂臯不至髡者完其而鬢。後加彡作耏，又改作耐，而遂爲頰毛字。其實此舉而以指去頰毛之事，亦分體象事之文。

彑豕之頭。象其鋭而上見。凡彑之屬皆从彑。讀若罽。吕翼文説："鋭廉也。頭骨隆起，與冎形近似，故鋭也。上見謂其首見於肩上也。一其肩也。禮有升首之典，故特畫首。"案：六畜皆有頭，獨爲豕頭制字者，葢豕爲天子至士庶所通用，故升首多見豕頭，亦分體指事者。

人頸也。从大省，象頸脈形。凡亢之屬皆从亢。此以大爲母文，省之以起其事，以八指其頸脈。八非字，與苒同，亦分體指事者。亢或从頁。

頭會匘蓋也。象形。凡囟之屬皆从囟。案：《内則》正義引此云："囟，其字象小兒腦不合也。"蓋乂爲頭會，而蓋之如覆屋，然中空四區，則指其未合之處，亦虚形也。古文囟字。或从肉宰。

人心土藏在身之中。象形。博士説："以爲火藏。"凡心之屬皆从心。土藏者，古文尚書家説。火藏者，今文家説。亦分體指事之文，非實形也。

主聽也。象形。凡耳之屬皆从耳。耳主聽，目主視，心主思慮，自所以臭，口所以食言，爲人身之五官，故古聖專爲製字，以指其所司之事。鄦雖説以形，非實形不成物也。

顄也。象形。凡𦣞之屬皆从𦣞。𦣞本古文頤。鄭《易》注曰："頤中口車輔之名也。震動於下，艮止於上。口車輔動而上，因輔嚼物以養人，故謂之頤。頤，養也。"蓋口下爲車，口上爲輔，合口車輔三者爲𦣞。《左氏》云："輔車相依。"案：此本指𦣞養之事，故無專形，非實形也。籀文。从𩠐。此蓋以𩠐爲母文，以𦣞指其𦣞養也。篆文𦣞。从頁，與𩠐同。

拳也。象形。凡手之屬皆从手。此又手也，便於作事，故古聖有專文，與又同。《詩》曰："麾之以肱。"𠂇不便於麾，故與手皆無對文。今人舒之爲手，卷之爲拳，鄦以拳訓手，明其舒卷自如，此亦分體象事，非實形也。古文手。王筠説："此不足象形，又與背吕之𠦍相似。"

背吕也。象脅肋形。凡𠦍之屬皆从𠦍。段玉裁據小徐本有"讀若乖"，謂"丨象背脊居中而直，一象人要，象背左右脅肋之形也"。案：此合三者以指之，亦分體指事之文，非實形也。

女也，陰也。象形。舊傳本作"女陰也"，則不詞。故師説以爲女也、陰也，即古地字，象橢圜形。案：此屬乁部，當言"从乁"，乁訓流也。地中有江河流行，故以乁爲母文。小徐本有"乁聲"二字，葢淺者所增。或説象女子褎褢之事，故鄦氏并説之。秦刻石也字。

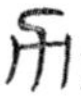筋也。象人筋之形。治功曰力，能圉大災。凡力之屬皆从力。此以人筋之體指其用力之事，筋動則力出，是作事也。不得爲實形。

右分體象事之文三十七　重二十四

天垂象見吉凶，所以示人也。从二三，垂日、月、星也。觀乎天文，吕察時變，示神事也。凡示之屬皆从示。此以二爲母文，而假日、月、星之體，以川三垂指其見吉凶示人之事，葢假體指事之文。川非字，故不得在會意。古文示从一。一猶二也。

天下所歸往也。董仲舒曰："古之造文者，三畫而連其中，謂之王。三者，天、地、人也。而參通之者，王也。"孔子曰：

"一貫三爲王。"凡王之屬皆从王。此以三爲母文，假天、地、人之體，以爲王者所貫通，而以丨指其一貫之道。丨非字，故不得爲會意。吕翼文説："鄦於'王'言連，明丨非專字。"王古文王。徐鉉引李陽冰説："中畫近上，王者則天之義。"

屯難也。象艸木之初生，屯然而難。从中貫一。一，地也。尾曲。《易》曰："屯剛柔始交而難生。"此假艸木初生之體，以指其屯難之事，故以中爲母文，而曲尾以指之。案：鄦於"王"下不言从丨，於屯下不言从一，皆以一貫説之，明其非會意字也。

小物之微也。从八，丨見而八分之。凡小之屬皆从小。此假分物之體以指其微小之事，故以八爲母文，以丨指其至微之物。鄦不言从丨者，以丨非上下通之丨，不得在會意。

丵叢生艸也。象丵嶽相竝出也。凡丵之屬皆从丵。讀若浞。此假艸叢生之體，以指其丵嶽相竝出之事。段玉裁説："字或作族嶽，吴語不經見者謂丵嶽。"疊韵字也，師説即鷟鷟。

革獸皮治去其毛革更之象。古文革之形。凡革之屬皆从革。鄦言獸皮治去其毛，亦説事之文也。𢆉爲治獸皮之具，所以張其頭尾四足而皮不卷，乃可治去其毛，古之遺法，今人所習見。此以口爲獸皮，而以𢆉指其治去其毛之事，亦假體指事之文。革古文革。从三十。三十年爲一世，而道更也。臼聲。此則更革本訓，本别一説。或疑出楊承慶《字統》，非鄦之舊也。

臣牽也、事君也。象屈服之形。凡臣之屬皆从臣。此亦説事之文。假人體屈服之狀，以指其臣服之事也。

𠘧鳥之短羽飛几几也。象形。凡𠘧之屬皆从𠘧。讀若殊。鄦言“飛几几”者，本形容之詞，無專物可象，雖曰象形，實象事也。鳥短羽飛者，指羽未豐滿而言，故見其乞乞然也。

小也。象子初生之形。凡之屬皆从。此假子初生之體，以指其幺小之事。凡大也、小也、幺也皆指事之詞也。

巧飾也。象人有規榘，與巫同意。凡工之屬皆从工。此假規榘之體，以指其巧飾之事。徐鍇曰：“爲巧必遵規矩法度，然後爲工，否則目巧也。巫事無形，失在於詭，亦當遵規榘，故曰‘與巫同意’。”古文工。从彡。此以彡爲母文，以工指其規榘也。

巫祝也。女能事無形，以舞降神者也。象人兩袖舞形，與工同意。古者巫咸初作巫。凡巫之屬皆从巫。亦以工爲規榘，以指其以舞降神之事。巫祝是事也，不得爲實形。又非字，不在會意。古文巫。

行禮之器也。从豆。象形。凡豊之屬皆从豊。讀與禮同。假禮器之體，以指其行禮之事。故以豆爲母文，而以指於豆上。無專物，又非專字。

豆之豐滿者也。从豆。象形。一曰《鄉飲酒》有豐侯者。凡豐之屬皆从豐。豐滿是事也。假豆爲體，故从豆爲母文，以指其豐滿之事。無專物，不爲實形，又非專字，不屬會意。古文豐。

祭所薦牲血也。从皿一，象血形。凡血之屬皆从血。血無實形可象，故假皿之體以指其薦牲血之事也。與豊、豐从豆同。血不得皿，則無形可象，知非實形，故以皿爲母文，而以一指其

皿中所薦牲皿之事。則一非一、二、三之一，不从一會意也。故鄦不言从一。

主鐙中火主也。𡴀象形，从丶。謙案：此丶本象火主之事，嫌丶爲丶止字，故加𡴀指其鐙中火主之事。主本丶之滋益，舊注云“丶亦聲”者，明主丶古今字也。𡴀非字，故不得爲會意。

皀穀之馨香也。象嘉穀在裹中之形。匕所以扱之，或說皀一粒也。凡皀之屬皆从皀。又讀若香。馨香，气昧也。無實形可象，故以匕爲母文，而以白指其所扱之馨香也。白非西方色白之白，故不屬會意。

高崇也。象台觀高之形。从冂口。與倉舍同意。凡高之屬皆从高。此假台觀之體，以指其崇高之象，亦虚形也。段玉裁說：“倉舍皆从口，象築也。亠與中皆象高。”案：此以口爲母文，舊注不當言“从冂”。蓋冂與亠皆非字，象層高之事，疑古本鄦注但言“从口亠，象台觀高之形”。

京人所爲絶高丘也。从高省，丨象高形。凡京之屬皆从京。此从高爲母文，以丨指其絶高之事，知此丨非上下通之丨也。鄦言人所爲絶高丘者，是説事也。丨非字，不屬會意，人所爲絶高者，非實形也。

畗滿也。从高省，象高厚之形。凡畗之屬皆从畗。讀若伏。滿厚是事也，亦以高爲母文，以田指其高厚之象，非實形。田非字，不得屬會意。

亩穀所振入。宗廟粢盛，倉黄亩而取之，故謂之亩。从入回，象屋形，中有户牖。凡亩之屬皆从亩。此言穀所振入，故从入爲母文，而以回指其户牖之所在。鄦云“象屋形”者，明非从回轉之回也。徐鍇曰：“户牖以防蒸熱也。”段玉裁説：“外口象築，内口象户牖。”亩或从广，从禾。

行遲曳夊夊。象人兩脛有所躧也。凡夊之屬皆从夊。行遲曳夊夊，是説事之文。象人兩脛有所躧，指動體言之，非實形也。

韋束之次弟也。从古文之象。凡弟之屬皆从弟。此假韋束之體，指其次弟之事。段玉裁説：“以韋束物，如輈五束、衡三束之類。束之不一，則有次弟也。”亦假體指事之文。古文弟，从古文韋省。丿聲。

從後灸之也。象人兩脛後有岠也。《周禮》曰：“久諸牆以觀其橈。”凡久之屬皆从久。從後灸之與從後致之者，同一詞例，皆象事字。此則假人兩脛後有距之體，以指其從後灸之事。

五聲八音總名也。象鼓鞞木虛也。此以木爲母文，假鼓鞞之體以指其作樂之事也。五聲八音無專形可象，故以指之。葢指琴瑟，則指鼓鞞。非字，又不可言从絲省會意。葢八音本兼金石、匏土、竹革言之，此木指眾樂具，而樂以鼓爲主，故郳以鼓鞞説之，以木爲虡也。

艸木之初也。从丨上貫一，將生枝葉也。一，地也。凡才之屬皆从才。此言“从丨上貫一”，與屯詞例同。屯難則曲指之，才見則直指之。徐鍇曰：“上一初生岐枝也，下一地也。”段玉裁説：“上一謂地也，下一謂將生枝葉有莖出地，而枝葉未出也。”案：郳言“上貫一”，則上一指地也，不言从一者，明非會意字也。又下一無專字、專形，不得言从，知篆當作。

進也。象艸木益滋上出達也。凡出之屬皆从出。此假艸木益滋之體，以指其出達之事。出達無定形，故不得爲形，但象事耳。

進也。象艸木生出土上。凡生之屬皆从生。此以土爲母文，以屮指其生出之事。不言从土中者，明此非兩體，不得在會意也。

艸盛丰丰也。从生，上下達也。丰丰然，亦形容之詞。此與生皆假艸木之體，以指其進生丰盛之事。言上下達，則無專形。

艸葉也。从垂穗，上貫一，下有根。象形。凡乇之屬皆从乇。此言“上貫一”與才、屯詞例同。以丿指其艸葉之𠂹。一，地也。

艸木華葉𠂹。象形。凡𠂹之屬皆从𠂹。此假華葉之體以指其下𠂹之事，蓋下𠂹者，不止華葉也。此篆中丨象莖，𠂹象華葉下𠂹，是假體指事之文。夢英作𠂹。古文。从乇。《地理志》：“武功埀山。”古文作物，蓋即此𢆉所譌。昜即勿。

鳥在木上曰窼，在穴曰窠。从木，象形。凡窼之屬皆从窼。作巢，鳥之事也。窼在木上，故以木爲母文，而以𡿺指其架高之事。𡿺非字，亦無專形，故不得爲會意。

宮中道。从囗，象宮垣道上之形。《詩》曰：“室家之壼。”此以囗爲母文，卄象宮垣上之道，㞢象上出之意，非从東省也。宮中道無定形，不得爲形。《釋宮》曰：“宮中衖謂之壼。”《詩·大雅》毛傳：“壼，廣也。”

窗牖麗廔闓朙也。象形。凡囧之屬皆从囧，讀若獷。賈侍中說："讀與朙同。"此假窗牖之體，以指其麗廔闓朙之事。窗牖猶耳目也，既非全物，不爲實形。賈云："讀與朙同。"即古"朙"字也。闓朙亦無實形可象。

穿物持之也。从一横冊，冊象寶貨之形。凡毌之屬皆从毌。讀若冠。"穿物持之"是事也，此假寶貨之體，以指其毌穿之事，冊非字，不屬會意。

嘾也。艸木之蕐未發函然。象形。凡𢎘之屬皆从𢎘。讀若含。𢎘嘾不獨艸木之蕐然也。凡有口者，皆能𢎘。此假艸木蕐之體，以指其𢎘嘾未發之事。

艸木實𠂹𠧪𠧪然。象形。凡𠧪之屬皆从𠧪。讀若調。凡𠧪𠂹者，不獨艸木實也。此假艸木實之體，以指其𠧪𠂹之事。𠧪𠧪然、𢎘然皆形容之詞。籀文。三𠧪爲𠧪。

禾麥吐穗上平也。象形。凡亝之屬皆从亝。徐鍇曰："生而亝者莫如禾麥。二，地也，兩傍在低處。"案：物之相齊者不止禾麥也，此假禾麥吐穗上平之體，以指其齊等之事。二猶一也，一高處，一低處，皆指地也。不齊者，地有高下耳，遠望之但見其吐穗上平也，亦假體指事之文，非實形也。

肩也。象屋下刻木之形。凡克之屬皆从克。徐鍇曰："肩，任也，負何之名也，與人肩髆之義通，能勝此物謂之克。"此假屋下刻木之體，以指其肩克之事，亦虛形也。《詩》毛傳："仔，肩克也。"肩克，謂其能勝事也。古文克。亦古文克。案：此與录近。

刻木录录也。象形。凡彔之屬皆从彔。徐鍇曰："录录，猶歷歷也。一一可數之皃。"案：录录本形容之詞，亦假體指事之文。

惡也。象地穿交陷其中也。凡凶之屬皆从凶。以凵指地之穿處，以乂指交陷之事。乂凵皆非字，不得爲會意。

物初生之題也。上象生形，下象其根也。凡耑之屬皆从耑。大徐說："中一地也。"此假初生之體，以指其耑。凡事皆有耑，不獨艸木也，鄦不言屮一者，以屮、而皆非字，舉其上下體，其事自顯也。

倚也。人有疾病，象倚箸之形。凡疒之屬皆从疒。人有疾病相倚箸，是說事也。吕翼文說："與弋同意。懸衣曰弋，扶疾曰疒，皆以木爲之。'弋'下云'㡯'，'疒'下云'倚'，皆半體，與今時牀異矣。午貫横木之柱，又爲上下枝距以懸巾帨，爲疾者便也。"

幬帳之象。从冃，㞢其飾也。此以冃爲母文，而以㞢指其所飾，而𦫳覆之事顯矣。幬帳所以覆之，㞢非字，不屬會意。

再也。从冂闕。《易》曰："參天兩地。"凡兩之屬皆从兩。鄦於入部"从"下云："二入也。兩从此。"於"兩"下不言从从而闕之者，以丨非上下通之丨，从又非字，故以冂爲母文，以从指其再兩之事。鄦以爲闕疑者，鄦之慎也。段玉裁以爲會意當言"从从，从丨"，謂丨爲二人之介也。則丨非字，何得言从？段說誤也。

覆也。从冂上下覆之。凡襾之屬皆从襾。讀若晋。此以冂爲母文，以凵指其上下覆之事。凵非字，不爲會意。

陳也。象臥之形。凡尸之屬皆从尸。段玉裁説："《郊特牲》曰'尸陳也'，祭祀之尸，本象神而陳之，而祭者因主之，二義實相因而生也。"案：此與爿同。爿指其倚箸，尸指其偃臥，皆以厂指其所倚之處。尸以一横陳之，故在上。爿以仌衺倚之，故在旁。厂又非字，指所倚、所臥之具耳。

併船也。象兩舟省總頭形。凡方之屬皆从方。兩舟相併，是事也。無專形可定，不爲實形。方或从水。此以水爲母文，以方指其併船之事。非諧聲字。

不見也。象雝蔽之形。凡丏之屬皆从丏。雝蔽是事也，與兆同。兆象左右雝蔽，謂蔽其耳目，丏則蔽其面也。故鄦書次其文於面首之間。

錯畫也。象交文。凡文之屬皆从文。《考工記》曰："青與赤謂之文。"蓋青赤相交錯乃成文，則無專物可象，亦假體指事之例也。

獸長膂行豸豸然，欲有所司殺形。凡豸之屬皆从豸。凡獸欲有所司殺，則行步詳宷，其膂若加長。豸豸然，長皃。此假獸長膂行之體，以指其司殺之事，其曰豸豸然、卤卤然，皆形容之詞也。

燬也。南方之行炎而上。象形。凡火之屬皆从火。火燬是事也。上古之時，未有火化，火化之事，起於後之聖人。其火之出也，必附於薪木，無實物可象。鄦雖説以形，亦虚形也。此蓋假積薪之體，以指其炎上之事。

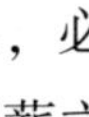在牆曰牖，在屋曰囪。象形。凡囪之屬皆从囪。此與囧

同，假交木之體，以指囪、囧之事。鄦以在牆、在屋分説之，則無事物可象。古文。

天大地大人亦大，故大象人形。古文大也。凡大之屬皆从大。此假人之體，以指其大之事，爲假體指事之最明顯者。

籒文大，改古文，亦象人形。凡亣之屬皆从亣。此亦假人體以指大之事也。大小無專物，皆形容之詞。萬物莫大於人，故假人之體以指之。鄦雖説以形，實象事也。籒改古文，而人體同具，不易之理也。

丈夫也。从大一，以象簪也。周制以八寸爲尺，十尺爲丈，人長八尺，故曰丈夫。凡夫之屬皆从夫。此以大爲母文，大本具人之體，以一指其上之簪，則知爲丈夫者。古者男子二十而冠，冠而後簪，簪則成人，長八尺，故指其簪即知其爲丈夫也。則一非一二之一，不得爲會意。

住也。从大立一之上。凡立之屬皆从立。此以大爲母文，以一指其所立之處。立無定處，故一無專象，與諸文同，皆以一指其上至之事，非會从一之意也。若天从一大，則爲會意矣。此事意之辨也。鄦不言从一者，不以爲會意也。

害也。从一雝川。《春秋傳》曰："川雝爲澤，凶。"以川爲母文，以一指其巛害之事也。

雨零也。从雨，象零形。《詩》曰："霝雨其濛。"案：吅非字，不入説解。舊傳本"从雨"下有"吅"，葢誤衍也。既从雨爲母文，而以吅指其霝、零之事。即《詩》"靈雨既零"，毛傳之"零，落也"。鄦説以形，非實形也。

鳥翥也。象形。凡飛之屬皆从飛。此假鳥羽之體，以指其飛翥之事。能飛者不獨鳥也，飛無專物，則無定形。

鳥在巢上。象形。日在西方而鳥棲，故因以爲東西之西。凡西之屬皆从西。此假鳥在巢上之體，以指其棲止之事。不言从者，明非會意也。西或从木妻。古文西。籀文西。

護也。半門曰户。象形。凡户之屬皆从户。此與囧、囪同，皆指屋内之事也。户所以護内，門所以閒外。鄦於“户”曰“半門”，“門”曰“二户”，無子母輕重，蓋亦互相起耳，不得爲象形也。古文户，从木。蓋以木爲母文。

聞也。从二户。象形。凡門之屬皆从門。鄦既曰“从二户”，又曰“象形”，則於六書淆矣，故師謂鄦未達六書也。蓋單扉曰户，雙扉曰門，户無反文，門不从二户也。

衆萌也。从古文之象。凡民之屬皆从民。此與弟、酉諸文變古文者同一詞例。古文民。象衆萌毓蕪，故假衆萌之體，以指其民生、衆庶之事。

至也。从氏下箸一。一，地也。凡氐之屬皆从氐。此古高低字。从氏下箸一，一指低處也。不言从一者，與會意殊也。

地之吐生物者也。二象地之下、地之中物出形也。凡土之屬皆从土。此不言从二，而以一指地之下、一指地之中者，明丨亦非字，指物自地中吐生之事而已，故不得爲會意。

墣也。从土一屈。象形。此以土爲母文，以凵指其成墣之事。凵非張口之凵，又非⿱竹去盧之凵。土散不能成塊，必和之以

凵一屈乃成，今所謂土磚也。小徐本作“从土凵”，非也。凵不成字，不得入説解也。塊凷或从鬼。蓋鬼聲也。

四陰數也。象四分之形。凡四之屬皆从四。此亦古文之變，假四分之體，以指其四數之事也。亦記數之文。𦉭古文四。亖籀文四。案：此積畫爲之，明此爲記數字也。

亞醜也。象人局背之形。賈侍中說：“以爲次弟也。”凡亞之屬皆从亞。此假人局背之體，以指其亞次之事。

五五行也。从二。陰陽在天地間交午也。凡五之屬皆从五。案：乂爲古文五，象陰陽在空中交午。小篆嫌義不明，疑爲爻之半體，故加二。蓋以二爲母文，一指天，一指地。乂指陰陽交午，此假體指事之文也。乂古文五如此。

七陽之正也。从一。微陰从中衺出也。凡七之屬皆从七。以一指陽之正，以乚指微陰从中衺出，亦古之計數字。

九陽之變也。象其屈曲究盡之形。凡九之屬皆从九。數始於一，盡於九，此假陽气之變，以指其屈曲究盡之事。

甲東方之孟，陽气萌動，从木戴孚甲之象。一曰人頭宜爲甲，甲象人頭。凡甲之屬皆从甲。此假木戴孚甲之體，以指其萌動解甲之事。丅指木，冂指莩甲。鄦引一曰者，蓋大一經之文，以甲爲象形。鄦所不從，廣異說也。《集韵》引宖作空，空、腔古今字，謂象人頭腔也。𠇚古文甲。始於十，見於千，成於木之象。段玉裁說：“始於一，見於十，歲成於木之象。或疑當作‘始於下，見於上’。”疑未能定。

丁 夏時萬物皆丁實。象形。丁承丙。象人心。凡丁之屬皆从丁。此言萬物丁實，泛指眾物無專形可象，是象事也。云“象人心”者，此冡大一經之文，是别一義，不加“一曰”者，省文耳。

戊 中宫也。象六甲五龍相拘絞也。戊承丁。象人脅。凡戊之屬皆从戊。段玉裁説：“六甲者，《漢書》‘日有六甲’是也。五龍者，五行也。《水經注》引《遁甲開山圖》曰：‘五龍見教，天皇被迹。’榮氏注：‘五龍治在五方，爲五行神。’”此象相拘絞，謂六甲五行之气也。或謂此字五畫相成，故象六甲五龍相拘絞。亦假體指事之文。

己 中宫也。象萬物辟藏詘形也。己承戊。象人腹。凡己之屬皆从己。此言萬物辟藏，亦無專物可象，不爲實形，皆假體指事之文。云“己象人腹”者，亦大一經之文，廣異聞耳。己 古文己。

庚 位西方。象秋時萬物庚庚有實也。庚承己。象人臍。凡庚之屬皆从庚。庚實、丁實皆指凡有實者言之，非專指一物，故無專形可象，亦象事也。云“象人臍”者，亦大一經之文，本别一義。徐鍇駁李陽冰説“从干，象人兩手把之不可从”。篆誤作庚，非。段玉裁説：“中 口 象人臍，故爲庚實。”

壬 位北方也。陰極陽生，故《易》曰：“龍戰於野。”戰者，接也。象人褱妊之形，承亥壬以子生之叙也。壬與巫同意。壬承亥，象人脛脛任體也。凡壬之屬皆从壬。此象褱妊，亦象事也。鄦引《易》“龍戰於野”者，釋陰極陽生之義。《乾鑿度》曰：“陽始於亥，乾位在亥。”《文言》曰：“爲其乘於陽也，故稱龍。”

鄦以亥壬合德，包孕陽气至子，則滋生也。亦假體指事之文。

冬時水土平可揆度也。象水从四方流入地中之形。癸承壬，象人足。凡癸之屬皆从癸。此假水四方流入地中之體，以指水土平可揆度之事，亦假體指事之文。云“癸承壬，象人腹”者，亦大一經文，廣異説也。籒文。从癶，从矢。段玉裁説：“象人足，故从癶，矢聲也。”

髕也。正月陽气動，去黄泉欲上出，陰尚彊。象宀不達髕寅於下也。凡寅之屬皆从寅。徐鍇曰：“髕斥之意。人陽气鋭而上出，閡於宀。臼，所以擯之也。”段玉裁説：“髕當作濥，‘髕寅於下’當作‘濥濥於下’，或作螾螾。”《律書》曰：寅言萬物始生，螾然也。㚔象陽气去黄泉欲上出而宀覆之，象陰气尚彊，使不得達螾螾於下也。此假體象事之文，㚔非字，不爲會意。古文寅，从土。

冒也。二月萬物冒地而出。象開門之形，故二月爲天門。凡丣之屬皆从丣。此假開門，以指其冒出之事。本象反門不言从反門者，以門爲體，不與門相對也。古文丣。

啎也。五月陰气啎逆，陽冒地而出。此與矢同意。凡午之屬皆从午。此以一指地，人指陰气啎逆，丨指陽气冒地而出，與矢冒弓而出，其頭作个同。亦假體指事之文。

神也。七月陰气成體自申束。从臼自持也。吏臣餔時聽事，申旦政也。凡申之屬皆从申。此以臼爲母文，假自持之體，以丨指其申束之事。不言从丨者，古籒作𠃉，丨、𠃉，皆非字，明其與會意殊也。古文申。段玉裁據虹陳篆下作，疑此爲誤改作。籀文申。段玉裁説："小篆改此作申，神、電字从此。"案：此指屈而求申者，師説申爲天神。申即電也。

就也。八月黍成，可爲酎酒，象古文西之形。凡西之屬皆从西。此言黍成，可爲酎酒。是説事也。云象古文西者，謂本古文而變此。縣説小篆變改古文也，與弟、民諸文同一詞例。

古文西，从丣。丣爲春門，萬物巳出。丣爲秋門，萬物巳入。一閉門象也。案：此言从丣者，謂與丣同。从兩户相閉，閉與開義亦互相起，以指其出入之事，故舊以春門、秋門説之，非从丣會意也。

右假體指事之文八十四　重三十

界也。象田四界聿，所以畫之，凡畫之屬皆从畫。囗象四界，囗不成字，知非會意。田有四界，聿所以畫之。故重田聿者，以指其界畫之事，囗以指其四界。段玉裁説："篆當作。田之外横者二、直者二，今篆體省一横，非也。以不言聿省知之。"古文畫省，鍇本作，从聿田。亦古文畫，依鍇本如此。

礙不行也。从叀。引而止之也。叀者如叀馬之鼻，此與牽同意。此冂非冂覆之冂，象牽引之事而已。叀馬之鼻者，如馬有銜、牛有桊，引而止之，則止。故重叀止之體，以指其疐礙之事。别本引《詩》："載疐其尾。"

神䰠也。如龍一足。从夊。象有角手人面之形。丌非字，象有角。故重頁止巳夊之體，以指其夔䰠之事。《大荒東經》云："有獸狀如牛，蒼身而無角，一足，出入水則必風雨，其光如日

月，其聲如雷名，曰夔。黄帝得其皮爲鼓，聲聞五百里。”是獸也。

市居曰舍。从亼屮，象屋也，口象築也。屮非艸木初生之中，指其架屋之事也。口象四圍築垣，亼象市居集合，故重亼口之體，以象其舍屋合集之事而已。

目秬釀鬱艸芬芳攸服以降神也。从凵凵。器也。中象米匕，所以扱之。《易》曰：“不喪匕鬯。”凡鬯之屬皆从鬯。㐅非字，蓋米所化者，不得成米形，故假凵匕指其事。

禮器也。象爵之形。中有鬯酒，又持之也，所以飲器象爵者，取其鳴節節足足也。爵不成字，但象雀之形，所以指其鳴節節足足之事也。所持以飲者，中有酒，故假鬯又之體，以指其爲禮器而已。古文爵，象形。

葵中蠶也。从虫。上目象蜀頭形，中象其身蜎蜎。《詩》曰：“蜎蜎者蜀。”葵，《爾雅·釋文》引作“桑”。《詩》：“蜎蜎者蜀。”下云：“烝在桑野。”知鄦書古本不誤，此指蠶在桑中。蜀不成字，故假虫目之體，以𡿺指其蠶桑之事。《淮南子》曰：“蠶與蜀相類。”今有蜀繭是也。

毛巤也。象髮在囟上及毛髮巤巤之形。此與籀文“子”字同。⺌非字，假囟之體指其毛巤之象而已。巤巤亦形容之詞，非實形，亦無專物，今則用爲馬巤字。古毛髮散亂皆謂之巤，非專指一物。

界也。从畕，三其界畫也。三非字，但指其界畫之事。亦物之列，多不過三。其實界畫必有四方，非止三數，則此非一、二、三之三甚明。鄦不言从三，非會三之意。界畫必有田土，故假畕之體，以三指其畺界處。畺或从彊土。

山神獸也。从禽頭，从内，从中。歐陽喬説：“离，猛獸也。”徐鉉曰：“从中義無所取，疑象形。”案：鄦言禽頭者，謂㐫非字，禽离頭相似也。蓋象頭角上出之形，非艸木之屮。此假之體，以指其頭角之事，或以爲从山，非。

右複體指事之文十　重四

指事之部都二百八十七文　重九十二文

卷三

会意

鄦叙曰：“會意者，比類合誼以見指撝武信是也。”葢上古之世，制器尚象，畫物成文，因事造字，故象形、指事文約義古。唐虞而後，修禮典樂，文字之用益廣，造文者乃比合形、事而爲會意。由是漸推漸廣，以合二體爲不足用，乃合三體、四體或五、體六體以明之。又有省體會意者，非嫌文繁也，必省之而意乃見，則本義、訓義相裸成文之説不足據矣。吕翼文分本義、訓義及本義、訓義相裸成訓者爲三例，如“武”下舉止之訓義，“冃”下舉一之訓義，爲相裸成文，“半”下兩舉大與分之訓爲純用訓義，閏爲王居門中純用本義之類是。葢造字者不一，師本無專例，玆但分類，足曉學僮而已。

元始也。从一，从兀。徐鍇曰：“元者，善之長也。故从一。”一者，大極也。天地之气始合，兀兀然，故从一、从兀、會意。或以爲兀聲，非。

天顛也，至高無上。从一大。一者，昜也。大象人形。昜气上升爲天，故从一在大上。段玉裁説：“至高無上，是其大無有二也。故从一大，會意。”

祫大合祭先祖親疏遠近也。从示合。《周禮》曰：“三歲一祫。”本合之滋益字，因合祭乃加示旁，故不得爲合聲。

社地主也。从示土。《春秋傳》曰："共工之子句龍爲社神。"《周禮》："二十五家爲社，各樹其土所宜之木。"地主爲社，故字从示土，會意。引《左氏昭二十九年傳》"后土爲社"。䄯古文社。从木所謂各樹其土所宜木也。葢古文後起者。

祟神禍也。从示，从出。祟者，鬼神出而作災禍，故从示，从出，會意。或以爲出聲，非。𥜼籀文祟，从䜌省。

祘明視以筭之。从二示。《逸周書》曰："士分民之祘，均分以祘之也。"讀若筭。示者，天琢象所以示人也。明視之，故从二示。

閏余分之月，五歲再閏。告朔之禮，天子居宗廟，閏月居門中。从王在門中。《周禮》曰："閏月王居門中終月也。"《周禮·大史》："閏月詔王居門終月。"注謂："路寢門也。"

皇大也。从自。自，始也。始皇者，三皇大君也。自讀若鼻，今俗以始生子爲鼻子。《韵會》引《説文》有"从王"二字，爲今本所無。言始王天下是大君也，故號之曰皇，是也。

瑞以玉爲信也。从玉耑。徐鍇曰："耑，諦也。會意。"瑞爲圭璧璋琮之總偁，其耑題可審諦而爲信也。

玨二玉相合爲一玨。凡玨之屬皆从玨。雙玉爲玨，故从二玉。此以形爲會意者。瑴玨或从㱿。葢㱿聲。

班分瑞玉。从玨，从刀。刀所以分也，玨爲雙玉，則可以分矣，故从玨，从刀，會意。

[illegible]車笭間皮篋也。古者使奉玉以藏之。从車玨。讀與服同。

《玉篇》:“使奉玉所以盛之琫。”藏玉在車笭間，故从車，从玨，會意。

士事也。數始於一，終於十。从一从十。孔子曰:“推十合一爲士。”凡士之屬皆从士。《玉篇》引作“推一合十”，然學者由博反約，鉉本爲長。

中和也。从口丨，上下通。中對上下言之，故从口丨。从丨，上下通也，因爲對外之詞。别本“和”作“而”，段以爲“内”之譌。中籒文中。中古文中。

毒厚也。害人之艸，往往而生。从屮，从毐。毐爲士無行者讀若娭。艸害人，猶人無行者亦害人，故从屮，从毐，會意。或以爲毐聲，非。毒古文毒，从刀萬。

熏火煙上出也。从屮，从黑。屮黑，熏象也。徐鍇曰:“物之多煙者，唯艸爲甚，故从屮。黑非黑白字，㐁象穴，火炎上出礙於艸，故爲熏。”段玉裁説:“屮而繼之以黑，此煙上出成黑色之象也。”然則此言从屮，从黑，本合二體會意。

艸百芔也。从二屮。凡艸之屬皆从艸。

莊無注上諱二字。徐鉉曰:“此漢明帝名也。”从艸，从壯，未詳。或云當訓艸大，故从艸，壯，會意。莊古文莊。

蓏在木曰果，在地曰蓏。从艸，从㼌。《齊民要術》引《説文》:“在木曰果，在艸曰蓏。”㼌从二瓜，本不勝末，微弱也，然則凡艸結實如瓜瓞下垂者，統謂之蓏。

芝神艸也。从艸，从㞢。此本㞢所滋益者，以爲不種而生自然㞢出。後又以爲別一種艸也，乃加艸，而以㞢爲語詞。、㞢本古今字，不得言㞢聲。《釋艸》曰：“茵芝。”

甘艸也。从艸，从甘。艸之味甘者，故从艸、从甘，會意。古但以甘爲之，後乃加艸，故不得爲“甘聲”。苷本甘之滋益字也。

茅蒐茹藘人血所生，可以染絳。从艸，从鬼。師説祭服，故从鬼。陸璣云：“茅蒐，蒨艸也。一名地血。齊人謂之茜，徐州人謂之牛蔓，今紅花也。”

艸得風皃。从艸、風，讀若婪。《語》曰：“艸上之風必偃。”故从風，會意。或云風亦聲，非。

艸生於田者。从艸，从田。《詩》“無食我苗。”《毛傳》：“苗，嘉穀也。”《爾雅》：“虋，赤苗。芑，白苗。”《春秋經·莊七年》：“秋大水，無麥苗。”何休曰：“苗者，禾也。生曰苗，秀曰禾。”孔子曰：“惡莠恐其亂苗。”葢初生佀艸，故从艸、田，會意。

不耕田也。从艸甾。《易》曰：“不菑畬。”徐鍇曰：“當言从艸，从巛，从田。田不耕則艸塞之，故从巛。巛音災。若从甾，則下有‘甾缶’字相亂。”案：鄦不言“从巛，从田”者，以下出或體作“甾”省艸，則菑本甾之滋益字加艸耳，猶合从亼口，而於“祫”下但言“从示合”。此“甾”本从巛、田，而“菑”下但言“从艸甾”，以“甾”已成字也。缶之甾，篆不同不相亂也。菑或省艸。當云“古文菑从田从巛”。田不耕猶川雝不流也。

刈艸也。从艸，从殳。殳猶殺也，所以殺艸也。故从艸，

从殳，會意。

擇菜也。从艸右。右，手也。一曰杜若香艸。手所以擇菜也。左右助擇之，故从艸，从右，會意。一曰杜若，此别一義。

斷也。从斤斷艸。譚長説。斤所以斷艸者，故从斤，从斷艸，作𠀀，會意。别於芹也。籀文斵，从艸，在仌中。仌寒，故斵。篆文斵，从手。

日且冥也。从日，在茻中。日落不見，故从日，在茻中，會意。與杳从日在木下同意。日茻不可行，因爲莫往莫來之義。

别也。从八，从刀。刀目分别物也。八象分别相背之形，刀目分之，故从刀，會意。

畫也。从八，从人。人各有介。八者，分别也。人各守其所分，是爲介也。自彼適此，因有擯介義。

平分也。从八，从厶。八猶背也。《韓非》曰："背厶爲公。"自營爲厶，背厶爲公，此會意之易明者。鄦引《韓非·五蠹篇》文説之。

悉也，知宷諦也。从宀，从釆。徐鍇曰："宀，覆也。釆，别也。包覆而深别之。宷，悉也。"篆文宷，从番。番猶釆也。

詳盡也。从心，从釆。凡事辨别於心則知詳盡，所謂至纖至悉也。釆，辨别也。古文悉，从囧，象窗牖麗廔闓明也。

物中分也。从八，从牛。牛爲物大，可以分也。凡半之屬皆从半。

牛觸人，角箸横木，所以告人也。从口，从牛。《易》曰：“僮牛之告。”凡告之屬皆从告。此引《易·大畜》文釋告从牛之意也。然牛角箸木，所謂楅衡也，觸以告人，故从口。

嘘也。从口，从欠。此重見欠部。鄦云：“出气也。从欠，从口。”欠者，張口气悟也。口張則气出，故加口爲“吹嘘”字。

自命也。从口，从夕。夕者，冥也。冥不相見，故以口自名。日中相見，則知其人，夕冥不見人，不知爲誰，乃扣其名。口猶扣也，故从夕，从口，會意。

尊也。从尹，發號故从口。尹者，治也，从又丿，握事者也。加口者，發號令使尹治事者，君也。故从口、尹。古文。象君坐形。此从古文尹省，葢象𠂓拱形。

使也。从口，从令。此亦令之滋益字，故不得爲令聲。加口者，口使之，亦是令也，故从口、令，會意。因爲天命、性命義，故曰命者天之令也。

聶語也。从口耳。《詩》曰：“咠咠幡幡。”聶者，附耳私小語也。此謂以口附耳私語，故从口，从耳，會意。今《巷伯詩》曰：“緝緝翩翩。”又曰：“捷捷幡幡。”葢鄦所見本異也。

開也。从户，从口。口猶扣也。户外有扣之者，欲其启户也，故从户，从口，會意。不入户部者，以扣户乃開户也。

皆也，悉也。从口，从戌。戌，悉也。戌者，萬物畢成，陽下入地也，故有窮盡義，口能盡悉其理，是爲咸也。

助也。从口，从又。徐鍇曰：“言不足以佐，復手助之。”案：此重見又部云“口手相助也”，謂手不足，以口助之。徐鉉

曰：“今俗别作佑。”

吉善也。从士口。孔子曰：“推十合一爲士。”數始於一，終於十。一言而究其始終者，莫善於士，故士口爲吉也，《詩》曰：“藹藹王多吉士。”

周密也。从用口。用者，卜中也。卜中則可施行也，不周密則不可行，皆由於口言之不慎。故从用口，言善用其口則周密也。周古文周字，从古文及。及之者，其周密無所不至也，亦會意字。

啇語相訶歫也。从口歫辛。辛，惡聲也。讀若櫱。此與言不同者，咅从口，辛聲，啇从口辛，謂以口歫惡聲也。故从辛屈於口上以别之，明相訶歫之意也。

各異辭也。从口夂。夂者，有行而止之不相聽也。夂者。從後至也，象人兩脛後有致之者。口者，象有止之者，或致之，或止之，義正相反，是不得相聽也。

吠犬鳴也。从口犬。牟芈爲牛羊鳴，象其聲气，指事之易明者。犬吠，从犬口，會意。

唬嗁聲也。一曰虎聲。从口，从虎。讀若髜。吠从犬口，唬从虎口，皆會意之易明者。

局促也。从口，在尺下復局之。一曰博所以行棋，象形。徐鍇曰：“人之無涯者唯口，故口在尺下則爲局。博局外有垠堮周限也。此从口在尺下，尺猶規矩法度也，謂人所飲食言語皆限於法度，因爲局促義，此兩體會意。一曰博所以行棋者，此别一義，鄦所不從，廣異聞也。”

吅驚嘑也。从二口。凡吅之屬皆从吅，讀若讙。徐鉉曰：“或通用讙，今俗别作喧，非是。”案：此爲兩人吅嘑，故从二口。

走趨也。从夭止。夭止者，屈也。凡走之屬皆从走。徐鍇曰：“走則足屈，故从夭。”王筠説：“从犬止，犬善走者也。”

歬不行而進謂之歬。从止在舟上。善進者，莫如舟，故从止在舟上，進之速則在歬，因有歬後義。今假齊斷之前爲之。

癶足刺癶也。从止𣥂。凡癶之屬皆从癶。讀若撥。凡兩相癶及俗言撥换字，古皆作癶。故从止𣥂相背，會意。隸變作癶。

登上車也。从癶豆。象登車形。登車無實形，不得爲形。凡菹實登於豆，故从癶豆，會意。𤼲籀文登，从廾。

癹㕥足蹋夷艸。从癶，从殳。《春秋傳》曰：“癹夷薀崇之。”殳猶殺也。以足蹋夷之，故从癶。《周禮·雉氏》掌殺艸，此引《左氏隱六年傳》文，今作芟。

步行也。从止𣥂相背。凡步之屬皆从步。止𣥂猶𠂇又也，兩足歬後相隨爲步，凡人行先右足，故从止，在𣥂歬。

此止也。从止，从匕。匕，相比次也。凡此之屬皆从此。凡止之所止者，此也。匕爲相比次而止其所也，故此猶已也。

正是也。从止，一以止。凡正之屬皆从正。徐鍇曰：“守一以止也。”葢一者不二之謂也，止於一，猶止於仁、止於敬、止於慈、止於孝、止於信，知其所止，可謂出於正矣。𤴓古文正，从二。二，古文上。𤴔古文正，从一足。足者，亦止也。

是直也。从日正。凡是之屬皆从是。天下之物莫正於日，以日爲正，乃爲是也。籀文是，从古文正。

是少也。尟俱存也。从是少。賈侍中説。賈以“俱存”釋“是少”，猶曰俱存而獨少，故曰“是少”。《周易·毄辭》“故君子之道鮮矣。”鄭本作“尟”，云“少矣”。

乍行乍止也。从彳，从止。凡辵之屬皆从辵。讀若《春秋公羊傳》曰：“辵階而走。”彳者，小步也。止者，止也。乍行乍止，故从彳，从止，會意。此引《公羊宣二年》文，今本作躇，何休曰：“躇，猶超遽，不暇以次。”與鄦説異義，故以“讀若”説之與？

逃也。从辵，从豚。凡養豕，多圈禁之，豚小豕易逃出圈，故遯逃字从辵，从豚，會意。鄭注《周易》曰：“遯者，逃去之名。”

負連也。从辵，从車。連猶輦也。《周禮·鄉師》“輂輦”，故書“輦”作“連”。負連者，與車相屬，輓之以行，如背負者。然因爲連屬字，後乃别造輦字，从夫相竝，謂輓者在前也，其實此从辵，从車，會意，即古輦字。他本“負連”，“負”字誤作“員”。

所行道也。从辵，从𩠐。一達謂之道。行道者𩠐所向，則知所行之道，故从辵首。古文道，从𩠐寸。寸者，法度也。猶九軌、七軌、五軌。

使馬也。从彳，从卸。徐鍇曰：“卸，解車馬也。或彳或卸，皆御者之職。”故从彳，从卸。古文御，从又馬。《周禮》六藝，四曰五馭。本作馭。

立朝律也。从聿，从廴。徐鉉曰：“聿，律省也。”案：聿所以書廴者，長行也。凡所建立，書於竹帛，傳之後世，故从聿，从廴，會意。

安步延延也。从廴，从止。凡延之屬皆从延。安舒延緩之意，且止且行而長引之是延，安也。呼緩舒者爲延，今衡語猶然。

人之步趨也。从彳，从亍。凡行之屬皆从行。彳亍猶ナ又也，一步一止是爲行。彳者，小步也。亍，步止也。故行从彳，从亍，會意。或徐步，或疾趨，皆謂之行，因爲行事、行列、德行義。

行且賣也。从行，从言。《周禮》：“飾行儥慝。”大鄭云：“儥，賣也。慝，惡也。謂行且賣姦僞惡物者。”故从行，从言，會意。衙或从玄。

毀齒也。男八月生齒，八歲而齔。女七月生齒，七歲而齔。从齒，从七。齒猶歲也。七歲而齔，故从七、齒，會意。段玉裁説：“从變匕之匕。”

人之足也在下。从止口。凡足之屬皆从足。此以口爲飲食言，無厭足者口也。口知所止，本爲“止足”字，故从口、止，會意。後乃假爲“手足”字，鄦當訓爲“人知足也，从口止”。徐鍇説：“口象股脛之形。”則非也。

道也。从足，从各。徐鉉曰：“言道路人各有適也。”首所向爲道，各所適爲路，重首各會意，故不言亦聲。

鳥群鳴也。从品，在木上。品猶眾也，鳥多集於木，眾鳥鳴，故从鳥，在木上，會意。俗又加口作噪。

龠樂之竹管，三孔，以和眾聲也。从品侖。侖，理也。凡龠之屬皆从龠。品猶众也，以龠和之，众聲乃得其侖理，故从品侖，會意。

扁署也。从户冊。户冊者，署門户之文也。署者，部署有所网屬也。秦書八體，六曰署書。蕭子良云：“署書，漢高六年蕭何所定，以題白虎、蒼龍二闕。”

囂聲也。气出頭上。从㗊，从頁。頁，首也。㗊，眾口也。眾口之聲，气出於頭上，故从頁。𠾊囂或省。葢从吅，非必省㗊。

器皿也。象器之口，犬所以守之。器有口，眾器列陳，故从㗊。器有所盛，當守之，故从犬，會意。

干犯也。从反入，从一。凡干之屬皆从干。一猶法也。反入者，犯上之意，是干法也。挺然犯法，因有杆竿義，《詩》“干旄”“干旌”是也。

羊撖也。从干倒入一爲干，入二爲羊。讀若飪，言稍甚也。撖，刺也，干之甚也。入一爲干，入二爲羊者，言入二甚於入一也。

屰不順也。从干下屮，屰之也。今本“屮”作“凵”，孫氏宋刻本不誤。屮爲艸木上出，干爲反入犯干，兩者相屰，是不順也。段玉裁説：“凵口犯切。”則爲張口之凵。云：“凶象地穿，交陷其中，方上干而下有陷之者，是爲不順。”不知凶本不从凵，段説非。

㕯言之訥也。从口，从内。凡㕯之屬皆从㕯。内猶入也。言欲出而仍入者，是言之訥也。故从口，从内，會意。《記》曰：“其言吶吶然，如不出諸其口。”吶訥即㕯。

以錐有所穿也。从矛，从㕯。一曰滿有所出也。㕯有入意，錐有所穿入，故从矛，从㕯，會意。滿出穿入，義相反而相成，㕯亦欲出復入之意也。

繩三合也。从系丩。糾爲丩之滋益字，以爲繩三合乃加糸旁耳，故不言丩聲。

故也。从十口。識前言者也。凡古之屬皆从古。徐鉉曰：“十口所傳，是前言也。”古文古。

十尺也。从又，持十。周制八寸爲尺，十尺爲丈，余則布指知尺，十數之則知丈，故从又，持十。或云伸臂一尋，周之丈也。

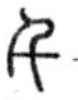十百也。从十，从人。《詩》曰“百夫之特”“百夫之防”，故从十人爲千數。或云人聲，非。

肸蠁布也。从十，从佾。徐鉉曰：“佾，振佾也。”謂振整而飾之。《上林賦》曰：“肸蠁布寫。”李善注引《說文》：“肸蠁布也”。今本誤作“蠁布也”。或云肸過也，芬芳之過，若蠁之布寫也。肸蠁蓋古語。

卙卙盛也。从十，从甚。汝南名蠶盛曰卙。卙卙猶蟄蟄也，和集之甚也，故从十，从甚，會意。徐鉉引《詩》：“宜爾子孫，蟄蟄兮。”説此“卙”字。

大通也。从十，从尃。尃，布也。尃布之甚也，故从十，从尃，會意。因之凡取於人，易爲力者曰博。

二十并也。古文省。不言从二十者，此爲二十并之數目字，嫌會二與十之意，故不言从。古文葢作廾，此小篆省改古文者。

快也。从言，从中。中猶得也。《語》曰："言必有中。"言而中故快。蓄旹从此䛍聲，小徐本誤作中聲，非也。

誠也。从人，从言，會意。信何由徵，以人徵之，故从人言。序説會意而曰武信，是會意之最顯者。古文。从言省。不云从口者，口所以言，亦所以食也，於義不顯，故知爲言省也。古文信，从心，言必由衷。

會也、筭也。从言，从十。十者，數之成也，數成以言商之，是則會計之意也與？

施陳也。从言，从殳。殳，使人也。殳即古役字。殳者可運旋之物，故因爲役使字。凡所設施，必以言役使人，故从言从殳，會意。

思之意。从言，从思。言而後思，不若思而後言，方言而復思之，常恐其失言也。因爲諰諰然形況之詞，荀卿曰："諰諰然常恐天下之一合而軋己也。"

亂也。一曰治也。一曰不絶也。从言絲。治絲易棼，絲繹不絶，善言者如之，謂理其煩亂而歸於治。故从言，从絲，會意。古文䜌。象兩手治絲之意。

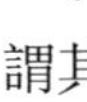號也。从言，从虎。凡嘑號之聲，虎爲最猛，故从言、虎，謂其言之聲如虎然也。

討治也。从言，从寸。寸猶法度也。以言度之，斯其理可得而討治也。《語》曰：“世叔討論之。”故从言、寸，會意。

誩競言也。从二言。凡誩之屬皆从誩。讀若競。二言相争爲誩，後更加二人爲競，誩競本一字，分古今。鄦以競釋誩，以今字釋古字也。

譱吉也。从誩，从羊。此與義美同意。誩猶競也。凡有吉譱，人多競言之，故从誩羊。善篆文譱，从言。

音聲也。生於心，有節於外謂之音。宫、商、角、徵、羽，聲也。絲、竹、金、石、匏、土、革、木，音也。从言，含一。凡音之屬皆从音。一者節之也。以言之聲諧乎絲、竹、金、石、匏、土、革、木，始謂之音，故从言，含一，會意。

章樂竟爲一章。从音，从十。十，數之終也。凡樂歌終則爲一章，此从十會終之意。

竟樂曲盡爲竟。从音，从儿。凡樂終則歌者休息，聽者倦矣，故从儿屈伏在人下。

䇂辠也。从干二。二，古文上字。凡䇂之屬皆从䇂。讀若愆。張林説。干上猶犯上也，犯上即得辠，故从干二，會意。

妾有辠女子給事之，得接於君者。从䇂，从女。《春秋傳》曰：“女爲人妾，妾不娉也。”女有辠者爲妾，故从䇂女。

業大版也。所以飾縣鐘鼓。捷業如鋸齒，以白畫之，象其鉏鋙相承也。从丵，从巾，巾象版。《詩》曰：“巨業維樅。”丵，叢生艸，象丵嶽相竝出。業大版，丵嶽竝出，故从丵、巾。業古文業。

竦手也。从𠂇，从又。凡𠬞之屬皆从𠬞。今變隸作廾。左右兩手相𠬞，故爲會意。楊雄説：“𠬞从兩手。”

蓋也。从𠬞，从合。《釋器》曰：“圜弇上謂之鼒。”謂斂其上如覆蓋，然兩手相合爲弇。古文弇，从穴，从臼，臼在穴下，亦弇蓋意。

玩也。从𠬞持玉。玉可寶貴，故爲玩弄之具，《詩·小雅》：“載武之璋。”因有戲弄義。

持弩拊。从𠬞肉。讀若逵。徐鉉曰：“从肉未詳。”徐鍇曰：“肉非聲。”案：古本作𠬝，D象弓弩形，丨在中，指其拊之所在，故説爲持弩拊。寫者誤作ᗪ，此注當有脱誤。

驚也。从𠬞持戈，以戒不虞。𠬞者，持之也。持戈所以戒不虞也，因有兵械義。

械也。从𠬞持斤，并力之皃。此與戒同意。持戈所以守之，持斤所以斯之也。古文兵，从人𠬞干。籀文。从一，一者，地也。

同也。从廿𠬞。凡共之屬皆从共。廿者，二十并也。二十人皆竦手，是爲共也。古文共。蓋从兩𠬞交相共也。有睽異之象，有共同之意。

分也。从𠬞，从畀。畀，予也。凡異之屬皆从異。𠬞以畀之，蓋異數也。徐鍇曰：“將欲予物，先分異之也。”《禮》曰：“賜君子、小人不同日。”

廾舉也。从臼，从𠬞。凡舁之屬皆从舁。讀若余。或叉手，或竦手，會𠬞舉之意。

黨與也。从舁，从与。与者，賜予也。共舉而与之黨與之也，不言与聲，以意爲主。古文與，从𠬞。

起也。从舁，从同。同，力也。獨力難興，同力則易舉也，故从舁，从同。《周禮》六詩曰："比曰興。興者，託事於物，以起意也。"

叉手也。从ヒヨ。凡𦥑之屬皆从𦥑。ヒヨ猶ナ又也，兩手指相向耳。俗又作掬。

馬鞁具也。从革，从安。乘馬欲其安穩也，故从安，會意，非取其聲也。以革爲之，故从革。《左傳》："趙旃以良馬二，濟其兄與叔父。""左師展將以公乘馬而歸。"是三代時亦用鞌馬也。

五味盉羹也。从䰜，从羔。《詩》曰："亦有和鬻。"羔猶美也。《儀禮》："鉶芼、牛藿、羊苦、豕薇。"芼及醯、醢、鹽、梅，是之謂五味之和也。實於鉶，謂之鉶羹。肉汁不和五味爲大羹。鬻或省。或从美䰜省。小篆。从羔，从美。

卵孚也。从爪，从子。一曰信也。徐鍇曰："鳥之孚卵皆如其期，不失信也。鳥裒恒以爪，反覆其卵也。"故从爪，从子，會意。古文孚，从𥝌。𥝌，古文保。

穜也。从坴丮。持而穜之。《詩》曰："我埶黍稷。"徐鍇曰："坴，土也。"穜者，持穜埶之土中，故从丮坴，取土塊坴坴之意。

擊踝也。从丮，从戈。讀若踝。戈以擊之者也，故从丮，从戈，會意。不言从戈聲者，重戈之意，以意爲主也。

兩土相對，兵杖在後，象鬥之形。凡鬥之屬皆从鬥。此本从丮𠃨，象各有所持，會相鬥之意。既从丮𠃨，兩文相合，不得爲象形字明矣。

恆訟也。《詩》云："兄弟鬩於牆。"从鬥从兒。兒，善訟者也。此會小兒善訟之意，故不得爲兒聲。《毛傳》："鬩，很也。"言相很戾也。

試力士錘也。从鬥，从戈，或从戰省。讀若縣。戈猶擊也。段玉裁説："當作或曰从戰省聲。"鄦所不從。

老也。从又，从灾。闕。謂闕其意也。案：又者，手也。手灾者，衰惡也。脈之大候在於寸口，老人寸口脈衰，故从又，从灾，會意。籀文。从寸。寸猶又，謂寸口也。叜或从人。叜爲長老之偁，故加人旁。

逮也。从又，从人。徐鍇曰："及前人也。"案：又猶手也。人在前以手及之，是謂及也。古文及，秦刻石"及"如此。然則葢大篆，此秦刻小篆，本古文也。亦古文及。亦古文及，从辵，从筆，葢筆聲。

禾束也。从又，持禾。又，手也。手所持禾爲一秉，謂盈握也。《詩·小雅》："彼有遺秉。"《聘禮記》："四秉曰筥。"注："此秉謂刈禾盈手之秉也。"

覆也。从又厂，反形。又者，手也。厂爲反形，手仰攀

之，厂反覆之，故从又、厂，會意。古文。从籀文𡰥省。

治也。从又，从卪。卪事之節也。手持節以治之，故服事之也。服其治，爲所服治二義相足。凡“服事”字古皆作𠬝，後乃用⺼旁之服。

滑也。《詩》云：“叜兮達兮。”从又中。一曰取也。中猶艸也。手持艸，故爲叜。今猶言挑菜，《毛詩・鄭風》作“挑兮達兮”。傳云：“挑達，往來相見皃。”即叜，滑也。

入水有所取也。从又，在回下。回，古文回。回，淵水也。讀若沬。入水難求因爲没。

捕取也。从又，从耳。《周禮》：“獲者取左耳。”《司馬法》曰：“載獻聝。”聝者，耳也。以手執其耳也。引《周禮》説从耳之意。

埽竹也。从又，持甡。甡者，眾生竝立之皃。彗，編竹爲之，故从甡，會列比之意。彗或从竹。古文彗，从竹，从習。

同志爲友。从二又。相交友也。兩手相交爲友，故从二又。善兄弟曰友，言相助如𠂇又手也。古文友。亦古文友。从一習，同所習也。

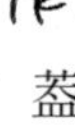賤也。執事者。从𠂇甲。徐鍇曰：“右重而左卑，故在甲下。”蓋古禮尚右，尊又而卑𠂇，故𠂇在甲下。甲者，人也，本象人頭。

記事者也。从又，持中。中，正也。凡史之屬皆从史。又

猶手也。書以記事，古之良史書法不隱，故爲持中以示後世也。

手之疌巧也。从又，持巾。凡聿之屬皆从聿。巾以拭之，故見其疌巧於文。从又，持巾。今楊州人因呼手巾爲手聿，子即此聿字。陳兆奎説：“徐鉉讀爲尼輒切。”

持事振敬也。从聿，在𣶒上。戰戰兢兢也。疌巧者，善於持事，然必振敬將之。《詩》曰：“戰戰兢兢，如臨深淵。”故从聿，在𣶒上，會意。古文肅，从心，从卪。

秦謂之筆。从聿，从竹。徐鍇曰：“筆尚便疌，故从聿。”案：此即聿之孳益字，以竹爲管，故加竹耳。

聿飾也。从聿，从彡。俗語以書好爲𦘔。讀若津。彡者，毛飾畫文也。聿，所以書也。以毛書畫成文，故从聿，从彡。

剛也。从臤，从土。“臤”下鄦訓堅也，明堅爲臤之孳益字。土深則堅，乃加土以足其意。不入土部，不以臤爲聲也。

乖也。从二臣相違。讀若誑。二人相背爲北，二臣相違爲乖𦣞，皆同意。鄦書無㔾，是爲象意。

軍中士所持殳也。从木，从殳。《司馬法》曰：“執羽从杸。”鄦於“殳”下云：“以杸殊人也。”明“殳”“杸”爲一字，以木爲之，乃加木旁以足其意，故不得爲殳聲。

相擊中也。如車相擊，故从殳，从軎。軎者，車軸耑也。車行軎在外往來相切擊，其軸耑所謂車擊轂也。殳又所持以擊之者。

揉屈也。从殳，从皀。皀，古文叀字。㲃字从此。徐鉉曰：“叀，小謹也。”亦屈服之意。揉之使屈爲𣪘，今衡語猶然，

徐讀居又切。

戍邊也。从殳，从彳。戍邊猶行邊也。彳取巡行之意，非取其聲也。徐鉉曰："彳，步也。彳，亦聲。"恐非。古文役，从人。

新生羽而飛也。从几，从彡。彡象毛飾，几爲鳥短羽飛。几几，新生羽，則短而有文采，故从几，从彡。

十分也。人手卻一寸動衇謂之寸口。从又，从一。凡寸之屬皆从寸。郤猶退也。自手退寸謂之寸口。一者，一寸也。是从一會意，非以一指其處也。與指事殊。

辟潄鐵也。从攴，从湅。謂段潄也。簡取精鐵不計數，萬辟千灌，疊疊段之，故从攴會段之意，从湅會簡擇之意。

更也。从攴己。己，中宫也，象萬物辟藏詘形也。己承戊，象人腹，凡己我字皆用己，李楊冰曰："己有過，攴之即改。"

毁也。从攴貝。敗賊皆从貝，會意。取貝而攴之，是毁敗也。段玉裁以爲貝亦聲，非也。鄦明言會意，不取其聲。籀文敗，从賏。

暴也。从攴，从完。攴猶擊也，擊其完聚，是寇之也。徐鍇曰："當其完聚而欲寇之。"

平田也。从攴田。《周書》曰："畋尔田。"平田猶治田也，故从攴田，會意，非取其聲也。古但作田。《詩》曰："無田甫田。"後乃加攴以足其意。

養牛人也。从攴，从牛。《詩》曰："牧人乃夢。"《詩》

言“爾羊爾牛”，皆牧人所掌，此獨从牛者，牛所用大，重牛也。以策擊之，故从攴。

上所施下所效也。从攴，从孝。凡教之屬皆从教。《書》曰：“扑作教刑。”攴，古扑字也。攴爲上所施，孝爲下所效。古文教。亦古文教。

卜以問疑也。从口卜。讀與稽同。《書》云：“卟疑。”鍇引《尚書》：“明用卟疑。”師説，俗作乩。

卜問也。从卜貝，以爲贄。一曰鼎省聲。京房所説。鄦於説解下出“一曰”者，廣異聞耳，鄦所不从也。古文以貝爲鼎，籀文以鼎爲貝，後始分爲二字，乃有兩讀。貞爲最古之文，以意爲主，不必取音。

視兆問也。从卜，从口。口以問之，故从口，會意。此與卟从卜、从口同，疑本一字，但結體微異，分篆、籀耳，後乃别爲二字、二音。

可施行也。从卜，从中。衞宏説。凡用之屬皆从用。大徐説“卜中乃可用也”，是矣。古文用。

用也。从用庚。庚，更事也。《易》曰：“先庚三日。”此《巽》九五爻辭“先庚三日”者，先事而圖更也，引以證用庚爲庸。

藩也。从爻，从林。《詩》曰：“營營青蠅，止于棥。”林木交錯乃爲棥。爻者，交也，故从林、爻，會意。今《詩》作樊。

二爻也。凡㸚之屬皆从㸚，亦麗爾之意。故从二爻交廣

之也。

明也。从㸚，从大。交者，廣大，是爽明也。徐鍇曰："大其中隙縫光也。"謂其孔㸚㸚然明也。篆文爽。

舉目使人也。从攴，从目。凡旻之屬皆从旻。讀若颭。舉動其目，則其光擊射於人以使之，故从攴，會意。

大視也。从大旻。讀若齤。大視若舉目使人然也，故从旻，从大，會意。況晚切。

目大也。从目侖。《春秋傳》有鄭伯睔。侖者，思也。亼其册而思之，乃得其侖理。凡有所思，必張目直視，故从目。侖會目大之意，此引鄭伯睔見《左氏·襄二年傳》。

深目也。从穴中目。穴中深處也，目在穴中，知爲深目，因爲幽窅字，今讀如渺然之渺。《漢·禮樂志》："窅窊桂華。"蘇林曰："窅音窅朕之窅，窅朕即坳突字。"《倉頡篇》作"容突"，葛洪《字苑》作"凹凸"，皆鄦書所無，知古用"窅朕"。

省視也。从目，从木。《易》曰："地可觀者，莫可觀於木。"《詩》曰："相鼠有皮。"目所視者多矣，望遠可識者，莫如木，故引《觀卦》説从木之意也。

目深皃。从目窅。讀若《易》曰"勿卹"之"務卹"。此即窅之孳生字，俗又加目旁耳。今讀於悦切，則爲凹陷之凹。

睎也。从手下目。謂以手覆目上，則光不外浮，可以見遠也。徐鍇曰："宋玉所謂楊袂障日，而望所思也。"看或从倝。

揞目也。从目㕚。揞者，搯也。《吴語》《吴世家》皆云

“子胥以手抉目”，謂以手掐去其目也，故以叉目。今音烏括切，則讀如攫，江西俗語猶然。

ナ又視也。从二目。凡䀠之屬皆从䀠。讀若拘。又若良士瞿瞿。兩目左右視，故从二目。因爲䀠然驚遽之意，今多用瞿。

目衺也。从䀠，从大。大，人也。大象人形，故云“大，人也”。謂若人張其兩目，奓然自大，會大䀠之意。段玉裁説：“與爽、奭同意。爽之明大，奭之盛大。奭之目衺淫視者大，故皆从大會意。舉朱切，䩭字从此爲聲。”

俱詞也。从比，从白。比，密也。二人相比，則所出之詞皆然，故皆爲俱詞。从比白，白者，詞言之气从鼻出，與口相助也。

十十也。从一白。數十百爲一貫相章也。段玉裁云：“此注各本脱譌，當於‘數’字下云‘十十爲一百’。百，白也。十百爲一貫。貫，章也。”白者，告白之也，得百數則可一白矣，故从一白，會意。古文百，从自。

引气自畀也。从自畀。凡鼻之屬皆从鼻。自爲古鼻字，象鼻形，後造从自畀，會引气自畀之意，乃以自爲自身之自，而鼻遂專爲鼻眼字矣。

二百也。凡皕之屬皆从皕。讀若祕。此舉體而意自見，故不言从二百，會意，已明。《五經文字》及《韵譜》皆讀若逼。

數飛也。从羽，从白。凡習之屬皆从習。鳥數飛則振羽習習然，气與口相助，故从羽、白，會意，因爲時習義，《語》曰：“學而時習之。”

翟山雉尾長者。从羽，从隹。此葢羽長而尾短者，故从羽、隹，會意。《釋鳥》："翟山雉。"樊光曰："其羽可持而舞。"《詩》云："右手秉翟。"《禮》："王后六服，有褕翟、闕翟。"舊説翟羽飾衣也，葢其羽與他鳥獨異，故从羽與？

翏高飛也。从羽，从㐱。㐱爲新生羽而飛也。凡鳥羽新生則豐勁，故能高飛，因爲高遠翏廓之意。

[illegible]飛盛皃。从羽，从冃。徐鉉曰："犯冃而飛是盛也。"案：此謂鼓其羽翼，衝冃而出於上，故从羽，从冃，會飛盛皃之意。

隻鳥一枚也。从又，持隹。持一隹曰隻，二隹曰雙。飛鳥不可數計，从又，持之，則有定數也。持一隹爲隻，持二隹爲雙，皆从又也。

雀依人小鳥也。从小隹。讀與爵同。鳥之最小者，故从小隹，色褐者，俗謂之麻雀。又有似雀而色黄者，或謂之黄雀，字亦作爵，《月令》"爵入大水爲蛤"是。

䍜覆鳥令不飛走也。从网隹。讀若到。以网覆之，故从网。籠罶亦网䍜類也，网部有"罩"，捕魚器也。今多用罩廢䍜。

雋肥肉也。从弓，所以射隹。長沙有下雋縣，野鳥味美，故肉肥美者曰雋。蒯通著書號曰雋永，言其所説道味永長也。从弓射隹者，明取其肉也。

奞鳥張毛羽自奮也。从大，从隹。凡奞之屬皆从奞。讀若睢。鳥奮飛則張大其羽，其形大也，故从大、隹，會意。

奪手持隹失之也。从又，从奞。手持隹爲隻，手持隹而失之則爲奪，奞爲鳥張羽毛自奮飛，隹在手而飛去則失之矣。故从又奞，會意。今用奪爲争敚字，更假消肉臞之脱爲手中遺脱字。

翬也。从奞，在田上。《詩》曰："不能奮飛。"翬，大飛也。田猶野也。奞在田上，故見其奮飛也，故从田，在下。

鴟屬。从隹，从𦫳。有毛角，所鳴其民有旤。凡雈之屬皆从雈。讀若和。𦫳者，羊角也。鴟有毛角，故从𦫳隹，會意。

規蒦商也。从又，持雈。一曰"視遽皃"。一曰"蒦，度也"。徐鍇曰："商，度也。雈善度人禍福也。"考《漢志》曰："寸者，忖也。尺者，蒦也。"故蒦爲五度之度。鳥飛起止多有中度者，雉、蒦皆訓度，度高廣皆曰雉，或云規蒦。本古語，鄦以"商也"釋之，復出"一曰"者，以廣異聞耳。蒦或从尋，尋亦度也。《楚詞》曰："求矩彠之所同。"

戾也。从𦫳而八八，古文別。大徐說："八，兵列切。"篆文"分別"字也。

相當也。闕。讀若宀。此从𦫳，从冂，本兩體會意字。𦫳取兩角相當，冂則未聞，故闕之也。《廣韵》云："今人賭物相折謂之芇。"《廣雅》："芇，當也。"亡殄、亡安二切。俗譌作蔄。

目不正也。从𦫳，从目。凡苜之屬皆从苜。莧从此。讀若末。徐鍇曰："𦫳，角戾也。"

目不明也。从苜，从旬。旬目數摇也。

勞目無精也。从苜人，勞則蔑然。从戍。戍人最勞者，故不可久戍，此从戍會勞之意，與莧聲讀同。莧言苜亦聲，此不言苜聲者，莧爲火不明，不純會苜之意，故知爲諧苜之聲也。蔑爲目無精，則从苜以意爲主，不得言聲也。

甘也。从羊，从大。羊在六畜，主給膳也。美與善同意。大徐説羊大則美，故从大。

隹欲逸走也。从又，持之，矍矍也。讀若《詩》云“穬彼淮夷”之“穬”。一曰視遽皃。

雙鳥也。从二隹。凡雔之屬皆从雔。讀若醻。雔匹雔對，故从二隹，會意最顯者。

飛聲也。雨而雙飛者，其聲靃然。段玉裁説，當有“从雨雔”三字，爲各本所脱，誤。今揮靃及靃靡皆引伸義。

隹二枚也。从雔又，持之。

羣鳥在木上也。从雥，从木。雥爲羣鳥，故从雥在木上，不言聲者，以意爲主也。雧或省。

鳥聲也。从鳥，从口。

田罔也。从華，象畢形，微也。或曰田聲。大徐説“甶音拂”，非也。案：此注舊有脱誤，當云“田罔也。从田，从華，華象畢形”。畢爲田獵所用，故从田。《月令》注：“罔小而柄長謂之畢。”與華形似，故云“華象畢形”，所以説从華之意。段玉裁説“微也”二字有誤，各本或作“田聲”，亦非。

少也。从幺，从力。幺者，小也。力小則年少也，故从幺，从力，會意。不言聲者，以幺小之意爲主，不得言幺聲。

微也。从二幺。凡丝之屬皆从丝。

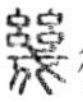微也，殆也。从丝，从戍。戍，兵守也。丝而兵守者，危也。幾者，動之微，吉凶之先見者也。戍守者，審勢量敵，觀人

於微，故从戌，會意。有備無患，危而獲安，其殆庶幾乎？此引伸義也，故又以幾爲神妙。

仁也。从心，从叀。徐鍇曰："爲惠者心專也。"段玉裁說："爲惠者必謹。"以叀訓小謹。古文惠，从芔。

幽遠也。黑而有赤色者爲玄，象幽而入覆之也。凡玄之屬皆从玄。此本从入，从幺。幺小則微遠，入於幽微則玄之又玄。玄遠者莫如天，因爲天之色，則今之蔚藍色也。鄦説黑而赤者，恐非。古文玄。

黑也。从二玄。《春秋傳》曰："何故使吾水兹。"今染藍再入則黑，故从二玄，會意。《左哀八年傳》釋文："兹音玄。"則讀胡涓切，與艸部之"兹"别。

出游也。从出，从放。

光景流也。从白，从放。讀若龠。凡光景流放，其色必白，故从白，會意。以其放於外也，故从放。

物落上下相付也。从爪，从又。凡𠬪之屬皆从𠬪。讀若《詩》"摽有梅"。

引也。从𠬪，从于。籒文以爲"車轅"字。𠬪者相付取，亦有引義。亏者，气之舒，亦引動之詞，故从𠬪于，會意。

撮也。从𠬪，从己。徐鉉曰："己者，物也。又爪撮取之，指事。"案：己者，中宮也。象萬物辟藏詘形也。凡撮物者，必取之宮中，故从𠬪，从己，會意，甚明。𠬪、己兩文相合，不得爲指事，大徐似未聞六書者，抑傳寫者誤邪？錯本作，云"从乙聲"，恐非是。

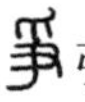引也。从受厂。徐鉉曰："厂音曳。"受，二手也。而曳之，争之，道也。案：厂，抴也。抴猶引也。凡争者皆引之，使歸於己，兩相引則争矣。

所依據也。从受工。讀與隱同。謂所依據甚安㥯也。俗作穩。工者作器，必求安㥯，故从工，會意。或謂工者，所落之処巧得宜也。

殘穿也。从又，从歺。凡奴之屬皆从奴。讀若殘。

溝也。从奴，从谷。讀若郝。《尔疋·釋水》曰："注谷曰溝。"叡者，穿地通水，以注谷者也。故从奴，从谷，會意。溝瀆廣四尺，深四尺，叡殆近之。叡或从土。

奴探也，堅意也。从奴，从貝。貝，堅寶也。讀若概。此注各本脱誤不同，或作"𣦿，奴深堅意也"，段玉裁作"貝，堅實也"，"寶"當爲"實"之誤。深意故从奴，堅意故从貝也。

禽獸所食餘也。从歺，从肉。歺爲殘骨，更有餘肉，則知爲禽獸所食之餘也。凡殘餘字當作𣦻。段玉裁因《廣韵》十五鎋有刖，改篆作，云："月者，缺也。"不知殘缺義同，歺既爲殘，當从肉會有餘之意。

澌也，人所離也。从歺，从人。凡死之屬皆从死。人死精神澌滅，但見其骨而已。故从人、歺，會意。古文死如此。从古文儿、古文歺。

分解也。从冎，从刀。

肉之覈也。从冎，有肉。凡骨之屬皆从骨。肉中骨曰覈，

冎爲剔人肉置其骨也。冎其肉則骨見，故从冎，从肉。

臂節也。从肉，从寸。寸，手口也。

犬肉也。从肉，犬謂若然。犬曰羹獻適於養生，故曰肰。因爲肰否之肰，與美善同意。古文肰。亦古文肰。蓋然之異文。

多肉也。从肉，从卪。大徐説“肉不可過多”，故从卪。謙謂食肥過多有害養生，故从卪，亦古人節飲食之意。

始也。从刀，从衣。裁衣之始也。舉刀見衣，故知爲裁衣之始。衣成則不用刀也。

等畫物也。从刀，从貝。貝，古之貨物也。貨物有貴賤之差，故从刀畫分之，以定其差等，因爲“法則”字。古文則。从重貝，定其差等也。亦古文則。籀文則，从鼎。蓋籀文以鼎爲貝。

剟也。从刀冊。冊，書也。此从刀，蓋書刀也。《周官》：“築氏爲削。”鄭云：“今之書刀。”凡艸㓞不定者，以削削之，謂之刪。或取舊冊刊落不用者，亦謂之刪。

刓也。从刀，从金。周康王名。蓋謂釗鏤金器銘識也。今釗刻字譌作雕，段玉裁説刓義未聞，未之思耳。

裁也。从刀未。未，物成有滋味可裁斷。一曰止也。物成有滋味，當裁制之，因有止義，故从刀未。古文制如此。

辠之小者。从刀，从詈。未㠯刀有所賊，但持刀駡詈，則應罰。五罰輕於五刑，罰爲辠之小者。持刀詈，則於法應罰，持

刀賊人則刑之耳。此刑、罰輕重之別也。《初學記》引《元命包》曰："网言爲詈，刀守詈爲罰。罰之爲言内也，陷於害也。"説與鄦異。

刵斷耳也。从刀，从耳。

魝楚人謂治魚也。从刀，从魚。讀若鍥。

栔刻也。从㓞，从木。㓞爲巧㓞，刻者工巧，故从㓞，會意，非取其聲也。刻者多用木，故从木。《釋詁》："契，絶也。"郭璞曰："今江東呼刻斷物爲栔斷。"

耒手耕曲木也。从木推丰。古者垂作耒耜以振民也。凡耒之屬皆从耒。丰者，艸蔡也。以木推艸丰，故知爲耒也。

等齊簡也。从竹，从寺。寺，官曹之等平也。

筮《易》卦用蓍也。从竹，从𢍜。𢍜，古文"巫"字。

筭長六寸，計歷數者。从竹，从弄，言常弄乃不誤也。

算數也。从竹，从具。讀若筭。具者，其數具也。竹爲算器也，音讀與筭同。鄦不以爲一字者，算爲用筭之法，筭爲器也。

典五帝之書也。从册在丌上，尊閣之也。莊都説："典，大册也。"古册以丌庋閣之，故从册，在丌上。都以爲从册、从大，謂典爲大册會意，鄦氏博訪通人，廣異説耳。𥫔古文典，从竹。

顨巽也。从丌，从頭。此《易・顨卦》，爲長女、爲風者。大徐説："頭之義，亦選具也。"江聲説"鄦於此特言之"者，存《周易》最初之古文也。

奠置祭也。从酋。酋，酒也。下其丌，禮有奠祭者。酋者，繹酒也。奠之物多矣，必舉酒者，酒以成禮也。

手相左助也。从𠂇工。凡左之屬皆从左。本“𠂇”之孳生字，不言𠂇聲者，以意爲主也。又舉事左之者，𠂇手也，今俗别作佐。

貳也。差不相值也。从左，从𠂹。左手𠂹下，不相左助，是差忒也。故从𠂹、左，會意。徐鍇曰：“左於事，是不當值也。”或疑𠂹省聲，非。籀文差，从二。

能齋肅事神明也。在男曰覡，在女曰巫。从巫，从見。徐鍇曰：“能見神也。”胡狄切。

美也。从口含一。一，道也。凡甘之屬皆从甘。此从一，从口，合兩文成字，與指事殊。食物不一，而所甘之道則一，是會一之意也。

美也。从甘，从舌。舌，知甘者。

飽也。从甘，从肰。肰，犬肉也。人多甘之，故有猒飽義，从肰，會意，不取其聲也。猒或从㠯。

尤安樂也。从甘，从匹。匹，耦也。人情所安樂者，莫甚於匹耦，故从甘、匹，會意。甘者，樂之也。古文甚。

語多沓沓也。从水，从曰。遼東有沓縣。大徐説：“語多沓沓，若水之流，故从水會意。”謙案：《詩》曰：“巧言如流。”

獄之兩曹也。在廷東，从棘。治事者，从曰。徐鍇曰：“以言詞治獄也。故从曰。”案：兩曹均在廷東也，故从棘，會二東之意。

甹亟詞也。从丂，从由。或曰甹俠也。三輔謂輕者爲甹。大徐說：“由，用也。任狹用气也。”案：丂，爲气欲舒出，勹上礙於一也。由者，自也，從也。從不可舒出者而出之，是爲甹也，故以爲亟詞。

奇異也。一曰不耦。从大，从可。

哥聲也。从二可。古文目爲謌字。凡謌者必疊聲唱之，其音若可可、阿阿者，則知其爲謌也，故从二可，會意。

兮語所稽也。从丂八，象气越亏也。凡兮之屬皆从兮。語於此少稽留，故其气舒越，从八，會分布之意。

号痛聲也。从口，在丂上。凡号之屬皆从号。

號呼也。从号，从虎。

亏於也。象气之舒亏。从丂，从一。一者，其气平之也。凡亏之屬皆从亏。

粤于也。寀慎之詞也。从亏，从寀。《周書》曰：“粤三日丁亥。”寀慎而後出也，故从寀、亏。

平語平舒也。从亏，从八。八，分也。爰《禮》說。語有分別，得其理也，故气平舒，此从八之意也。古文平如此。

喜樂也。从壴，从口。凡喜之屬皆从喜。壴者，陳樂立而上見也。聞樂而口贊之，故知其喜也。歖古文喜，从欠，與歡同。

壴陳樂立而上見也。从屮，从豆。凡壴之屬皆从壴。豆者，禮器也。古禮用樂，必俎豆陳列乃陳樂。屮，艸初生上出。設豆而見有上出者，知爲祟牙之屬，爲陳樂也，故从屮，从豆，會意。

尌立也。从壴，从寸。持之也。讀若駐。手執所設之樂器而持之，是立而待事也。

鼓鄗也。春分之音，萬物鄗皮甲而出，故謂之鼓。从壴支，象其手擊之也。《周禮》六鼓：靁鼓八面，靈鼓六面，路鼓四面，鼖鼓、臯鼓、晋鼓、皆兩面。凡鼓之屬皆从鼓。徐鍇曰：“鄗者，覆冒之意。”[illegible]籀文鼓，从古聲。

梪木豆謂之梪。从木豆。此豆之孳生字，从木，會意，不得爲豆聲也。葢因用木豆，乃加木旁耳。

豑爵之次弟也。从豊，从弟。《虞書》曰：“平豑東作。”豊者，行禮之器也。爵行必設豊，有次弟，故从豊，从弟，不取其聲也。

彪虎文也。从虎彡，象其文也。

虤虎怒也。从二虎。凡虤之屬皆从虤。

𧇠兩虎争聲。从虤，从曰，讀若憖。兩虎相争，則聲气从口出，故从曰。曰者，口气出也。大徐説。

贙分别也。从虤，對争貝。讀若迴。

益饒也。从水皿。皿，益之意也。皿可以盛水者，水入皿中則易盈，故知其益也。

盈滿器也。从皿夃。大徐説：“夃，古乎切。益多之義也。古者以貿易多得爲夃，故从夃。”然則以多得者置皿中，故盈滿也。

𥁑仁也。从皿以食囚也。官溥説。

丹飾也。从丹，从彡。彡，其畫也。彡者，毛飾畫文也。涂之以丹而彡畫之，故从丹，从彡，會意，不取其聲也。小徐本有"彡，亦聲"，非也。

東方色也。木生火，从生丹。丹青之信言必然。凡青之屬皆从青。古文青。古文冃，从生省。

糧也，从人食。

餔也，从夕食。

合口也。从亼，从口。亼者，三合也。三口相同爲合，十口相傳爲古，會意最顯者。

思也。从亼，从冊。亼合往古典冊，必編其次弟，得其侖理。思猶理也。故从亼、冊。籀文侖。

是時也。从亼，从乁。乁，古文及。亼會於此而及之，是今時也，故从亼、乁，會乁之意，非取其聲也。

入也。从冂自外而入也。小徐說"冂音坰"，蓋言自外入也。段玉裁說："當音俔。"鄦几、冂異篆，冂者，覆也，覆在外。

入山之深也。从山，从入。闕。入山會意，義已明，闕，謂闕其音也。案：大徐鉏箴切。

市穀也。从入，从糴。糴，穀也。故市穀从入、糴。

完也。从入，从工。入有完聚義，故从入。工者，作事完好也。與巧同意，故从工。篆文仝，从玉。純玉曰全。古文仝。

二入也。兩从此。闕。亦闕其音也。大徐：“良獎切。”

弓弩發於身而中於遠也。从矢，从身。䠶者，以正身爲主，《記》曰：“䠶不中鵠，反求諸其身。”是也。篆文䠶，从寸。寸，法度也，亦手也。

詞也。从口，从矢。知者言事，出諸口者疾如矢也。欲人知者，言之無隱其直，亦如矢也。《語》曰：“邦有道如矢，邦無道如矢。”

淫淫行皃。从人，出冂。冂者，遠界也。遠望人行，若行若不行之皃，故从儿，从冂。《玉篇》云：“冘冘，行皃。”即此淫淫，蓋讀若淫也。

中央也。从大，在冂之内。大，人也。央旁同意。一曰久也。人在冂之中，故知爲中央也。亣亦象人形。

高至也。从隹，上欲出冂。《易》曰：“夫乾隺然。”

就高也。从京，从尤。尤，異於凡也，欲異於凡則就高，是从尤，會意，非取其聲也。籀文就。

孰也。从亯，从羊。讀若純。一曰鬻也。亯以羊者，必䇹孰，故从亯、羊，會意，今用純。篆文䇹。

用也。从亯，从自。自知臭香所食也。讀若庸。《玉篇》“𩫖”今作“庸”，《廣韵》𩫖，庸之古文。自知臭味而亯之，是爲𩫖也。

山陵之厚也。从𣆪，从厂。此𣆪之孳生字，加厂旁者，會山陵之意，非以𠪚爲聲。古文𠪚，从后土。

賜穀也。从亩，从禾。禾猶穀也。穀藏於亩，自亩而賜之，故見禾於亩外。稟而受之，因爲“稟命”字，《左傳》“稟命則不威”是也。

嗇也。从口，从亩。亩，受也。口猶圍也。亩受而藏者，更口繞之，示難出之意，故爲啚嗇。凡鄙吝字當作此。古文啚如此。

愛濇也。从來，从亩。來者亩而藏之，故田夫謂之嗇夫。凡嗇之屬皆从嗇。來猶禾也。來而入亩爲嗇，出亩見禾爲稟，故來在亩上，禾在亩下，亦會意之互文相起者。非从行來之來也。古文嗇，从田。

芒穀。秋穜厚薶，故謂之麥。麥，金也。金王而生，火王而死。从來，有穗者。从夊。凡麥之屬皆从麥。徐鉉曰：“夊，足也。周受瑞麥來麰，如行來，故从夊。”案：夊爲行遲，夊夊也。來爲芒穀專名，因假爲行來字。古聖乃加夊於來下，會行來之意。是造字者本欲以麥爲行來字，而用字者以行來字相傳已久，乃反以麥爲芒穀之名，此用字與造字者之意旨殊也。來既象芒朿而又加夊以爲穀名，於義無取，而瑞麥嘉穀本有象形，專文不當別有所从。

越也。从夊，从𡴆。𡴆，高也。一曰夌徲也。𡴆者，地蕈叢生，因有高義。自高而越之，因爲夌徲，今作陵遲、陵夷。

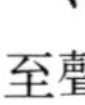送詣也。从夊，从至。夊而至之，故爲致，會至之意，不得爲至聲。又爲召致之致。

對卧也。从夊牛，相背。凡舛之屬皆从舛。楊雄說："舛从足春。"

周人謂兄曰罤。从弟，从眔。大徐說："眔目相及也，兄弟親比之義。"案：弟之目所及者，故知其爲兄也。昆弟字當作此。《釋親》："晜，兄也。"注："今江東通言曰晜。"晜即罤。

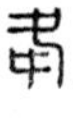服也。从夊牛。相承不敢竝也。

秦㠯市買多得爲夃。从乛，从夊。益，至也。《詩》曰："我夃酌彼金罍。"大徐說："乃難意也。"案：難至者而求至之，是市買求多得之意也。

磔也。从舛，在木上也。凡桀之屬皆从桀。舛在木上，是爲磔也。桀，即古磔字。裴駰引《謚法》曰："賊人多殺曰桀。"因爲桀黠字。

覆也。从入桀。桀，黠也。軍法入桀曰椉。入者，覆之意也。入車曰乘車，入軍曰乘軍。"軍法"云者，葢出《漢志·兵書》四種。入桀者，以弱勝强。《書序》曰："周人乘黎。"《左傳》"車馳卒奔乘晋軍"是也。古文椉，从几。葢古之乘車字，隸變作乘。

酸果也。从木，从甘。闕。此闕其聲邪？鄦豈不識某者？段玉裁謂："義訓酸而形从甘，不得其解也。"因言："甘者，酸之母。凡食甘多易作酸。"案：曰从口含一。含一者，兼五味言之，皆謂之道也。分言之，甘、酸各別，合言之則一也。某可止渴，人口所欲含，故从木，从甘，會意。俗假梅爲之。古文某，从口。甘猶口也。

枝 榦也。可爲杖。从木，从支。《詩》曰：“施于條枝。”杖所以支者，木可爲杖，則非小枝，又非大木，故知其爲榦也。从木、支，會意。

杲 明也。从日，在木上。《詩》曰：“杲杲出日。”

杳 冥也。从日，在木下。與“莫”同意，莫爲日且冥，此則全冥，言日入於博桑之下也。

枓 勺也。从木，从斗。此斗之孳生字，後加木旁，故不得言斗聲。

杓 枓柄也。从木，从勺。此亦勺之孳生字，加木旁耳，亦不得言勺聲。徐鉉曰：“今俗作巿若切，以爲桮杓之杓。”

臬 射準的也。从木，从自。自猶身也。射者以身爲主，以木爲的。身自正則射準而中的矣。李陽冰説“自非聲”，是也。

采 捋取也。从木，从爪。《詩》曰：“捋采其劉。”

析 破木也。一曰折也。从木，从斤。斤以破木者，故从木，从斤，則知其爲析木也。因爲分析字。

休 息止也。从人，依木。今行人多止息於樹下，故从人，依木，會意。《詩》曰：“南有喬木，不可休思。” 庥 休或从麻。

東 動也。从木。官溥説：“从日在木中。”凡東之屬皆从東。與杲、杳同意。

㯥 二東。曹从此。闕。案：此即“曹”之古文。獄之兩曹在廷東治事者，故从二東，會意。後加曰以足其意。鄦分而二之，遂於“㯥”下無可説，故闕也。

平土有叢木曰林。从二木。凡林之屬皆从林。

豐也。从林奭。或説規模字。从大。卌，數之積也。林者，木之多也。卌與庶同意。《商書》曰："庶艸繁𣞤。"徐鍇曰："或説大卌爲規模之模，諸部無者，不審信也。"案：奭字不入大部，葢鄦書失載，或出於"模"下爲重文，爲後入所奪，不然鄦於此明言"从大卌，數之積也"，説奭爲會意字，不應無篆。然則此从林奭，會繁𣞤之意，鄦説明矣。

蠶所食葉木。从叒木。叒者，榑桑。叒，木也。段玉裁説："榑桑者，桑之長也。故字从叒。桑不入木部而傳於叒者，所貴者也。"此本叒而加木者，叒爲日出所登，人所不到，故叒不見木，桑則見木也。

艸木妄生也。从之，在土上。讀若皇。徐鍇曰："妄生謂非所宜生。《傳》曰：'門上生莠。'从之，在土上，土上益高，非所宜也。"段玉裁説："妄生猶怒生也。"葢生於土上，生得其所，何不宜之有？古文。大徐本無此，據小徐本古文，"往"作"𡉚"从此，葢从之，从王，會意。

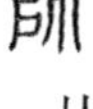二千五百人爲師。从帀，从𠂤。𠂤四帀，衆意也。此鄦申明之，从𠂤，會意，不从𠂤聲也。葢𠂤爲小𠂤。師者，伍、兩、卒、旅所合，如小𠂤四帀然。古文師。

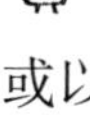出物貨也。从出，从買。出買者，出而與人買之，是爲賣也。或以爲買聲者，非也。

艸有莖葉，可作繩索。从宋，从糸。杜林説："宋，亦朱宋字。"段玉裁説："當云索亦朱市字。"此説古今用字之變也。《詩》

曰：“晝爾于茅，宵爾索綯。”謂以艸莖葉糾作索也。

㪍也。从宋，人色也。从子。《論語》曰：“色孛如也。”㪍爲艸木㪍孛之皃，此言人色之盛如艸木之盛，故从宋，从子，會意。

衆生竝立之皃。从二生。《詩》曰：“甡甡其鹿。”此从二生，會衆生之意，與林、棘同，不得爲生聲，但音與生近耳。

榮也。从艸，从㝵。凡蕚之屬皆从蕚。此亦㝵之孳生字，後加艸耳，故不言㝵聲。

艸木白華也。从蕚，从白。

縛也。从口木。凡束之屬皆从束。《詩》言束薪、束楚皆木也，故从口、木，會意。因爲束帛，《襍記》“納幣一束，束五兩，兩五尋”是也。

分别簡之也。从束，从八。八，分别也。因其束也，而分别之，各爲一束，是柬擇之意也，故从束从八。

戾也。从束，从刀。刀者，刺之也。徐鍇曰：“剌，乖違也。束而乖違者，莫若刀也。”案：刀非可束者，束之則乖剌矣。

畫計難也。从囗，从啚。啚，難意也。啚者，嗇也。愛濇之，故知其難也。囗者，周詳也。

邦也。从囗，从或。此亦或之孳生字，或本从戈守囗，後更加囗爲外界以足其意，故不得爲或聲也。

廩之圜者。从禾，在囗中。圜謂之囷，方謂之京。

就也。从囗大。徐鍇曰：“《左傳》曰：‘植有禮，因重

固。’能大者，衆圍就之。”段玉裁説：“就其區域而擴充之。”故从囗大。

下取物縮藏之。从囗，从又。讀若聶。

繫也。从人，在囗中。

故廬也。从木，在囗中。囗者，象回帀形，田園之意也。古者樹牆下以桑，故从木在囗中，知其爲故廬也。本有捆聚義，守故園者，勤力田畝，多困苦，因爲困窮字。古文困。

廁也。从囗，象豕在囗中也。會意。

譯也。从囗化。率鳥者繫生鳥以來之，名曰囮。讀若譌。囗猶國也。化者，教行也，从匕，从人，使他國之服我教化，是重譯來王之意也，故从囗，从化。言“率鳥者繫生鳥以來之名曰囮”者，此鄦説假借之義，與啚同也。或疑爲从化聲者，非也。囮或从繇。又音由。

貝聲也。从小貝。貝小則聲瑣瑣然，因爲碎貨。

見也。从貝，从兟。大徐説：“兟音詵，進也。執贄而進，有司贊助之。”是也。

恃也。从人，守貝，有所恃也。一曰受貸不償。以貝與人，則失其所恃，故守貝之人往往受貸不償，義正相成。

以物質錢。从敖貝。敖者，猶放貝當復取之也。

以物相贅。从貝，从所。闕。所者，二斤也。从二斤。斤，所以析木者。二斤者，言其分析相等也。此以物相贅，言物與錢分析相等也，故从貝，从所，會意。鄦蓋闕其聲。

市也。从网貝。《孟子》曰："登壟斷而网市利。"此引《孟子》説从网之意，言网取之也。

損也。从貝，从乏。古者以金贖罪，乏貝是貶損之意也。或疑爲乏聲者，非也。

頸飾也。从二貝。飾貝者必雙之，故从二貝，會意。

國也。从口。先王之制，尊卑有大小，从卪。凡邑之屬皆从邑。

竟上行書舍。从邑，从垂。垂，邊也。

鄰道也。从邑，从邑。凡䣈之屬皆从䣈。闕。闕謂闕其音也。兩邑相背，故知爲鄰。道，今隸變作郒。

里中道。从䣈，从共。皆在邑中所共也。篆文。从䣈省。

晨也。从日，在甲上。甲象人頭，日在上，則早之意也。《易》曰："先甲三日。"隸變作早。

進也。日出萬物進。从日，从臸。《易》曰："明出地上臸。"大徐説："案：臸，到也。會意。"蓋日出而作，故竝至也，隸作晋。

光也。从日，从雩。日光舒放如雩然也。小徐本作，篆法微異，與《玉篇》引同。

望遠合也。从日匕。匕，合也。讀若"窈窕"之"窈"。望遠則形色不分，但見其高下相合而已。匕猶比也，日光所及，相比合也。

美言也。从日，从曰。一曰日光也。《詩》曰：“東方昌矣。”言之美者，炳如日星，故从日。籀文。

眾微杪也。从日中視絲。古文以爲顯字。或曰眾口皃，讀若唫唫。或以爲繭繭者，絮中往往有小繭也。

同也。从日，从比。徐鍇曰：“日日比之，是同也。”

日無光也。从日从竝。徐鍇曰：“日無光則遠近皆同，故从竝。”案：兩火相對，則上者無光，此日無光，疑有一日竝之也，故从日竝會意。

明也。从日，見一上。一，地也。凡旦之屬皆从旦。一在大上爲天，一在日下爲旦，是合兩文成字者，故爲會意。

周旋，旌旗之指麾也。从㫃，从疋。疋，足也。徐鍇曰：“人足隨旌旗以周旋也。”段玉裁説：“旌旗所以指麾者也。旗有所鄉，必運轉其杠，是曰周旋。足謂杠之柱地者。”

軍之五百人爲旅。从㫃，从从。从，俱也。古者五人爲伍，五伍爲兩，四兩爲卒，五卒爲旅，故旅五百人也。从㫃者，旌旗以起軍旅，而人俱聽從指麾，故从㫃，从从。古文旅。古文以爲魯、衛之魯。

矢鋒也。束之族族也。从㫃，从矢。《類篇》引此有“一曰从㫃，所以標眾，眾矢之所集”十三字，説“从㫃”之意。束矢族族，因有聚族義，今以鏃爲之。

楊雄説，𣈱爲古理官决罪，三日得其宜乃行之。从晶，从宜。亡新𣈱爲曡从三日太盛，改爲三田。此譏新莽之陋也，今多

用疊。

月未盛之明，从月出。《周書》曰：“丙午朏。”

照也。从月，从囧。凡朙之屬皆从朙。囧者，窗牖麗廔闓明也。月照囧間則爲朙，重囧會意，不取囧聲也。古文朙，从日。月以日之光爲光，故从日。

《周禮》曰：“國有疑則盟，諸侯再相與會。十二歲一盟，北面詔天之司慎司命，盟殺牲歃血，朱盤玉敦，以立牛耳。从囧，从血。以歃血，故从血。段玉裁以爲“皿”聲，非。篆文。从朙。古文。从明。

轉臥也。从夕，从卪。臥有卪也。

遠也。卜尚平旦，今夕卜於事外矣。古文外。

早敬也。从丮。持事雖夕不休，早敬者也。朝有事，夕持之，故知爲早敬也。从丮夕，會意。大徐説：“今俗書作夙，譌。”古文夙，从人西。亦古文夙，从人西，宿从此。

重也。从重夕。夕者，相繹也，故爲多。重夕爲多，重日爲疊。凡多之屬皆从多。不言兩夕而曰重夕者，會重多之意也。古文多。

厚脣也。从多，从尚。徐鍇曰：“多即厚也。从多尚，會意。”

錢貝之貫。从毌貝。此毌之孳益字，後以錢貝之毌乃加貝以足其意，故不得言毌聲。

艸木㔾盛也。从二㔾。此篆小徐本所無，俗作芊。

木也。从木。其實下垂，故从𠧪。古文㮚，从西，从二𠧪。徐巡説：“木至西方戰栗。”《論語》：“使民戰栗。”此古説。知从西者，本古文。徐巡師事杜林，能傳古文。

嘉穀實也。从𠧪，从米。孔子曰：“㮚之爲言續也。”采下巫，故从𠧪，有人，故从米。籀文㮚。

果也。从重朿。師説舊本誤作羊棗也，非是。故正之。案：棗爲籩實，女脩之貴者，故有專名。羊棗即梬同類異種，得叚棗名。

小棗叢生者。从竝朿。多夠本一字，分篆籀，而棗棘别爲二字者，以棘叢生，故从竝朿會叢生之意也。其實朿、棘亦一類二種。

禾成秀也，人所㠯收。从爪禾。禾成，秀乃可收取，故从爪禾，會意。與采从爪同。穗采或以禾，惠聲。

程也。从禾，从斗。斗者，量也。《語》曰：“爲力不同科。”猶言力有不同量耳。

稀疏適也。从二禾。凡秝之屬皆从秝。讀若歷。蓺禾者稀疏相適，故从二禾。

并也。从又，持秝。兼持二禾，秉持一禾。

芳也。从黍，从甘。《春秋傳》曰：“黍稷馨香。”凡香之屬皆从香。

舂糗也。从米臼。

毇米一斛舂爲八斗也。从臮，从殳。凡毇之屬皆从毇。

臿舂去麥皮也。从臼干，所𠂹臿之。

舀抒臼也。从爪臼。《詩》曰：“或簸或舀。” 抭舀或从手，从冘。𦥷舀或从臼冘。兩重文皆後起字，段玉裁以爲冘聲，《周禮·舂人》：“女舂抌二人。” 鄭康成說：“抌，抒臼也。” 引《詩》作“或舂或抌”。

臽小阱也。从人，在臼上。古者掘地爲臼，故从人，在臼上，會意。臼，阱之小者也。

兇擾恐也。从人，在凶下。《春秋傳》曰：“曹人兇懼。”

𣏟葩之總名也。林之爲言微也，微纖爲功。象形。凡林之屬皆从林。段玉裁說：“象‘形’二字當作‘从二木’三字。木謂析其皮於莖，林謂取其皮而細析之也。” 故从二木，會意。案：既从二木，不得爲象形，明矣。

㪔分離也。从攴，从林。林，分㪔之意也。

麻與林同，人所治，在屋下。从广，从林。凡麻之屬皆从麻。

𤓯本不勝末，微弱也。从二瓜。讀若庾。

室實也。从宀，从至。至，所止也。

向北出牖也。从宀，从口。《詩》曰：“塞向墐户。” 徐鍇曰：“牖所以通人气，故从口。” 案：口猶孔也。宀内之孔耳，故从宀口。

定安也。从宀，从正。

安静也。从女，在宀中。女好静者也。宀爲交覆深屋，則静所也。故安从女，在宀下。

察覆也。从宀祭。祭者於宀下審其昭穆，故知其察也。徐鉉曰：“祭祀必天質明。明，察也。故从祭。”段玉裁改爲祭聲，非也。

實富也。从宀，从貫。貫，貨貝也。以貫置宀中，則知其富實也。故从宀，从貫，會意。

容盛也。从宀谷。大徐説屋與谷皆所以盛受也。段玉裁依小徐本以爲谷聲，非。古文容，从公。葢公聲，今假爲頌皃之頌。

宂椒也。从宀，人在屋下，無田事。《周書》曰：“宫中之宂食。”

宦仕也。从宀，从臣。

宰辠人在屋下執事者。从宀，从辛。辛，辠也。辛猶辠也。段玉裁以爲辛即辠之省，則當言“从辠省”，不知辠亦从辛，會意，引伸有宰制、宰官義。

守守官也。从宀，从寸。寺府之事也。从寸。寸，法度也。

寡少也。从宀，从頒。頒，分賦也。故爲少。

宋居也。从宀，从木。讀若送。大徐説：“木者所以成室以居人也。”

宗尊祖廟也。从宀，从示。

躳身也。从身，从吕。吕者，膂骨也。曲躳則膂骨見，故从身，从吕，會意。《禮》：“伯執躳圭。”謂其形曲也。今鞠躬亦曲身耳。䠀或从弓。

通也。从牙，在穴中。《詩》曰：“誰謂鼠無牙，何以穿我墉。”

深抉也。从穴，从抉。抉之深爲穴，故从穴从抉，會意。蓋此即“窔”之孳生字也。

物在穴中皃。从穴中出。物在宀中，必自宀中出，故从穴出，會意。各本誤爲“出聲”，宋刻本不誤。

犬从穴中暫出也。从犬，在穴中。一曰滑也。

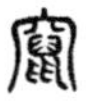匿也。从鼠在穴中。鼠本穴蟲，故驚則竄匿穴中，若犬入穴中，驚則突出也。二文義正相起，此會意之最精者。

熱病也。从疒，从火。

合會也。从冃，从口。口猶器也。冃之使合，會是同之意。大徐説：“同，爵名也。《周書》曰：‘大保受同嚌。’故从口。《史籀》亦从口。李陽冰云：‘从口非是。’”然則徐猶見《史篇》與？

覆也。从冃豕。

冢而前也。从冃，从目。此本冃之孳益字，因冢頭乃加目以足其意，故不得言冃聲。古文冒。

犯而取也。从冃，从取。冃者，猶冢而前也。冃而取之，是犯取也，故从冃，从取。小徐本衍“聲”字，非。

平也。从廿，五行之數，二十分爲一辰。㒳，㒼平也。讀

若鑾。師説謂一日百刻分十二，然則五行分之，各得二十分爲㒳數，故从廿，从网。

捕魚竹网。从网非。秦㠯爲辠字。非者，違也。有違背者网之，是入罪也。與罷置義正相起，然則以爲辠者，亦古誼也，故从非，从网，會意。《文字音義》云："始皇以辠字似皇，乃改爲罪。"亦附會之詞。《詩》曰："天降罪罟。"即辠罟也。

以絲罟鳥也。从网，从維。古者芒氏初作羅。

遣有辠也。从网能。言有賢能而入网即貰遣之。《周禮》曰："議能之辟。"网，辠网也。非者罪之，能者罷之，會意之相起者，與突、竄同。

赦也。从网直。徐鍇曰："从直，與罷同意。"理直者誤入辠网，直赦之而已，故从网，从直，會意。网亦辠网也。

罵也。从网，从言。网辠人。

馬絡頭也。从网，从䩻。䩻，馬絆也。既絆其足，又网其頭，故从网在上，知爲絡頭。䍜或从革。今作羈，用爲羈旅字。

西方色也。陰用事，物色白。从入合二。二，陰數。凡白之屬皆从白。陽主出，故春物發生。陰主入，秋則萬物收斂，故从入。古文白，書法微異。

親也。从人，从二。大徐説："仁者兼愛，故从二。"葢人獨則無親，耦則相親，故其字从人二。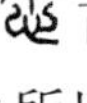古文仁，从千心。《孟子》曰："仁，人心也。"謂仁乃是人之所以爲心也，故从千心。

古文仁。或从尸，尸猶人也。

學也。从人，从士。士者，推十合一，是善學者也。《語》曰："仕而優則學，學而優則仕。"故其字从人士，會意。

交也。从人，从交。此交之孳生字，加人旁以足其意。《管子·明法解》曰："群臣皆忘主而趨私佼。"今以"交"爲之。

殷聖人阿衡，尹治天下者。从人，从尹。鄭康成説《毛詩》云："伊尹，湯所依倚而取平。"故以爲官名。鄦云："伊尹殷聖人，尹治天下者。"故从人、尹，會意，亦不以爲姓氏。古文伊，从古文死。

待也。从人，从待。小徐本作"待"聲，恐非。此專以會意爲主，後加人旁以足之，今經典或作峙，或作庤。

列中庭之左右謂之位。从人立。此亦立之孳生字，後加人以足其意，人所立處即爲位也。《春秋》"公即位"爲"公即立"。

与也。从寸，持物對人。大徐説："寸，猶手也。"

舉也。从人，从卬。卬者，望欲有所庶及也。即仰望字，後加人旁以足其意，故不得言卬聲。《詩》曰："高山卬止。"今作"仰"。

相參伍也。从人，从五。

相什保也。从人十。

相什伯也。从人百。五人爲伍，十人爲什，百人爲佰，此會五十百之意，以意爲主，故不得言聲也。

起也。从人，从㐰。㐰者，止也，言亡者得一而止。亾、止，作起義相反而相成者，凡人必先止乃見其起也，故作从人、𠂤，會意。

安也。人有不便更之故。从人更。

譬諭也。一曰間見。《詩》曰：“俔天之妹。”間見，各本誤作“聞見”，宋刻本不誤。言不可多見而間見之也，故从人見，會意，不取其聲。

完也。《逸周書》曰：“朕實不明以俒伯父。”从人，从完。

小臣也。《詩》曰：“命彼倌人。”从人，从官。

弱也。从人，从耎。

僭也。一曰相疑。从人，从疑。凡僭儗之事，人多疑之，故从人，从疑，會意。小徐本以爲疑聲，非也。《曲禮》：“儗人必於其倫。”儗猶比也。

司也。从人，从犬。小徐本有“犬司人也”四字，謂犬伺人而吠之，説此字之會意也。大徐説：“司，今人作伺。”

擊也。从人持戈。一曰敗也。戍亦从人負戈，而入戈部，與此義異者，戍从人，在戈下，象負戈以守之意，此以戈在人後擊之，故爲伐也。伐之必欲敗之，故又爲敗，《左傳》“擊之以戈”是。

災也。从人，从各。各者，相違也。人各相違，必有災咎也。

問終也。古之葬者厚衣之以薪。从人持弓，會敺禽。小徐本有“弓蓋往復弔問之義”八字，蓋别一義。《左傳》有“相問以弓”者，故云然。

人在山上皃。从人，从山。人在山上有高舉意。顔元孫引鮑明遠《書勢》云："鳥仚魚躍。"《廣韻》許延切。

分也。从人，从牛。牛大物，故可分。此事件字也。人事莫大於耕，故从人，从牛，牛所以耕也。𠫤訓爲分。段玉裁疑爲半之誤體，遂奪此篆，非也。

相次也。从匕，从十。鴇从此。十者，數之具也。比叙之則必有其次矣，故从匕、十，會意。今讀博抱切。

頭不正也。从匕，从頁。頁者，頭也。匕者，有所比附也。匕其頭，是不正也。然頃首者，必有所爲，因有俄頃義。

望欲有所庶及也。从匕，从卪。《詩》曰："高山卬止。"匕猶比，庶及意也。庶及，猶庶幾也。卪者，其欲庶及之所也。

高也。早匕爲𠦝，匕卪爲卬，皆同義。匕即比也。早匕之，則高出於後比之者矣。古文𠦝。隸作卓，本此。

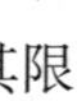很也。从匕目。匕目，猶目相匕，不相下也。《易》曰："艮其限。"匕目爲艮，匕目爲真。匕爲變匕之匕，言二字同意。此目相比者，猶若怒目相視也。

相聽也。从二人。凡从之屬皆从从。以人从人，謂之相聽从也。《周禮》："客从拜辱於朝。"今皆用從。

菲也。从二人相背。凡北之屬皆从北。二人相隨爲从，相背爲北。北即古背字。古者南面而立以朝諸侯，因爲背爲北面，此會二人相乖背之意。

土之高也。非人所爲也。从北，从一。一，地也。人居在

北南，故从北。中邦之居在崐崘東南。一曰西方高、中央下爲北。象形。凡北之屬皆从北。古文。从土。

多也。从众。目眾意。

善也。从人士。士，事也。一曰象物出地挺生也。凡壬之屬皆从壬。大徐說：“人在士上，壬然而立也。”

近求也。从爪壬。壬，徼幸也。爪壬者，言挺其爪，妄有所取，徼幸之意，因爲浸淫。

伏也。从人臣。取其伏也。凡臥之屬皆从臥。

楚謂小兒懶𩚏。从臥食。臥食者，懶之意也。

作樂之盛稱殷。从㐆，从殳。《易》曰：“殷薦之上帝。”

上衣也。从衣，从毛。古者衣裘，以毛爲衺。隸作表，《玉藻》：“表裘不入公門。”表裘，毛在外者，故从衣毛。古文表，从麃。

裁也。从衣，从制。不言制聲者，會裁制之意也。

以組帶馬也。从衣，从馬。从衣馬者，會以組帶馬之意也。《百官・注志》曰：“秦爵二十等，三曰簪褭，御駟馬者。”又馬名要褭，古之駿馬也。

蹲也。从尸。古者居从古。大徐說：“居从古者，言法古也。”案：古者穴居，多蹲踞，故从古。今以居爲凥處字，俗作踞。俗居。从足。小徐作𡰥，云：“一本从居。”

臥息也。从尸自。臥者息自鼻出，故从尸自，會意。大徐說：“自，古者以爲鼻字，故从自。”小徐作自聲，非。

柔皮也。从申尸之後尸。或从又。大徐說：“注似闕脱，未詳。”小徐作，而曰：“或从又。”疑从又爲是。段玉裁以爲：“當从尸又又申尸之後也”，从尸謂皮也，从又謂申其後也。案：㕚猶又也。攻皮，手指錯交攻之，以去毛也。毛在手，必㕚之乃脱，故从㕚尸，會意。《廣雅》曰：“㞋，弱也。”是與耎音義同。

終主也。从尸死。終主者始無所主，死以是爲主也。

居也。从尸，尸所主也。一曰尸象屋形。从至，至所至止也。室屋皆从至。此説會意之最詳者。籀文屋，从厂。古文屋。

十寸也。人手卻十分動脈爲寸口。十寸爲尺。尺，所以指尺規榘事也。从尸，从乙。乙，所識也。周制，寸尺咫尋常仞諸度量，皆以人之體爲法。凡尺之屬皆从尺。

微也。从到毛，在尸後。古人或飾系尾，西南夷亦然。凡尾之屬皆从尾。《後漢書・西南夷列傳》曰：“槃瓠之後，好五色衣服。製裁皆有尾形。”然則古聖製字，尾不取禽獸形，而以到毛屬之尸後者，所以貴人也。

人小便也。从尾，从水。

我也。闕。此本从舟，从灷，無以《史篇》遺亡不得灷篆之義，故闕之也。段玉裁説：“當訓舟縫也。《考工記・函人》曰：‘視其朕，欲其直也。’凡言朕兆者，謂其幾甚微。如舟之縫，如龜之坼也。又目部‘瞽’下云：‘目但有朕也。’言目但有縫耳。”然則此灷从廾火，亦會意字，如火之始然也，故朕从之，會意，因爲朕兆也。

辟也。象舟之旋。从舟，从殳。殳，所以旋也。殳所以刺船，能令舟旋者也，故从殳。古文般，从攴。

高而上平也。从一，在人上。讀若敻。茂陵有兀桑里。儿，古文奇字人也。人詰詘在下，一居高以平之，故有兀然之象，蓋即古“元”字也。

長也。从儿，从口。凡兄之屬皆从兄。儿詰詘在下，口以詔之，是兄長之意也。段玉裁説：“有滋長、長幼義。”《詩・小雅》：“兄也永歎。”《傳》：“兄，兹也。”《大雅》：“倉兄填兮。”《傳》：“兄，滋也。”口之言無盡也，故以儿口爲滋長之意，古音讀如荒，轉爲去聲。俗从水作況，譌作况，陸氏《音義》不能諟正，未知兹長乃兄之本義也。

朁朁鋭意也。从二先。先主入，故兩先爲鋭之意。兟兟，猶朁朁，謂意内而言外。

前進也。从儿，从之。凡先之屬皆从先。先猶言前也。大徐説：“之在人上是先也。”

進也。从二先。贊从此。闕。謂闕其音也。《詩・大雅》：“甡甡其鹿。”《五經文字》張參所據《毛詩》古本作“兟兟”，蓋並先爲衆進之意。

視也。从儿，从目。凡見之屬皆从見。

瞻也。从見示。示者，天乘象以示人，可爲人所瞻視，故从見示，不得言示聲也。古文視。古文視。

取也。从見，从寸。寸度之，亦手也。

突前也。从見冃。徐鉉曰：“冃，重覆也。犯冃而見，是突前也。”

竝視也。从二見。凡覞之屬皆从覞。讀弋笑切。今燕人呼相見爲覞，覞本古語。

見雨而止息。从覞，从雨。讀若歙。師説以爲即古“霽”字。

卒喜也。从欠，从喜。本喜之孳生字，後加欠旁，故不得言聲。卒喜，猶猝喜也。

慕欲口液也。从欠，从水。凡次之屬皆从次。欠者，張口气悟也。有所慕欲而口生液，故从欠、水。次或从侃。籒文次。

私利物也。从次皿。次，欲也。欲皿爲盜。皿猶物也。見人之物而來次之，故爲盜。

頭也。从百，从儿。古文䭫首字如此。凡頁之屬皆从頁。百者，䭫首字也。胡結切。

理也。从頁，从川。川水下流，順之至也，故从川，會意，不取其聲。小徐作川聲，非。頁者，謂得其首端，則眾緒理也。

白皃。从頁，从景。《楚詞》曰：“天白顥顥。”南山四顥，白首人也。徐鉉曰：“景日月之光明白也。”此从頁景，會白首之意。

頭不正也。从頁，从耒。耒，頭傾也。讀又若《春秋》“陳夏齧”之“齧”。从耒，會意，不言聲。

熱頭痛也。从頁，从火。下有“一曰焚省聲”，廣異説耳。鄦所不从，此本會火之意。

難曉也。从頁米。一曰鮮白皃。从粉省。頁猶種也。種繁多如米不可別，會意。一説黔首之多如米也，故曰元元。段玉裁説：“《六書故》引唐本从迷省。”徐鉉曰：“難曉亦不聰之義。”此本古種類字也。

選具也。从二頁。此古“巽”字也。二頁，具之意。

面和也。从頁肉。讀若柔。骨剛肉柔，故从肉。

面焦枯小也。从面焦。《玉篇》引《楚辭》云：“顔色醮頦。”言人幽愁則面焦枯，故从焦，會意，不言焦聲也。

截也。从𥄉，从斷。斷首爲𣃔。《廣雅》“𣃔，斷也”。或从刀，專聲。

繫也。从系持県。徐鉉曰：“此本是縣挂之縣，借爲州縣之縣。今俗加心，別作懸，義無所取。”案：《周禮》“縣系於遂”。秦漢，縣系於郡。縣者，言有所系屬也，亦令長之意。

面毛也。从頁，从彡。凡須之屬皆从須。大徐説：“此本須鬚之須。頁，首也。彡，毛飾也。借爲所須之須。俗書从水，非是。”

稠髮也。从彡，从人。《詩》曰：“㐱髮如雲。”人之有毛飾者，則唯稠髮，故从人、彡，會意。㐱或从髟，真聲。

彣 㦸也。从彡，从文。凡彣之屬皆从彣。以毛飾畫而成文章，因加彡以足其義，本文之滋生字，故不得言文聲。

髟 長髮猋猋也。从長，从彡。凡髟之屬皆从髟。彡猶毛也。《玉篇》："長髮髟髟。"故从長、彡，會意。《通俗文》："髮垂白髟。"潘岳《秋興賦》："斑鬢髟以承弁。"李善注引《説文》有"一曰白黑髮襍而髟"八字。

髦 髮也。从髟，从毛。獸豪爲毛，人髮中之秀出者爲髦，故从髟、毛，會意。《詩》："三言髦士。"謂豪俊也。馬鬣偁髦，亦其意也，不得言毛聲。

詞 意内而言外也。从司，从言。言者，心之聲也。意主於内而言發於外。司猶主也，故从司、言，會意。不入言部者，不得爲司聲也。

卮 圜器也。一名觛，所以節飲食。象人卪在其下也。《易》曰："君子節飲食。"凡卮之屬皆从卮。案：古當作[illegible]，从卪，在人下。小篆求工，𠂇引而長，人體反不顯。

令 發號也。从亼卪。號令者，召集之卪也。亼者，集合也。故从卪，从亼，會意。徐鍇曰："號令者，集而爲之卪制也。"

𠨍 二卪也。巺从此。闕。謂闕其音讀也。

印 執政所持信也。从爪，从卪。凡印之屬皆从印。手所持之卪則爲印，然則印者於古爲印信之詞，漢時始謂之印章，《周禮》"璽節"，注云"今之印章"。此古今用字之别也。漢諸侯王以上謂之璽，御史大夫以下皆謂之印。

色 顔气也。从人，从卪。凡色之屬皆从色。《詩·大雅》言令色語曰“色難”，又曰“色勃如也”，言人之威容卪度莫如顔色，故从人、卪。但卮从側形，色則从人正立也。古文。

軍之制也。从卪㔾。凡卯之屬皆从卯。闕。闕謂其音讀，未聞也。卪㔾，今讀節奏。

治也。从辟，从井。《周書》曰：“我之不㢮。”《易》曰“井法”也。

在手曰匊。从勹米。米㪚勹之則聚，故从勹米，會意。大徐説：“今俗别作掬，非。”

少也。从勹二。二者，平分之數也，故有均平之義。平分之則見少，勹之則爲匀，義相反而相成。

徧也。十日爲旬。从勹日。日之數十，自甲至癸而一徧，故勹日一周則爲旬也。古文。段玉裁説：“从日匀，會意。”

覆也。从勹人。此古抱子、抱孫正字，故从勹人，會意。

象人裹妊巳在中，象子未成形也。元气起於子。子，人所生也。男左行三十，女右行二十，俱立於巳爲夫婦。裹妊於巳巳爲子，十月而生。男起巳至寅，女起巳至申，故男季始寅，女季始申也。凡包之屬皆从包。此本从勹从巳會意。鄦説象裹妊者，亦象意耳。勹爲包裹之古文，包本胞胎字，《淮南・氾論》曰：“禮三十而娶。”高誘云：“三十而娶者，陰陽未分時，俱生於子，男從子數，左行三十立於巳。女從子數，右行二十亦立於巳。合夫婦，故聖人因是制禮，使男子三十而娶，女二十而嫁。其男子自巳數，左行十得寅，故人十月而生於寅，男子數從寅起。女自巳數，右行十得申，亦十月而生於申，故女子數從申起。”高與

鄦同。

兒生裹也。从肉，从包。此本包之孳生字，後加肉旁耳，鄦不入肉部者，不得言包聲也。以胞次包者，明包、胞本一字，分古今也。

肅也。从攴苟。攴猶迫也。迫之使自苟，則爲敬也。

老物精也。从鬼彡。彡，鬼毛。彡者，毛飾畫之文。此謂圖畫鬼物也，故从彡，會意。或从未。葢未聲也。籀文。从彖首，从尾，省聲。此與刻木录录之彔篆相佀，謂刻畫鬼物也，

與从彡同意。古文。段本删此。

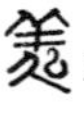相訹呼也。从厶羑。厶者，姦衺也。羑者，進善也。以姦衺之心訹之，若進善然。或从言秀。葢秀聲。或如此。盾者，所以扞身蔽目，自私隱者，與厶同意。古文。大徐説："羊部有羑，羑，進善也。此古文重出。"案：古以羑爲𧦝，善誘義相引申也，後加厶爲訹。𧦝實羑之滋生字，鄦既以羑入羊部，不嫌重出於𧦝下，欲明古文遞變之由，故以之相起，與"得"下重出"㝵"同也。

山巖也。从山品。讀若吟。大徐説："从品，象巖厓連屬之形。"案：从品，亦象衆口之意，或以爲品聲，非也。

陬隅高山之節也。从山从卪。師説讀若隅。大徐本云"子結切"，則讀與節同。

二山也。凡屾之屬皆从屾。闕。謂闕其音也。今讀所臻切。

兵車藏也。从車，在广下。車在广下，則知爲庫。

屋下眾也。从广芡。芡，古文光字。大徐説：“光亦眾盛也。”案：广下有光則爲眾盛。

側傾也。从人，在厂下。厂勢多傾側，故从人，在厂下，會意。古與側昃字相假借。籀文从矢。矢亦聲。

仰也。从人，在厂上。一曰屋梠也。秦謂之桷，齊謂之产。屋梠云者，緐説假借也。

闕。謂形、義、音俱闕也。《廣韻》讀芳萬切，則與嬔、娩二字同音。《集韻》則讀于願切。

在高而懼也。从产，自卪止之。凡危之屬皆从危。《韻會》引《説文》“从产人，在厓上，自卪止之。”葢产即古危字。人在厂上，居高而懼也，後加卪，以足其意。

磛喦也。从石品。《周書》曰：“畏于民喦。”讀與巖同。大徐説：“从品與喦同意。”案：眾品象磛巖之意。

罪不至髡也。从而，从彡。罪不至髡則削其頰毛，故而爲罪之至輕者。因而爲罪名，乃加彡以别之。或从寸。諸法度字从寸。以“耏”从彡於刑法意未顯，乃改从寸，是耏、耐皆“而”之孳生字，若以爲而聲，則失之矣。徐鉉曰：“今俗别作髵，非是。”

鬭相丮不解也。从豕虍。豕虍之鬭不解也。讀若“蘮蒘艸”之“蘮”。司馬相如説：“豦，封豕之屬。”一曰虎兩足舉。虍，虎文也。象虎、豕鬭不相捨，故从虍。一曰虎兩足舉，象據

形，本古“據”字，鄦明古義耳。

豕怒毛豎。一曰殘艾也。从豕辛。徐鉉曰：“从辛，未詳。”段玉裁説：“以毛豎如食辛辣也。會意。”

二豕也。豳从此。闕。謂闕其音也。二豕爲豩。豕本頑鈍之物，故古有讀若頑者。

⿱屬。从二⿱。此與豩同，皆兩之以見意，鄦以古文見《虞書》，故知其音也。古文。《虞書》曰：“類于上帝。”此所引葢壁中古文，伏生及孔安國以今文讀定之，皆作“肆”，太史公《史記》引作“遂”。

豕也。从彑，从豕。讀若弛。此本古“豕”字。象頭、足、毛、尾之形，後以彑爲豕頭，遂分爲二字。鄦但訓豕，可證蠡、憃皆从彖聲。今韵蠡入薺，憃入佳，皆與古音合也。

馬八歲也。从馬，从八。此从八，會意，非取其聲也。

馬逸足也。从馬，从飛。《司馬法》曰：“飛衛斯輿。”此引《司馬法》釋从飛之意。

馬行相及也。从馬，从及。讀若《爾雅》：“小山馺，大山峘。”此亦从及，會意，非及聲也。

獸之所食艸。从廌，从艸。古者神人以廌遺黄帝，帝曰：“何食，何處？”曰：“食薦。夏處水澤，冬處松柏。”古聖造字以廌食艸，乃从艸廌，因爲凡獸所食艸之偁，《莊子》：“麋鹿食薦。”三蒼注：“六蓄所食曰薦。”

鹿行揚土也。从麤，从土。鹿行迅遠，群鹿行逐，則揚土起𪋻，故从麤土，隸作塵。[illegible]籀文。

毚狡兔也。兔之駿者。从㲋兔。㲋亦獸也，佀兔，青色而大。象形。此毚爲兔之大者，故从㲋，从兔，言其佀㲋非㲋，佀兔非兔，則知其爲毚也。

逸失也。从辵兔。兔，謾訑善逃也。

冤屈也。从兔，从冂。兔在冂下，不得走，益屈折也。

娩兔子也，娩疾也。从女兔。《釋獸》曰："兔子娩。"本或作嬔，鄦書："嬔，生子齊均也。"兔生子迅疾，故从女，爲凡生子之偁，俗作娩。

尨犬之多毛者。从犬，从彡。《詩》曰："無使尨也吠。"

狊犬視皃。从犬目。謂犬張目而視，狊狊然。《爾雅》"鳥曰狊"與"獸曰釁""人曰撟""魚曰須"竝舉，題爲"須屬"，注謂"辨人魚鳥獸氣體所須之名"。鳥振毛羽，如犬張目，因名。

獿獿獶也。从犬夒。夒爲貪獸，犬性獨，獿獶咳吠貪獨之象，故从犬夒，會意。俗本誤衍，夒聲。孫本不誤。

狧犬食也。从犬，从舌。讀若比目魚鰈之鰈。犬食以舌，故从舌，會意。《漢·吴王濞傳》："狧穅及米。"《史記》作"舓"，讀如荅。

戾曲也。从犬出户，下身曲戾也。

臭禽走，臭而知其迹者，犬也。从犬，从自。大徐説："自，古鼻字。犬走以鼻知臭。故从自。"案：犬行逐處臭之聞其气，知其蹤迹所至，因爲芳臭字。

兩犬相齧也。从二犬。凡㹜之屬皆从㹜。

确也。从㹜，从言。二犬所以守也。

柴祭天也。从火，从昚。昚，古文慎字。祭天所以慎也。樊柴而祭謂之祡，亦謂之尞，《周禮》“槱燎”，字當作“尞”。

死火餘婁也。从火，从又。又，手也。火既滅可以執持。

灼龜不兆也。从火，从龜。《春秋傳》曰：“龜𪚺不兆。”讀若焦。《左氏·哀二年傳》：“卜戰，龜𪚺。”無“不兆”二字，蓋鄦以此釋之。

大飛也。从火𦥑。𤐫與䙴同意。師説𦥑蓋䢅省。段玉裁説：“當从舁省，䙴即舁之或體。”案：舁爲升高，疑𡧍本舁之古文，从臼，舉之在一上，故爲升高。後乃加廾卩𡧍篆，蓋後人所奪火飛升高，故从𡧍，會意。

盛火也。从火，从多。火多則盛，此从多會意，非取其聲也。别本誤爲多聲，孫氏古文不誤。

朙也。从火，在儿上。光朙意也。目在人上爲見，气在人上爲欠，口在儿上爲兄，皆同意。古文。古文。

見也。从火日。晝以日見，夜以火見，故从火、日，會意。師説即昳光字是也。

滅也。从火戌。火死於戌，陽气至戌而盡。《詩》曰：“赫赫宗周，褒似烕之。”火生於寅，盛於午，死於戌，故从火戌为烕。

火光上也。从重火。凡炎之屬皆从炎。

兵死及牛馬之血爲粦。粦，鬼火也。从炎舛。徐鍇曰：“案《博物志》：‘戰鬭死亡之處，有人馬血，積年爲粦，著地入艸木，如霜露不可見。有觸者，著人體便有光，拂拭即散無數。又有吒聲如鬻豆。”舛者，人足也，言光行著人。

火所熏之色也。从炎上出囪。囪，古窗字。凡黑之屬皆从黑。

屋下鐙燭之光。从焱冂。

盛皃。从焱，在木上。讀若《詩》曰：“莘莘征夫。”别本鄦注下有“古文伷一曰嶷一曰役也”十字，孫氏古本但有“一曰役也”四字。

炮肉也。从肉，在火上。凡炙之屬皆从炙。籀文。徐鍇曰：“今東京文有此字。”

南方色也。从大，从火。凡赤之屬皆从赤。火者，南方之行，火大則色赤而明。古文。从炎土。

火赤皃。从二赤。火大朙則赫赫然，赤之盛也，故从二赤，會意。《詩》言“赫赫”，顯盛皃，《邶》之《詩》曰：“赫如渥赭。”

覆也，大有餘也。又欠也。从大申。申，展也。大則能覆，申而展之，乃能大覆有餘。奄息爲欠。《記》曰：“君子欠申。”是别一義。

大約也。从大，从㓞。《易》曰：“後世聖人易之以書契。”古書契用竹册以削刻之。㓞者，古栔刻字，故从大、㓞，會意。

夷平也。从大，从弓。東方之人也。大象人形，東方之人以弓矢爲國，猶肅慎氏貢楛矢石砮之類，故从大、从弓。

吳姓也。亦郡也。一曰吳大言也。从矢口。徐鍇曰：“大言，故矢口以出聲。《詩》曰‘不吳不揚’，今寫《詩》者改‘吳’作‘吳’，又音乎化切，其謬甚矣。”段玉裁説：“《韵會》但引‘大言也’‘姓也亦郡也’云云，蓋後人所增。”古文如此。

幸告而免凶也。从屰，从夭。夭，死之事，故死謂之不幸。屰者，不順也。不順從天死之事，則免死爲幸也。

絞縊也。从交，从糸。交糸者，兩絲相切也。不言交聲者，从交，會意，不得爲聲也。不入糸部者，重交也。

𡯁厀中病也。从尣，从羸。羸者，瘦也。尣爲尯曲，脛厀病則瘦而尯曲，故从尣，从羸，會意。别本或誤作羸聲，从孫本。

壼壹壼也。从凶，从壺，不得泄凶也。《易》曰：“天地壹壼。”《繫辭》傳文，今《周易》作“絪緼”，鄦據孟氏《易》作“壹壼”，其本字也。言元气渾然，吉凶在中，尚未分也。故从吉凶在壺内，會意。吉凶猶陰陽也。

壹專一也。从壺吉。凡壹之屬皆从壹。師説吉非聲，蓋與壼同。从吉在壺中，言吉凶未分。本會意字，他書或作烟煴、氤氲，蔡邕注《典引》曰：“烟烟煴煴，陰陽和一相扶皃也。”今本誤作吉聲，其讀遂與“絪”異。隸作壹。

㚔所以驚人也。从大，从羊。一曰大聲也。凡㚔之屬皆从㚔。一曰讀若瓠。一曰俗語以盗不止爲㚔。㚔，讀若籋。羊者，撴也。大撴刺所以驚人，故从大，从羊，會意。

司視也。从橫目，从㚔。令吏將目捕辠人也。伺察之，故从目，所以驚辠人，故从㚔。鄦以漢制説之，言今之吏人用眼目捕罪人，以“令”爲“今”之誤。段玉裁如此説。

囹圄所以拘辠人。从㚔，从口。一曰圉，垂也。一曰圉人，掌馬者。小徐本無“一曰”以下十二字。《禮記·月令》云：“省囹圄。”

當辠人也。从㚔，从𠬝。𠬝，服辠也。司馬彪《百官志》曰：“廷尉掌平獄，奏當所應。凡郡國讞疑罪，皆處當以報。”《漢書·張湯傳》：“訊鞫論報。”是“報”本斷獄服罪上聞，因爲報聞、報復字。

進趣也。从大，从十。大十猶兼十人也。凡夲之屬皆从夲。讀若滔。進之疾如兼十人也，故从大十。

气皋白之進也。从夲，从白。《禮》：“祝曰皋，登謌曰奏。”故皋奏皆从夲。《周禮》曰：“詔來鼓皋舞。”皋，告之也。气皋白者，謂急進者之气。皋，白也。故鄦引皋舞説之。嗥呼告號則白气滃然，皞、皓皆後起字。

放也。从大而八分也。凡夰之屬皆从夰，放，猶遠也。八者，分也。大而分之，是放遠之意也。

驚走也。一曰往來也。从夰䀠。《周書》曰“伯臩”。古文䀠，古文囧字。段玉裁説：“當作古文，以爲囧字。”《古文尚書》有“囧命”。《書序》曰：“穆王命伯囧爲太僕正，作《囧命》。”《周本紀》曰：“穆王閔文武之道缺，乃命伯臩申誡太僕之政，作《臩命》。”是“臩”古“囧”字也。徐鉉曰：“䀠，居況切。䀠猶乖也。”案：夰猶放逐也。兩臣相乖，故爲驚走。又爲往

來皃。

大白澤也。从大，从白。古文以爲澤字。石鼓文有，或説即此大白澤也。此謂气之臭然大白而光澤也。段玉裁以白澤爲獸名，孰别爲大小？疑“澤”爲衍文，非鄦意也。古既借爲澤字矣，則澤爲後起字。臭有澤音。

有法度也。从夫，从見。丈夫所見，必合規巨，故規从夫見，會意。規所以爲圜也，巨所以爲方也。規，蒦度也，因爲規正字。

竝行也。从二夫，輦字从此，讀若伴侣之伴。此鄦以俗字釋古音、古義也，侣字鄦書所無，伴訓大皃，無伴侣義，鄦欲明此“扶”爲古侣伴字，故以伴音讀之。

臨也。从立，从隶。隶，及也。立而及，是臨竦也。俗作莅莅。

敬也。从立，从束。束，自申束也。

見鬼魅皃。从立，从彖。彖，籒文魅，讀若“虙羲氏”之虙。

併也。从二立。凡竝之屬皆从竝。

志也。从心察言而知意也。从心，从音。音者，言之聲也。

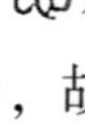外得於人，内得於己也。从直，从心。心中正直，則身無邪慝，故内得於己，惠澤旁流，故外得於人。《書·洪範》：“三德，一曰正直。”古文。

疾利口也。从心，从册。《詩》曰：“相時㥜民。”今《詩》無此語。《尚書·般庚》：“相時憸民。”《集韵》引《説文》作“《商書》‘相時㥜民’”。蓋丁度所見古本不誤。憸，蓋㥜之通假。徐鍇曰：“册言眾也。利口爲眾所疾惡也。”

戇也。从心，从禺。禺，猴屬，獸之愚者。

意也。从心，从能。徐鍇曰：“心能其事，然後有態度也。”蓋誠於中，必形於外，故从心能會意。或从人。

煩也。从心，从滿。凡心煩則志滿氣盛，故不以爲滿聲。

愁也。从心，从頁。徐鍇曰：“𢝊形於顔面，故从頁。”

水朝宗于海也。从水，从行。衍从水，在中，與洐不同。洐爲溝水行，故从水，在旁。衍爲海淖流衍，其勢滿盛，故从水，在中，會意。

水散石也。从水，从少。水少沙見。楚東有沙水。水大則沙不見，故从水少，會意。譚長説：“沙或从尐。”尐讀子結切。尐亦少也。

小水入大水曰潀。从水，从眾。《詩》曰：“鳧鷖在潀。”小水眾多，入于大水，故从眾水。

溝水行也。从水，从行。

行流也。从水，从夬。瀘江有決水，出於大别山。水出於大别山者爲決，是決爲水名。《地理志》：“廬江郡雩婁，決水北至蓼入淮。”《水經注》：“決水自安豐縣故城西北，逕蓼縣故城東，又西北，灌水注之，又北入于淮。”此決爲水行流，故从水、夬，

會意。

洀沿也。从水，从回。此本“回”之孳生字後加水旁耳。回，象回轉形，加水爲洀沿，故不得言回聲。

浮行水上也。从水，从子。古或以“汓”爲没字。子浮於水上爲汓，人在水中爲休，皆同意，故古假爲没。汓或从囚聲。

履石渡水也。从水，从石。《詩》曰：“深則砅。”水之淺者，履石可渡，若水深，則非履石可渡。《詩》言“深則砅”，則厲之假借耳。《釋水》曰：“以衣涉水爲厲。”又曰：“繇帶以上爲厲。”砅或从厲。

没也。从水，从人。別本下有“讀與溺同”四字，孫氏宋本所無。人入水爲休，即古溺沈字，後人多以水名之“溺”用之。《玉篇》引孔子曰：“君子休於口，小人休於水。”

沈也。从水，从𠬧。𠬧爲入水有所取，从又在囘下。囘，淵水也。然則没爲𠬧之孳生字，後加水旁以足其意，故不得言𠬧聲。

水石之理也。从水，从防。《周禮》曰：“石有時而泐。”防爲地理，實兼水石，此加水旁，爲防之後起字，故不得爲防聲。鄦引《考工記》文。徐鍇曰：“言石因其脈理而解裂也。”石之理如水之理。

議辠也。从水獻。與法同意。“法”下云：“平之如水。”故議辠者取其平也。《文王世子》：“獄成，有司讞於公。”言議既平而獻於上也，故从水、獻，會意。

二水也。闕。凡沝之屬皆从沝。此謂闕其聲也。

水行也。从沝㐬。㐬，突忽也。㐬，謂不順忽出也。此水順流而从㐬者，義相反而相成也。篆文。从水。

徙行厲水也。从水，从步。《釋水》曰："繇膝以上爲涉。"蓋履石渡水，故从步，會意。篆文。从水。

水厓，人所賓附，頻戚不前而止也。从頁，从涉。凡頻之屬皆从頻。此从頁，與㥁同意。凡人病涉，則顰蹙之容見於面，故从涉、頁，會意。徐鉉曰："今俗别作水濱，非是。"本作瀕，俗省作頻，後加卑聲作顰，今分頻、瀕、顰爲三字。

四方有水，自邕城池者。从川，从邑。四方有水，則中爲城邑，故𨛋言"自邕城池"説从邑之意。段玉裁據《廣韻》"自邕成池"，遂改𨛋書，其實川自擁城邑，故从邑，别本有"讀若雝"三字。籀文邕。

剛直也。从㐰。㐰，古文信也。从川，取其不舍晝夜。《論語》曰："子路侃侃如也。"今《論語》作"子貢侃侃如也"。

水中可居曰州，周遶其旁。从重川。昔堯遭洪水，民居水中高土，故曰"九州"。《詩》曰："在河之州。"一曰州，疇也。各疇其土而生之。水中生州，如兩川合流，故从重川。徐鉉曰："今别作洲，非是。"古文州。

水泉本也。从灥，出厂下。凡水原所出，其泉流不一，故从灥厂者，山石之厓也。篆文。从泉。徐鉉曰："今别作源，非是。"

血理分衺行體中者。从𠂢，从血。理分猶分理。衺行體中，而大候在寸口，故从血、𠂢，會意。䘑或从肉。籀文。

衺視也。从𠂢，从見。《釋詁》“覛胥相也。”郭注：“覛謂相視也。”即脈之古文。俗又作覓，蓋“覛”之譌。籀文。

深通川也。从谷，从𣦵。𣦵，殘地阬坎意也。《虞書》曰：“睿畎澮距川。”𣦵，猶殘也。谷地阬坎意也。故从𣦵、谷。睿或从水。古文睿。

水堅也。从仌，从水。徐鉉讀此爲魚陵切，云：“今作筆陵切，以爲冰凍之冰，非也。”俗冰。从疑。

四時盡也。从仌，从夂。夂，古文終字。一歲將終而爲冬。冬寒則水凝，故从仌、夂。古文冬，从日。言日行一歲周天而成冬。

屋穿水入也。从雨，在尸下。尸者，屋也。“屋”下云：“尸象屋形。”此爲屋漏本字，後加水旁，爲屚之孳生字，以銅受水刻節也。

雨濡革也。从雨，从革。讀若膊。

二魚也。凡𩺰之屬皆从𩺰。

捕魚也。从𩺰，从水。捕魚者非一魚，故从𩺰、从水者，魚驚則入水深，捕魚者入水求之也。篆文瀺，从魚。

飛龍也。从二龍。讀若沓。

通也。从乙，从子。乙，請子之候鳥也，乙至而得子，嘉美之也。古人名嘉，字子孔。《左氏傳》：“楚成嘉，字子孔。”鄭公子嘉，亦字子孔。

人及鳥生子曰乳，獸曰産。从孚，从乙。乙者，玄鳥。《明堂·月令》：“玄鳥至之日，祠于高禖，以請子。”故乳从乙。請子必以乙至之日者，乙春分來，秋分去，開生之候鳥也。帝少昦，司分之官也。

忿戾也。从至。至而復孫。孫，遁也。《周書》曰：“有夏氏之民叨𡙁。”𡙁，讀若摯。孫即遜，故大徐本作“遜”，《尚書·多方》文。今本“𡙁”作“懫”，衛包所改也。已至而復孫，故有忿戾。

到也。从二至。辵部有𨖷訓近也，从臸，即此臸字，今讀人質切。

扉也。从户，从羽。依《韵會》引古本《説文》“从羽”，今本誤作“从瓬省”，或作“从瓬聲”，譌誤顯然。从羽者，户扇雙開雙合，如兩翼然。

始開也。从户，从聿。徐鉉曰：“聿者，始也。”故从聿。

《虞書》曰：“闢四門。”从門，从𢪒。𨵊出此於“闢”下，不云“古文闢”者，葢當時有分闢、𨵊爲二字者。兩手𢪒門是闢之意也，故𨵊以《虞書》説之。

張也。从門，从幵。幵象二干對構上平，門之開張，兩扉對構上平，故从幵，會意。古文。一象有閉之者，而𢪒開之也。

隙也。从門，从月。徐鍇曰："夫門夜閉，閉而見月光，是有間隙也。"故从月，在門中。古文間。段玉裁説："此與古文'恒'同，中从古文月也，今本譌作。"

闌也。从門，中有木。闌止之，故从門中有木以止之者，因有防閑義，《語》曰："説德不踰閑。"

闔門也。从門才。所以距門也。才爲艸木之初，無歫止義，疑古篆本从屮。午即古杵字，午以撐歫門者。《黄庭經》有"閈"，即古閉字。

登也。从門二。二，古文下字。讀若軍敶之敶。徐鉉曰："下言自下而登上也，故从下。"《商書》曰："若昇高必自下。"

闚頭門中也。从人，在門中。《禮運》："魚鮪不淰。"注云："淰之言閃也。"人闚門中閃然。

馬出門皃。从馬，在門中。讀若郴。馬出門則驚人，因爲突兀驚駭之辭。《公羊傳》曰："開之則闖然公子陽生也。"

連也。从耳，耳連於頰也。从絲，絲連不绝也。

軍法以矢貫耳也。从耳，从矢。《司馬法》曰："小罪聅之，中罪刖之，大罪剄之。"

安也。从二耳。

首至地也。从手，𠦒。别本此下有"𠦒音忽"三字，徐鍇曰："𠦒，進趣之疾也。故拜从之。"《周禮》"九拜"，注謂"頓首，頭至地。空首，頭至手"，他經謂之拜手，葢即今之揖也。楊雄説，𢷎从兩手。古文𢷎。

握持也。从手，从執。此亦執之孳生字，故不言執聲。

刺肉也。从手，从臿。此亦臿之孳生字，後加手旁耳。段玉裁説“刺肉”當作“刺内”，猶言刺入也。

手呼也。从手召。以手召之，故加手旁足其意，本召之孳生字，俗本誤作召聲。宋刻本無“聲”字，是也。

擿也。从手，从殳。《詩·巷伯》傳云：“投，棄也。”殳者，所以擊之也。投擊之，故从殳，會意。”别本以爲殳聲，大徐本無“聲”字。

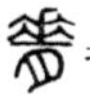背吕也。从𠂹，从肉。𠂹象背吕形，更加肉旁足其意。

服也。从女，持帚灑埽也。婦主服事人者，又以灑埽爲專職，故从女持帚會意。

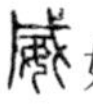姑也。从女，从戌。《漢律》曰：“婦告威姑。”徐鍇曰：“土盛於戌，土陰之主也。”故从戌。别本作戌聲，葢誤也。

奴婢皆古之辠人。《周禮》曰：“其奴，男子入于辠隸，女子入于舂藁。”从女，从又。徐鉉曰：“又，手也，持事者也。”

古文奴。从人。

美也。从女子。徐鍇曰：“子者，男之美偁，會意。”凡物之美好者，人之所好，假借爲人情好惡字。

姸也。从女，从弱。弱女其行姸嫋也。《九歌》：“嫋嫋兮秋風。”王注：“嫋嫋，秋風摇木皃。”

委隨也。从女，从禾。徐鉉曰：“委，曲也。取其禾穀𠂹穗委曲之皃。故从禾。”案：禾粟、女子皆人家所生養者也。凡言

委輸、委積者，本取禾粟積之意。《詩》言“委蛇委蛇”者，又取女子委隨之意也，故从女、从禾與？

从隨也。从女，从口。徐鍇曰：“女子从父之教，从夫之命，故从口，會意。”案：女子从人者也，因所往亦曰如。

安也。从女，从日。《詩》曰：“旨妟父母。”女子終日竫守，乃爲妟也，故从女，从日，會意。段玉裁説：“女系日下，陰統乎陽也。婦從夫則安。”未知其審。

誤頸也。从女賏。賏，貝連也。貝連，各本誤作其連。貝其形近駁文致譌。賏本兩貝相連，鄦於賏下亦云頸飾也，明賏、嬰本一字，後加女旁耳。

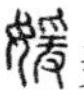美女也，人所援也。从女，从爰。爰，引也。《詩》曰：“邦之退卻兮。”小徐本無“爰引也”三字。

訟也，从二女。《周易》睽傳曰：“二女同居，其志不同行。”又革傳曰：“二女同居，其志不相得。”故奻从二女，會意。今讀汝還切。

士之無行者，从士，从毋。賈侍中説：“秦始皇母與嫪毐淫，坐誅，故世罵淫。曰嫪毐，讀若娭。”今本作“人無行也”。顏氏《五行志》注所引《説文》作“士之無行”者，蓋古本如此，故其字从士，从毋，會意。

芟艸也。从丿乀相交。右戾爲丿，故左引乀爲左戾乂。从丿乀者，象左右去之。乂，或从刀。乂艸者必用鋤劬故加刀足其意。

兵也。从戈，从甲。小徐本有，古文甲字、五字。大徐

所無甲者，鎧甲也，亦兵之類，故从戈、甲，會意。

戛戟也。从戈，从百。讀若棘。

戍守邊也。从人，持戈。此與戌亥之戌不同，戌爲从戊含一，此从人特戈，當作戍隸變，兩字相混，因讀戍爲傷遇切，則與戌讀辛聿切相近。案：衛公叔戍，《世本》作“朱”，古讀朱如州，戍之古音讀如久，故與朱相聲假，今言使人戍守爲久衛，俗語猶然，則讀傷遇切者，爲戍之形近致譌。

㦰絶也。一曰田器。从从，持戈。古文讀若咸，讀若《詩》云：“攕攕女手。”徐鉉曰：“㦰，鋭意，故从从。”葢即“殲”之古文。

武楚莊王曰：“夫武定功戢兵，故止戈爲武。”宣十二年《左傳》文云：“於文止戈爲武。”

戠闕。从戈，从音。小徐本有“職从此古職守古之職役皆執干戈”十四字，葢後人箋記之語，非鄦注也。闕者，闕其音義也。考《周易》“朋盍簪”，虞翻本“簪”作“戠”，云：“戠，聚會也。”釋文云：“荀作撍，京作宗。”

戔賊也。从二戈。《周書》曰：“戔戔巧言。”徐鍇曰：“兵多則殘也，故从二戈。”王逸《楚辭》注引《書》作“諓諓靖言”，今《秦誓》作“截截善諞言。”

我施身自謂也。或説我，頃頓也。从戈，从𠂢。𠂢，或説古垂字。一曰古殺字。凡我之屬皆从我。徐鍇曰：“从戈者，取戈自持也。”𢦐古文我。

義已之威儀也。从我，从羊。徐鉉曰：“此與善同意，故从羊。”董子曰：“仁者，人也。義者，我也。”言仁必及物，義必由中，本爲儀表字。墨翟書“義”从弗。魏郡有羛陽鄉，讀若錡，今屬鄴，本内黄北二十里。

逃也。从入，从乚。凡亾之屬皆从亾。謂逃亾之人，必入於迟曲隱蔽之處，故从入、乚，會意。因爲失亾字。

止也。一曰亾也。从亾，从一。徐鍇曰：“出亾得一則止，暫止也。”案：亾者，不能久居，偶一止之，是爲乍也。故从一會意。乍行乍止，因爲作起字，後加人旁。

气也。逯安説，亾人爲匃。凡人出亾在外，日用不給，必求諸人，故乞匃字，从亾，从人，言亾者乞求於人，非謂亾人也。俗作丐。

踦區藏匿也。从品，在匸中。品，眾也。品者，眾庶也。庶物藏於匸内，因有區域、區别義，又爲區萌。

盛弓弩矢器也。从矢，从匸。《國語》曰：“兵不解医。”医爲盛弓矢器，故从矢，會意。古隱翳字當作医。

木工也。从匚，斤。斤，所以作器也。

弓解也。从弓，从也。也，古地字，爲女、爲陰。弓解也者，弓解弦也。陰柔用事，故爲解弛。《記》曰：“張而不弛，文武弗能也。弛而不張，文武弗爲。一張一弛，文武之道也。”此陰陽剛柔之義也，故弛从也，會意。

弓衣也。从弓，从叏。叏，乖飾，與鼓同意。叏者，滑也，一曰取也。从又中。讀土刀切，與此同。不言叏聲，从叏，會意。弓衣者，藏弓、取弓欲其滑也。

彊也。从二弓。凡弜之屬皆从弜。他本下有“闕”字，謂闕其音讀也。“彊也”下有“重也”二字，重弓者，彊之意也。《詩》曰：“交韔二弓。”

子之子曰孫。从子，从糸。糸，讀也。

聯微也。从系，从帛。帛所以系之者。系从糸，細絲也。故所聯者微也，因爲綿弱之偁，淮南王安諫伐閩粵曰：“粵人綿力薄材，不能陸戰。”是也。假借爲聯緜字。

車中把也。从系，从妥。徐鍇曰：“禮昇車必正立，執綏所以安也。當从爪、从安省。《説文》無‘妥’字。”《詩·小雅》：“以妥以侑。”毛傳：“妥，安坐也。”又《禮經》亦言“妥祭”。妥於義最古，鄦書偶遺之。升車執綏，所以妥安之，故从妥，會意。

白緻繒也。从糸㲻。取其澤也。凡𦃇之屬皆从𦃇。隸變作素。鄭注《襍記》曰：“素，生帛也。”素質光澤則易下㲻，故从糸㲻，會意。

蠶所吐也。从二糸。凡絲之屬皆从絲。糸本古絲字，象束絲形，大篆加繁，从二糸，乃別糸爲細絲。蠶所吐不一糸，故从二糸，會意。

馬轡也。从絲，从叀。與連同意。《詩》曰：“六轡如絲。”此鄦引《詩》説从絲之意。叀爲車軸耑轡有所繫，故从絲，會意。

蟲之總名也。从二虫。凡䖵之屬皆从䖵。讀若昆。

腹中蟲也。《春秋傳》曰：“皿蟲爲蠱。”晦淫之所生也，梟桀死之鬼亦爲蠱。从蟲，从皿。皿，物之用也。《左氏·昭元年傳》曰："於文，皿蟲爲蠱穀之飛亦爲蠱。在《周易》，女惑男，風落山，謂之蠱，綿同物也。"或云：皿所以盛飲食行蠱者也。

蠅營營青蠅，蟲之大腹者。从黽，从虫。虫猶蟲也。黽从㘝象其腹，此蟲腹大如黽，故从黽，會意。蠅以爲聲。

鼂匽鼂也。讀若朝。楊雄説："匽鼂，蟲名。"杜林以爲朝旦，非是。从黽，从旦。徐鉉曰："今俗作鼂。"案：蟲之大腹旦鳴者，故从旦與？鼂篆文。从皀。《玉篇》作古文"皀"，見日部，讀若窈，此蓋从皀聲。

亘求亘也。从二，从回。回，古文回，象亘回之形，上下所求物也。徐鍇曰："回，風回轉，所以宣陰陽也。"

亟最捂也。从二。二，耦也。从弓。弓，古文及字。段玉裁説："考定其文當作㔾。"篆文作亟，江沅曰："古旁作ㄋ，乃古文及之省。𠂆乃二之形，以上筆引長，與右齊耳。"是也。

地元气初分，輕清陽爲天，重濁陰爲地，萬物所陳列也。从土，从也。師説也。爲古"地"字，此蓋後加土旁耳，不得爲也聲。墬籀文地。从隊。

坤地也。《易》之卦也。从土，从申。土位在申。《説卦》傳曰："坤也者，地也，萬物皆致養焉。故曰致役乎坤。"伏羲畫卦作☷，古篆作巛，後又以爲巛字，乃更造此"坤"字。然則坤位在申，其倉頡以前之説與？

埽棄也。从土，从帚。洒埽用帚，故从帚，从土，會意。

塞隔也。从土，从䆘。

汝、潁之間，謂致力於地曰圣。从土，从又。讀若兔窟。又，手也，所以致力於地也。故从又，會意。此葢古“掘”字。

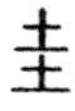瑞玉也，上圜下方。公執桓圭九寸。侯執信圭，伯執躬圭，皆七寸。子執穀璧，男執蒲璧，皆五寸。以封諸侯。从重土。楚爵有執圭。諸侯以守土爲重圭者，守土之信也，故从重土，言土其土也。楚爵有執圭者，葢楚僭王已久，爵功臣賜以圭，謂之執圭，比附庸之君。《國策》之景翠、莊辛《淮南》之荆佽非、子發《説苑》之鄂君子晳，皆楚執圭者也。古文圭，从玉。此後起之古文，以圭用玉，乃加玉旁。段玉裁以爲小篆省玉，非也。小篆本最初之古文耳。

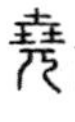高也。从垚，在兀上。高，遠也。兀者，高而上平又益之以垚，是其高且遠可知也。古文堯，从二土，人在其下望之，亦高遠意也。

居也。从田，从土。凡里之屬皆从里。《周禮·遂人》：“五家爲鄰，五鄰爲里。”故毛公説：“里，二十五家也。”有田土乃可居也，故从田，从土，會意。他本有“一曰土聲也”五字。

田畜也。《淮南子》曰：“玄田爲畜。”力田則有畜，故从田。《史記·貨殖傳》：“非田畜所出弗衣食。”玄者，幽遠之意，黑而有赤色。曠野深耕，猶《詩》所謂“畇畇原隰”也，故从玄。魯郊禮畜。从田从兹。兹，益也。此艸據《魯郊禮》文證古文从兹，乃合於田畜之義。艸部曰：“兹，艸木多益也。从艸絲省聲。”段玉裁謂：“古文本从兹，小篆省其半，淮南王乃認爲玄。此小篆省改之失也。”案：舊本从，段氏本改从，艸引《淮

南》説爲玄田，又據《魯郊禮》訓爲玆益，欲竝存其説乎？

畕比田也。从二田。凡畕之屬皆从畕。田相比，故从二田也。小徐本下有“闕”字，謂闕其音讀也。大徐居良切，即畺之音。

男丈夫也。从田，从力。言男用力於田也。凡男之屬皆从男。力於田者，男也，古者重農，自王公以下無非力於田者，《白虎通德［論］》曰：“男，任也，任功業也。”

劣弱也。从力少。

加語相增加。从力，从口。此謂增誣也。《語》曰：“我不欲人之加諸我也，吾亦欲無加諸人。”凡欲加誣人者，言之甚力，故从力、口。

劫人欲去，以力脅止曰劫。或曰以力去曰劫。《韵會》引此有“从力去”三字，俗作“刦”。

恊同心之和。从劦，从心。劦爲同力，故从劦。

勰同思之和。从劦，从思。

協眾之同和也。从劦，从十。徐鉉曰：“十，眾也。”段玉裁曰：“此當釋爲同眾之龢也。”旪古文協，从曰十。叶或从口。《周禮·太史》“協事”，注“故書協作叶”。

銜馬勒口中。从金，从行。銜，行馬者也。馬勒口中，所以制其行止，以金爲之，故从行从金會意。

与賜予也。一勺爲与，此与與同。一勺，至少也，苟以予之，是爲与也。此与“與”同字。

依几也。从几，从任。《周書》："凭玉几。"讀若馮。徐鉉曰："人之依馮，几所勝載，故从任。"

処也。从尸，得几而止。《孝經》曰："仲尼凥。"凥謂閒凥如此。尸猶人也，身也。得几而止，故爲閒凥。鄦引《孝經》釋之。今假蹲居字爲凥処矣。

止也。得几而止。从几，从夂。尸得几而止爲凥，夂得几而止爲処，然則処謂行而得所止，凥謂居而得所止也。處或从虍聲。

斫也。从斤豆。他本有"聲"字，故徐鍇曰："豆非聲。"徐鉉曰："豆，器也。斤以斲之，亦不以爲聲。"斲或从畫、从丮。

劑斷也。从斤金。以斤斧制斷金鐵者，故从斤金會意。他本以爲金聲，非也。《釋名》曰："釿者，謹也。板廣不可得制。削又有節，則用此釿之，所以詳謹，令平滅斧迹也。"《六書故》："釿，魚斤切似鍚而小。"蓋斧斤屬。

截也。从斤㡭。㡭，古文绝。以斤绝物，故从斤㡭。本有斷绝决斷義，今分爲二讀。𢇍古文斷，从㠭。㠭，古文叀字。《周書》曰："㓤㓤猗無他技。"此壁中古文也。𣃔亦古文。

二斤也。从二斤。他本下有"闕"字，謂闕其音也。《爾雅》云："斤斤，明也。"蓋其義與大徐語斤切，"質"字从此。

量也。从斗，米在其中。讀若遼。米在斗中，視其多少可得，故从斗米會意。因謂量度豫備之物曰料。

⿴行車車搖也。从車，从行。一曰衍省聲。車行搖動，故从車行，會意。凡言“一曰”者，鄦所不從，廣異説耳。

軵反推車，令有所付也。从車，从付。讀若茸。付猶與也。反推車而有所與，是不得與而與之也。凡推致之爲軵。

輦輓車也。从車，从㚘。在車㚘引之。㚘，竝行也。設輅於車㚘，以繩輓之，故从㚘在㚘，車在後，會意。《禮》曰：“夏后氏二十人而輦，殷十八人而輦，周十五人而輦。”

斬截也。从車，从斤。斬法車裂也。此説从車之意，蓋古用車裂，後人乃法車裂之意而用鈇鉞，故字从車斤，此謂腰斬也。

官吏事君也。从宀𠂤。𠂤猶眾也。此與師同意。宀，猶宫府也。在宫府治事者眾，故知爲官也。𠂤爲小阜，本古堆字，俗言眾成堆者，蓋古語也。

陟登也。从𨸏，从步。緣𨸏而步，𨸏有層次可登，是陟登也，故於文从𨸏，从步，會意。⿰𨸏⿱屮止古文陟。

⿱臾𨸏凷商小塊也。从𨸏，从臾。𨸏猶土也。徐鉉曰：“臾，古文蕢字。”一蕢之土是爲小塊。

𨺅兩𨸏之間也。从二𨸏。凡𨺅之屬皆从𨺅。

絫增也。从厽，从糸。絫，十黍之重也。此厽之滋益字，後加糸旁，故不得爲厽聲。十黍爲絫，十絫爲銖，二十四銖爲兩，十六兩爲斤，三十斤爲鈞，四鈞爲石。五權從絫而起，猶積糸而成繒匹也，故从厽糸會意。

垒絫墼也。从厽，从土。此亦厽之滋益字，後加土旁，故不得爲厽聲。墼者，令適未燒者也。已燒者爲令適，俗謂之塼，未燒者謂之墼，拔土則又未成墼者，令俗以斷牆口爲土石垒塞者，即此垒字也。

㡾也，所以載盛米。从宁，从甾。甾，缶也。此亦宁之滋益字也，後加甾旁，不得爲宁聲。㡾爲載米䝼，㡾之宁物，猶甾之宁物也，故从宁甾會意。他本言“亦”聲，非也。

合箸也。从叕，从糸。此叕之滋益字，後加糸旁，不得言叕聲。以絲聯綴之，故从糸，㸚象物之聯綴也。

陽之數，侌變於六，正於八。从入，从八。凡六之屬皆从六。六爲侌之變，九爲陽之變，聖人以九六繫爻，而不以七八。《乾鑿度》謂：“七八爲彖，九六爲變，故彖占七八，爻占九六。”凡陰不變者爲八也，故入於八而變於六也。

九達道也。佀龜背，故謂之馗。馗，高也。从九，从首。《傳》曰：“唯予馬首是瞻。”觀首所向，知出何途，故九達道从九首，會意。馗或从辵，从坴。

守備者。从嘼，从犬。《爾雅音義》引《説文》有“一曰兩足曰禽四足曰獸”十字，爲今本所無。犬所以守，故从之，會意。《少儀》有“守犬”。

治也。从乙。乙，治之也。从𤔔。𤔔訓不治也，幺子相亂。𠬪，治之也。亂本𤔔之滋益字，復加乙者，乙爲物之達也。萬物遂其生，則治矣。

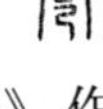謹身有所承也。从已丞。讀若《詩》云：“赤舄已已。”今《詩》作“赤舄几几”，已猶身也，丞猶承也。凡有所承受，必謹

身以奉之，故从已，在丞下，會意。

搉擊也。从巴帚。闕。此謂闕其聲也。搉者，反手擊也。帚之大者，所以搉擊之也，巴爲它之大者，故从巴，會意。

秋時萬物成而孰。金剛味辛，辛痛即泣出。从一，从辛。辛，辠也。辛承庚，象人股。凡辛之屬皆从辛。段玉裁説：“一者，陽也。陽入於辛，謂之愆陽。”

犯法也。从辛，从自。言辠人蹙鼻苦辛之憂。秦人以辠似皇字，改爲罪。徐鉉曰：“自，古者以爲辠字，故从自。”

不受者。从辛，从受。受辛宜辤之。凡辛苦之事，人所不願受，故宜辤之也。爲辤讓之本字，經傳多假辭爲之。籀文辤，从台。和悦以卻之，故从台。

訟也。从𤔔辛。猶理辜也。𤔔，理也。此爲辭訟本字，故从辛，會意。辛猶辠也。辭訟者，欲理其辠也。籀文辭，从司。

辠人相與訟也。从二辛。凡辡之屬皆从辡。

治也。从言，在辡之間。辡爲辠人相與訟，治獄者爲之辯明，故从言，在辡之間。

裹子也。从子，从几。徐鍇曰：“取象於裹妊也。”

生子免身也。从子，从免。徐鍇曰：“《説文》無‘免’字，疑此字从𫇄省，以免身之義，通用爲解免之免。晚、冕之類皆當从娩省。”段玉裁説：“據此，鄦書當有免字，偶逸之。”

迮也。一曰呻吟也。从孨，在尸下。徐鉉曰：“尸者，屋

也。”三子在尸下，故有迮迮而起之意，《大戴禮》曰：“博學而孱守之。”言謹守也。迮起、謹守，義相反而相成。

盛皃。从孨，从日。讀若薿。薿，一曰若存。《文選·靈光殿賦》曰：“芝栭欑羅以戢孴。”李注：“戢孴，眾皃。”三子亦众也，孨在日下，故有眾盛義。籀文孴，从二子。一曰孴即奇字𣌭。

食肉也。从丑肉。此亦丑之滋益字，食肉者用手丑之，置其骨，乃加肉旁足其意，故不得爲丑聲。

耻也。从寸，在辰下。失耕時於封畺上戮之也。辰者，農之時也。故房星爲辰田候也。寸者，法度也。

束縛捽抴爲臾。从𦥑，从乙。乙象艸木冤曲申引之而又冤曲者，會束縛捽抴左右臾曳之意，史偁瘐死獄中者，本即此臾字。

卒也。卒其度量，不至於亂也。一曰潰也。从酉，从卒。卒，猶終也。酒終則醉也。

治病工也。殹，惡姿也。醫之性然，得酒而使，故从酉。王育說：“一曰殹，病聲。”《周禮》有“醫酒”。古者巫彭初作醫。

禮祭束茅加于祼圭，而灌鬯酒是爲莤，象神歆之也。一曰莤榼上塞也。从酉，从艸。《春秋傳》曰：“爾貢包茅不入，王祭不供，無以莤酒。”此《左氏·僖四年》文，引之以說莤从艸，酉爲束茅莤酒之意，榼爲酒器，以艸窒其孔，此別一義。

肉醬也。从酉𥁕。徐鉉曰：“𥁕，甌器也。所以盛醢。”鄭康成注《醢人》云：“必先膊乾其肉，乃復莝之，襍以粱麴及鹽，漬以美酒，百日乃成。”故篆从西，籒則从艸、从卤與？籒文。从艸，从卤，从盇。

酒器也。从酉廾，以奉之。《周禮》六尊：犧尊、象尊、箸尊、壺尊、大尊、山尊，以待祭祀賓客之禮。廾以奉之，因有尊貴義。尊或从寸。徐鉉曰：“今俗以尊作尊卑之尊，别作罇，非是。”

滅也。九月陽气微，萬物畢成，陽下入地也。五行，土生於戊，盛於戌。从戊含一。凡戌之屬皆从戌。戊者中宫，亦土也。一者陽也。故从一，在戊中，會陽气下入於地之意。

右兩體會意之文七百五十重一百八十一

祭祀也。从示，以手持肉。又者，手也。示，神事也。肉，牲體也。祭者，以手持肉，故从又，从肉，合三字，會意。

祭主贊詞者。从示，从人口。一曰从兑省。《易》曰：“兑爲口、爲巫。”祝爲贊詞者，故从示，从人口，三體會意。一曰从兑省者，此别説也。鄦所不從，廣異聞耳。自有祝贊以來，即有此文，本會意字之最古者。《説卦》之文當起於後，不得據此以造字也，審矣。此與兄不同，兄从儿，此从人也。

艸之總名也。从三中。此與品、芔、譶、舙、雥、晶、众、毳、磊、驫、麤、猋、毚、焱、惢、蠡、鱻、聶、姦、蟲、垚、劦、轟、孨諸文皆从三體會意者，既訓艸之總名，則舊爲部首甚明。今移入艸部，故誤爲从艸、中，其實艸、中古本一字一物，不詞甚矣。

眾艸也。从四中。凡茻之屬皆从茻。讀與冈同。此與艸从二中，芔从三中，文正遞相加，故不得言从二艸。

藏也。从死，在茻中。一其中，所以薦之。《易》曰："古之葬者，厚衣之以薪。"此引《易·繫辭》文説"从死在茻中"之意也。一以薦之，蓋从三體會意者。

詞之必然也。从入、丨、八。八，象气之分散皃。不言从小者，不會小之意也。此从八，象气之分舒，則从丨爲詞意，上下通徹也。加入以足其意，言由上入下，由下入上，無不尔也。《論語》"鏗尔"之類是也。

多言也。从言，从八，从产。徐鉉曰："产，高也。八，分也。多故可分也。"案：产爲人在厂上，高而可危也。八者，詞气之分舒也。多言者必自危，《語》曰："邦有道，危言危行。"

亂也。从爻、工交吅。一曰窒㠭。讀若禳。徐鍇曰："二口，噂沓也。爻，物相交質也。工，人所作也。己，象交構形。"案：此爲四體會意。己即已也，象萬物辟藏詘形也。蓋吅、工、爻三者，會交相㠭亂之意。已能分理之，乃皆受治也，故又爲攘服義。《傳》曰："外攘夷狄。"即㠭也。籀文㠭。

不滑也。从四止。此四止，兩止到相值，會且行且卻，難進之意，故知其不滑也。俗加水作澀。

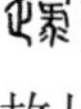高平之野，人所登。从辵、备、录。闕。徐鍇曰："人所登，故从辵。登而上，故从夂。夂，止也。"《春秋左傳》曰："原田每每。"《詩》曰："周原膴膴。""故从田，未知何故从录也。"段玉裁云："录者，土地如刻木录录然，《西都賦》'溝塍刻

鏤’是也。”又云：“从略省，土地可經略也。”未知其審。《周禮》有“邍師”，《爾雅》“廣平曰邍”，今借水原字用之。

卻也。一曰行遲也。从彳，从日，从夊。夊者，行遲曳夊夊也。彳爲小步，小步而日遲曳，是退也。復或从内。古文。从辵。隸變作退，本此。

遲也。从彳、幺、夊者，後也。徐鍇曰：“幺猶纍躓之也。”案：幺者，小也。小而行遲曳夊夊，是在後也。古文後，从辵。

宿衛也。从韋帀，从行。行，列衛也。韋猶囗也，以行列匌帀囗繞之，是宿衛也。《周官・宫伯》掌“王宫之士庶子”。大鄭云：“庶子，宿衛之官。”後鄭云：“衛王宫者，必居四角，乃於徼候便也。”漢有衛尉，掌宫門衛屯兵。

衆庶也。从三口。凡品之屬皆从品。三人爲众，故从三口，會意。因爲品物，物有美惡，又爲品等。

衆口也。从四口。凡㗊之屬皆从㗊。讀若戢，又讀若呶。三口成品，四口爲㗊，皆遞相增加品有等秩，㗊爲紛呶，此會意之精切著明者。

三十并也。古文省。凡卅之屬皆从卅。鄦不言“从三十”而云“三十并”者，此爲“三十并”之數目字，故會“三十并”之意，非取三十之本義也，不得言从。云“古文省”者，此本古文小篆，從而省之，古文蓋作。

行之迹也。从言、兮、皿。闕。此謂从皿之意，有所未聞也，故闕之。兮者，語所稽也。死者，以諡易名，將稽考其行事，

慎重出之，非可苟焉已也，故从言、兮，會意。皿葢祭器也，得諡當祭告之，因从皿與？諡法備於周，此葢大篆，小徐本“闕”字誤作“聲”，故疑皿非聲，兮聲也。段玉裁以“謚”當之，而删諡篆。

疾言也。从三言。讀若沓。《倉頡篇》：“譶言不止也。”《文選·琴賦》：“紛㗘譶以流漫。”注：“㗘譶，聲多也。”言多令人疾惡，故从三言，會意。今謂人言多可疾惡者爲㗘譶，衡俗猶然，葢古語也。

彊語也。一曰逐也。从誩，从二人。此本誩之滋益字，加二人以足其意，故不得爲誩聲。二人相争競也。

譍無方也。从丵，从口，从寸。丵嶽相竝出，對答之意也。寸，法度也。丵嶽竝出之口而一守於法度，此譍對之道也，故从丵、口、寸三體，會意。《聘禮》注曰：“對，答問也。”對或从士，漢文帝以爲責對而爲言，多非誠對，故去其口以从士也。徐鍇曰：“士，事也。取事實也。”趙明誠説“據古鐘鼎皆作對”。漢文帝亦用古文耳。《篇韵》引此“士”作“土”。

翊也。从𠬞，从卩，从山。山高奉承之義。凡居高位在下者，必竦手承之。卩者，在高而懼，自卩止之，與危同意。故从𠬞，从卩，从山，三體會意。《記》曰：“虞、夏、商、周有師保，有疑丞。”《百官公卿表》“丞相”，應劭曰：“丞者，承也。相者，助也。”

齊謂之炊爨。𦥑象持甑，冂爲竈口，𠬞推林内火。凡爨之屬皆从爨。林猶薪也，以𠬞推薪，納之竈中，舉火𦥑甑，是爲爨也。不言从林火者，非取林木之意也。籒文爨省。此籒文省改

古文者，以古文過繁重也。

和也。从言，从又炎。讀若溼。舊本下有“籀文燮，从羊羊音飪”八字。徐鉉曰：“案燮字，義大孰也。从炎，从又，即孰物可持也。此燮蓋从燮省，言語以和之也。二字義相出入故也。”籀文燮从羊。段玉裁本如此，然則燮、燮本一字。羊音飪，蓋孰物可持者，孰物可和者也。炎火所以孰物者，故从又、炎、羊，三體會意。因爲凡調和之偁，小篆以言語可以調和，人之志意，改从言，鄦知燮爲本義，燮爲燮之滋益字，故於注出“籀文燮，从羊羊音飪”以明之，蓋以燮順籀書，入炎部。此不重出燮篆，省文耳。段氏補之，以曉學僮是已。然段於炎部“燮”下云：“此與又部燮篆義别。”於此下云：“炎部本無燮篆，俗用文字指歸增之。因羊、辛相似，遂依又部之籀文，加炎部之小篆。”自相矛盾。

拭也。从又，持巾在尸下。拭猶飾也，尸猶屋也。从巾，在屋下，去其塵而得光明，因有飾刷義。“刷”下云：“禮有刷巾。”即此刷巾。

通也。从彳，从攴，从育。攴猶教之也。育，養之也。教養之道行，則無不通也。小徐本有“一曰相臣”四字，蓋有脱誤。古文徹。从鬲，鬲亦所以養也。

營求也。从旻，从人，在穴上。《商書》曰：“高宗夢得説，使百工夐求，得之傅巖。”巖，穴也。徐鍇曰：“人與目隔穴經營而見之，然後指使以求之。攴，所指畫也。”案：旻，爲舉目使人言，舉目使求之，故鄦以入旻部，若徐説，則四體會意矣。

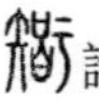識詞也。从白，从亏，从知。白者，詞言之气從鼻出。觀

人之智識，聽其言可知也，故从白，从知。凡有識者，詞气發舒，故加亏以足其意。亏者，气之舒也。隸省作智。古文𥏼。小徐本作𥏼，从匠。

宀宀不見也。闕。闕謂闕其形也。師説从自冂、八同。案：冂，遠畍也。八猶分也。冂猶覆也。自，从也。自此至彼，分畫爲畍，宀宀不見，若重覆之，故爲𦥯畍義。“邊”下云：“行垂崖也。”故加辵，然則此爲邊畍古字。

羊臭也。从三羊。凡羴之屬皆从羴。羊多則羶气甚，故三之以見意。羴猶众也。羴或从亶。

群鳥也。从三隹。凡雥之屬皆从雥。隹，夫不也，群飛群集，故从三隹，會群鳥之意。《神雀頌》：“嘉貺雥集。”

棄除也。从廾，推華，棄釆也。官溥説，佀米而非米者，矢字。此糞除字，埽除糞用華，故从華，以手棄之，故从廾。引官溥説者，明釆非辨别之釆，蓋古“矢”字，漢人多假矢爲之。《廉藺傳》“頃之三遺矢”是也。鄦書艸部作“菌”，云“糞也”。

捐也。从廾，推華，棄之。从㐬。㐬，逆子也。徐鉉讀㐬，他忽切。案：㐬者，不孝子，人所棄也。舉而棄之，故从廾，推華。古文棄。从竦手，去屰子，會意。唐《開成石經》用古文作弃。籀文棄。今皆用籀文。

治也。幺子相亂，𠬪治之也。讀若亂同。一曰理也。徐鍇曰：“冂，坰也、界也。”兩國相𤔔，壞其冂畍。凡事物皆有冂畍，破其冂則𤔔生焉。既以幺子相𤔔，从𠬪治之，更加冂以足其意。段玉裁説幺子謂𢆶兒，善訟者也。冂，介也，彼此分介則争，𤔔則治之，故爲治爲理。古文𤔔，从𠂆，音曳，與爭同意。

子孫相承續也。从肉，从八。象其長也。从𢆶，象重累也。八猶分也。子孫相承，支分派别，傳之無窮，是謂長也。从肉者，骨肉相傳之意。幺者，小也。小故可重累也。古文胤，从兆，象相承也。

肉之力也。从力，从肉，从竹。竹，物之多筋者。凡筋之屬皆从筋。筋爲肉之力，故从肉，从力。竹爲物之多筋者，故加竹以足其意。

用角低仰便也。从羊，牛角。《詩》曰："觲觲角弓。"羊、牛皆善用其角，故从羊牛角，三體會意。今《詩》作"騂騂"，毛傳："騂騂，調利也。"

判也。从刀，判牛角。一曰解廌獸。鍇本作"解豸，獸也"，此别一義。牛角難解者也，故从刀，判牛角，會意。

黍稷方器也。从竹，从皿，从皀。皀，穀之馨香謂黍稷也。皿，所以盛之者，或用竹爲之，故从竹。此合三體會意者。古文簋，从匚飢。段玉裁説："飢非聲也，从匚，从食，九聲。"古文簋，或从軌。徐鍇曰："飢、軌、九皆聲。"案：簋方器，故古文皆从匚。《周禮·小史》故書"軌"或爲"几"。大鄭"几"讀爲"軌"。《書》亦或爲簋，今用爲苞匭字，《尚書》"苞匭菁茅"是也。亦古文簋。或以木爲之，从木，九聲。

極巧視之也。从四工。凡㠭之屬皆从㠭。工者，巧飾也。四工則極巧矣。《孟子》："離婁之明，公輸子之巧。"是爲極巧視之者也。因有展布意。

室也。从廷，从𠬞，窒穴中。廷猶齊也。𠬞者，兩手舉物填室中。窒者不必巧，故鄦以齊訓廷，言四工猶四人齊力之意也。

禮器也。从𠬞，持肉在豆上。讀若鐙同。兩手持肉在豆上謂之弄，《詩》假作登，《詩》曰“于豆于登”。毛傳用《釋器》曰“瓦豆謂之登”是也。《禮》假作“鐙”，《公食大夫禮》：“大羹湆不和，實于鐙。”皆當作“弄”。《玉篇》有“弄”。

殘也。从虍。虎足反爪人也。虎爪最利，殘人以爪，故从虍、爪、人，會殘虐之意。虍猶虎也。古文虐如此。葢从口。

鐘鼓之柎也。飾爲猛獸。从虍㚘，象其下足。各本“㚘”誤作“異”，謂“異象其下足”。段玉裁云：“㚘，象形，其下足謂丌也。”於鄦注增“形”字而云：“㚘非字。”師説此爲三體會意，則㚘即畀舉之畀。杜林以爲麒麟字者，葢鐘鼓之柎飾爲猛獸。虍畀皆猛獸，故从虍畁會意。丌，象其下足，寫者誤畀，丌爲一字耳。張揖曰：“飛虡，神獸，鹿頭龍身。”虡或从金，豦聲。篆文虡省。

澡手也。从臼，水臨皿。《春秋傳》曰：“奉匜沃盥。”《禮記・内則》：“進盥，少者奉槃，長者奉水。”注：“槃，承盥水者。”然則盥必有槃承水，於文，故从水臨皿。皿即槃也。臼爲叉手，澡手者。兩手相叉，故从臼，其義乃備。

芳艸也。十葉爲貫，百廿貫，築以煮之爲鬱。从臼、冖、缶、鬯。彡，其飾也。一曰鬱鬯，百艸之蕐，遠方鬱人所貢芳艸，合釀之以降神。鬱，今鬱林郡也。叉手築以煮之，故从臼。以缶盛之，冂以覆之，以和鬯酒。葢盛之於缶，覆之固，則其香久而益烈，故从缶，从冂，从鬯。今所謂鬱金香艸也，用以供賓客、祭祀，故飾其器。彡，飾之也，合五體會意。一曰鬱人所貢芳艸，廣異說耳。

皆也。从亼，从吅，从从。《虞書》曰："僉曰伯夷。"亼猶合也。吅，驚嘑也。从，謂相聽从也。合衆口所相驚嘑者，均聽从之詞，故爲皆也。《釋詁》曰："僉、咸、胥，皆也。"

春饗所躲侯也。从人，从厂，象張布矢在其下。天子躲熊、虎、豹，服猛也。諸侯躲熊、豕、虎。大夫躲麋。麋，惑也。士躲鹿、豕，爲田除害也。其祝曰：毋若不寧侯，不朝於王所，故伉而躲汝也。"爲人，父子君臣之鵠，故其字从人。鄭云："侯制上廣下狹，葢取象於人。張臂八尺，張足六尺，是取象率焉。"侯凡用布三十六丈，侯之張布如厓巖之狀，故从厂。爲衆矢所集，故从矢在其下。此說天子、諸侯、大夫、士所躲侯與《周官·司裘》"梓人"文合，葢周制也，本籀書古注。古文侯。

繇也，舞也。樂有章。从章，从夅，从夊。《詩》曰："竷竷舞我。"繇，即畜徒歌也。歌且舞，故从章，从夅。歌者樂有章，舞者夊牛相承，不敢竝有，夅服之象。又行遲曳夊夊也。故加夊以足其意。

中國之人也。从夊，从頁，从臼。臼，兩手夊兩足也。頁者，頭也。頭手足備，然後人形乃全，古聖爲中國人特製字，以別於北狄、南蠻、東夷、羌、貉、閩、戎。夓，當爲部首。古文夓。

治稼畟畟進也。从田儿，从夊。《詩》曰："畟畟良耜。"

儿，古文人。田中人夊夊然，知爲熾菑南畝，其耜亦畟畟然進也。夊猶足也。足進則耜亦進，此引《詩·周頌》文，毛傳："畟畟，猶測測也。"箋云："農人測測以利善之耜。"熾菑，楚南畝也。

貪獸也。一曰母猴似人。从頁，已止夊，其手足。母猴即沐猴、獼猴，《詩·小雅》作"猱"，《樂記》作"獶"，鄭曰："獶，獼猴也。"即此"夒"字隸變。案：此當从夓省，以其似人，故从夓，會意。疑舊以夓爲部首，夒、夔當入夓部，鄦并入夊部，以夒首足皆備，與夓同也。

豐也。从林卌。或説規模字。从大卌，數之積也。林者，木之多也。卌與庶同意。《商書》曰："庶艸繁橆。"舊本作"从林奭"，奭字爲鄦書所無，師説从卌，卌亦鄦書所無，《漢石經·論語》"年卌而見惡焉"，是卌爲四十，并與廿卅同也。《廣韻》先立切。卌爲數之積，林木大積，是豐橆之意也，故師以爲从大卌，从林，三體會意。或説規模字者，謂卌也與庶同意者，謂此从林大卌，庶从广炗。炗，古文光。亦積火之意，皆狀其衆盛也。引《書·洪範》文。

木多皃。从三木。讀若曾參之參。今本鄦書以此入林部，云"从林，从木"。案：林、木一也，與"茻"下言"从艸中"者同一誤也。知此本从三木，故下云"讀若曾參之參"，參之猶言三也。森本爲部首，寫者誤次林部之末，因言从林木，與森爲木多，亦手之列多略不過三，故从三木，會意。

晞也。从日，从出，从廾，从米。米者，百穀之實，必以日暴之，乃能去穅成米，故从日、出、廾、米，四體會意。言以日出時，舉米暴之也。《考工記》："晝暴諸日。"因有表暴義。又本部有"暴"，爲暴疾、暴虐字，而隸變一之，今經典通作

"暴"，而"㬥"字本義轉癈。古文㬥，从日，麃聲。

精光也。从三日。凡晶之屬皆从晶。天無二日而三之者，言其精光之盛也，故會三日之意。或以爲絫日也。

穿壁以木爲交窗也。从片、户、甫。譚長以爲，甫上日也，非户也。牖所以見日。甫猶輔也。牖所以輔户，助其明也。古者室必有户有牖，牖東户西皆南鄉，故牖从户甫。譚長以爲甫上日也，非户也，廣異聞耳。从户爲長，以木爲之，故又从片。

禾屬而黏者也。以大暑而穜，故謂之黍。从禾，雨省聲。

孔子曰："黍可爲酒，禾入水也。"凡黍之屬皆从黍。黍，今高粱米，可爲酒。酒品之上者，莫如高粱，故孔子以黍爲三體會意字。雨省聲者，亦《史篇》舊説，孔門所録。

安也。从宀心，在皿上。皿，人之食飲器，所㠯安人也。宀爲交覆深屋也。皿爲食飲器。所爲安居足食而人心以寧也，故从宀、心、皿，三體會意。

凍也。从人，在宀下，以茻薦覆之，下有仌。茻以禦寒者，寒時不能作業，故从人在穴下，以茻薦覆之。寒則仌生，故从仌在下。小徐本作"从茻，上下爲覆"，與此注文異而義同也。

屰气也。从疒，从屰，从欠。气屰，謂從下逆上《釋名》曰："厥，逆气從下㾮起，上行入心脅。"高誘《吕覽》注："㾮，逆寒疾也。"故从疒。有人疾痛所倚著也。欠猶气也。屰即逆。

㾮或省疒。

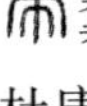糞也。从又，持巾埽冂内。古者少康初作，箕帚秫酒。少康，杜康也，葬長垣。冂，謂冂介也。古之埽者用巾，所以潔清

几席也，後以芀䓞爲之，則糞地除穢皆用之。冂内，猶室内也，故用巾加土爲氾埽字。

際見之白也。从白，上下小見。際者，兩相合之隙也，中有白光，小見一綫而已，故从二小，上下俱見其白小也。

顯也。从三白。讀若皎。白之甚也，故从三白，會意，亦多不過三之意。李善引此注有“通白曰皛”四字。

大帶佩也。从人，从凡，从巾。佩必有巾，巾謂之飾。徐鉉曰：“今俗别作珮，非是。”人所佩，故从人，俗以玉佩，乃改从玉作“珮”。其實此本从凡，所謂無所不佩也，故大徐以从玉爲非也。巾者，最適人於用者也，男女皆佩之，故从巾。

漸進也。从人、又持帚，若埽之進。又，手也。凡埽者，必持帚漸埽漸進，故从人，又持帚。侵之爲言，駸駸也，因有侵淫、侵陵義。

僊人變形而登天也。从匕，从目，从乚。乚音隱。八，所乘載也。變形登天，故从匕。人形變化則不可見，故从目，从乚。乚者，幽隱匿不得見，是以目燭隱也。八，足也。與丌同。古文真。

頭髓也。从匕。匕，相比著也。巛象髮，囟象㞤形。“囟”下云：“頭會也，㞤蓋也。”“𦣻”下云：“巛，即𩠐也。”𩠐，鬒髮也。巛本𩠐之古文。頭髓也者，本囟中之脂也。髓在囟中，故囟爲腦蓋。巛在囟土，頭髓不可見，無形可狀，但知其比著於囟與巛而已，故从匕，从巛、囟，三體會意。

衆立也。从三人。凡众之屬皆从众，讀若欽崟。三人成

眾，故於文从三人。欽崟猶嶔巖，葢古語，今讀魚音切。

月滿與日，相望以朝君也。从月，从臣，从壬。壬，朝廷也。壬，本古朝廷字也。《詩》曰："藹藹王多吉士。""藹藹王多吉人。"故壬从人，从士，會朝壬之意。今以月滿爲朢，月臣以是朝君也，故从月，从臣。

考也。七十曰老。从人、毛、匕。言須髮變白也。凡老之屬皆从老。毛，謂須髮也。人須髮由黑匕白，年七十，血气衰，則毛匕白，故从人、毛、匕，會意。

獸細毛也。从三毛。凡毳之屬皆从毳。毛細則厚密，故从三毛，眾多意也。《周官》"掌皮"，注曰："毳毛，毛細縟者。"

髀也。从尸下丌居几。徐鉉曰："几，丌所以尻止也。"案：几所以安坐者，坐則以臀著於几。臀形不可狀，故以尸下丌几會意。尻或从肉隼。葢隼聲。居或从骨，殿聲。案：殿本从屍聲，此後起俗字。

足所依也。从尸，从彳，从夂。舟象履形。一曰尸聲。凡履之屬皆从履。履爲尸所服，故从尸。尸猶足也。履所以行禮，其行舒遲，故从彳，从夂。又與人舟旋也，故从舟。或曰尸聲，此別一説。古文履，从頁，从足。

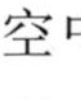空中木爲舟也。从亼，从舟，从巜。巜，水也。亼猶合也。空中木可合以爲舟，故从亼，从舟。舟行於水，則舟成矣，故从巜。"巜"下云："水流澮澮也。"合三體會意。凡穿窬、廁牏，義皆本此。

舍車解馬也。从卩、止、午。讀若汝南人寫書之寫。徐鉉

說："午，馬也。故从午。"鍇本以爲午聲，但與寫音遠。案：午當爲午逆，有逆而止之者，故舍車解馬也。卩者，行止有節也。亦三體會意。

法也。从卩，从辛。節制其辠也。从口，用法者也。凡辟之屬皆从辟。辛从䇂。䇂，辠也。辛痛泣出，故辛亦訓辠。卩，節制也。口，扣也。扣其辠而卩制之，是謂辟也。

人所歸爲鬼。从由，从人。人各厶其鬼而祭之，故从厶。凡鬼之屬皆从鬼。舊本鄦注由象鬼頭，从厶，鬼陰气賊害。師說此文甚謬。天神、人、鬼皆至尊之名，何得賊害？《周禮》三大，鬼爲大祖，自父以上號焉。故其字从由、人、厶，言各親其親，不祭非其鬼也。或云"由人"云云，即化也，由非鬼頭，鬼頭即人頭，不得云似母猴也。鄦豈曾見鬼乎？而云博訪通人耶？由之文，從人私而私之，則祭鬼矣。天神即申，申即電也。電气動爲天地示，即气示从上气，气能上爲地。人、鬼則各有所依，列爲三大祀，何此之不能知乎？今據以訂正。古文。从示。後以鬼爲三大祀，乃與天神、地衹同加示旁，蓋籀時文。

一畝半，一家之居。从广、里、八、土。八者，分也。分土爲里而居之，故从"广、里、八、土"四字會意。段玉裁據經注古說"二畝半在田，二畝半在邑"，改此鄦注"一畝半"爲"二畝半"。《周官·遂人》："夫一廛。"《詩·伐檀》毛傳："一夫之居曰廛。"

衆石也。从三石。此三石爲磊，猶三人爲众也，當爲衆石皃。段玉裁依《廣韻》訂作"衆石皃"，云："磊之爲言絫也。"衆石亦層積之意。《楚辭》曰："石磊磊兮葛蔓蔓。"今人言磊落，

或重言之爲磊磊落落。

開也。从日一勿。一曰飛揚。一曰長也。一曰彊者，眾皃。日爲昜精，日之光開張四射，如勿之乑。游然一者，天也。日光自天下乑。

眾馬也。从三馬。此與磊爲眾石、雥爲群鳥同意。三之者，亦多不過三也。《廣雅》："驫驫，走皃。"今讀甫虬切，或讀風幽切。

刑也，平之如水。从水。廌所以觸不直者厺之，从厺。灋所以正人，貴得其平，故从水，从廌。人受其正，乃能去惡，故从厺。廌爲神獸，能觸不直。今文省。葢隸省。古文。从亼正。合於正道，乃足法也。

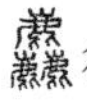行超遠也。从三鹿。凡麤之屬皆从麤。與驫从三馬同意。鹿善驚，故行超遠，今用爲麤疏。或説鹿之性相背而食，慮人獸之害也，故从三鹿。

疾也。从三兔，闕。此謂闕其音讀也。今音芳遇切，即赴疾之赴，或作趕兔善走，三之則更疾矣。

犬走皃。从三犬。此與三馬、三鹿、三兔、三羊、三魚皆同意。善走者，莫如犬，三犬相競逐走猥疾。今衡人言走之疾者，爲猋走，葢古語也。讀甫遥切。《九歌》："猋遠舉兮雲中。"王逸注："猋，去疾皃。"

从上案下也。从𡰥、又，持火，以尉申繒也。徐鉉曰："今俗别作熨，非是。"案：𡰥，古文仁。仁者，猶人也。仁，親也。又猶手也。手持火，親尉之，得其平。古有大尉，漢有廷尉，

張釋之曰："廷尉，天下之平也。"

大熟也。从又，持炎辛。辛者，物熟味也。"辛"下曰："秋時萬物成而孰。金剛味辛。"炎所以孰物，故从又，炎辛。

火𦾓也。从三火。凡焱之屬皆从焱。凡物之盛者，皆三之以見意，此焱亦是也。讀以冉切。《東都賦》："焱焱炎炎。"

持也。从大俠二人。大象人形。一人而夾持二人，故从二人居夾下。俠即夾之孳益字，與夾異義。

引擊也。从㚔、攴，見血也。扶風有盩厔縣。㚔所以驚人也，攴之見血，乃足驚人，故从㚔、攴、血，三體會意。今衡人以攴擊人見血爲盩，音若抽，即此"盩"字，張流切。漢盩厔故城在今陝西西安府盩厔縣東三十里。

疾有所趣也。从日出，本廾之。日出而作，人所趣事時也。夲，進趣也。廾以承之。夲兼十人，是疾趣之意也。

奏進也。从本，从廾，从中。中，上進之義。夲爲進趣，廾爲竦手，亦奉進之意。中爲上見。竦手進趣而上見之，是爲奏也。古文。亦古文。

壯大也。从三大、三目。二目爲䀠，三目为奰。益，大也。一曰迫也。讀若《易》《虙羲氏》。《詩》曰："不醉而怒謂之奰。"《詩·大雅》："内奰于中國。"毛傳曰："不醉而怒謂之奰。"此引説以證其壯迫之義。三目爲㬎。

心疑也。从三心。凡惢之屬皆从惢。讀若《易》"旅瑣瑣"。心思一定則無疑。多疑者二三其心，故从三心。

三泉也。闕。凡灥之屬皆从灥。此謂闕其音也。今讀詳遵

切，依附泉之雙聲爲之。此當云“泉盛皃，从三泉”。

新魚精也。从三魚。不變魚。徐鉉曰：“三，衆也。衆而不變，是鱻也。”《周禮·𪊨人》：“辨魚物爲鱻薧。”鄭司農曰：“鮮，生也。薧，乾也。”葢今用鮮爲鱻。凡魚出水，新生自若，故曰不變，變則不鮮矣。鮮行而鱻廢。

附耳私小語也。从三耳。“咠”下云：“聶，語也。”以口就耳，故从口耳。此謂“附耳私小語”，人面就耳旁語之，故兩耳相附，一耳聽之。

奉也，受也。从手，从卩，从𠬞。徐鉉曰：“謹節其事，承奉之義也。故从卩。”案：𠬞以奉之，手以受之，故从手，从𠬞。

婦與夫齊者也。从女，从屮，从又。又，持事，妻職也。徐鉉曰：“屮者，進也，齊之義也。故从屮。”他本下有屮聲，鉉等以上既云“从屮”，不應復云“屮聲”，因删此二字，是也。古文妻，从肖女。肖，古文貴字。

空也。从母中女。空之意也。一曰婁，務也。母之猶言母也。空中母女是婁空也。或謂中女爲離。離，中虛也。曰“婁務”者，此别一義，廣異聞也。籀文婁，从人中女。他本下有“臼聲”二字。人中女最空明者，不必取離爲説也。臼聲亦遠。葢即囱耳。女體陰，陰德亦安於空虛。古文婁如此。

私也。从三女。“厶”下云：“姦衺也。”多厶心者莫如女，二女爲奻，三女爲姦，女盛則姦衺生也。古文姦，从心。旱聲。

邦也。从口，从戈。以守一。一，地也。徐鉉讀此于逼切，云：“今俗作胡國切，以爲疑或不定之意。”案：此本古邦國字，賈誼曰：“夫樹國必相疑之埶。”孔子曰：“或之者，疑之也。”因爲疑或字，後更加囗作國，加心作惑。或又从土，俗加土。

正見也。从乚，从十，从目。徐鍇曰：“乚，隱也。今十目所見，是直也。”案：《左氏傳》曰：“正直爲正，正曲爲直。”《記》曰：“十目所視。”是無隱也。古文直，或从木如此。囧猶目也。从木者，木從繩則直。

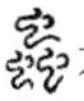有足謂之蟲，無足謂之豸。从三虫。凡蟲之屬皆从蟲。此釋蟲爲蝡動之總名，故三之以見意。蟲猶众也。

敏疾也。从人，从口，从又，从二。二，天地也。徐鍇曰：“承天之時，因地之利，口謀之，手執之，時不可失，疾也。”案：此即古“極”字。从人，在二之間，所謂立人之極，與天地參也。从又口者，口手相助，拳拳服膺，念茲在茲也。

常也。从心，从舟，在二之間。上下一心，以舟施，恆也。天地之道，恆久不已，故从二。二，天地也。聖人以心體天地之道，上下往復，如舟之運旋，歷久不變，故謂之恆。《語》曰：“得見有恆者，斯可矣。”古文恆，从月。《詩》曰：“如月之恆。”案：此篆當作，或作。以即省之古文也。今从，與外同，疑誤。

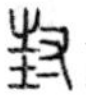爵諸侯之土也。从之，从土，从寸。守其制度也。公侯百里，伯七十里，子、男五十里。徐鍇曰：“各之其土也。”古文

封省。籀文。从丰。

土高也。从三土。凡垚之屬皆从垚。三土者，層積之意，故見其高也。《韵會》引此爲“土高皃”，與厽同意。

同力也。从三力。《山海經》曰：“惟號之山，其風若劦。”凡劦之屬皆从劦。三力爲劦，猶三人爲众也。讀力制切，音戾。

玉爵也。夏曰琖，殷曰斝，周曰爵。从吅，从斗、冂，象形。與爵同意。或説斝受六升。賓主酬酢，故从吅，象對飲之意。爵受一升，斝受六升，故从斗。冂者，所以覆之。鄦云“象形”，實象意耳。段玉裁説幵象形，非也。

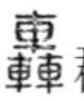群車聲也。从三車。《文選》注引《説文》：“轟轟，群車聲也。”三之者，亦眾意。《倉頡篇》云：“軥軥，眾車聲也。”呼萌切。今爲“輷”字，音田。玄應曰：“轟，今作輷。”《玉篇》作輷。徐鉉讀呼宏切，與輷、軥音異。

位南方。萬物成炳然。陰气初起，陽气將虧。从一入冂。一者，陽也。丙承乙，象人肩。凡丙之屬皆从丙。徐鍇曰：“陽功成，入於冂。冂，門也，天地陰陽之門也。”案：陽主發生，入於冂内，是伏藏將虧之象也。鄭注《月令》：“内之言炳也，萬物皆炳然箸見。”《律書》曰：“丙者，言陽道箸明。”葢盛之極，虧之始也。

謹也。从三子。凡孨之屬皆从孨。讀若翦。幺子相亂，此从三子，秩序不亂，仁謹之意也。《大戴禮》曰：“博學而孱守之。”謂謹守之也。《史記》：“吾王孱王也。”韋昭曰：“仁謹皃。”與鄦合，皆當作“孨”。

荄也。十月，微陽起，接盛陰。从二。二，古文上字。一人男、一人女也。从乙，象裹子咳咳之形。《春秋傳》曰："亥有二首六身。"凡亥之屬皆从亥。，象二人，"乾道成男，坤道成女"之義。十月，微陽起，接盛陰，故以二人體陰陽，成男女也。此引《左氏·襄三十年》文。正義曰："二畫爲首，六畫爲身。"亦古之字説也。乙，葢謂陰气尚彊，其出乙乙也。古文亥爲豕，與豕同。亥而生子，復从一起。

右會意三合以上之文一百一十三重四十

糞也。从艸，从胃省。胃者，菌所自出也。又不可从胃，胃爲穀府，故省之以見意。艸亦糞積之類也，官溥説："佀米而非米者，矢也。"漢人多假"矢"爲之。

閑也。養牛馬圈也。从牛冬省。取其四周帀。冬从夂會意，夂，古文終，言四時盡，歲將終也。此不言从夂，而云冬省者，葢冬時萬物閉藏，牛馬閑養時也，故言从夂省，其意乃顯。又夂之字形亦四周帀，取其意以爲牢也。《周官·充人》注云："牢，閑也。必有閑者，防禽獸觸齧。"牲繫於牢，故牲謂之牢。

犛牛尾也。从犛省，从毛。犛牛尾，名氂，故不从犛省，則未知其爲犛牛尾也，省犛以見意，加毛於後，乃知其爲尾也。凡經言干旄、設旄者，占注皆云"旄，牛尾也"，是即氂所爲之幢，因謂之旄與？

遣也。从辵，㑒省。㑒者，送也。吕不韋曰："有侁氏以伊尹㑒女。"此送不必㑒女也，故从㑒省。籀文不省。

追也。从辵，从豚省。徐鍇曰："豚走而豕追之。會意。"案：豚，小豕也。小豕走則大豕逐之，故"追逐"字不言从豕，而言从豚省，蓋从豚省，則追逐乃見。豕、豚相逐，且行且止，故从辵。或以豕省聲，非也。

取奐也。一曰大也。从廾，敻省。徐鉉曰："敻，營求也。取之義也。"俗加手作"換"，故爲取奐。《詩・大雅》："伴奐爾游矣。"毬子傳："伴奐，廣大有文章也。" 《記》曰："美哉奐焉。"言眾多也，凡美大眾多，須營求之乃得，故从敻省與？

共置也。从廾，从貝省。古以貝爲貨。凡有所共置，非用貨幣不可，故省貝爲之。古鐘鼎作。

所目枝鬲者。从爨省，鬲省。所以枝鬲者，故不見全鬲，或將爨而枝之，或既爨而枝之，均未成爨，故省爨以見意。

去竹之枝也。从手，持半竹。凡支之屬皆从支。此本从竹省也，下出古文从竹不省，可證。蓋古文从竹而中折之，以見去竹枝之意，不若小篆去竹之半於義尤顯也，此小篆省改古文之最精者。鄦不言从又，从竹省者，以言从手持半竹，於字義易明，足曉學僮也。古文支。此从又，持竹中折之也。

及也。从又，从尾省。又，持尾者，从後及之也。凡隶之屬皆从隶。尾猶後也、末也。及，謂以手及前人也。隶，猶下逮事物也。故皆从又，謂手能逮事也。更加辵爲"逮"。走以逮之也。

日之出入，與夜爲界。从畫省，从日。早與夜界，夕亦與夜界，自朝至夕爲一晝，故从畫省。畫猶止也。自日出至日夕而

止也。《語》曰："今女畫。"段玉裁説："篆當作畫。"籀文晝。至夜則日在下，未當息，故不可止之也。

柔韋也。从北，从皮省，从夐省。凡𤿂之屬皆从𤿂。讀若耎，一曰讀若儁。北猶背也。徐鉉曰："北者，反覆治之也。夐，營也。"凡治皮，反覆治之，乃柔𤿂也。治之時，手目俱至，故省夐以見意。已治爲柔韋，故不見全皮。古文𤿂，从皮省，从人治皮省。籀文𤿂，从夐省。

纏絲急也。从臤，从絲省。纏之急，則絲縮小而臤實，故从臤，復省絲以見意。今用爲"緊急"字。或作絙。

行水也。从攴，从人水省。徐鍇曰："攴入水所杖也。"案：此謂治水也。攴者，治水之具。人爲治水之官，使水就下，不至氾濫爲災，故省水以見意。猶言水大而復小，水行順性，安流攸攸。秦刻石嶧山文"攸"字如此。

灼龜坼也。从卜省，从𠔁。象形。此本象意字。𠔁从重八，象分别吉凶之意。鄦於"𠔁"下云："分也。"引《孝經》説曰："故上下有别。"釋重八之意。虞翻讀《尚書》，"分𠔁三苗"爲"𠔁"云："𠔁，古别字。"《周禮·大卜》："掌三兆之法：一曰玉兆，二曰瓦兆，三曰原兆。"注云："兆者，灼龜發於火，其形可占者。其象似玉瓦原之璺罅，是用名之焉。"原，原田也。从𠔁者，灼龜坼之形，可以别吉凶。卜者，所有事也，故省卜以見意。古文卜作卜省，卜爲乀在𠔁中，言卜者於龜坼中分别其兆也。隸變作兆，本此。兆當作兆，又本兆而變。兆或从卜。今本《説文》以"𠧞"爲正篆，云："从卜𠔁，象形。"出"𠔁"於下，爲古文兆省。段玉裁據《廣韻》云“𠔁出《文字指歸》”，不云出《説文》，是孫愐以前《説文》無𠔁。又云：“《玉篇》卜部之外，别爲兆部，假今顧氏所據。《説文》早同今本，何爲作此紛更乎？”證知《説文》古本無𠔁。其説是矣，然據《廣韻》“兆，治小切”引《説文》“分也”之訓，因孫氏之誤，遂謂八部之“𠔁”爲“龜兆”字，而疑鄦書無𠔁，則大謬也。蓋後人不知“兆”本从卜省，乃更加卜作“𠔁”，遂竄入鄦書，以“𠔁”爲古文。《集韵》《類篇》皆引《説文》“𠔁，古省，或作𠔁”。司馬光曰：“𠔁，兵列切。重八也。𠔁古當作𠔁。”是則區别甚明，然不知增此乀爲从八省，則顧、孫、二徐等所同也。

𤰇具也。从用苟省。徐鉉曰：“苟急敕。會意。”案：苟，讀已力切，自急敕也。凡有具備，必自急敕，以應其用，故从用，从苟省。

眔目相及也。从目，从隶省。手不及目，相及之，是亦及也，故省隶以見意，而从目以成之。他本有“讀若與隶同也”六字。《石經公羊》：“祖之所遝聞也。”《禮記》釋文“所以遝貴賤”。今皆作“逮”，此隶、眔音義同也。

省視也。从眉省，从屮。徐鉉曰：“屮，通識也。”案：屮爲艸木初生才見也，言察之於微也。省眉者，事物未接於目，閉目澄慮，省察於眉睫也。凡人有所思省，皆蹙其眉，故从眉省與？省古文从少，从囧。隸變作“省”，本此，蓋从古文目省。囧省，猶眉省也。省之於微少，用其，目即得之也，因有省減義。

再一舉而二也。从一冓省。冓者，交積材也。一舉而有交加之者，是重複之意也，故省冓以明之。

幷舉也。从爪冓省。爪猶手也。一手舉交加之物，是幷舉也。因爲再舉義，後乃加人旁作“偁”，爲偁揚，加禾作“稱”，爲稱衡。

深明也，通也。从𣦼，从目，从谷省。案：此實从叡省，溝叡深通之義也，因無叡部，故無以入𣦼部，而云“从𣦼，从谷省”耳。从目者，會深明之意，鄭注《尚書大傳》云：“睿，通也。”古文叡。籀文叡，从土，亦从壑省。

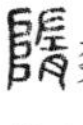裂肉也。从肉，从隓省。敗城𨸏曰隓。《周官·守祧》“既祭則藏其隋”，鄭康成説：“隋，尸所祭肺、脊、黍、稷之屬。藏之以依神。”葢裂肉以祭，取其殘余以藏於地，故省隓以見意。古文《士虞禮》作“隋”，與《周官》同。《特牲少牢篇》今文作“綏”，古文作“挼”，或作“妥”，注云：“《周禮》作隋。隋與挼讀同。”又云：“挼讀爲隋。”皆以“隋”爲本字。

小耎易斷也。从肉，从絶省。甘脃肉類，故从肉，易斷也，故省絶以見意，猶言微絶之耳。《七發》曰：“甘脃肥膿。”《魏都賦》：“稟質遳脃。”或誤作“脆”。

骨間肉肎肎箸也。从肉，从冎省。一曰骨無肉也。冎者，剔肉置其骨也。骨間肉肎肎相箸，不解不能盡剔，故省冎以見意。一曰骨無肉，則不待冎，故省冎也。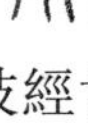古文肎。此亦从冎省，謂省冂从冋耳。《莊子》説庖丁解牛“技經肯綮之未嘗”，肯隸作肯，本此而變。今言得其竅卻曰中肎。因謂心許可者，亦曰肎。

銛也。从刀。和然後利，从和省。《易》曰：“利者，義之和也。”此引《易》説从和省之意，師謂此曲説耳，非本義也。

《詩》曰：“鸞刀。”刀有鸞者，割時和聲中節也。刀和然後知其利也，然刀以割爲用，而鸞爲節。《記》曰：“割刀之用，而鸞刀之貴。”貴其義也，故省和以見意與？古文利，从刃。

酸也。作醯㠯鬻㠯酒。从鬻、酒竝省，从皿。皿，器也。鬻即鬻之或體“鬻”也。作醯以酒少許，和鬻少許，故省鬻、省酒以見意，言不可過多也。若皿爲器，則不可省也。

合也。从亼，从曾省。曾，益也。凡會之屬皆从會。曾，即增也，後加土耳。三合而曾益之，是會合之意也。不必增多，

故省之以見意。古文會如此。

穀藏也。倉黄取而藏之，故謂之倉。从食省，口象倉形。凡倉之屬皆从倉。口者，圍也，凡倉必四圍築也。此从口，象四圍之意。倉以儲穀，穀所以食也，省食之，則倉有余穀，故从食省以見意。奇字倉。古文奇字也，葢从古文巨。

缺也。古者城闕其南方謂之䫏。从䫏缺省。讀若拔物爲決引也。闕猶缺也。故省缺以見意。《公羊傳》注：“天子周城，諸侯軒城。軒城者，缺南面以受過也。”故从䫏，古城闕字當作䫏。

傾覆也。从寸，臼覆之。寸，人手也。从巢省。杜林説，以爲貶損之貶。𦥯者巢之省，以手傾覆之，則巢毀損，因省巢以見意，不省則義不明。引申有貶損義，故杜林以爲貶損之貶。《上林賦》：“適足以㝬君自損。”晋灼曰：“㝬，古貶字。”《周禮·哲蔟氏》：“掌覆矢鳥之巢。”知古有此字。各本篆作㝬。段玉裁據《玉篇》改作㝬，今从師本訂。

日冥也。从日氐省。氐者，下也。一曰民聲。氐猶低也。

日氏下則昏時也。此爲从氏省，會意。段玉裁説，此“一曰民聲”四字蓋淺人所增，非鄦舊也。

伯益之後，所封國地宜禾。从禾舂省。一曰秦禾名。禾穀宜舂，可去穅爲米，故从舂省，會意。以秦爲禾名者，此别一義。

籒文秦，从秝。

擣粟也。从𠬞，持杵臨臼上。午，杵省也。古者雝父初作舂。臼以盛粟者，杵所以舂之，故知爲杵省也。兩手持之，故从𠬞。宋衷曰：“雍父，黄帝臣也。”

枲屬。从林熒省。《詩》曰：“衣錦檾衣。”此引《詩》釋从檾省之意也。錦衣有熒光，加檾衣則熒光不見，故省熒以見意。

深也。一曰竈突。从穴，从火，从求省。穴深無光，以火燭之，乃可探求也，故从火，在穴中。罙則不可得，省求以見意。然則深求、探求古但用“罙”，後乃加水爲深淺，加手爲探求。親本有“讀若禮三年導服之導”。段玉裁説：“竈罙字可讀如導，與突爲雙聲。”今衡人呼竈導，蓋古語與？

卧驚也。一曰小兒號寣寣。一曰河内相評也。从㝱省，从言。卧而驚，故有言已不成㝱，故省㝱以見意。兩言一曰，皆别一義，廣異聞耳。今讀火滑切。

箴縷所紩衣。从㡀丵省。凡黹之屬皆从黹。徐鉉曰：“丵，眾多也。言箴縷之工不一也。”㡀爲敗衣，宜爲箴縷所紩。善黹者，滅其迹，故省丵以見意。

衮衣出龍蕁蟲黺畫粉也。从黹，从粉省。衛宏説：“今之刺繡者，以粉畫其形，繡成而粉不見，故从粉省也。”宏治《古

文尚書》所説，但約其文耳。

養也。从人，从采省。采，古文孚。孚爲卵孚。善保養者，莫善於鳥之護卵，然人之保赤也，非以爪覆也，故省爪以明其意。古文保。古文孚。从此。古文保。不省。

召也。从王，从微省。壬微爲徵。行於微而聞達者，即徵之。古文。

年八十曰耋。从老省，从至。言老之至也，故从老，从至。小篆从老省，隸或不省者，此省文耳。

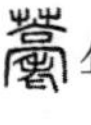年九十曰薹。从老，从蒿省。《釋艸》云："蘩之醜，秋爲蒿。"言艸至秋老通謂之蒿。人年九十曰薹，故省蒿爲之，俗或作耄。

老人行才相逮。从老省，易省，行象。讀若樹。易，謂蜥易也。老人行遲步小，兩足僅能相及，如蜥易之宛蟺，故省易以見意。段玉裁謂各本作"易省行象"，疑誤，以象步小相迫之狀，因改鄦注爲"，象形"，恐非。

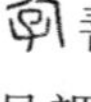善事父母者。从老省，从子。子承老也。子能承老者之詔令，是謂孝也。《禮記》："孝者，畜也。順於道，不逆於倫，謂之畜。"

船行不安也。从舟，从刖省。讀若兀。刖者，絶也，刖其足也。船行不安，如刖足者然，故省刖以見意。此从舟，从刀，知爲刖省者，舊説相傳也。

兜鍪，首鎧也。从兜，从皃省。皃，象人頭也。兜鍪，廱蔽其皃，故省皃以明之。

意有所欲也。从欠𡨄省。徐鉉曰：“𡨄，塞也。意有所欲，而猶塞款款然也。”案：款空、𡨄塞義相反而相成。空則有所欲，多欲宜自窒也。王逸注《屈原賦》“悃悃歀歀”云：“心志純也。”

款或从柰。段玉裁說“取柰何之意”。

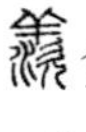貪欲也。从次，从羑省。羑呼之羑，文王所拘羑里。段玉裁說：“从㕗省。㕗者，㕗誘之㕗。文王所拘㕗里。”作羑，别羑、㕗二文也。羑者，進善也。㕗者，相訹誘也。凡有所羨者，必好惡無節於内，知誘於外，故从㕗省。然鄦書羊部出“羑”，又厶部“㕗”下出“羑”，爲古文。㕗、羑本一字。貪欲者必有所羑，故省羑以見意。

低頭也。从頁逃省。大史卜書頫仰字如此。揚雄曰：“人面頫。”徐鉉曰：“頫首者，逃亡之皃。故从逃省。今俗作俯，非是。”案：逃亡者，或頫首，頫首者，未必逃也，故省逃以見意。

頫，或从人免。

細文也。从彡㝷省。彡爲毛飾畫文。㝷者，際見之文也。際見之光甚微，文之細者，其見白質如際見之白然，故省㝷爲之。各本有“聲”字，非。

髮隋也。从髟隋省。《内則》曰：“三月之末，擇日翦髮爲鬌，男角女羈。”鬌爲落髮，故省隋爲之。隋，猶隕墮也。

自急敕也。从芉省，从包省，从口。口，猶慎言也。从芉，芉與義、善、美同意。凡茍之屬皆从茍。包猶勹，裹也。勹口是慎言也。故段玉裁以爲“从勹”，不必言“包省”也。下出古文从羊不省，故知此爲从羊省也。羊猶善也。善自慎言者，自

急敕之意也。讀已力切。古文羊不省。謂从羊不省，明小篆省改古文。

惡也。从由虎省。師説从由、人、爪，即爪也。古文从無人。案：舊本鄦注：“鬼頭而虎爪，可畏也。”鬼頭不可見，何由畏之？畏必有所由，故从由，蓋从虐省。虐爲虎足反爪人，古文更省虐爲爪，故云古文省也。人之所由畏者，莫甚於虐，故畏从由虐省，“虎”蓋“虐”字之誤也。《傳》曰：“火烈而民畏之。”《記》曰：“苛政猛如虎。”謂苛虐也。自俗儒以鬼頭説由，求由從之義不可得，遂謂鄦書無由。師説由从十厶，故畏得人由部。古文省。謂於正篆尤省。

岸上見也。从厂，从屮省。讀若躍。屮者，艸初生，故凡物之上出者多以屮象之。肯爲幬帳之象，而云从冃屮。屮，其飾也。此爲岸上見，故从厂屮。以一象地，厂猶地也，故省屮以見意。

余堅者。从石，堅省。余堅者，謂石之堅有余聲，故重堅會意，不云堅聲。段玉裁依《廣韻》改作“余堅也”，或云當作“臤聲”，非也。

豕走也。从彑，从豕省。《玉篇》作“豕走，悦也”，疑鄦書古本如此。《周易》卦辭謂之彖，爻辭謂之象，《繫辭·傳》曰：“彖也者，才也。”蓋彖説三才解釋卦辭，使學者相悦以解，故謂之彖，如豕走則悦也，故省豕以見意。古文彖。小徐本如此，大徐本出此於“彖”上，以爲正篆訓豕也，从互下，象其足，讀若瑕與彖，爲二字，然《篇》《韻》皆無此字，則鍇本爲長。彖爲豕走，故以象四足相交。

小豕也。从㣇省。象形。从又，持肉以給祠祀。凡豚之屬皆从豚。此葢籀文。从㣇者，以㣇河内名豕也。豚爲小豕，故省㣇以見意。凡祭宗廟之禮，豕曰剛鬣，豚曰腯肥，豚肉肥美，故从又持肉。又，手也。篆文。从肉豕。肉亦祭肉也。小篆更省又，《玉篇》及《爾雅音義》皆誤爲籀文，作“豚”。

牝鹿也。从鹿，从牝省。《釋嘼》曰：“鹿牝，麀。”此从牝省者，以牝从牛，麀專斥鹿牝，故去牛从鹿以見意。或从幽聲。

於湯中爚肉。从炎，从熱省。炎爲重火，故熱下之火可省，此省文也。《禮・有司徹》：“乃燅尸俎。”鄭注：“燅，温也。古文燅皆作尋。”唐本譌作“焊”。《禮記・郊特牲》：“血腥爓祭。”注云：“爓，或爲尋。”或从炙作。

高而曲也。从夭，从高省。《詩》曰：“南有喬木。”高而曲，是高不能極高也，故省高以見意。夭者，屈也。《釋木》：“上句曰喬。”

行賀人也。从心，从夊。吉禮以鹿皮爲贄，故从鹿省。夊爲行遲曳夊夊。慶賀人者，禮服行遲，故从夊。《禮經》“丽皮”，鄭注“兩鹿皮也”。物以將意，故从心。但用鹿皮，不見全鹿，故省鹿以見意。

不敬也。从心㥏省。《春秋傳》曰：“執玉憜。”㥏爲篆文“隓敗”字。心㥏敗是不敬也，不見㥏形，故省㥏見意。憜或省𠂤。古文。

水朝宗于海。从水朝省。《禹貢》："荆州，江、漢朝宗于海。"謂江漢下流，海水上湧，激而爲淖，如朝會然，故从朝省。徐鉉曰："隸書不省。"謂今作"潮"也。或以爲古"濤"字。

觀四方而高者。从至，从之，从高省。與室屋同意。之猶往也。至者，所止也。往高處而得所止，是臺也。臺非極高者，故省高爲之。《釋名》："臺，持也，築土堅高，能自勝持也。"《詩》："經始靈臺"《傳》用《爾雅》"四方而高曰臺"。

巧讇高材也。从女信省。徐鉉曰："女子之信近於佞也。"案：佞之言不可信也，故省信以見意。或以爲仁聲，非也。

撟也。从丿乀，从韋省。徐鉉曰："韋所以束枉戾也。"案：韋，相背也。丿乀者，ナ又戾也。ナ又皆背而撟之，故爲拂戾意。

弼戾也。从弦省，从盩。讀若戾。徐鉉曰："盩者，繫辠人見血也。弼戾之意。"鍇本有"盩引戾之也"五字，在"讀若"上，葢引之失其弦則相戾，因爲盩，故省弦以見意。

蠶衣也。从糸、从虫，黹省。繭者，可以爲絲帛，故从糸。中有蛾，故从虫。黹者，箴縷所紩衣，繭尚未成絲，帛不可以箴黹，故省黹以見意。或云：當从芇。芇，相當也。讀若宀。芇聲。或又云：㒼，省聲。㒼上二十廾。皆非也。古文繭，从糸見。

它蟬所解皮也。从虫稅省。稅猶脱也。謂所解脱也。蛇蟬所解，但存皮，不見形，故省。稅，虫類也，故从虫。或以爲兑聲，或以爲稅省聲，皆非。

止也。从土，从畱省。土所止也。此與畱同意。坐者，宜少畱，故省畱以見意。此坐从土，不必土，猶畱从田不必田。土、田同意。古文坐，从二人相對坐。

土積也。从土，从聚省。積土有叢聚義，故省聚爲之。不言取聲者，重聚會意也。《白虎通》曰：“琮之爲言堅也，象萬物之宗堅也。”古音當與聚遠。

天子五百里地。从田包省。《禹貢》：“五百里甸服。”《周語》：“先王之制，邦内甸服。”謂邦内之田環抱王畿，如裹包然，故省包以見意。

黏土也。从土，从黄省。凡堇之屬皆从堇。土黄色者多黏，然土色不純黄，故省黄以見意。《内則》：“涂之以謹涂”，鄭注：“謹當爲墐，聲之誤也。”《玉篇》引《禮》“堇涂”，是鄭注“墐”當作“堇”，俗誤加土。古文堇，从黄，不省。亦古文。

劇也。从力熒省。焱，火燒冂。用力者勞。熒爲屋下鐙燭之光，凡民勤勞，朝作莫息，夜以繼日，斯爲勞矣。段玉裁説：“燒冂，謂燒屋也。斯時用力最勞。或改冂作門，皆非。”古文勞，从悉。謂勞心也。

人君乘車，四馬鑣，八鑾鈴，象鸞鳥聲，和則敬也。从金，从鸞省。此謂鈴聲，象鸞鳥之聲，故省鸞以見意。不言从鸞省聲者，重會意也。

圜圍也。四千人爲軍。从車，从包省。軍，兵車也。《周禮·大司馬職》云：“萬有二千五百人爲軍。”鄭注：“師、旅纂皆

用《周禮》，則此不得獨異，疑後人據吕忱《字林》所説也。”从包省者，言圜圍如裹包然。古者兵行用車，故从車，會意。

危也。从𠁁，从毁省。徐巡㠯爲，𠁁，凶也。賈侍中説：“隉，法度也。”班固説：“不安也。”《周書》曰：“邦之阢隉。”讀若虹蜺之蜺。𠁁者，層絫而高也。高則可危，凡物有毁之者，則凶危不安，全則安也。徐、班説本相通，賈説“隉”爲法度，則“臬”之叚借字也。緐引《書》“邦之阢隉”，今作“杌隉”。

三重醇酒也。从酉，从時省。《明堂月令》曰：“孟秋，天子飲酎。”此引《月令》孟夏文也。“秋”當作“夏”。釀之以時，飲之以時，故从時省。或云肘省聲，非。

右會意省之文七十八　重三十三

會意之部都九百六十五文　重二百五十四文

卷四

形聲

聲音之來，與天地同始，未有是字，先有是聲。古聖依聲以造字，如日月之文，此聲之先於象形者也。日者，實也。月者，缺也。先有日月之音，因造日月之文。今衡人呼缺者，音與月同，俗語猶然。牟羋之字，又聲之先於指事者也。至於會意之屬，無不先有其聲，始造其文。古有有聲而無字者，未有造字始求聲者也。然文明大啟，制禮造物，其用益廣，乃區别其字。故同一形也，而殊以聲，牝、牡判焉，穜、稑分焉，此偏旁之學所由出也。鄦君之説形聲曰："以事爲名，取譬相成，江、河是也。"葢工可取其聲，初無意義，足言以形爲定，直謂之形而已。水旁知爲水，山旁知爲山，推而至於妹、娟之屬，大抵不外方言之殊，其所从之聲因之一轉。葢義原於聲，誠爲造字之本。因聲求義，亦爲用字之權，此亦聲之字所以由會意而生也。迨世殊地異，聲轉遞變，原流莫詰，義始難求，於是有聲而無義者，滋乳寖多。此楚語、秦語，魯、衛、陳、宋之語所爲，因時而造字，非有聲韻之學也。然其聲皆繫於形，因形以見，固不嫌於聲之無義，即通意與事爲名，其所諧之聲，亦如擯相之从君耳。故謙以爲，取形爲名，而从以聲者，謂之"形聲"。取事與意爲名，而从以聲者，謂之"諧聲"。因分爲二篇，兹取象形篇之母文，而繫以聲者，以爲形聲之屬，使學者開卷燎然，庶無惑焉。至於省聲諸文，則有古籀不省者，葢造字不一師，用字不同時，周好繁重，秦趨省約，無義可分，故不加區别，如家之从豭，哭之从獄，不出豭、獄省聲則不得聲。又況鄦不言省，二徐以爲省聲者，所以便讀也。是省聲與省意不同，學者審之。

璙玉也。从玉，尞聲。

瓘玉也。从玉，雚聲。《春秋傳》曰：“瓘斝。”

璥玉也。从玉，敬聲。

琠玉也。从玉，典聲。

瓇玉也。从玉，夒聲。讀若柔。

⿰王毄玉也。从玉，毄聲。讀若鬲。

璠璵璠，魯之寶玉。从玉，番聲。孔子曰：“美哉，璵璠！遠而望之，奂若也；近而視之，瑟若也。一則理勝，二則孚勝。”故此皆列爲形聲之屬。若二爲指事，屮从二中，象意、事意無實形，已分入諧聲矣。故别。

璵璵璠也。从玉，與也。

瑾瑾瑜，美玉也。从玉，堇聲。

瑜瑾瑜，美玉也。从玉，俞聲。

玒玉也。从玉，工聲。

琜琜瓄，玉也。从玉，來聲。

瓊赤玉也。从玉，夐聲。璚瓊，或从矞。瓗瓊，或从巂。

璇璿，或从旋省。徐鉉曰：“今與璿同。”

珦玉也。从玉，向聲。

⿰王剌玉也。从玉，剌聲。

珣醫無閭之珣玗琪。《周書》所謂夷玉也。从玉，旬聲。一曰玉器，讀若宣。

璐玉也。从玉，路聲。

瓚三玉二石也。从玉，贊聲。《禮》：天子用全，純玉也；上公用駹，四玉一石；侯用瓚；伯用埒，玉石半相埒也。

瑛玉光也。从玉，英聲。

璑三采玉也。从玉，無聲。

珛朽玉也。从玉，有聲。讀若畜牧之畜。

璿美玉也。从玉，睿聲。《春秋傳》曰：“璿弁玉纓。”⿰王叡古文璿。叡籀文璿。案：籀文當从玉，故入玉部。段據小徐本作壡，是。

球玉磬也。从玉，求聲。璆球，或从翏。

琳美玉也。从玉，林聲。

璧瑞，玉圜也。从玉，辟聲。

瑗大孔璧。人君上除陛以相引。从玉，爰聲。《爾雅》曰：“好倍肉謂之瑗，肉倍好謂之璧。”

環璧也。肉好若一謂之環。从玉，睘聲。

璜半璧也。从玉，黄聲。

琮瑞玉。大八寸，似車釭。从玉，宗聲。

琬圭有琬者。从玉，宛聲。

璋剡上爲圭，半圭爲璋。从玉，章聲。《禮》："六璧圭以馬，璋以皮，璧以帛。琮以錦，琥以繡，璜以黼。"

琰璧上起美色也。从玉，炎聲。

玠大圭也。从玉，介聲。《周書》曰："稱奉介圭。"

瑒圭尺二寸，有瓚。以祠宗廟者也。从玉，昜聲。

瓛桓圭。公所執。从玉，獻聲。

珽大圭。長三尺，杼上，終葵首。从玉，廷聲。

璬玉佩。从玉，敫聲。

珩佩上玉也。所以節行止也。从玉，行聲。

玦玉佩也。从玉，夬聲。

瑱以玉充耳也。从玉，真聲。《詩》曰："玉之瑱兮。"徐鉉曰："今充耳字，更从玉，旁，'充'非字。"⿰真耳瑱，或从耳。

琫佩刀上飾。天子以玉，諸侯以金。从玉，奉聲。

珌佩刀下飾，天子以玉。从玉，必聲。

璏劍鼻玉也。从玉，彘聲。

瑵車蓋玉瑵。从玉，蚤聲。

瑑圭璧上起兆瑑也。从玉，篆省聲。《周禮》曰：“瑑圭璧。”

珇琮玉之瑑。从玉，且聲。

璂弁飾，往往冒玉也。从玉，綦聲。琪璂，或从基。

璪玉飾如水藻之文。从玉，喿聲。《虞書》曰：“璪火黺米。”

瑬垂玉也。冕飾。从玉，流聲。

璹玉器也。从玉，𠷎聲。讀若淑。

瓃玉器也。从玉，畾聲。徐鉉曰：“案，靁字注象回轉之形。畾不成字，凡从畾者，竝當从靁省。”

瑳玉色鮮白。从玉，差聲。

玼玉色鮮也。从玉，此聲。《詩》曰：“新台有玼。”

璱玉英華相帶如瑟弦。从玉，瑟聲。《詩》曰：“瑟彼玉瓚。”

瑮玉英華羅列秩秩。从玉，㮚聲。《逸論語》曰：“玉粲之瑳兮，其瑮猛也。”

瑩玉色。从玉，熒省聲。一曰石之次玉者。《逸論語》曰：“如玉之瑩。”

璊玉䞓色也。从玉，㒼聲。禾之赤苗謂之虋，言璊玉色如之。玧璊，或从允。

瑕玉小赤也。从玉，叚聲。

琢治玉也。从玉，豖聲。

琱治玉也。一曰石似玉。从玉，周聲。

理治玉也。从玉，里聲。

珍寶也。从玉，㐱聲。

玩弄也。从玉，元聲。貦玩，或从貝。

玲玉聲。从玉，令聲。

瑲玉聲也。从玉，倉聲。《詩》曰："鞗革有瑲。"

玎玉聲也。从玉，丁聲。齊太公子伋謚曰"玎公"。

琤玉聲也。从玉，争聲。

瑣玉聲也。从玉，肖聲。

瑝玉聲也。从玉，皇聲。

瑀石之似玉者。从玉，禹聲。

玤石之次玉者。以爲系璧。从玉，丰聲。讀若《詩》曰："瓜瓞菶菶。"一曰若⿱亼虫蚌。

玪玪⿱勒玉，石之次玉者。从玉，今聲。

⿱勒玉玪⿱勒玉也。从玉，勒聲。

琚瓊琚。从玉，居聲。《詩》曰："報之以瓊琚。"

璓石之次玉者。从玉，莠聲。《詩》曰："充耳璓瑩。"

玖石之次玉，黑色者。从玉，久聲。《詩》曰："貽我佩玖。"讀若芑，或曰"若人句脊"之句。

⿰王𦣞石之似玉者。从玉，𦣞聲。讀若貽。

珢石之似玉者。从玉，艮聲。

玴石之似玉者。从玉，曳聲。

璅石之似玉者。从玉，巢聲。

璡石之似玉者。从玉，進聲。讀若津。

瑨石之似玉者。从玉，晉聲。

璁石之似玉者。从玉，悤聲。讀若蔥。倉紅切。

㻧石之似玉者。从玉，號聲，讀若鎬。

𤩽石之似玉者。从玉，𨋲聲。讀若曷。

瓁石之似玉者。从玉，䁔聲。烏貫切。

𤫊石之似玉者。从玉，燮聲。

玽石之似玉者。从玉，句聲。讀若苟。

琂石之似玉者。从玉，言聲。

璶石之似玉者。从玉，盡聲。

琟石之似玉者。从玉，隹聲。讀若維。以追切。

瑦石之似玉者。从玉，烏聲。

瑂石之似玉者。从玉，眉聲。讀若眉。

璒石之似玉者。从玉，登聲。

𤣶石之似玉者。从玉，厶聲。讀與私同。

玗石之似玉者。从玉，于聲。

𤩀玉屬。从玉，叟聲。讀若沒。

瑎黑石似玉者。从玉，皆聲。讀若諧。

碧石之青美者。从玉，石白聲。

琨石之美者。从玉，昆聲。《虞書》曰：“楊州貢瑶琨。”瑻琨，或从貫。

珉石之美者。从玉，民聲。

瑶玉之美者。从玉，䍃聲。《詩》曰：“報之以瓊瑶。”

珠蚌之陰精。从玉，朱聲。《春秋國語》曰：“珠以禦火災。”是也。

玓玓瓅，明珠色。从玉，玓聲。

瓅玓瓅。从玉，樂聲。

玭珠也。从玉，比聲。宋弘云：“淮水中出玭珠。”玭，珠之有聲。蠙《夏書》玭，从虫、賓。

珕蜃屬。从玉，劦聲。《禮》：“佩刀，士珕琫而珧珌。”徐鉉曰：“劦亦音麗，故以爲聲。”

珧蜃甲也。所以飾物也。从玉，兆聲。《禮》云：“佩刀，天子玉琫而珧珌。”

玟火齊，玫瑰也。一曰石之美者。从玉，文聲。

瑰玫瑰。从玉，鬼聲。一曰圜好。

璣珠不圜也。从玉，幾聲。

琅琅玕，似珠者。从玉，良聲。

琅玕也。从玉，干聲。《禹貢》：“雝州球琳琅玕。” 古文玕。

珊瑚，色赤生於海，或生於山。从玉，删省聲。

珊瑚也。从玉，胡聲。

石之有光璧琕也。出西胡中。从玉，丣聲。

遺玉也。从玉，歔聲。

金之美者，與玉同色。从玉，湯聲。《禮》：“佩刀，諸侯璗琫而璆珌。徒朗切。

靈巫，以王事神。从玉，霝聲。 靈，或从巫。

艸盛上出也。从屮母聲。徐鉉曰：“案《左傳》：‘原田每每。’今别作‘莓’，非是。”

菌芜，地蕈，叢生田中。从屮，六聲。 籀文芜，从三芜。

畜父也。从牛，土聲。

特牛也。从牛，岡聲。

朴特牛父也。从牛，寺聲。

畜母也。从牛，匕聲。《易》曰：“畜牝牛，吉。”

牛子也。从牛，瀆省聲。

二歲牛。从牛，市聲。

三歲牛。从牛，參聲。

犗騬牛也。从牛，害聲。

牻白黑雜毛牛。从牛，尨聲。

㹊牻牛也。从牛，京聲。

犡牛白脊也。从牛，厲聲。各帶切。

㸰黄牛虎文。从牛，余聲。讀若涂。

犖駁牛也。从牛，勞省聲。

⿰牛寽牛白脊也。从牛，寽聲。

⿰牛平牛駁如星。从牛，平聲。

犥牛黄白色。从牛，麃聲。

犉黄牛黑脣也。从牛，𦎧聲。《詩》曰："九十其犉。"

㹇白牛也。从牛，隺聲。

⿰牛畺牛長脊也。从牛，畺聲。

⿰牛攴牛徐行也。从牛，攴聲。讀若滔。

犨牛息聲。从牛，雔聲。一曰牛名。

⿰牛產畜牲也。从牛，產聲。

牲牛完全。从牛，生聲。

牷牛純色。从牛，全聲。

牿牛馬牢也。从牛，告聲。《周書》曰："今惟淫舍牿牛馬。"

犪牛柔謹也。从牛，夒聲。

《易》曰：“犕牛乘馬。”从牛，葡聲。

耕也。从牛，黎聲。

兩壁耕也。从牛，非聲。一曰覆耕穜也。讀若匪。

牛羊無子也。从牛，䍐聲。讀若糗糧之糗。

觸也。从牛，氐聲。

牛踶躗也。从牛，衛聲。

牛厀下骨也。从牛，巠聲。《春秋傳》曰：“宋司馬牼，字牛。”

牛舌病也。从牛，今聲。

南徼外牛。一角在鼻，一角在頂，似豕。从牛，尾聲。

牣滿也。从牛，刃聲。《詩》曰：“於牣魚躍。”

萬物也。牛爲大物，天地之數起於牽牛，故从牛勿聲。文弗切。

宗廟之牲也。从牛，羲聲。賈侍中説，此非古字。

西南夷長髦牛也。从牛，𠩺聲。凡犛之屬皆从犛。

三足鍑也。一曰滫米器也。从鬲，支聲。

三足釜也。有柄喙。讀若嬀。从鬲，規聲。

釜屬。从鬲，嵏聲。

秦名土釜曰䰛。从鬲，午聲。讀若過。

大釜也。一曰鼎大上小下，若甑，曰鬵。从鬲，兓聲。讀若岑。籀文鬵。

鬵屬。从鬲，曾聲。

鍑屬。从鬲，甫聲。鬴，或从父，金聲。

鬲屬。从鬲，虍聲。

炊气上出也。从鬲，蟲省聲。籀文融，不省。

炊气皃。从鬲，嚻聲。

煮也。从鬲，羊聲。

涫也。从鬲，沸聲。

楚烏也。一名鸒，一名卑，居秦謂之雅。从隹，牙聲。徐鉉曰："今俗别作鴉，非是。"

鵅鶨也。从隹，各聲。

今閵。似鴝鵒而黄。从隹，𠔼省聲。良刃切。籀文不省。

周燕也。从隹，中象其冠也。㕯聲。一曰蜀王望帝，婬其相妻，慙亡去，化爲子巂鳥。故蜀人聞子巂鳴，皆起曰是望帝也。子巂又作子規，即杜鵑。

鳥也。从隹，方聲。讀若方。

鳥也。从隹，犬聲。睢陽有猚水。

雗鷽也。从隹，倝聲。

有十四種：盧諸雉、喬雉、鳪雉、鷩雉，秩秩海雉、翟山雉、鷮雉、卓雉，伊洛而南曰翬，江淮而南曰摇，南方曰𢑚，東方曰甾，北方曰稀，西方曰蹲。从隹，矢聲。古文雉，从弟。

知時畜也。从隹，奚聲。籒文雞，从鳥。

雞子也。从隹，芻聲。籒文雛，从鳥。

鳥大雛也。从隹，翏聲。一曰雉之莫子爲雡。

黄倉庚也。鳴則蠶生。从隹，离聲。

鷻也。从隹，周聲。籒文雕，从鳥。

鳥也。从隹，从人，瘖省聲。徐鍇曰：“鷹隨人所指蹤，故从人，舊本有‘或从人，人亦聲’，非也。”籒文𤸰，从鳥。

𨾴也。从隹，氐聲。籒文𨾊，从鳥。

𨾊也。从隹，垂聲。

石鳥。一名雝𪈞。一曰精列。从隹，幵聲。《春秋傳》：“秦有士雃。”

雝𪈞也。从隹，邕聲。

鳥也。从隹，今聲。《春秋傳》有“公子苦雂”。

鳥也。从隹，从人，厂聲。徐鉉曰：“雁，知時鳥，大夫以爲摯，昏禮用之，故从人。”五晏切。

䳌黄也。从隹，黎聲。一曰楚雀也，其色黎黑而黄。

鳥也。从隹，虍聲。荒烏切。

牟母也。从隹，奴聲。翟，或从鳥。

九雇：農桑候鳥，扈民不婬者也。从隹，户聲。春雇，鳻盾；夏雇，竊玄；秋雇，竊藍；冬雇，竊黄；棘雇，竊丹；行雇，唶唶；宵雇，嘖嘖；桑雇，竊脂；老雇，鷃也。雇，或从雩。籀文雇，从鳥。

雗屬。从隹，𦎧声。

䧿属。从隹，酓聲。籀文雗，从鳥。

鳥也。从隹，支聲。一曰雄度。

鳥肥大琟琟也。从隹，工聲。琟，或从鳥。

繳𨿸也。从隹，𢼸聲。一曰飛𨿸也。

繳射飛鳥也。从隹，弋聲。

鳥父也。从隹，厷聲。

鳥母也。从隹，此聲。

飛也。从隹，陸聲。

羊子也。从羊，照省聲。

五月生羔也。从羊，宁聲。讀若煮。

六月生羔也。从羊，敄聲。讀若霧。

小羊也。从羊，大聲。讀若達。羍，或省。

羊未卒歲也。从羊，兆聲。或曰夷羊百斤左右爲䍦。讀若《春秋》"盟于洮"。徐鍇曰："夷羊，怪獸也。《史記》曰：

‘殷之衰，夷羊在牧。’”

牡羊也。从羊，氐聲。

牂羊也。从羊，分聲。

牡羊也。从羊，爿聲。

夏羊牡曰羭。从羊，俞聲。

夏羊牝曰羖。从羊，殳聲。案：此數字，牝、牡字多互易。案《詩》毛傳、《内則》注皆曰："牂，牝羊。"《爾雅·釋嘼》："羊，牡羒，牝牂。夏羊，牡羭，牝羖。"羒牂爲吴羊，白色羊。羭羊爲夏羊，黑色羊。故牝、牡易其名。鄦書羭羖之訓與《雅》合，而羒牂不得歧異，疑有譌誤。

羊羖犗也。从羊，曷聲。

騬羊也。从羊，夷聲。

黄腹羊。从羊，番聲。

羊名。从羊，巠聲。

羊名。从羊，執聲。汝南平輿有摯亭。讀若晋。

瘦也。从羊，羸聲。徐鉉曰："羊主給膳，以瘦爲病，故从羊。"

羊相羵也。从羊，委聲。

䍴羵也。从羊，責聲。

輩也。从羊，君聲。徐鉉曰："羊性好群，故从羊。"

群羊相羵也。一曰黑羊。从羊，垔聲。

羊名。蹏皮可以割桼。从羊，此聲。

進善也。从羊，久聲。文王拘羑里，在湯陰。

亦神靈之精也。赤色，五采，雞形。鳴中五音，頌聲作則至。从鳥，䜌聲。周成王時氐羌獻鸞鳥。

鸑鷟，鳳屬，神鳥也。从鳥，獄聲。《春秋國語》曰：“周之興也，鸑鷟鳴於歧山。”江中有鸑鷟，似鳧而大赤目。

獄鷟也。从鳥，族聲。

鷫鷞也。五方神鳥也。東方發明，南方焦明，西方鷫鷞，北方幽昌，中央鳳皇。从鳥，肅聲。司馬相如說：“从鳥，叜聲。”

鶻鵃也。从鳥，九聲。

鶌鳩也。从鳥，屈聲。

祝鳩也。从鳥，隹聲。鵻，或从隹。一曰鶉字。

鶻鵃也。从鳥，骨聲。

鶻鵃也。从鳥，舟聲。

桔𪇆，尸鳩。从鳥，䈞聲。

鳩屬。从鳥，合聲。

渴䳗也。从鳥，旦聲。

伯勞也。从鳥，臭聲。鵙，或从隹。

天鸙也。从鳥，翏聲。

卑居也。从鳥，與聲。

雗鷽，山鵲，知來事鳥也。从鳥，學省聲。鷽，或从隹。

鳥黑色多子。師曠曰："南方有鳥，名曰鷲，黃頭赤目，五色皆備。从鳥，就聲。《藝文志》小説家有《師曠》六篇，鄦所稱即此。

鴟鴞，寧鴂也。从鳥，号聲。

寧鴂也。从鳥，夬聲。

鳥也。从鳥，崇聲。

澤虞也。从鳥，方聲。

鳥也。从鳥，截聲。

鳥也。从鳥，桼聲。

鋪豉也。从鳥，失聲。

鶤雞也。从鳥，軍聲。讀若運。

鳥也。从鳥，笑聲。

鳥也。从鳥，臼聲。

鷦䳟，桃蟲也。从鳥，焦聲。

鷦䳟也。从鳥，眇聲。

鳥少美長醜爲鶹離。从鳥，畱聲。力求切。

鳥也。从鳥，堇聲。那干切。鷬，或从隹。古文鷚。古文鷚。古文鷚。

欺老也。从鳥，彖聲。

鳥也。从鳥，説省聲。

鳥也。从鳥，主聲。

鳥也。从鳥，昏聲。

刀鷯。剖葦，食其中蟲。从鳥，尞聲。

鳥也。其雌皇。从鳥，匽聲。一曰鳳皇也。

瞑鴲也。从鳥，旨聲。

鳥鸔也。从鳥，各聲。

鳥鸔也。从鳥，暴聲。

鳴九皋，聲聞于天。从鳥，隺聲。

白鷺也。从鳥，路聲。

鴻鵠也。从鳥，告聲。

鴻鵠也。从鳥，江聲。

禿䳸也。从鳥，尗聲。䳸，或从秋。

鴛鴦也。从鳥，夗聲。

鴛鴦也。从鳥，央聲。

鵽鳩也。从鳥，叕聲。

蔞鵝也。从鳥，坴聲。

鴚鵝也。从鳥，可聲。

鴚鵝也。从鳥，我聲。

鵝也。从鳥、人，厂聲。徐鉉曰：“从人，从厂，義無所取，當从雁省聲。”

舒鳧也。从鳥，敄聲。

鳧屬也。从鳥，殹聲。《詩》曰：“鳧鷖在梁。”

䳗鸊，鳧屬。从鳥，契聲。

䳗鸊也。从鳥，辟聲。

水鳥也。从鳥，蒙聲。

知天將雨鳥也。从鳥，矞聲。《禮記》曰：“知天文者，冠鷸。” 鷸，或从遹。

辛鷉也。从鳥，辟聲。

鸊鷉也。从鳥，虒聲。

鸕鷀也。从鳥，盧聲。

鸕鷀也。从鳥，兹聲。

鷀也。从鳥，壹聲。

鴔鵖也。从鳥，乏聲。

鴔鵖也。从鳥，皀聲。

鳥也。肉出尺胾。从鳥，𠦒聲。 鴇，或从包。

鶪鶪也。从鳥，渠聲。

水鴞也。从鳥，區聲。

鳥也。从鳥，犮聲。讀若撥。

鳥也。从鳥，庸聲。

鳥也。从鳥，兒聲《春秋傳》曰：“六鶂退飛。”鶂，或从鬲。司馬相如説“鶂从赤”。

鵜胡，污澤也。从鳥，夷聲。鵜，或从弟。

天狗也。从鳥，立聲。

麋鴰也。从鳥，倉聲。鶬，或从隹。

麋鴰也。从鳥，昏聲。

鵁鶄也。从鳥，交聲。一曰鵁鸕也。

鵁鶄也。从鳥，青聲。

鵁鶄也。从鳥，幵聲。

鸃鴜也。从鳥，箴聲。

鸃鴜也。从鳥，此聲。

雕也。从鳥，敦聲。《詩》曰：“匪鷻匪鳶。”

鷙鳥也。从鳥，屰聲。鄦書“鷻”“鳶”連文，於“鷻”下引《詩》：“匪鷻匪鳶。”今《詩》作“匪鶉匪鳶”，正義“鳶”作“鴟”。徐鉉曰：“屰非聲，一本从屮，疑从雈省，今俗别作鳶，非是。”與專切。

鴟也。从鳥，間聲。

鷙鳥也。从鳥，䍃聲。

白鷢，王鴡也。从鳥，厥聲。

王鴡也。从鳥，且聲。

鸛專，畐蹂。如誰，短尾。射之，銜矢射人。从鳥，雚聲。

鸇風也。从鳥，亶聲。 籒文鸇，从廛。

鸇風也。从鳥，晨聲。

擊殺鳥也。从鳥，執聲。

鸇飛皃。从鳥，穴聲。《詩》曰：“鴥彼晨風。”

鳥也。从鳥，榮省聲。《詩》曰：“有鶯其羽。”

鴝鵒也。从鳥，句聲。

鴝鵒也。从鳥，谷聲。古者鴝鵒不踰泲。 鵒，或从隹，从臾。

赤雉也。从鳥，敝聲。《周禮》曰：“孤服鷩冕。”

鵕鸃鷩也。从鳥，夋聲。

鵕鸃也。从鳥，義聲。秦漢之初，侍中冠鵕鸃冠。

雉屬䳭鳥也。从鳥，適省聲。

似雉出上黨。从鳥，曷聲。

鳥似鶡而青，出羌中。从鳥，介聲。

鸚䳇，能言鳥也。从鳥，嬰聲。

䳇鸚䳇也。从鳥，母聲。

鷮走鳴，長尾雉也。乘輿以爲防釳，箸馬頭上。从鳥，喬聲。

䳡雌雉鳴也。从鳥，唯聲。《詩》曰：“有鷕雉鳴。”

鸓鼠形，飛走且乳之鳥也。从鳥，畾聲。籒文鸓。

韓雉肥鶾音者也。从鳥，倝聲。魯郊以丹雞，祝曰：“以斯鶾音赤羽，去魯侯之咎。”

鴳雇也。从鳥，安聲。

鴆毒鳥也。从鳥，冘聲。一名運日。

鷇鳥子生哺者。从鳥，㱿聲。

騫飛皃。从鳥，寒省聲。

鳻鳥聚皃。一曰飛皃。从鳥，分聲。

刀握也。从刀，缶聲。

㓼刀劍刃也。从刀，咢聲。徐鉉曰：“今俗作鍔，非是。”五各切。籒文㓼。从㓞，从各。蓋各聲也。

削鞞也。一曰析也。从刀，肖聲。

劬鎌也。从刀，句聲。

剴大鎌也。一曰摩也。从刀，豈聲。

剞剞劂，曲刀也。从刀，奇聲。

剞屈刂也。从刀，屈聲。

鋭利也。从刀，炎聲。

齊斷也。从刀，歬聲。

彊斷也。从刀，岡聲。古文剛如此。

斷齊也。从刀，耑聲。

斷也。从刀，會聲。

刌也。从刀，七聲。

切也。从刀，寸聲。

斷也。从刀，薛聲。

劃傷也。从刀，气聲。一曰斷也。又讀若殪。一曰刀不利，於瓦石上刉之。古外切。

利傷也。从刀，歲聲。

鏤也。从刀，亥聲。

判也。从刀，畐聲。《周禮》曰：“副辜祭。”籀文副。

判也。从刀，咅聲。

判也。从刀，辡聲。

分也。从刀，半聲。

判也。从刀，度聲。

判也。从刀，夸聲。

分解也。从刀，[illegible]聲。

剟也。从刀，干聲。

刊也。从刀，叕聲。

破也。从刀，辟聲。

剥也。从刀，害聲。

剥也，劃也。从刀，𠩺聲。

挑取也。从刀，肙聲。一曰窒也。

刮去惡創肉也。从刀，矞聲。《周禮》曰：“劀殺之齊。”

刮也。从刀，刷省聲。《禮》有刷巾。

掊把也。从刀，昏聲。

砭刺也。从刀，𤐫聲。一曰剽劫人也。

刺也。从刀，圭聲。《易》曰：“士刲羊。”

折傷也。从刀，坐聲。

絶也。从刀，喿聲。《周書》曰：“天用剿絶其命。”

絶也。从刀，月聲。舊讀魚厥切，當从日，月之月，乃得聲。古篆當作，寫者多誤从肉。《易》困九五“劓刖”，京房作“劓劊”。《說文》“劊”與“刖”義同。

擊也。从刀，弗聲。

傷也。从刀，桼聲。

斷也。从刀，毚聲。一曰剽也，釗也。

剸也。从刀，元聲。一曰齊也。

缺也。从刀，占聲。《詩》曰：“白圭之刮。”

刑鼻也。从刀，臬聲。《易》曰：“天且劓。”《易·睽》六三爻辭文，馬、虞皆云：“黥額爲天。”是也。劓，或从鼻。刑鼻也，故从鼻會意。

剄也。从刀，幵聲。

刑也。从刀，巠聲。

減也。从刀，尊聲。

契也。从刀，𢍏聲。券别之書，以刀判契其旁，故曰契券。契謂梨刻也，以刀判刻之，因謂之書契，古用刀筆。

解骨也。从刀，易聲。

矢也。从竹，萷聲。

箘簬也。从竹，囷聲。一曰博棊也。

箘簬也。从竹，路聲。《夏書》曰：“惟箘簬楛。”古文簬，从輅。

箭屬。小竹也。从竹，攸聲。

大竹也。从竹，湯聲。《夏書》曰：“瑶琨筱簜。”簜可爲幹，筱可爲矢。

竹也。从竹，微聲。籀文。从微省。

竹胎也。从竹，旬聲。

竹萌也。从竹，怠聲。

竹箬也。从竹，音聲。

楚謂竹皮曰箬。从竹，若聲。

竹約也。从竹，即聲。

折竹笢也。从竹，余聲。讀若絮。

筡也。从竹，𠷎聲。

竹膚也。从竹，民聲。

竹裹也。从竹，本聲。

竹皃。从竹，翁聲。

差也。从竹，參聲。

引書也。从竹，彖聲。

讀書也。从竹，𢺵聲。《春秋傳》曰“卜籀”云。

書也。一曰關西會榜曰篇。从竹，扁聲。

簿書也。从竹，耤聲。

竹田也。从竹，皇聲。

剖竹未去節謂之䈙。从竹，將聲。

籥也。从竹，枼聲。

書僮竹笘也。从竹，龠聲。

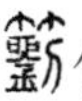竹聲也。从竹，劉聲。

牒也。从竹，間聲。

竹列也。从竹，亢聲。

萳爰也。从竹，部聲。

法也。从竹，竹簡書。氾聲。古法有竹刑。

表識書也。从竹，戔聲。

信也。漢制以竹，長六寸，分而相合。从竹，付聲。

簪也。从竹，幵聲。

取蟣比也。从竹，𦣞聲。

收絲者也。从竹，蒦聲。籆，或从角，从閒。

繀絲筦也。从竹，廷聲。

筟也。从竹，完聲。

筳也。从竹，孚聲。讀若《春秋》“魯公子彄”。

迫也。在瓦之下，棼上。从竹，仁聲。阻厄切。

堂簾也。从竹，廉聲。

牀棧也。从竹，责聲。

牀簀也。从竹，束聲。

竹席也。从竹，延聲。《周禮》曰：“度堂以筵。”筵一丈。

竹席也。从竹，覃聲。

籧篨，粗竹席也。从竹，豦聲。

籧篨也。从竹，除聲。

竹器也。可以取粗去細。从竹，麗聲。

大箕也。从竹，潘聲。一曰蔽也。

漉米籔也。从竹，奧聲。

炊籅也。从竹，數聲。

蔽也。所以蔽甑底。从竹，畀聲。

飯筥也。受五升。从竹，稍聲。秦謂筥曰箱。

陳畱謂飯帚曰𥳓。从竹，捎聲。一曰飯器，容五升。一曰宋魏謂箸筩爲𥳓。

箱也。从竹，吕聲。

飯及衣之器也。从竹，司聲。

笥也。从竹，單聲。《漢律令》：“簞，小筐也。”《傳》曰：“簞食壺漿。”

簁箄，竹器也。从竹，徙聲。

簁箄也。从竹，卑聲。

圜竹器也。从竹，專聲。

飯攲也。从竹，者聲。

竹籠也。从竹，婁聲。

籃也。从竹，良聲。

大篝也。从竹，監聲。古文籃如此。

笿也。可熏衣。从竹，冓聲。宋楚謂竹篝牆以居也。

桮笿也。从竹，各聲。

桮笿也。从竹，夅聲。或曰盛箸籠。

鏡籢也。从竹，斂聲。

竹器也。从竹，贊聲。讀若纂。一曰叢。

笭也。从竹，贏聲。

竹器也。从竹，删聲。

黍稷圜器也。从竹，从皿，甫聲。古文簠，从匚，从夫。

竹豆也。从竹，邊聲。籀文籩。

篅也。从竹，屯聲。

以判竹。圜以盛穀也。从竹，耑聲。

竹高篋也。从竹，鹿聲。簏，或从录。

大竹筩也。从竹，昜聲。

斷竹也。从竹，甬聲。

竹輿也。从竹，便聲。

鳥籠也。从竹，奴聲。

竹挺也。从竹，干聲。

罩魚者也。从竹，靃聲。籗或省。

竹枚也。从竹，固聲。

竹索也。从竹，交聲。

茭也。从竹，作聲。

蔽絮簀也。从竹，沾聲。讀若錢。

扇也。从竹，疌聲。 箑，或从妾。

舉土器也。一曰笭也。从竹，龍聲。

褱也。从竹，褱聲。

宗廟盛肉竹器也。从竹，尞聲。《周禮》："供盆簝以待事。"

飲牛筐也。从竹，豦聲。方曰筐，圜曰篆。

飲馬器也。从竹，兜聲。

積竹矛戟矜也。从竹，盧聲。《春秋國語》曰："朱儒扶盧。"

籥也。从竹，拑聲。

箝也。从竹，爾聲。徐鉉曰："爾非聲，未詳。"

笠蓋也。从竹，登聲。

簦無柄也。从竹，立聲。

大車牝服也。从竹，相聲。

車笭也。从竹，匪聲。

車笭也。从竹，令聲。一曰笭籯也。

搔馬也。从竹，剡聲。

馬箠也。从竹，朿聲。

擊馬也。从竹，巠聲。

箠也。从竹，朵聲。

羊車騶箠也。箸箴其耑，長半分。从竹，内聲。

所以盛弩矢，人所負也。从竹，闌聲。

弩矢箙也。从竹，服聲。《周禮》："仲秋獻矢箙。"

折竹箠也。从竹，占聲。潁川人名小兒所書寫爲笘。

笞也。从竹，旦聲。當割切。

擊也。从竹，台聲。

驗也。一曰鋭也。貫也。从竹，韱聲。

榜也。从竹，殿聲。徐鉉曰："當从臀省聲。"

綴衣箴也。从竹，咸聲。

以竿擊人也。从竹，削聲。虞舜樂曰箾韶。

管三十六簧也。从竹，亏聲。

十三簧。象鳳之身也。笙，正月之音。物生，故謂之笙。大者謂之巢，小者謂之和。从竹，生聲。古者隨作笙。

笙中簧也。从竹，黄聲。古者女媧作簧。

簧屬。从竹，是聲。

参差管樂。象鳳之翼。从竹，肅聲。

通簫也。从竹，同聲。

三孔龠也。大者謂之笙，其中謂之籟，小者謂之箹。从竹，賴聲。

小籟也。从竹，約聲。

如篪，六孔。十二月之音。物開地牙，故謂之管。从竹，官聲。古者玉琯以玉。舜之時，西王母來獻其白琯。前零陵文學姓奚，於伶道舜祠下得笙玉琯。夫以玉作音，故神人以和，鳳皇來儀也。从玉，官聲。

小管謂之篎。从竹，眇聲。

七孔筩也。从竹，由聲。羌笛三孔。徐鍇曰："當从胄省，乃得聲。"

鼓弦竹身樂也。从竹，争聲。

吹鞭也。从竹，孤聲。

吹筩也。从竹，秋聲。

壺矢也。从竹，壽聲。

局戲也。六箸十二棊也。从竹，博聲。古者烏胄作簙。

藩落也。从竹，畢聲。《春秋傳》曰："篳門圭窬。"

蔽不見也。从竹，愛聲。

惟射所蔽者也。从竹，嚴聲。

禁苑也。从竹，御聲。《春秋傳》曰："澤之目篽。"篽，或从又，魚聲。

揚米去糠也。从箕，皮聲。

相付與之，約在閣上也。从丌，由聲。

具也。从丌，𢀡聲。徐鉉曰："庶物皆具，丌以薦之。"古文巽。篆文巽。

蠡也。从豆，蒸省聲。

豆屬。从豆，𢀜聲。

豆飴也。从豆，夗聲。

虎聲也。从虎，㲉聲。讀若隔。

古陶器也。从豆，虍聲。凡䖒之屬皆从䖒。

白虎也。从虎，昔省聲。讀若鼏。

䖑屬。从虎，去聲。

黑虎也。从虎，儵聲。

虎竊毛謂之虦苗。从虎，戔聲。竊，淺也。

虎皃。从虎，乂聲。

虎皃。从虎，气聲。

虎鳴也。一曰師子。从虎，九聲。

虎聲也。从虎，斤聲。

《易》："履虎尾虩虩。"恐懼。一曰蠅虎也。从虎，㡿聲。

虎所攫畫明文也。从虎，寽聲。

委虒虎之有角者也。从虎，厂聲。

黑虎也。从虎，騰聲。

飯器也。从皿，亏聲。

小盂也。从皿，夗聲。

黍稷在器中㠯祀者也。从皿，成聲。

黍稷在器㠯祀者。从皿，齊聲。

小甌也。从皿，有聲。讀若灰。一曰若賄。盍，或从右。

飯器也。从皿，𧆛聲。籒文盧。

器也。从皿、从缶，古聲。

器也。从皿，弔聲。

盆也。从皿，央聲。盎，或从瓦。

盎也。从皿，分聲。

器也。从皿，宁聲。

櫝盨，負戴器也。从皿，須聲。

器也。从皿，漻聲。

械器也。从皿，必聲。

調味也。从皿，禾聲。

器中空也。从皿，肙聲。

器虛也。从皿，中聲。《老子》曰："道盅而用之。"

覆蓋也。从皿，酓聲。徐鉉曰："今俗别作罯，非是。"段玉裁説："與奄音義略同。"案：今庵、菴字皆通用。

滌器也。从皿，湯聲。

善丹也。从丹，蒦聲。《周書》曰："惟其敷丹臒。"讀若隺。

深池也。从井，瑩省聲。

未燒瓦器也。从缶，㱿聲。讀若筩，莩同。

瓦器也。从缶，包省聲。古者昆吾作匋。案：《史篇》讀與缶同。

缶也。从缶，䀠聲。

小口罌也。从缶，垂聲。

小缶也。从缶，音聲。

䍌也。从缶，并聲。缾，或从瓦。

汲缾也。从缶，雝聲。

下平缶也。从缶，乏聲。讀若斝。

備火長頸缾也。从缶，熒省聲。

瓨也。从缶，工聲。

瓦器也。从缶，或聲。

瓦器也。从缶，薦聲。

瓦器也。从缶，肉聲。徐鉉曰：“當从畓省，乃得聲。”

瓦器也。从缶，霝聲。

缺也。从缶，占聲。

器破也。从缶，決省聲。

裂也。从缶，虖聲。缶燒善裂也。

器中空也。从缶，殸聲。殸，古文磬字。《詩》曰：“缾之罄矣。”

器中盡也。从缶，毄聲。

受錢器也。从缶，后聲。古㠯瓦，今㠯竹。

揉箭箝也。从矢，喬聲。

惟躲矢也。从矢，曾聲。

傷也。从矢，昜聲。

有所長短，以矢爲正。从矢，豆聲。

况也，詞也。从矢，引省聲。从矢，取詞之所之如矢也。

語已詞也。从矢，目聲。

《詩》曰：“不𠈁不來。”从來，矣聲。牀史切。𠈁，或从彳。

果出江南。从木，喬聲。

橙橘屬。从木，登聲。

柚條也。佀橙而酢。从木，由聲。《夏書》曰：“厥包橘柚。”

樝果似棃而酢。从木，虘聲。

棃果名。从木，𥝢聲。𥝢，古文利。

梬棗也，似柹。从木，甹聲。

柹赤實果。从木，𠂔聲。

枏梅也。从木，冄聲。

梅枏也。可食。从木，每聲。楳或从某。

杏果也。从木，可省聲。

柰果也。从木，示聲。

李果也。从木，子聲。杍古文。

桃果也。从木，兆聲。

楙冬桃。从木，敄聲。讀若髦。

亲果，實如小栗。从木，辛聲。《春秋傳》曰：“女摯不過亲栗。”

楷木也。孔子冢蓋樹之者。从木，皆聲。

梫桂也。从木，侵省聲。

桂江南木，百藥之長。从木，圭聲。

棠牡曰棠，牝曰杜。从木，尚聲。

杜甘棠也。从木，土聲。

槢木也。从木，習聲。

樿木也。可以爲櫛。从木，單聲。

椲木也。可屈爲杅者。从木，韋聲。

楢柔木也。工官以爲耎輪。从木，酋聲。讀若糗。

桏椶椐木也。从木，邛聲。

棆母杶也。从木，侖聲。讀若《易》卦屯。陟倫切。

楈木也。从木，胥聲。讀若芟刈之芟。

柍梅也。从木，央聲。一曰江南童材，其實謂之柍。

楑木也。从木，癸聲。又度也。

[illegible]木也。从木，咎聲。讀若皓。

椆木也。从木，周聲。讀若丩。

樕樸樕木。从木，欶聲。

[illegible]木也。从木，彝聲。

梣青皮木。从木，岑聲。[illegible]或从㝱省。㝱，籒文寑。

棳木也。从木，叕聲。益州有棳縣。

椃木也。从木，號省聲。

棪遬其也。从木，炎聲。讀若三年導服之導。

[illegible]木也。从木，遄聲。

椋即來也。从木，京聲。

檍杶也。从木，意聲。

樻木也。从木，費聲。

⿰木虖木也。从木，虖聲。

楀木也。从木，禹聲。

櫐木也。从木，畾聲。力軌切。 櫑籀文。

桋赤楝也。从木，夷聲。《詩》曰：“隰有杞桋。”

栟栟櫚也。从木，幷聲。

椶栟櫚也。可作萆。从木，㚇聲。

檟楸也。从木，賈聲。《春秋傳》曰：“樹六檟於蒲圃。”

椅梓也。从木，奇聲。

梓楸也。从木，宰省聲。 榟或不省。

楸梓也。从木，秋聲。

⿰木啻梓屬。大者可爲棺槨，小者可爲弓材。从木，啻聲。

柀檆也。从木，皮聲。一曰折也。

檆木也。从木，粘聲。徐鉉曰：“今俗作杉，非是。”

榛木也。从木，秦聲。一曰菆也。

⿰木尻山樗也。从木，尻聲。

杶木也。从木，屯聲。《夏書》曰：“杶榦栝柏。” 櫄或从熏。杻古文杶。

橁杶也。从木，筍聲。

桵白桵，棫。从木，妥聲。徐鉉曰：“當从綏省，乃得聲。”

棫白桵也。从木，或聲。

㮩木也。从木，息聲。

椐樻也。从木，居聲。

樻椐也。从木，貴聲。

栩柔也。从木，羽聲。其實皁，一曰樣。

柔栩也。从木，予聲。讀若杼。

樣栩實也。从木，羕聲。

杙劉劉杙。从木，弋聲。

枇枇杷木也。从木，比聲。

桔桔梗，藥名。从木，吉聲。一曰直木。

柞木也。从木，乍聲。

朽木出橐山。从木，丂聲。

榗木也。从木，晉聲。《書》曰：“竹箭如榗。”

椓羅也。从木，豖聲。《詩》曰：“隰有樹椓。”

椵木可作牀几。从木，叚聲。讀若賈。

橞木也。从木，惠聲。

木也。从木，苦聲。《詩》曰：“榛楛濟濟。”

木也。可以爲大車軸。从木，齊聲。

木也。从木，乃聲。讀若仍。

木也。从木，頻聲。

酸棗也。从木，貳聲。

棗也。从木，僕聲。

酸小棗。从木，然聲。一曰染也。

木也。實如梨。从木，尼聲。

木也。从木，肖聲。

木也。从木，隸聲。

木也。从木，孚聲。

木也。从木，夋聲。徐鉉曰：“今人别音穌禾切，以爲機杼之屬。”

木也。从木，畢聲。

木也。从木，刺聲。

木也。可爲醬，出蜀。从木，句聲。

木出發鳩山。从木，庶聲。

木可作車。从木，方聲。

枋也。从木，畺聲。一曰鉏柄名。

木也。以其皮裹松脂。从木，雩聲。讀若華。即今樺燭，卷其皮，裹松脂爲之。或以其皮爲冠，謂之華冠。檴或从蒦。

檗黄木也。从木，辟聲。

梤香木也。从木，芬聲。

榝似茱萸，出淮南。从木，殺聲。

槭木，可作大車輮。从木，戚聲。

楊木也。从木，昜聲。

檉河柳也。从木，聖聲。

桺少楊也。从木，丣聲。丣，古文酉。

⿰木粤大木可爲鉏柄。从木，粤聲。

欒木似欄。从木，䜌聲。《禮》：“天子樹松，諸侯柏，大夫欒，士楊。”

栘棠棣也。从木，多聲。

棣白棣也。从木，隶聲。

枳木似橘。从木，只聲。《考工記》：“橘踰淮而北爲枳。”

楓木也。厚葉弱枝善摇。一名櫜。从木，風聲。

權黄華木。从木，雚聲。一曰反常。

柜木也。从木，巨聲。

槐木也。从木，鬼聲。

榖楮也。从木，𣪊聲。

楮穀也。从木，者聲。柠楮，或从宁。

檵枸杞也。从木，繼省聲。一曰監本也。監當作堅，謂木堅中材用也。堅、檵雙聲。

杞枸杞也。从木，己聲。

枒木也。从木，牙聲。一曰車輞會也。

檀木也。从木，亶聲。

櫟木也。从木，樂聲。

梂櫟實。一曰鑿首。从木，求聲。

楝木也。从木，柬聲。

檿山桑也。从木，厭聲。《詩》曰：“其檿其柘。”

柘桑也。从木，石聲。

⿰木厀木可爲杖。从木，厀聲。

檈檈味，稔棗也。从木，還聲。

梧梧桐木。从木，吾聲。一名櫬。

榮桐木也。从木，熒省聲。一曰屋梠之兩頭起者爲榮。

桐榮也。从木，同聲。

橎木也。从木，番聲。讀若樊。

楡楡白枌。从木，俞聲。

枌楡也。从木，分聲。

山枌榆，有朿，莢可爲蕪荑者。从木，更聲。

散木也。从木，焦聲。

木也。从木，公聲。松，或从容。

松心木。从木，㒼聲。

柏葉松身。从木，會聲。

松葉柏身。从木，從聲。

鞠也。从木，白聲。

木也。从木，几聲。

木也。从木，占聲。

木也。从木，弄聲。益州有梇棟縣。

鼠梓木。从木，臾聲。《詩》曰：“北山有楰。”

黄木可染者。从木，危聲。

桎杒也。从木，刃聲。

榙𣝕木也。从木，眔聲。

榙𣝕果似李。从木，荅聲。讀若嚃。

崐崘河隅之長木也。从木，繇聲。

生植之總名。从木，尌聲。籀文。

木根也。从木，氐聲。

木株也。从木，艮聲。

木楊也。从木，朱聲。

細理木也。从木，畟聲。

木實也。从木，絫聲。

枝也。从木，叉聲。

木別生條也。从木，支聲。

木皮也。从木，卜聲。

小枝也。从木，攸聲。

木葉搖白也。从木，聶聲。

弱皃。从木，任聲。

木少盛皃。从木，夭聲。《詩》曰："桃之枖枖。"

木頂也。从木，真聲。一曰仆木也。

一枚也。从木，廷聲。

眾盛也。从木，驫聲。《逸周書》曰："疑沮事闕。"

木杪末也。从木，㮝聲。

木㮝末也。从木，少聲。

高木也。从木，良聲。

大木皃。从木，間聲。

木根也。从木，号聲。《春秋傳》曰："歲在玄枵。"玄枵，虛也。

樹搖皃。从木，召聲。

樹動也。从木，䍃聲。

下句曰樛。从木，翏聲。

高木也。从木，丩聲。

衺曲也。从木，𡉚聲。

曲木。从木，堯聲。

扶疏四布也。从木，夫聲。

木檹施。从木，旖聲。賈侍中說：“檹即椅木，可作琴。”

相高也。从木，小聲。

高皃。从木，舀聲。

木長皃。从木，參聲。《詩》曰：“槮差荇菜。”

木長也。从木，延聲。《詩》曰：“松桷有梴。”

長木皃。从木，肅聲。

樹皃。从木，大聲。《詩》曰：“有杕之杜。”

木葉陊也。从木，𦥑聲。讀若薄。

木長皃。从木，各聲。

柱上柎也。从木，盧聲。伊尹曰：“果之美者，箕山之東，青鳧之所，有甘櫨焉，夏孰也。”一曰宅櫨木，出弘農山也。

屋櫨也。从木，幵聲。

栭也。从木，𠛱聲。《詩》曰：“其灌其栵。”

屋枅上標也。从木，而聲。《爾雅》曰：“栭謂之格。”

梦也。从木，㥯聲。

椽也。从木，尞聲。

榱也。椽方曰桷。从木，角聲。《春秋傳》曰：“刻桓宫之桷。”

榱也。从木，彖聲。

秦名爲屋椽，周謂之榱，齊魯之間謂之桷。从木，衰聲。

秦名屋櫋聯也。齊謂之檐，楚謂之梠。从木，眉聲。

楣也。从木，吕聲。

梠也。从木，㒷聲。讀若枇杷之枇。

屋櫋聯也。从木，邊省聲。

梍也。从木，詹聲。徐鉉曰：“今俗作簷，非是。”

屋梠前也。从木，覃聲。一曰蠶槌。

户樀也。从木，啻聲。《爾雅》曰：“檐謂之樀。”讀若滴。

户植也。从木，直聲。或从置。

户樞也。从木，區聲。

户也。从木，兼聲。

重屋也。从木，婁聲。

櫳房室之疏也。从木，龍聲。

楯闌檻也。从木，盾聲。

櫺楯間子也。从木，霝聲。

杗棟也。从木，亡聲。《爾雅》曰：“宗廇謂之梁。”

梀短椽也。从木，束聲。

杇所㠯涂也。秦謂之杇，關東謂之槾。从木，亏聲。

槾杇也。从木，曼聲。

椳門樞謂之椳。从木，畏聲。

⿰木冒門樞之橫梁。从木，冒聲。

梱門橛也。从木，困聲。

榍限也。从木，屑聲。

柤木閑。从木，且聲。

槍歫也。从木，倉聲。一曰槍欀也。

楗限門也。从木，建聲。

櫼楔也。从木，韱聲。

楔櫼也。从木，契聲。

柂落也。从木，也聲。讀若他。

欜夜行所擊者。从木，㯻聲。《易》曰：“重門擊欜。”

桓亭郵表也。从木，亘聲。

木帳也。从木，屋聲。

帳極也。从木，童聲。

牀前横木也。从木，工聲。

牀前几。从木，呈聲。

桱桯也。東方謂之蕩。从木，巠聲。

安身之坐者。从木，爿聲。徐鍇曰：“《左傳》：薳子馮詐病，掘地下冰而牀焉。至於恭坐則席也。故从木，爿則疒之省，象人衺身有所倚箸。至於牆、壯、戕、狀之屬，竝當从牀省聲。李陽冰言：“木右爲片，左爲爿，音牆。且《説文》無爿字，其書亦異，故知其妄。”謙案：鄦書逸字甚多，李説當有所本。

臥所薦首者。从木，冘聲。

槭窬褻器也。从木，威聲。

匱也。从木，賣聲。一曰木名。又曰大梡也。段玉裁説，“大梡”當爲“木梡”字之譌。

梳比之總名也。从木，節聲。

理髮也。从木，疏省聲。

劒柙也。从木，合聲。

薅器也。从木，辱聲。或从金。

茉臿也。从木、入，象形，䀠聲。

臿也。从木，目聲。一曰徙土輂，齊人語也。徐鉉曰：“今俗作耜。”梩或从里。亦里聲也。

枱末耑也。从木，台聲。鈶或从金。辝籀文。从辝。

楎六叉犂。一曰犂上曲木，犂轅。从木，軍聲。讀若渾天之渾。

櫌摩田器。从木，憂聲。《論語》曰：“櫌而不輟。”

欘斫也。齊謂之鎡錤。一曰斤柄，性自曲者。从木，屬聲。

櫡斫謂之櫡。从木，箸聲。

杷收麥器。从木，巴聲。

椴穜樓也。一曰燒麥柃椴也。从木，役聲。

柃木也。从木，令聲。

柫擊禾連枷也。从木，弗聲。

枷柫也。从木，加聲。淮南謂之柍。

杵舂杵也。从木，午聲。

槩杚斗斛。从木，既聲。

杚平也。从木，气聲。

⿰木省木參交以支炊籅者也。从木，省聲。讀若驪駕。徐鉉曰：“驪駕，未詳。”

柶《禮》有柶，柶，匕也。从木，四聲。

桮䀀也。从木，否聲。匼籀文桮。

槃承槃也。从木，般聲。鎜古文，从金。盤籀文，从皿。

槃也。从木，虒聲。

几屬。从木，安聲。

圜案也。从木，瞏聲。

篋也。从木，咸聲。

龜目酒尊，刻木作雲雷象，象施不窮也。从木，畾聲。櫑，或从缶。或以木，或以缶。櫑，或从皿。籒文櫑。

圜榼也。从木，卑聲。

酒器也。从木，盍聲。

車笭中橢。橢，器也。从木，隋聲。

關東謂之槌，關西謂之持。从木，追聲。

槌也。从木，特省聲。

槌之横者。關西謂之㡾。从木，关聲。徐鉉曰："當从朕省。"

瑚槤也。从木，連聲。徐鉉曰："今俗作璉，非是。"

所以几器。从木，廣聲。一曰帷，屏風之屬。徐鉉曰："今别作幌，非是。"

舉食者。从木，具聲。

繘耑木也。从木，毄聲。

絡絲檷。从木，爾聲。讀若柅。

主發謂之機。从木，幾聲。

機持經者。从木，朕聲。

機之持緯者。从木，予聲。

機持繒者。从木，夏聲。

履法也。从木，爰聲。讀若指撝。

蠻夷以木皮爲篋，狀如籢尊。从木，亥聲。

棧也。从木，朋聲。

棚也。竹木之車曰棧。从木，戔聲。

以柴木壅也。从木，存聲。

筐當也。从木，國聲。

木階也。从木，弟聲。

杖也。从木，長聲。一曰法也。

牛鼻中環也。从木，𢍏聲。

箠也。从木，耑聲。一曰椯度也。一曰剟也。

弋也。从木，厥聲。一曰門梱也。

弋也。从木，戠聲。

持也。从木，丈聲。徐鉉曰：“今别作仗，非是。”

棓也。从木，犮聲。

棁也。从木，咅聲。

擊也。齊謂之終葵。从木，隹聲。

柯斧柄也。从木，可聲。

棁木杖也。从木，兑聲。

柄柯也。从木，丙聲。棅或从秉。

柲欑也。从木，必聲。

欑積竹杖也。从木，贊聲。一曰穿也。一曰叢木。

杘篗柄也。从木，尸聲。柅杘，或从木，尼聲。徐鉉曰："柅，女氏切。木若棃。此重出。《易》曰："繫于金柅。"釋文曰："柅，《説文》作檷。"

榜所以輔弓弩。从木，旁聲。徐鉉曰："案：李舟《切韵》音北孟切，進船也。又音北朗切，木片也，今俗作牓，非。"

檠榜也。从木，敬聲。

檃栝也。从木，隱省聲。

桰檃也。从木，昏聲。一曰矢栝築弦處。

棊博棊。从木，其聲。

椄續木也。从木，妾聲。

栙栙雙也。从木，夅聲。讀若鴻。

栝炊竈木。从木，舌聲。徐鉉曰："當从甜省，乃得聲。"

槽畜獸之食器。从木，曹聲。

桶木方，受六升。从木，甬聲。

櫓大盾也。从木，魯聲。樐或从鹵。

闌足也。从木，付聲。

擊鼓杖也。从木，包聲。

柷樂也。从木，空聲。

樂木空也。所以止音爲節。从木，祝省聲。

牘樸也。从木，斬聲。

牒也。从木，乙聲。

書署也。从木，僉聲。

二尺書。从木，敫聲。

傳信也。从木，啟省聲。

車歷録束文也。从木，敄聲。《詩》曰：“五楘梁輈。”

行馬也。从木，互聲。《周禮》曰：“設梐枑再重。”

梐枑也。从木，陛省聲。

驢上負也。从木，及聲。或讀若急。

极也。从木，去聲。

大車梔。从木，鬲聲。

車轂中空也。从木，喿聲。讀若藪。

盛膏器。从木，咼聲。讀若過。

馬柱。从木，印聲。一曰堅也。

棝斗可射鼠。从木，固聲。

山行所乘者。从木，纍聲。《虞書》曰："予乘四載。"水行乘舟，陸行乘車，山行乘欙，澤行乘{車川}。此四句蓋《尚書》舊注。

水上横木，所以渡者也。从木，隺聲。

水梁也。从木，喬聲。

水橋也。从木、从水，刅聲。古文。

船總名。从木，叜聲。徐鉉曰："今俗别作艘，非是。"

海中大船。从木，發聲。徐鉉曰："今俗别作筏，非是。"

舟櫂也。从木，咠聲。

江中大船名。从木，蠡聲。

木囚也。从木，交聲。

澤中守艸樓。从木，巢聲。

削木札樸也。从木，宋聲。陳楚謂櫝爲柿。

闌木也。从木，黄聲。

檢柙也。从木，夾聲。

充也。从木，光聲。

以木有所擣也。从木，雋聲。《春秋傳》曰："越敗吴于檇李。"

擊也。从木，豖聲。

橦也。从木，丁聲。

棱也。从木，瓜聲。又柧棱，殿堂上最高之處也。

柧也。从木，夌聲。

伐木余也。从木，獻聲。《商書》曰："若顛木之有甹欁。"欁，或从木，辥聲。古文欁。从木，無頭。重見省文指事。亦古文欁。

折木也。从木，立聲。

衺斫也。从木，差聲。《春秋傳》曰："山木不槎。"

斷也。从木，出聲。讀若《爾雅》"貀無前足"之貀。

斷木也。从木，咼聲。《春秋傳》曰："楇柮。"

木薪也。从木，取聲。

㮓木薪也。从木，完聲。

梡木未析也。从木，圂聲。

楄部方木也。从木，扁聲。《春秋傳》曰："楄部薦榦。"

以木有所逼束也。从木，畐聲。《詩》曰："夏而楅衡。"

楄也。枼，薄也。从木，卋聲。徐鉉曰："當从𠀍乃得聲。"𠀍，穌合切，穌涉切。

積火燎之也。从木、从火，酉聲。《詩》曰："薪之槱之。"《周禮》："以槱燎祠司中司命。"余救切。柴祭天神，或从示。

竟也。从木，亟聲。古文極。

械桎梏也。从木，戒聲。一曰器之總名。一曰持也。一曰有盛爲械，無盛爲器。

桎足械也。从木，至聲。

梏手械也。从木，告聲。

櫪櫪撕，柙指也。从木，歷聲。

撕櫪撕也。从木，斯聲。

檻櫳也。从木，監聲。一曰圈。

櫳檻也。从木，龍聲。

柙檻也，以藏虎兕。从木，甲聲。古文柙。

棺關也，所以掩尸。从木，官聲。

櫬棺也。从木，親聲。《春秋傳》曰：“士輿櫬。”

槥棺櫝也。从木，彗聲。

椁葬有木𩫏也。从木，𩫏聲。

楬楬櫫也。从木，曷聲。《春秋傳》曰：“楬而書之。”

棐輔也。从木，非聲。

㯻艸木𠦒孛之皃。从木，畀聲。

南艸木至南方有枝任也。从𣎳，羊聲。古文。

髹桼也。从桼，髟聲。

䵋桼垸也，復桼之。从桼，包聲。

員物數也。从貝，口聲。凡員之屬皆从員。鼎籀文。从鼎。

賄財也。从貝，有聲。

財人所寶也。从貝，才聲。

貨財也。从貝，化聲。

䝨資也。从貝，爲聲。或曰此古“貨”字，讀若貴。

資貨也。从貝，次聲。

贎貨也。从貝，萬聲。

賑富也。从貝，辰聲。

賢多才也。从貝，臤聲。

賁飾也。从貝，芔聲。

賀以禮相奉慶也。从貝，加聲。

貢獻功也。从貝，工聲。

贊會禮也。从貝，兟聲。

齎持遺也。从貝，齊聲。

貸施也。从貝，代聲。

貣从人，求物也。从貝，弋聲。

賂遺也。从貝，各聲。徐鉉曰：“當从路省，乃得聲。”

賸物相增加也。从貝，朕聲。一曰送也，副也。

贈玩好相送也。从貝，曾聲。

貱遂予也。从貝，皮聲。

贛賜也。从貝，竷省聲。徐鉉曰：“竷非聲，未詳。”𧹞籀文竷。

賚賜也。从貝，來聲。《周書》曰：“賚尔秬鬯。”

賞賜有功也。从貝，尚聲。

賜予也。从貝，易聲。

貤重次弟物也。从貝，也聲。

贏有余賈利也。从貝，𣎆聲。徐鉉曰：“當从𣎆省，乃得聲。”以成切。

賴贏也。从貝，剌聲。

貯積也。从貝，宁聲。

貳副益也。从貝，弍聲。弍，古文二。

賓所敬也。从貝，㝌聲。𧶠古文。

賒貰買也。从貝，余聲。

貰貸也。从貝，世聲。

貿易財也。从貝，丣聲。

贖貿也。从貝，賣聲。

費散財用也。从貝，弗聲。

責求也。从貝，朿聲。

賈賈市也。从貝，襾聲。一曰坐賣售也。

𧷸行賈也。从貝，商省聲。

販買賤賣貴者。从貝，反聲。

賤賈少也。从貝，戔聲。

賦斂也。从貝，武聲。

貪欲物也。从貝，今聲。

賃庸也。从貝，任聲。

賕以財物枉法相謝也。从貝，求聲。一曰戴質也。

購以財有所求也。从貝，冓聲。

䝬齎財卜問爲䝬。从貝，疋聲。讀若所。

貲小罰以財自贖也。从貝，此聲。漢律民不繇，貲錢二十二。漢時錢幣貴於後代，以今計之，一錢可當百錢。

賨南蠻賦也。从貝，宗聲。

𧶠衒也。从貝，𡍬聲。𡍬，古文睦。讀若育。

貴物不賤也。从貝，臾聲。臾，古文蕢。

旻秋天也。从日，文聲。《虞書》曰：“仁閔覆下，則稱旻天。”

時四時也。从日，寺聲。旹古文時，从之日。

昒尚冥也。从日，勿聲。

昧爽旦明也。从日，未聲。一曰闇也。

暏旦明也。从日，者聲。

晢昭晣明也。从日，折聲。《禮》曰：“晣明行事。”

昭日明也。从日，召聲。

晤明也。从日，吾聲。《詩》曰：“晤辟有摽。”

旳明也。从日，勺聲。《易》曰：“爲旳顙。”

晄明也。从日，光聲。

曠明也。从日，廣聲。

旭日旦出皃。从日，九聲，讀若勖。一曰明也。徐鉉曰：“九非聲，未詳。”許玉切。

暘日出也。从日，昜聲。《商書》曰：“暘谷。”

晹日覆雲暫見也。从日，易聲。

晵雨而晝姓也。从日，啟省聲。

昫日出溫也。从日，句聲。北地有昫衍縣。

晏天清也。从日，安聲。

曣星無雲也。从日，燕聲。

景光也。从日，京聲。

晧日出皃。从日，告聲。

暤晧旰也。从日，皋聲。

暉光也。从日，軍聲。

旰晚也。从日，干聲。《春秋傳》曰：“日旰君勞。”

日行暆暆也。从日，施聲。樂浪有東暆縣。讀若酏。

日景也。从日，咎聲。

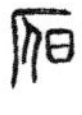日在西方時，側也。从日，仄聲。《易》曰："日厢之離。"徐鉉曰："今俗别作昗，非是。"

莫也。从日，免聲。

日旦昏時。从日，䜌聲。讀若新城䜌中。

不明也。从日，奄聲。

日無光也。从日，音聲。

月盡也。从日，每聲。

埃䁞日無光也。从日，能聲。

陰而風也。从日，壹聲。《詩》曰："終風且曀。"

不雨也。从日，干聲。

白虎宿星。从日，丣聲。

不久也。从日，鄉聲。《春秋傳》曰："曏役之三月。"

曏也。从日，襄聲。

壘日也。从日，乍聲。

閑也。从日，叚聲。

不久也。从日，斬聲。

喜樂皃。从日，弁聲。

暀光美也。从日，往聲。

昄大也。从日，反聲。

昱明日也。从日，立聲。

㬉温溼也。从日，赧省聲。讀與赧同。

暍傷暑也。从日，曷聲。

暑熱也。从日，者聲。

㬮安㬮，温也。从日，難聲。

曬暴也。从日，麗聲。

暵乾也。耕暴田曰暵。从日，堇聲。《易》曰：“燥萬物者，莫暵乎離。”徐鉉曰：“當从漢省，乃得聲。”呼旰切。

晞乾也。从日，希聲。

暱日近也。从日，匿聲。《春秋傳》曰：“私降暱燕。”昵暱，或从尼。

暬日狎習相慢也。从日，執聲。

𣅀不見也。从日，否省聲。

晐兼晐也。从日，亥聲。

曉明也。从日，堯聲。

昕旦明，日將出也。从日，斤聲。讀若希。

朔月一日始蘇也。从月，屰聲。

霸月始生，霸然也。承大月二日，承小月三日。从月，䨣聲。《周書》曰："哉生霸。"普伯切。徐鉉曰："今俗作必駕切，以爲霸王字。"古文霸。

明也。从月，良聲。

晦而月見西方謂之朓。从月，兆聲。

朔而月見東方謂之縮朒。从月，内聲。女六切。

會也。从月，其聲。古文期，从日、丌。

鼎之圜掩上者。从鼎才聲。《詩》曰："鼐鼎及鼒。"俗鼒从金，从兹。

鼎之絶大者。从鼎乃聲。《魯詩》説："鼐，小鼎。"

以木横貫鼎耳而舉之。从鼎冂聲。《周禮》："廟門容大鼏七箇。"即《易》"玉鉉大吉"也。

禾之秀實爲稼，莖節爲禾。从禾，家聲。一曰稼，家事也。一曰在野曰稼。

穀可收曰穡。从禾，嗇聲。

埶也。从禾，童聲。

先穜後孰也。从禾，重聲。

早穜也。从禾，直聲。《詩》曰："稙稚尗麥。"

疾孰也。从禾，坴聲。《詩》曰："黍稷穜稑。"稑，或从翏。

幼禾也。从禾，屖聲。

穜概也。从禾，真聲。《周禮》曰：“稹理而堅之。”

多也。从禾，周聲。

稠也。从禾，既聲。

疏也。从禾，希聲。徐鍇曰：“當言从爻从巾，無‘聲’字。爻者，稀疏之義，與爽同意。巾象禾之根莖。至於莃、晞，皆當从稀省。何以知之？《説文》無‘希’字故也。”案，巾象根莖，則不成字。又禾之省也，疑爻部有“希”。

禾也。从禾，蔑聲。

禾也。从禾，㐱聲。

禾也。从禾，厶聲。北道名禾主人曰私主人。

稻紫莖不黏也。从禾，𦢊聲。讀若靡。

齋也。五穀之長。从禾，畟聲。古文稷省。

稷也。从禾，齊聲。齋，或从次。

穈也。从禾，祭聲。

稌也。从禾，舀聲。

稻也。从禾，余聲。《周禮》曰：“牛宜稌。”

沛國謂稻曰稬。从禾，耎聲。奴亂切。

稻不黏者。从禾，兼聲。讀若風廉之廉。

稻屬。从禾，亢聲。秔，或从更聲。

稻屬。从禾，毛聲。伊尹曰：“飯之美者，玄山之禾，南海之秏。”

芒粟也。从禾，廣聲。

稻今年落，來年自生，謂之秜。从禾，尼聲。

禾别也。从禾，卑聲。琅邪有稗縣。

禾相倚移也。从禾，多聲。一曰禾名。徐鉉曰：“多與移聲不相近，蓋古有此音。”

禾末也。从禾，頃聲。《詩》曰：“禾穎穟穟。”

齊謂麥秾也。从禾，來聲。

禾危穗也。从禾，勺聲。

禾采之皃。从禾，遂聲。《詩》曰：“禾穎穟穟。”穟，或从艸。

禾埀皃。从禾，耑聲，讀若端。

禾舉出苗也。从禾，曷聲。

禾芒也。从禾，少聲。

禾穖也。从禾，幾聲。

一稃二米。从禾，丕聲。《詩》曰：“誕降嘉穀，惟秬惟秠。”天賜后稷之嘉穀也。

禾摇皃。从禾，乍聲。讀若昨。

耕禾間也。从禾，麃聲。《春秋傳》曰：“是穮是衮。”

轢禾也。从禾，安聲。

壅禾本。从禾，子聲。

穫刈也。一曰撮也。从禾，齊聲。

刈穀也。从禾，蒦聲。

積禾也。从禾，資聲。《詩》曰：“穦之秩秩。”

聚也。从禾，責聲。

積也。从禾，失聲。《詩》曰：“穦之秩秩。”

豢束也。从禾，囷聲。

穀之善者。从禾，果聲。一曰無皮穀。

舂粟不漬也。从禾，昏聲。

稻也。从禾，气聲。

稽也。从禾，孚聲。 稃，或从米，付聲。

糠也。从禾，會聲。

穀皮也。从禾、从米，庚聲。 穅，或省。

禾皮也。从禾，羔聲。徐鉉曰：“羔聲不相近，未詳。”

禾稾去其皮，祭天以爲席。从禾，皆聲。

禾莖也。从禾，旱聲。《春秋傳》曰：“或投一秉稈。” 稈，或从干。

稈也。从禾，高聲。

不成粟也。从禾，比聲。

麥莖也。从禾，肙聲。

黍穰也。从禾，列聲。

黍𥢶已治者。从禾，襄聲。

禾苦秧穰也。从禾，央聲。

䅊程穀名。从禾，旁聲。

䅊程也。从禾，皇聲。

穀孰也。从禾，千聲。《春秋傳》曰：“大有年。”

續也，百穀之總名。从禾，㱿聲。

穀孰也。从禾，念聲。《春秋傳》曰：“鮮十五稔。”

田賦也。从禾，且聲。

租也。从禾，兑聲。

禾也。从禾，道聲。司馬相如曰：“䆃，一莖六穗。”

虛無食也。从禾，荒聲。

把取禾若也。从禾，魚聲。

出物有漸也。从禾，肖聲。

禾穀孰也。从禾，𩞁省聲。籀文不省。

銓也。从禾，爯聲。春分而禾生，日夏至晷景可度，禾有秒，秋分而秒定。律數：十二秒而當一分，十分而寸。其以爲重：十二粟爲一分，十二分爲一銖。故諸程品皆从禾。

品也。十髮爲程，十程爲分，十分爲寸。从禾，呈聲。

布之八十縷爲稯。从禾，嵏聲。籀文稯省。

五稯爲秭。从禾，𠂔聲。一曰數億至萬曰秭。

二秭爲秅。从禾，乇聲。《周禮》曰：“二百四十斤爲秉，四秉曰筥，十筥曰稯，十稯曰秅，四百秉爲一秅。”

百二十斤也。稻一䄷爲粟二十斤，禾黍一䄷爲粟十六斤太半升。从禾，石聲。

復其時也。从禾，其聲。《虞書》曰：“稘三百有六旬。”

米名也。从米，梁省聲。

早取穀也。从米，焦聲。一曰小。

稻重一䄷，爲粟二十斗，爲米十斗，曰毇，爲米六斗太半斗，曰粲。从米，𣦼聲。倉案切。

粟重一䄷爲十六斗太半斗，舂爲米一斛曰糲。从米，萬聲。

擇也。从米，青聲。

毇也。从米，卑聲。

疏也。从米，且聲。

惡米也。从米，比聲。《周書》有“粊誓”。

牙米也。从米，辥聲。

糂也。从米，立聲。古文粒。

漬米也。从米，睪聲。

以米和羹也。一曰粒也，从米，甚聲。籀文糂，从朁。古文糂，从參。

炊米者謂之糪。从米，辟聲。

糝也。从米，麻聲。

糜和也。从米，覃聲。讀若鄲。

漬米也。从米，尼聲。交阯有羨泠縣。

酒母也。从米，籟省聲。籟，或从麥，鞠省聲。

酒滓也。从米，曹聲。籀文，从酉。

乾也。从米，葡聲。

熬米麥也。从米，臭聲。

糧也。从米，胥聲。

穀也。从米，量聲。

雜飯也。从米，丑聲。

穀也。从米，翟聲。

麩也。从米，蔑聲。

不雜也。从米，卒聲。

饋客芻米也。从米，气聲。《春秋傳》曰：“齊人來氣諸侯。”氣，或从既。亦既聲也。氣，或从食。俗加食。

陳夏米。从米，工聲。

傅面者也。从米，分聲。

粉也。从米，悉聲。

糣也。从米，悉聲。

糣𥻦散之也。从米，殺聲。

碎也。从米，靡聲。

盜自中出曰竊。从穴、从米，禼、廿皆聲。廿，古文疾。禼，古文偰。

齊謂舂曰䆃。从臼，屰聲。讀若膊。

麻也。从朩，台聲。 籒文枲，从林，从辞。

配鹽幽尗也。从尗，支聲。 俗尗，从豆。

韲也。从韭，隊聲。

墜也。从韭，次、𠂔皆聲。 韲，或从齊。

菜也，葉似韭。从韭，𣪊聲。

山韭也。从韭，𢦏聲。

小𧏙也。从韭，番聲。

小瓜也。从瓜，交聲。徐鉉曰："交非聲，未詳。"蒲各切。

㼐也。从瓜，失聲。《詩》曰："緜緜瓜瓞。" 瓞，或从弗。

小瓜也。从瓜，熒省聲。

瓜也。从瓜，繇省聲。

瓜中實。从瓜，辡聲。

罕也。从网，奄聲。

网也。从网，干聲。

网也。从网，每聲。

网也。从网，巽聲。《逸周書》曰："不卵不蹼，以成鳥獸。"羂者，䍐獸足也。故，或从足。葢籀文。

周行也。从网，米聲。《詩》曰："罙入其阻。"罙，或从宀。

捕魚器也。从网，卓聲。

魚网也。从网，曾聲。

魚网也。从网，㓹聲。㓹，籀文鋭。

魚罟也。从网，瓜聲。《詩》曰："施罛濊濊。"

网也。从网，古聲。

罜麗，魚罟也。从网，主聲。

罜麗也。从网，鹿聲。

積柴水中以聚魚也。从网，林聲。

釣也。从网，民聲。

捕鳥覆車也。从网，叕聲。罬，或从車。

罬也。从网，童聲。

覆車也。从网，包聲。《詩》曰："雉離于罦。"罦，或从乎。

捕鳥网也。从网，尉聲。

兔罟也。从网，否聲。徐鉉曰：“隸書作罘。”

罟也。从网，互聲。

兔网也。从网，且聲。罝，或从糸。籒文，从虘。

牖中网也。从网，舞聲。

部署有所网屬。从网，者聲。徐鍇曰：“署置之，言羅絡之，若罘网也。”

覆也。从网，音聲。

罵也。从网，馬聲。

未冠也。从人，童聲。

舉踵也。从人，止聲。古文企，从足。

伸臂一尋八尺。从人，刃聲。

具也。从人，巽聲。

冠飾皃。从人，求聲。《詩》曰：“弁服俅俅。”

柔也，術士之稱。从人，需聲。

才過千人也。从人，夋聲。

傲也。从人，桀聲。

人姓。从人，軍聲。

人名。从人，及聲。

人名。从人，亢聲。《論語》有“陳伉”。

長也。从人，白聲。

高辛氏之子堯司徒，殷之先。从人，契聲。

人字。从人，青聲。東齊壻謂之倩。

婦官也。从人，予聲。

志及眾也。从人，公聲。

慧也。从人，睘聲。

安也。从人，炎聲。讀若談。倓，或从剡。

疾也。从人，旬聲。

不安也。从人，容聲。一曰華。

宋衛之間謂華僷僷。从人，葉聲。

善也。从人，圭聲。

奇侅非常也。从人，亥聲。

偉也。从人，鬼聲。《周禮》曰：“大傀異。”傀，或从玉，裹聲。

奇也。从人，韋聲。

文質備也。从人，分聲。《論語》曰：“文質份份。”古文份从彡林。林者，从焚省聲。徐鉉曰：“今俗作斌，非是。”

好皃。从人，尞聲。

威儀也。从人，必聲。《詩》曰：“威儀佖佖。”

具也。从人，孨聲。讀若汝南潺水。《虞書》曰："方鳩僝功。"

長壯儠儠也。从人，巤聲。《春秋傳》曰："長儠者相之。"

行皃。从人，麃聲。《詩》曰："行人儦儦。"

行有節也。从人，難聲。《詩》曰："佩玉之儺。"

順皃。从人，委聲。《詩》曰："周道倭遲。"

媢也。从人，貴聲。一曰長皃。

高也。从人，喬聲。

大也。从人，矣聲。《詩》曰："伾伾俟俟。"

大皃。从人，同聲。《詩》曰："神罔時侗。"

正也。从人，吉聲。《詩》曰："既佶且閑。"

大也。从人，吳聲。《詩》曰："碩人俁俁。"

大腹也。从人，工聲。讀若紅。

疾也。从人，單聲。《周禮》曰："句兵欲無僤。"

伉也。从人，建聲。

彊也。从人，京聲。

倨也。从人，敖聲。

勇壯也。从人，气聲。《周書》曰："仡仡勇夫。"

不遜也。从人，居聲。

昂頭也。从人，嚴聲。一曰好皃。

好皃。从人，參聲。

聊也。从人，里聲。

大皃。从人，半聲。

大也。从人，奄聲。

武皃。从人，閒聲。《詩》曰："瑟兮僩兮。"

有力也。从人，丕聲。《詩》曰："以車伾伾。"

彊力也。从人，思聲。《詩》曰："其人美且偲。"

箸大也。从人，卓聲。《詩》曰："倬彼雲漢。"

長皃。一曰箸地。一曰代也。从人，廷聲。

輔也。从人，朋聲。讀若陪位。步崩切。

熾盛也。从人，扇聲。《詩》曰："豔妻傓方處。"

戒也。从人，敬聲。《春秋傳》曰："儆宮。"

善也。从人，叔聲。《詩》曰："令終有俶。"一曰始也。

均直也。从人，庸聲。

仿佛也。从人，愛聲。《詩》曰："僾而不見。"

相似也。从人，方聲。 籀文仿，从丙。

見不審也。从人，弗聲。

聲也。从人，悉聲。讀若屑。

精謹也。从人，幾聲。《明堂月令》:“歲將僟終。”

負何也。从人，它聲。徐鉉曰:“《史記》匈奴奇畜有橐佗。”今俗譌誤謂之駱駝，非是。

儋也。从人，可聲。徐鉉曰:“儋何，即負何也。借爲誰何之何，今俗別作擔荷，非是。”

何也。从人，詹聲。

設也。从人，共聲。一曰供給。

偫也。从人，諸聲。

慎也。从人，𤰈聲。古文備。

導也。从人，賓聲。儐，或从手。

偓佺也。从人，屋聲。

偓佺，仙人也。从人，全聲。

心服也。从人，聶聲。

約也。从人，勺聲。

等輩也。从人，齊聲。《春秋傳》曰:“吾儕小人。”

輩也。从人，侖聲。一曰道也。

齊等也。从人，牟聲。

彊也。从人，皆聲。《詩》曰:“偕偕士子。”一曰俱也。

偕也。从人，具聲。

最也。从人，贊聲。

併竝也。从人，并聲。

傅相也。从人，尃聲。

侙惕也。从人，式聲。《春秋國語》曰：“於其心侙然。”

俌輔也。从人，甫聲。讀若撫。

倚依也。从人，奇聲。

依倚也。从人，衣聲。

仍因也。从人，乃聲。

佽便利也。从人，次聲。《詩》曰：“决拾既佽。”一曰遞也。

佴佽也。从人，耳聲。

倢佽也。从人，疌聲。

侍承也。从人，寺聲。

側旁也。从人，則聲。

侒宴也。从人，安聲。

侐静也。从人，血聲。《詩》曰：“閟宮有侐。”

俜使也。从人，甹聲。

俠俜也。从人，夾聲。

儃儃何也。从人，亶聲。

侁行皃。从人，先聲。

侸立也。从人，豆聲。讀若樹。

垂皃。从人，纍聲。一曰嬾解。

安也。从人，垔聲。

揚也。从人，爯聲。

會也。从人，昏聲。《詩》曰：“曷其有佸。”一曰佸佸，力皃。

合也。从人，合聲。

妙也。从人、从攴，豈省聲。徐鉉曰：“豈字从敳省，敳不應从豈省，蓋傳寫之誤，疑从耑省。耑，物初生之題尚敳也。”

黠也。从人，原聲。

非真也。从人，叚聲。一曰至也。《虞書》曰：“假于上下。”

假也。从人，㫺聲。

賣也。从人，𧶠聲。

伺望也。从人，矦聲。

還也。从人，賞聲。

材能也。从人，堇聲。

更也。从人，弋聲。徐鉉曰：“弋非聲，《説文》‘忒’字與此義訓同，疑兼有忒音。”徒耐切。

度也。从人，義聲。

近也。从人，旁聲。

象也。从人，目聲。

保也。从人，壬聲。

饒也。从人，憂也。一曰倡也。

樂也。从人，喜聲。

富也。从人，春聲。

約也。从人，僉聲。

鄉也。从人，面聲。《少儀》曰："尊壺者偭其鼻。"

習也。从人，谷聲。

益也。从人，卑聲。一曰俾門侍人。

俾也。从人，兒聲。

安也。从人，意聲。

伶也。从人，吏聲。

傒左右兩視。从人，癸聲。

弄也。从人，令聲。益州有建伶縣。

棽儷也。从人，麗聲。

遽也。从人，專聲。

善也。从人，介聲。《詩》曰："价人惟藩。"

克也。从人，子聲。

送也。从人，弅聲。吕不韋曰："有侁氏以伊尹媵女。"古文以爲訓字。徐鉉曰："灷不成字，當从朕省。"案，"勝"字从朕聲，疑古者"朕"或音倂。

俆緩也。从人，余聲。

偋僻寠也。从人，屏聲。

伸屈伸。从人，伸聲。

伹拙也。从人，且聲。

㒄意膬也。从人，然聲。徐鉉曰："膬耎易破也。"

倍反也。从人，咅聲。

傿引爲賈也。从人，焉聲。

僭假也。从人，朁聲。

偏頗也。从人，扁聲。

倀狂也。从人，長聲。一曰仆也。

儚惛也。从人，夢聲。

儔翳也。从人，壽聲。

侜有廱蔽也。从人，舟聲。《詩》曰："誰侜予美。"

俴淺也。从人，戔聲。

佃中也。从人，田聲。《春秋傳》曰："乘中佃一轅車。"

𠈌小皃。从人，囟聲。《詩》曰："𠈌𠈌彼有屋。"

侊小皃。从人，光聲。《春秋國語》曰："侊飯不及一食。"

佻偷也。从人，兆聲。《詩》曰："視民不佻。"

避也。从人，辟聲。《詩》曰：“宛如左僻。”一曰从旁牽也。

很也。从人，弦省聲。

與也。从人，支聲。《詩》曰：“籥人伎忒。”

掩脅也。从人，多聲。一曰奢也。

癡也。从人，台聲。讀若騃。

⿰亻蚤驕也。从人，蚤聲。

詐也。从人，爲聲。

惰也。从人，只聲。

務也。从人，句聲。

輕也。从人，㲋聲。

樂也。从人，昌聲。

戲也。从人，非聲。

作姿也。从人，譱聲。

儳互不齊也。从人，毚聲。

佚民也。从人，失聲。一曰佚忽也。

行頃也。从人，我聲。《詩》曰：“仄弁之俄。”

喜也。从人，䍃聲。自關以西，物大小不同謂之傜。

徼御受屈也。从人，卻聲。

醉舞皃。从人，差聲。《詩》曰：“屢舞傞傞。”

醉舞皃。从人，欺聲。《詩》曰：“屢舞僛僛。”

傷也。从人，每聲。古文。从母。

妎也。从人，疾聲。一曰毒也。傸，或从女。

輕也。从人，易聲。一曰交傷。

訟面相是。从人，希聲。

僵也。从人，賁聲。

僨也。从人，畺聲。

頓也。从人，卜聲。

僵也。从人，匽聲。

創也。从人，塲省聲。

刺也。从人，肴聲。一曰痛聲。

備詞。从人，夸聲。

相擣也。从人，崔聲。《詩》曰：“室人交徧催我。”

痛也。从人，甬聲。

迫也。从人，足聲。

此也。从人，㓹聲。

軍所獲也。从人，孚聲。《春秋傳》曰：“以爲俘聝。”

裼也。从人，旦聲。

傴僂也。从人，區聲。

僂尩也。从人，婁聲。周公韈僂，或言背僂。力主切。

僇癡行僇僇也。从人，翏聲。讀若雡。一曰且也。

仇讎也。从人，九聲。

儡相敗也。从人，畾聲。讀若雷。

仳別也。从人，比聲。《詩》曰："有女仳離。"

㑴毀也。从人，咎聲。

倠仳倠醜面。从人，隹聲。

值措也。从人，直聲。

侂寄也。从人，乇聲。乇，古文宅。

僔聚也。从人，尊聲。《詩》曰："僔沓背憎。"

倦罷也。从人，卷聲。

傮終也。从人，曹聲。

偶桐人也。从人，禺聲。

佋廟佋穆。父爲佋，南面。子爲穆，北面。从人，召聲。今段作昭。

㑗神也。从人，身聲。

僰犍爲蠻夷。从人，棘聲。

僥南方有焦僥人，長三尺，短之至。从人，堯聲。

𠐳市也。从人，對聲。

遠行也。从人，狂聲。

制衣也。从衣，𢦏聲。

天子亯先王，卷龍繡於下幅，一龍蟠阿上鄉。从衣，㕣聲。

丹縠也。从衣，㺸聲。

翟羽飾衣。从衣，俞聲。一曰直裾謂之襜褕。

玄服。从衣，㐱聲。袗，或从辰。

衣内也。从衣，里聲。

負兒衣。从衣，强聲。

衣領也。从衣，棘聲。《詩》曰："要之襋之。"

黼領也。从衣，暴聲。《詩》曰："素衣朱襮。"

衣裣也。从衣，壬聲。

衽也。从衣，婁聲。

衽也。从衣，尉聲。

裣緣也。从衣，疌聲。

交衽也。从衣，金聲。

蔽厀也。从衣，韋聲。《周禮》曰："王后之服褘衣。"謂畫袍。

襲袂也。从衣，夫聲。

左衽袍。从衣，龖省聲。籒文襲，不省。

襺也。从衣，包聲。《論語》曰："衣敝緼袍。"

袍衣也。从衣，繭聲。以絮曰襺，以緼曰袍。《春秋傳》曰："盛夏重襺。"

南楚謂襌衣曰褋。从衣，枼聲。

衣帶以上。从衣，矛聲。一曰南北曰袤，東西曰廣。籒文袤，从楙。

帶所結也。从衣，會聲。《春秋傳》曰："衣有襘。"

緥也。《詩》曰："衣錦褧衣。"示反古。从衣，耿聲。

衹裯短衣。从衣，氐聲。

衣袂衹裯。从衣，周聲。

裯謂之襤褸。襤，無緣也。从衣，監聲。

無袂衣謂之裿。从衣，惰省聲。

衣躬縫。从衣，毒聲。讀若督。

衣袂也。从衣，去聲。一曰袪褢也。褢者，褱也。袪尺二寸。《春秋傳》曰："披斬其袪。"

袂也。从衣，釆聲。俗褎从由。

袖也。从衣，夬聲。彌弊切。

袖也。一曰藏也。从衣，鬼聲。戶乖切。

俠也。从衣，眔聲。一曰槖。徐鉉曰："眔非聲，未詳。"

褱也。从衣，包聲。徐鉉曰："今俗作抱，非是。抱與桴同。”

衣蔽前。从衣，詹聲。

衣衸。从衣，石聲。

袥也。从衣，介聲。

絝也。从衣，睪聲。

裾也。从衣，它聲。《論語》曰：“朝服袉紳。”

衣袍也。从衣，居聲。讀與居同。

諸衧也。从衣，亏聲。

絝也。从衣，寒省聲。《春秋傳》曰：“徵褰與襦。”

絝踦也。从衣，龍聲。 襱，或从賣。

絝上也。从衣，召聲。

衣博大。从衣，尋聲。

衣博裾。从衣，保省聲。保，古文保。

緥也。从衣，啻聲。《詩》曰：“載衣之褅。”

衣正幅。从衣，耑聲。

重衣皃。从衣，圍聲。《爾雅》曰：“襴襴襀襀。”徐鉉曰：“《説文》無‘襀’字，《爾雅》亦無此語，疑後人所加。”

重衣也。从衣，复聲。一曰褚衣。

衣厚禔禔。从衣，是聲。

衣厚皃。从衣，農聲。《詩》曰：“何彼襛矣。”

新衣聲。一曰背縫。从衣，叔聲。

衣張也。从衣，多聲。《春秋傳》曰："公會齊侯于移。"

衣裾也。从衣，冎聲。徐鉉曰："冎非聲，疑象衣裾之形。"古文裔。

長衣皃。从衣，分聲。

長衣皃。从衣，叀省聲。

短衣也。从衣，鳥聲。《春秋傳》曰："有空褭。"案：昭公廿五年《左氏傳》有"季公鳥"疑即此空褭。空，當作公。

重衣也。从衣，執聲。巴郡有褺江縣。

長衣皃。从衣，非聲。徐鉉曰："按《漢書》裵回字用此，今俗作徘徊，非是。"按：衣長則搖曳裵回然也。

短衣也。从衣，蜀聲，讀若蜀。

衣至地也。从衣，斲聲。

短衣也。从衣，需聲。一曰㬳衣。

衣小也。从衣，扁聲。

衣無絮。从衣，合聲。

衣不重。从衣，單聲。

漢令解衣耕謂之襄。从衣，𤕦聲。古文褱。

寢衣也。長一身有半。从衣，皮聲。

大被。从衣，今聲。

飾也。从衣，象聲。

事好也。从衣，且聲。

私服。从衣，埶聲。《詩》曰："是褻袢也。"徐鉉曰："从熱省，乃得聲。"私列切。

裏褻衣。从衣，中聲。《春秋傳》曰："皆衷其衵服。"

好佳也。从衣，朱聲。《詩》曰："静女其袾。"

接衣也。从衣，卑聲。

無色也。从衣，半聲。一曰《詩》曰："是紲袢也。"讀若普。

五彩相合。从衣，集聲。

衣物饒也。从衣，谷聲。《易》曰："有孚，裕無咎。"

韏衣也。从衣，辟聲。徐鉉曰："韏，革中辨也。衣襞積如辨也。"案，《廣雅》曰："韏，曲也。"革中辨者，取革中分其廣摺，疊而曲屈之爲襞積。

摩展衣。从衣，干聲。

繒余也。从衣，剟聲。

敝衣，从衣，奴聲。

衣縫解也。从衣，旦聲。

完衣也。从衣，甫聲。

奪衣也。从衣，虒聲。讀若池。

袒也。从衣，𦝠聲。 嬴，或从果。

袒也。从衣，呈聲。

袒也。从衣，昜聲。

褢也。从衣，牙聲。

㠯衣衽扱物謂之襭。从衣，頡聲。《詩·周南》：“采采芣苢，薄言襭之。”《爾雅》：“扱衽謂之襭。”毛傳同。 襭，或从手。

執衽謂之袺。从衣，吉聲。

帴也。从衣，曹聲。

裹也。从衣，壯聲。

纏也。从衣，果聲。

書囊也。从衣，邑聲。

緶也。从衣，齊聲。

豎使布長襦。从衣，豆聲。

編枲衣。从衣，區聲。一曰頭樞。一曰次裹衣。取枲編之，爲衣葢覆於外，以辟塵雨者，因爲頭衣及次裹衣之名。《方言》曰：“緊袼謂之樞。”郭曰：“即小皃次衣也。”

編枲韤。一曰粗衣。从衣，曷聲。

樞領也。从衣，匽聲。

褗謂之裺。从衣，奄聲。

卒也。从衣，者聲。一曰製衣。《玉篇》《廣韵》引作“一曰裝也”。《左氏傳》：“鄭賈人將寘荀罃褚中以出。”謂衣裝也。

蠻夷衣。从衣，犮聲。一曰蔽厀。《方言》曰：“蔽厀，江淮之間謂之褘，或謂之袚。”郭音沸，今音北末切。

衣死人也。从衣，襚聲。《春秋傳》曰：“楚使公親襚。”《士喪禮》：“君使人襚。”此引《左氏傳》襄十九年文，故下文云：“魯行君臨臣喪之禮以報之也。”

棺中縑裹，从衣，弔聲。讀若雕。

贈終者衣被曰裞。从衣，兑聲。此葢“襚”之或體，淺人所增。

鬼衣。从衣，熒省聲。讀若《詩》曰“葛藟縈之”。一曰若“静女其袾”之袾。葢讀若静耳，當云若“静女其袾”之静。

車温也。从衣，延聲。

舟也。从舟，鉛省聲。

船行也。从舟，彡聲。

艫也。从舟，由聲。漢律名，船方長爲舳艫。一曰舟尾。徐鉉曰：“當从胄省，乃得聲。”

舳艫也。一曰船頭。从舟，盧聲。

船著不行也。从舟，㚇聲。讀若荤。子红切。

船師也。《明堂月令》曰：“舫人習水者。”从舟，方聲。

用也。一曰車右騎所以舟旋。从舟，𠬝聲。古文服，从人。

説也。从儿，㕣聲。徐鉉曰："㕣，古文兖字，非聲。當从口从八，象气之分散。《易》曰：'兑，爲巫、爲口。'"案，㕣、兑本合音。

信也。从儿，㠯聲。

長也，高也。从儿，育省聲。

無髮也。从人，上象禾粟之形，取其聲。凡秃之屬皆从秃。王育説："倉頡出，見秃人伏禾申，因以制字，未知其審。"

太山也。从山，代聲。

海中往往有山可依止曰㠀。从山，鳥聲。讀若《詩》曰"蔦與女蘿"。

山，在齊地。从山，狃聲。《詩》曰："遭我于㺲之間兮。"

葛嶧山在東海下邳。从山，睪聲。《夏書》曰："嶧陽孤桐。"

封嵎之山在吴楚之間，汪芒之國。从山，禺聲。

九嶷山，舜所葬，在零陵營道。从山，疑聲。

山，在蜀湔氐西徼外。从山，敄聲。

山也。或曰弱水之所出。从山，几聲。

巀嶭山，在馮翊池陽。从山，𢧜聲。

巀嶭山也。从山，辥聲。

山，在弘農華陰。从山，華省聲。

山，在鴈門。从山，𦎫聲。

崵山，在遼西。从山，昜聲。一曰嵎銕崵谷也。

山有艸木也。从山，古聲。《詩》曰：“陟彼岵兮。”

山無艸木也。从山，己聲。《詩》曰：“陟彼屺兮。”

山多大石也。从山，學省聲。

山多小石也。从山，敖聲。

石戴土也。从山，且聲。《詩》曰：“陟彼岨矣。”

山脊也。从山，网聲。

山小而高。从山，今聲。

山之岑崟也。从山，金聲。

崒危高也。从山，卒聲。

山小而銳。从山，䜌聲。

山如堂者。从山，宓聲。

山穴也。从山，由聲。 籒文。从穴。

高也。从山，陵聲。 陵或省。

山之隓隓者。从山，从憜省聲。讀若相推落之墮。

尤高也。从山，棧聲。

山短高也。从山，屈聲。

巍高也。从山，蠆聲。讀若厲。

山耑也。从山，夆聲。

岸也。从山，嚴聲。

嶵也。从山，絫聲。

山皃。从山，辠聲。

山皃。一曰山名。从山，告聲。

山皃。从山，陸聲。

山皃。从山，𡍮聲。

嵯峨也。从山，我聲。

嶸也。从山，青聲。徐鉉曰：“今俗别作崢，非是。”

崝嶸也。从山，榮聲。

谷也。从山，巠聲。

山壞也。从山，朋聲。古文。从𨸏。

山脅道也。从山，弗聲。

山名。从山，敄聲。

焦嶢山高皃。从山，堯聲。

山陖也。从山，戕聲。

九嵏山在馮翊谷口。从山，㚇聲。

嵬高也。从山，宗聲。

大高也。从山，隹聲。

山邊也。从厂，圭聲。

厜㕒，山顛也。从厂，垂聲。

厜㕒也。从厂，義聲。

崟也。一曰地名。从厂，敢聲。

仄出泉也。从厂，晷聲。讀若軌。

柔石也。从厂，氐聲。砥，或从石。

發石也。从厂，欮聲。

旱石也。从厂，蠆省聲。或不省。

厱諸，治玉石也。从厂，僉聲。讀若藍。

治也。从厂，秝聲。

石利也。从厂，異聲。讀若枲。

美石也。从厂，古聲。

唐厗石也。从厂，屖省聲。

石聲也。从厂，立聲。

石地惡也。从厂，兒聲。

石地也。从厂，金聲。讀若紟。

石間見。从厂，甫聲。讀若敷。

厲石也。从厂，昔聲。《詩》曰：“他山之石，可以爲厝。”

石大也。从厂，龙聲。

辟也。从厂，夾聲。

仄也。从厂，辟聲。仄，各本譌作反。廦仄本古語，今俗言偪仄，鄦書舊次“仄”下。

隱也。从厂，非聲。

笮也。从厂，猒聲。一曰合也。笮，猶迫也。讀於輒切。《周語》“克厭天心”，韋注：“厭，合也。”當讀一琰切。

文石也。从石，昜聲。

石次玉者。从石，耎聲。

石可以爲矢鏃。从石，奴聲。《夏書》曰：“梁州貢砮丹。”《春秋國語》曰：“肅慎氏貢楛矢石砮。”《禹貢》：“荆州貢砮丹。”鄦誤作“梁”，又“楛矢”字當作“枯”。

毒石也。出漢中，从石，與聲。

特立之石。東海有碣石山。从石，曷聲。古文。

厲石也。一曰赤色。从石，兼聲。讀若鎌。

厲石也。从石，叚聲。《春秋傳》曰：“鄭公孫碬，字子石。”

小石也。从石，樂聲。

水邊石。从石，巩聲。《春秋傳》曰：“闕碧之甲。”

水陼有石者。从石，責聲。

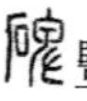豎石也。从石，卑聲。

陊也。从石，豕聲。

落也。从石，員聲。《春秋傳》曰："隕石于宋五。"

碎石隕聲。从石，炙聲。

石聲。从石，告聲。

石聲。从石，艮聲。

石聲。从石，學省聲。

石堅也。从石，吉聲。一曰突也。

石聲。从石，盇聲。

石聲也。从石，麻聲。

礹石也。从石，斬聲。

石山也。从石，嚴聲。

堅也。从石，殼聲。

礊石也。从石，角聲。徐鉉曰："今俗作確，非是。"確，或从㱿。

礊石也。从石，堯聲。

石巖也。从石，我聲。

止也。从石，疑聲。

上摘山巖空青，珊瑚墮之。从石，折聲。《周禮》曰："有硩蔟氏。"

以石扞繒也。从石，延聲。

礲也。从石，卒聲。

石碎也。从石，皮聲。

礱也。从石，龍聲。天子之桷椓而礱之。

礲也。从石，幵聲。

石磑也。从石，靡聲。

礦也。从石，豈聲。古者，公輸班作磑。

舂也。从石，隹聲。

舂已復擣之曰䃜。从石，沓聲。

以石箸惟繁也。从石，番聲。

斫也。从石，箸聲。

石滑也。从石，見聲。

以石刺病也。从石，乏聲。

石地惡也。从石，鬲聲。

磊砢也。从石，可聲。

豕而三毛叢居者。从豕，者聲。

小豚也。从豕，殸聲。

生三月豚，腹豯豯皃也。从豕，奚聲。

生六月豚。从豕，從聲。一曰一歲曰豵，尚叢聚也。

牝豕也。从豕，巴聲。一曰二歲豕，能相把拏也。《詩》曰：“一發五豝。”

豜三歲豕，肩相及者。从豕，幵聲。《詩》曰：“竝驅从兩豜兮。”

豶羠豕也。从豕，賁聲。

豭牡豕也。从豕，叚聲。

豛上谷名豬豛。从豕，役省聲。

䝐豶也。从豕，隋聲。徐鉉曰：“當从隨省。”

豤齧也。从豕，㫐聲。

豷豕息也。从豕，壹聲。《春秋傳》曰：“生敖及豷。”

豧豕息也。从豕，甫聲。

豢以穀圈養豕也。从豕，𢍏聲。

豠豕屬。从豕，且聲。

豲逸也。从豕，原聲。《周書》曰：“豲有爪而不敢以撅。”讀若桓。

豨豕走豨豨。从豕，希聲。古有封豨、脩虵之害。

𧰨豕屬。从㣇，回聲。

豪豕鬣如筆管者，出南郡。从㣇，高聲。豪籒文。从豕。徐鉉曰：“今俗别作毫，非是。”

彙蟲，似豪豬者。从㣇，胃省聲。蝟或从虫。

豫象之大者。賈侍中説，不害於物。从象，予聲。𧰼古文。

騭牡馬也。从馬，陟聲。讀若郅。

馬二歲曰駒，三歲曰駣。从馬，句聲。

馬一目白曰䮢，二目白曰魚。从馬，閒聲。

馬青驪文如博棊也。从馬，其聲。

馬深黑色。从馬，麗聲。

青驪馬。从馬，肙聲。《詩》曰："駜彼乘駽。"

馬淺黑色。从馬，鬼聲。

赤馬黑毛尾也。从馬，畱聲。

馬赤白雜毛。从馬，叚聲。謂色似鰕魚也。

馬蒼黑雜毛。从馬，隹聲。

馬白色黑鬣尾也。从馬，各聲。

馬陰白雜毛也。从馬，因聲。《詩》曰："有駰有騢。"

馬青白雜毛也。从馬，悤聲。

驪馬白胯也。从馬，矞聲。《詩》曰："有驈有騜。"

馬面顙皆白也。从馬，龙聲。

黄馬黑喙。从馬，咼聲。籒文咼。

黄馬發白色。一曰白髦尾也。从馬，燓聲。

黄馬白毛也。从馬，丕聲。《六書通》引唐本《說文》作"黄馬白褋毛"，今本遺"褋"字。

馬赤黑色。从馬，戴聲。《詩》曰："四驖孔阜。"

馬頭有發赤色者。从馬，岸聲。

馬白頟也。从馬，的省聲。一曰駿也。《易》曰："爲馰顙。"

馬色不純。从馬，爻聲。徐鉉曰："爻非聲，疑象駁文。"

驪馬黄𦟝。从馬，覃聲。讀若簟。

馬白州也。从馬，燕聲。

馬豪骭也。从馬，習聲。

馬毛長也。从馬，倝聲。

駿馬以壬申日死，乘馬忌之。从馬，敖聲。

千里馬也。孫陽所相者。从馬，冀聲。天水有驥縣。

馬之良材者。从馬，夋聲。

良馬也。从馬，堯聲。

馬小皃。从馬，垂聲。讀若箠。籀文。从𠂹。

馬高六尺爲驕。从馬，喬聲。《詩》曰："我馬維驕。"一曰野馬。

馬七尺爲騋，八尺爲龍。从馬，來聲。《詩》曰："騋牝驪牡。"

馬名。从馬，雚聲。

馬名。从馬，僉聲。

馬名。从馬，此聲。

馬名。从馬，休聲。

馬彊也。从馬，支聲。

馬飽也。从馬，必聲。《詩》曰：“有駜有駜。”

馬盛肥也。从馬，光聲。《詩》曰：“四牡駫駫。”

馬盛也。从馬，旁聲。《詩》曰：“四牡騯騯。”

駠駠馬怒皃。从馬，卬聲。

馬之低仰也。从馬，襄聲。

上馬也。从馬，莫聲。

跨馬也。从馬，奇聲。

馬在軛中。从馬，加聲。籒文駕。

驂旁馬。从馬，非聲。

駕二馬也。从馬，并聲。

駕三馬也。从馬，參聲。

一乘也。从馬，四聲。

副馬也。从馬，付聲。一曰近也。一曰疾也。

馬和也。从馬，皆聲。

馬搖頭也。从馬，我聲。

駊騀也。从馬，皮聲。

馬行皃。从馬，舀聲。

馬行頓遲。从馬，竹聲。

馬行威儀也。从馬，癸聲。《詩》曰：“四牡騤騤。”

馬行徐而疾也。从馬，學省聲。

馬行疾也。从馬，侵省聲。《詩》曰："載驟駸駸。"

馬行疾也。从馬，仌聲。徐鉉曰："本音皮冰切，經典通用爲依馮之馮。今別作憑，非是。"案：行疾本有盛大義，今讀房戎切。

馬步疾也。从馬，耴聲。

馬行仡仡也。从馬，矣聲。

馬疾步也。从馬，聚聲。

馬疾走也。从馬，匃聲。

馬疾步也。从馬，風聲。徐鉉曰："舟船之颿，本用此字。今別作帆，非是。"

馬馳也。从馬，區聲。古文驅，从攴。

大驅也。从馬，也聲。

亂馳也。从馬，敄聲。

次第馳也。从馬，列聲。

直馳也。从馬，甹聲。

馬行疾來皃。从馬，兑聲。《詩》曰："昆夷駾矣。"

馬有疾足。从馬，失聲。

馬突也。从馬，旱聲。

馳馬洞去也。从馬，同聲。

馬駭也。从馬，敬聲。

驚也。从馬，亥聲。

馬奢也。从馬，亢聲。

馬腹縶也。从馬，寒省聲。

馬立也。从馬，主聲。

馬順也。从馬，川聲。

馬載重難行也。从馬，参聲。

驙驙也。从馬，亶聲。《易》曰："乘馬驙如。"

馬重皃。从馬，執聲。

馬曲脊也。从馬，鞠聲。

犗馬也。从馬，乘聲。

系馬尾也。从馬，介聲。

擾也。一曰摩馬。从馬，蚤聲。

馬銜脱也。从馬，台聲。

牡馬也。从馬，且聲。一曰馬蹲駔也。段本"一曰駔會也"，蓋據《後漢·郭太傳》注引。

廄御也。从馬，芻聲。

置騎也。从馬，睪聲。

驛傳也。从馬，日聲。

傳也。从馬，朕聲。一曰騰，犗馬也。

苑名。一曰馬白領。从馬，隺聲。

牧馬苑也。从馬，同聲。《詩》曰：“在駉之野。”

馬衆多皃。从馬，先聲。

獸如馬，倨牙，食虎豹。从馬，交聲。

駃騠，馬父𦝄子也。从馬，夬聲。徐鉉曰：“今俗與快同用。”

駃騠也。从馬，是聲。

驢父馬母。从馬，𦝄聲。或从嬴。

似馬長耳。从馬，盧聲。

驢子也。从馬，冢聲。

驒騱，野馬也。从馬，單聲。一曰青驪白鱗，文如鼉魚。

驒騱，馬也。从馬，奚聲。

騊駼，北野之良馬。从馬，匋聲。

騊駼也。从馬，余聲。

解廌屬。从廌，孝聲。闕。

牡鹿。从鹿，叚聲。以夏至解角。

大牝鹿也。从鹿，粦聲。

鹿麛也。从鹿，耎聲。讀若偄弱之偄。

鹿迹也。从鹿，速聲。

鹿子也。从鹿，弭聲。

鹿之絶有力者。从鹿，幵聲。

仁獸也。麇身牛尾，一角。从鹿，其聲。

牝麒也。从鹿，吝聲。

鹿屬。从鹿，米聲。麋冬至解其角。

牝麋也。从鹿，辰聲。

大麋也，狗足。从鹿，旨聲。或从几。

麞也。从鹿，囷省聲。籀文。不省。

麋屬。从鹿，章聲。

麋牝者。从鹿，咎聲。

大鹿也。牛尾，一角。从鹿，畺聲。或从京。

麠屬。从鹿，要省聲。

麋屬。从鹿，主聲。

狻麑，獸也。从鹿，兒聲。

山羊而大者，細角。从鹿，咸聲。

大羊而細角。从鹿，需聲。

鹿屬。从鹿，圭聲。

如小麋，臍有香。从鹿，䠶聲。

似鹿而大也。从鹿，與聲。

獸名。从㲋，吾聲。讀若寫。

獸也。似狌狌。从㲋，夬聲。

孔子曰："狗，叩也。叩气吠以守。"从犬，句聲。

南越名犬獿狻。从犬，叜聲。

少狗也。从犬，交聲。匈奴地有狡犬，巨口而黑身。

狡獪也。从犬，會聲。

犬惡毛也。从犬，農聲。

短喙犬也。从犬，曷聲。《詩》曰："載獫猲獢。"《爾雅》曰："短喙犬謂之猲獢。"

猲獢也。从犬，喬聲。

長喙犬。一曰黑犬黄頭。从犬，僉聲。

黄犬黑頭，从犬，主聲。讀若注。

短脛狗。从犬，卑聲。

犗犬也。从犬，奇聲。

犬暫逐人也。从犬，黑聲。讀若墨。

犬从艸暴出逐人也。从犬，卒聲。

猩猩犬吠聲。从犬，星聲。

犬吠不止也。从犬，兼聲。讀若檻。一曰兩犬争也。

小犬吠。从犬，敢聲。南陽新亭有獥鄉。

犬吠聲。从犬，畏聲。

犬獿獿咳吠也。从犬，翏聲。

犬容頭進也。从犬，參聲。一曰賊疾也。

嗾犬厲之也。从犬，將省聲。

齧也。从犬，戔聲。

惡健犬也。从犬，删省聲。

吠鬬聲。从犬，㞷聲。

犬鬬聲。从犬，番聲。

犬怒皃。从犬，示聲。一曰犬難得。代郡有狋氏縣。讀又若銀。

犬吠聲。从犬，斤聲。

犬獡獡不附人也。从犬，舄聲。南楚謂相驚曰獡。讀若愬。

犬獷獷不可附也。从犬，廣聲。漁陽有獷平縣。

犬形也。从犬，爿聲。

犬如人心可使者。从犬，敄聲。《春秋傳》曰："公嗾夫獒。"

怒犬皃。从犬，需聲。讀若槈。奴豆切，又乃侯切。

犬可習也。从犬，甲聲。

犬性驕也。从犬，丑聲。

侵也。从犬，巳聲。

恨賊也。从犬，青聲。

健犬也。从犬，孟聲。

健犬也。从犬，亢聲。

多畏也。从犬，厺聲。杜林説：“猛从心。”

健也。从犬，粦聲。《詩》曰：“盧獜獜。”

疾跳也。一曰急也。从犬，睘聲。

走也。从犬，攸聲。讀若叔。

犬行也。从犬，亘聲。《周書》曰：“尚狟狟。”

過弗取也。从犬，市聲。讀若孛。

犬張耳皃。从犬，易聲。

犬張齗怒也。从犬，來聲。讀又若銀。

犬相得而鬭也。从犬，蜀聲。羊爲群，犬爲獨也。一曰北嚻山有獨狢獸，如虎白身，豕鬣，尾如馬。

獨狢獸也。从犬，谷聲。

秋田也。从犬，壐聲。獮，或从豕。宗廟之田也。故从豕、示。

放獵逐禽也。从犬，巤聲。

獵也。从犬，尞聲。

犬田也。从犬，守聲。《易》曰：“明夷于南狩。”

獵所獲也。从犬，蒦聲。

顿仆也。从犬，敝聲。《春秋傳》曰：“與犬，犬獘。”斃，或从死。

宗廟犬名羹獻，犬肥者獻之。从犬，鬳聲。

獟犬也。从犬，开聲。一曰逐虎犬也。

豣犬也。从犬，堯聲。

狂犬也。从犬，折聲。《春秋傳》曰：“狾犬入華臣氏之門。”

狾犬也。从犬，㞷聲。 古文。从心。

種類相似，唯犬爲甚。从犬，頪聲。

赤狄本犬種。狄之爲言淫辟也。从犬，亦省聲。

狻麑如虦貓，食虎豹者。从犬，夋聲。見《爾雅》。

母猴也。从犬，矍聲。《爾雅》云：“玃父善顧，攫持人也。”

玃屬。从犬，酋聲。一曰隴西謂犬子爲猷。

玃屬。从犬，且聲。一曰狙犬也。暫齧人者。一曰犬不齧人也。

夒也。从犬，侯聲。

犬屬。腰已上黄，腰已下黑，食母猴。从犬，㱿聲。讀若構。或曰穀似牂羊，出蜀北嚻山中，犬首而馬尾。

似犬，鋭頭白頰，高前廣後。从犬，良聲。

如狼善驅羊。从犬，白聲。讀若蘗。甯嚴讀之若淺泊。

狼屬。从大曼聲。《爾雅》曰：“貙獌似貍。”

祅獸也。鬼所乘之，有三德，其色中和，小前大後，死則丘首。从犬，瓜聲。

如小狗也。水居，食魚。从犬，賴聲。

獺屬。从犬，扁聲。或从賓。

鼠也。从鼠，番聲。讀若樊，或曰鼠婦。

鼠出胡地，皮可作裘。从鼠，各聲。

地行鼠，伯勞所化也，一曰偃鼠。从鼠，分聲。或从虫分。

鼮令鼠。从鼠，平聲。

鼠也。从鼠，虒聲。

竹鼠也。如犬。从鼠，留省聲。

五技鼠也。能飛，不能過屋；能緣，不能窮木；能游，不能渡谷；能穴，不能掩身；能走，不能先人。从鼠，石聲。

豹文鼠也。从鼠，冬聲。籀文省。

鼠屬。从鼠，益聲。或从豸。

小鼠也。从鼠，奚聲。

精鼩鼠也。从鼠，句聲。

⿰鼠今也。从鼠，兼聲。

鼠屬。从鼠，今聲。讀若含。

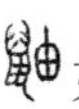如鼠，赤黃而大，食鼠者。从鼠，由聲。

胡地風鼠。从鼠，勺聲。

鼠屬。从鼠，冘聲。而隴切。

鼠，似雞，鼠尾。从鼠，此聲。

鼠，出丁零胡，皮可作裘。从鼠，軍聲。

斬𪕰鼠。黑身，白腰若帶，手有長白毛，似握版之狀，類蝯蜼之屬。从鼠，胡聲。

舊注“上諱”。徐鉉曰：“漢章帝名也。”《唐韵》曰：“火起也。”从火，旦聲。當割切。

火也。从火，尾聲。《詩》曰：“王室如焜。”

火也。从火，毀聲。《春秋傳》曰：“衛侯燬。”

火也。从火，豩聲。

然火也。从火，夋聲。《周禮》曰：“遂籥其焌。”焌火在前，以焞焯龜。

燒也。从火，然聲。徐鉉曰：“今俗别作燃，蓋後人增加。”，或从艸、難。徐鉉曰：“艸部有蘸。”注云艸也。此重出。

爇燒也。从火，蓺聲。《春秋傳》曰：“爇僖負羈。”徐鉉曰：“《説文》無蓺，當从火、从艸，埶省聲。”

爇也。从火，番聲。

爇也。从火，堯聲。

火猛也。从火，𠛱聲。

火光也。从火，出聲。《商書》曰："予亦炪謀。"讀若巧拙之拙。

熚㶿火皃。从火，畢聲。

熚㶿也。从火，𡿗聲。𡿗，籒文"悖"字。敷勿切。

火氣上行也。从火，丞聲。

烝也。从火，孚聲。《詩》曰："烝之烰烰。"

烝也。一曰赤皃。一曰温潤也。从火，昫聲。

乾皃。从火，漢省聲。《詩》曰："我孔熯矣。"

火皃。从火，弗聲。

火皃。从火，翏聲。《逸周書》曰："味辛而不㷼。"

火皃。从火，冊省聲。讀若粦。

火色也。从火，雁聲。讀若鴈。

火光也。从火，頃聲。

火飛也。从火，龠聲。一曰爇也。

火飛也。从火，票聲。讀若摽。

火熱也。从火，高聲。《詩》曰："多將熇熇。"徐鉉曰："高非聲，當从嗃省。"案，嗃亦高聲。

交木然也。从火，交聲。

小爇也。从火，干聲。《詩》曰："憂心𤆓𤆓。"徐鉉曰："干非聲，未詳。"段玉裁説："當从羊聲。"

所以然持火也。从火，焦聲。《周禮》曰：“以明火爇燋也。”

燒木餘也。从火，岸省聲。

束炭也。从火，差省聲。讀若齹。

交灼木也。从火，教省聲。讀若狡。

火气也。从火，犮聲。

灰炱煤也。从火，台聲。

盆中火。从火，畏聲。

畜火也。从火，息聲，亦曰滅火。

行竈也。从火，圭聲。讀若回。

烓也。从火，甚聲。

炊也。从火，單聲。《春秋傳》曰：“燀之以薪。”

爨也。从火，吹省聲。

尞也。从火，共聲。《詩》曰：“卭烘于煁。”

炊餔疾也。从火，齊聲。

炙火。从火，喜聲。

熬也。从火，前聲。

乾煎也。从火，敖聲。熬，或从麥。

毛炙肉也。从火，包聲。

炮肉，以微火温肉也。从火，衣聲。

置魚箙中炙也。从火，曾聲。

以火乾肉。从火，稫聲。徐鉉曰："《説文》無'稫'字，當从䨏省，疑傳寫之誤。"案：籀文从䨏不省，可證。籀文不省。

灼也。从火，暴聲。

炙燥也。从火，昜聲。

灼也。从火，隺聲。

孰也。从火，蘭聲。或从閒。

爛也。从火，靡聲。

灼也。从火，久聲。今衡俗五日以鐙火灼小兒腹及手足者，爲燒灸，古有此法。

炙也。从火，勺聲。

鑠冶金也。从火，柬聲。

庭燎火燭也。从火，蜀聲。

然麻蒸也。从火，悤聲。

燭妻也。从火，也聲。

火餘也。从火，聿聲。一曰薪也。徐鉉曰："聿非聲，疑从𦘒省。今俗别作燼，非是。"

堅刀刃也。从火，卒聲。

火煣車網絶也。从火，兼聲。《周禮》曰："煣牙外不熑。"

放火也。从火，尞聲。

焦也。从火，曹聲。

火所傷也。从火，雥聲。或省。

天火曰烖。从火，𢦏聲。或从宀、火。古文。从才。蓋从才聲也。籒文。从巛。亦巛聲。

火气也。从火，垔聲。或从因。古文。籒文。从宀。

焆焆煙皃。从火，肙聲。

鬱煙也。从火，昷聲。

望火皃。从火，皀聲。讀若馰顙之馰。皀見日部，本與“皀”別，舊誤从皀，與馰音遠。

火熱也。从火，覃聲。

明也。从火，𦎧聲。《春秋傳》曰：“焯燿天地。”

明也。从火，丙聲。

明也。从火，卓聲。《周書》曰：“焯見三有俊心。”

明也。从火，昭聲。

盛赤也。从火，韋聲。《詩》曰：“彤管有煒。”

盛光也。从火，習聲。《詩》曰：“熠燿宵行。”

燿也。从火，昱聲。

照也。从火，翟聲。

光也。从火，軍聲。

煌煇也。从火，皇聲。

煌也。从火，昆聲。

光也。从火，同聲。

盛也。从火，曅聲。《詩》曰：“爗爗震電。”

火門也。从火，閻聲。

爓燿也。从火，玄聲。

温也。从火，埶聲。

盛也。从火，戠聲。古文熾。

熱在中也。从火，奧聲。

温也。从火，爰聲。

温也。从火，耎聲。

乾也。从火，亢聲。

乾也。从火，喿聲。

旱气也。从火，告聲。

溥覆照也。从火，壽聲。

取火於日，官名，舉火曰爟。《周禮》曰：“司爟，掌行火之政令。”从火，雚聲。段玉裁説：“取火於木。‘日’當作‘木’。”案：古者，對日取火，今有其法。或从亘。

燧，候表也，邊有警則舉火。从火，逢聲。

苣火，祓也。从火，爵聲。吕不韋曰：“湯得伊尹，爝以爟火，釁以犧豭。”

暴乾火也。从火，彗聲。

熼也。从火，𦣞聲。

西極之水也。从水，八聲。《爾雅》曰：“西至汃國謂四極。”

水，出焞煌塞外昆侖山，發原注海。从水，可聲。

澤，在昆侖下。从水，幼聲。讀與㪀同。

水，出發鳩山，入於河。从水，東聲。

水，出廣漢剛邑道徼外，南入漢。从水，吝聲。

水，出廣漢梓潼北界，南入墊江。从水，童聲。

水，出蜀湔氐徼外崏山，入海。从水，工聲。

江別流也。出崏山東，別爲沱。从水，它聲。徐鉉曰：“沱沼之沱通用此字，今別作池，非是。”案：池本隸變，後分爲二字。

江，水東至會稽山陰爲浙江。从水，折聲。

水，出蜀汶江徼外，東南入江。从水，我聲。

水，出蜀郡緜虒玉壘山，東南入江。从水，前聲。一曰手瀚之。

水，出蜀西徼外，東南入江。从水，末聲。

水，出犍爲涪，南入黔水。从水，昷聲。

水，出巴郡宕渠，西南入江。从水，鬵聲。

沮水，出漢中房陵，東入江。从水，且聲。

滇益州池名。从水，真聲。

涂水，出益州牧靡南山，西北入澠水。从水，余聲。

沅水，出牂牁故且蘭，東北入江。从水，元聲。

淹水，出越嶲徼外，東入若水。从水，奄聲。

溺水，自張掖删丹西至酒泉，合黎余波，入於流沙。从水，弱聲。桑欽所説。

洮水，出隴西臨洮，東北入河。从水，兆聲。

涇水，出安定涇陽幵頭山，東南入渭。雝州之川也。从水，巠聲。

渭水，出隴西首陽渭首亭南谷，東入河。从水，胃聲。杜林説，《夏書》以爲出鳥鼠山。雝州浸也。

漾水，出隴西柏道，東至武都爲漢。从水，羕聲。瀁古文。从養。

漢漾也。東爲滄浪水。从水，難省聲。徐鉉曰：“从難省，當作堇，而前作相承去土从大，疑兼从古文省。”㵄古文。

浪滄浪水也。南入江。从水，莨聲。

沔水，出武都沮縣東狼谷，東南入江，或曰入夏水。从水，丏聲。

湟水，出金城臨羌塞外，入河。从水，皇聲。

汧水，出扶風汧縣，西北入渭。从水，幵聲。

水，出扶風鄠，北入渭。从水，勞聲。

水名，出右扶風杜陵岐山，東入渭。一曰入洛。从水，桼聲。

水，出京兆藍田谷，入灞。从水，産聲。

水，出左馮翊歸德北夷界中，東南入渭。从水，各聲。

水，出弘農盧氏山，東南入沔。从水，育聲。或曰出酈山西。

水，出弘農盧氏還歸山，東入淮。从水，女聲。

水，出河南密縣大隗山，南入潁。从水，異聲。

水，出太原晋陽山，西南入河。从水，分聲。或曰出汾陽北山，冀州浸。

水，出霍山，西南入汾。从水，會聲。

水，出上黨羊頭山，東南入河。从水，心聲。

水，出壺關，東入淇。一曰沾，益也。从水，占聲。徐鉉曰："今俗别作添，非是。"

冀州浸也。上黨有潞縣。从水，路聲。今山西潞安府潞城縣東北有故潞城，距今縣四十里。《周禮》言職方氏：冀州，浸汾、潞。

濁漳出上黨長子鹿谷山，東入清漳。清漳出沾山大要谷，北入河。南漳出南郡臨沮。从水，章聲。

水，出河内共北山，東入河。或曰出隆慮西山。从水，其聲。

蕩水，出河内蕩陰，東入黄澤。从水，蕩聲。

沇水，出河東東垣王屋山，東爲泲。从水，允聲。㕣古文沇。徐鉉曰："口部已有，此重出。"案，口部有"㕣"，从口，从水，敗皃。是鉉見此古文本作㕣，後人妄加水旁。

泲沇也。東入于海。从水，𠂔聲。

洈水，出南郡高城洈山，東入繇。从水，危聲。

溠水，在漢南。从水，差聲。荊州浸也。《春秋傳》曰："脩涂梁溠。"《周禮·職方氏》曰："荊州，浸潁、湛，豫州浸波、溠。"鄭注："潁出陽城，宜屬豫州。"以屬荊爲非。鄦欲據地志以改經，故於潁、湛二篆均系曰"豫州浸"，而以此溠爲荊州，其實浸謂浸入，經文不誤。

洭水，出桂陽縣盧聚，山洭浦關爲桂水。从水，匡聲。

潓水，出盧江，入淮。从水，惠聲。

灌水，出盧江雩婁，北入淮。从水，雚聲。

漸水，出丹陽黟南蠻中，東入海。从水，斬聲。

泠水，出丹陽宛陵，西北入江。从水，令聲。

⿰氵箄水，在丹陽。从水，箄聲。

溧水，出丹陽溧陽縣。从水，桌聲。

湘水，出零陵陽海山，北入江。从水，相聲。

汨長沙汨羅淵，屈原所沈之水。从水，冥省聲。

溱水，出桂陽臨武，入匯。从水，秦聲。

深水，出桂陽南平，西入營道。从水，突聲。

潭水，出武陵鐔成王山，東入鬱林。从水，覃聲。

油水，出武陵孱陵西，東南入江。从水，由聲。

⿰氵買水，出豫章艾縣，西入湘。从水，買聲。

湞水，出南海龍川，西入溱。从水，貞聲。

溜水，出鬱林郡。从水，留聲。

瀷水，出河南密縣，東入潁。从水，翼聲。

潕水，出南陽舞陰，東入潁。从水，無聲。

滶水，出南陽魯陽，入城父。从水，敖聲。

瀙水，出南陽舞陽中陽山，入潁。从水，親聲。

淮水，出南陽平氏桐柏大復山，東南入海。从水，隹聲。

滍水，出南陽魯陽堯山，東北入汝。从水，蚩聲。

澧水，出南陽雉衡山，東入汝。从水，豊聲。

溳水，出南陽蔡陽，東入夏水。从水，員聲。

淠水，出汝南弋陽垂山，東入淮。从水，畀聲。

澺水，出汝南上蔡黑閭澗，入汝。从水，意聲。

洶水，出汝南新郪，入潁。从水，匈聲。

灈水，出汝南吴房，入瀙。从水，瞿聲。

水，出潁川陽城乾山，東入淮。从水，頃聲。豫州浸。

水，出潁川陽城山，東南入潁。从水，有聲。

水，出潁川陽城少室山，東入潁。从水，㬎聲。

水，受淮陽扶溝浪湯渠，東入淮。从水，過聲。

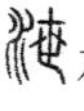水，受九江博安洵波，北入氐。从水，世聲。

水，受陳留浚儀陰溝，至蒙爲雝水，東入于泗。从水，反聲。徐鉉曰：“今作汴，非是。”

水，出鄭國。从水，曾聲。《詩》曰：“潧與洧，方涣涣兮。”

水，在臨淮。从水，夌聲。

水，出東郡濮陽，南入鉅野。从水，僕聲。

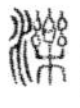齊魯間水也。从水，樂聲。《春秋傳》曰：“公會齊侯于濼。”

水，在魯。从水，鄗聲。

魯北城門池也。从水，争聲。

水，出東郡東武陽，入海。从水，㬎聲。桑欽云：“出平原高唐。”

水，出山陽平樂，東北入泗。从水，包聲。

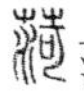菏澤水，在山陽胡陵。《禹貢》：“浮于淮泗，達于菏。”从水，苛聲。

受泲水，東入淮。从水，四聲。

水，在齊魯間。从水，亘聲。

河灉水，在宋。从水，雝聲。

澶淵水，在宋。从水，亶聲。

水，出泰山蓋臨樂山，北入泗。从水，朱聲。

水，出青州浸。从水，术聲。案，“水出”下當有奪文。

水，出東海費東，西入泗。从水，斤聲。一曰沂水出泰山，蓋青州浸。

水，出齊臨朐高山，東北入鉅定。从水，羊聲。

水，出齊郡厲嬀山，東北入鉅定。从水，蜀聲。

水，出東海桑瀆覆甑山，東北入海。一曰灌注也。从水，既聲。

水，出琅邪箕屋山，東入海。徐州浸。《夏書》曰：“濰、淄其道。”从水，維聲。

水，出琅邪靈門壺山，東北入濰。从水，吾聲。

水，出琅邪朱虛東泰山，東入濰。从水，文聲。桑欽說：“汶水出泰山萊蕪，西南入泲。”

水，出東萊曲城陽丘山，南入海。从水，台聲。

水，出魏郡武安，東北入呼沱水。从水，𡩱聲。𡩱，籒文侵字。

水，出趙國襄國之西山，東北入湡。从水，禺聲。

水，出趙國襄國，東入湡。从水，虒聲。

渚水，在常山中丘逢山，東入湡。从水，者聲。《爾雅》曰："小州曰渚。"

洨水，出常山石邑井陘，東南入于泜。从水，交聲。祁國有洨縣。

濟水，出常山房子贊皇山，東入泜。从水，齊聲。

泜水，在常山。从水，氐聲。

濡水，出涿郡故安，東入漆涑。从水，需聲。

灅水，出右北平浚靡，東南入庚。从水，壘聲。

沽水，出漁陽塞外，東入海。从水，古聲。

沭水，出遼東番汗塞外，西南入海。从水，朩聲。

浿水，出樂浪鏤方，東入海。从水，貝聲。一曰出浿水縣。

瀤北方水也。从水，褱聲。

㶟水，出鴈門陰館纍頭山，東入海。或曰治水也。从水，纍聲。

⿰氵虘水，出北地直路西，東入洛。从水，虘聲。

泒水，起鴈門葰人戍夫山，東北入海。从水，瓜聲。

滱水，起北地靈丘，東入河。从水，寇聲。滱水，即漚夷水，并州川也。

淶水，起北地廣昌，東入河。从水，來聲。并州浸。

泥水出北地郁郅北蠻中。从水，尼聲。

西河美稷保東北水。从水，南聲。

水，出西河中陽北沙，南入河。从水，焉聲。

河津也。在西河西。从水，坙聲。葢古有坙津猶孟津耳。

水也。从水，旟聲。

過水中也。从水，旬聲。

水，出北瓥山，入邙澤。从水，舍聲。

水也。从水，刃聲。

水也。从水，直聲。

水也。从水，妾聲。

水也。从水，居聲。

水也。从水，息聲。其冀切。

水也。从木，尤聲。

水也。从水，困聲。

水也。从水，果聲。

水也。从水，肖聲。讀若瑣。

水也。从水，龙聲。

水也。从水，乳聲。

水也。从水，夂聲。夂，古文終。

淺水也。从水，百聲。

水也。从水，千聲。

水也。从水，臣聲。《詩》曰："江有洍。"

勃澥，海之别名也。从水，解聲。一説澥即澥谷也。

北方流沙也。一曰清也。从水，莫聲。

天池也。以納百川者。从水，每聲。

大也。从水，尃聲。

水大至也。从水，闇聲。

洚水也。从水，共聲。

水不遵道。一曰下也。从水，夅聲。

水脈行地中濥濥然。从水，夤聲。

水漫漫大皃。从水，舀聲。

小流也。从水，肙聲。《爾雅》曰："汝爲涓。"

豐流也。从水，昆聲。

水潒瀁也。从水，象聲。讀若蕩。

順流也。一曰水名。从水，敖聲。

深清也。从水，肅聲。

長流也。一曰水名。从水，寅聲。

流散也。从水，奐聲。

俠流也。从水，必聲。

水流聲。从水，昏聲。活，或从聒。

水流湝湝也。从水，皆聲。一曰湝湝，寒也。《詩》曰：“風雨湝湝。”

湝流也。从水，玄聲。上黨有泫氏縣。

水流皃。从水，彪省聲。《詩》曰：“滮沱北流。”

疾流也。从水，或聲。

流清皃。从水，劉聲。《詩》曰：“瀏其清矣。”

礙流也。从水，薉聲。《詩》曰：“施罟濊濊。”

沛也。从水，旁聲。徐鉉曰：“今俗別作霶霈，非是。”

深廣也。从水，圭聲。一曰洼，池也。

清深也。从水，翏聲。

清也。从水，此聲。

寒水也。从水，兄聲。

涌搖也。从水，中聲。讀若動。

浮皃。从水，凡聲。

轉流也。从水，云聲。讀若混。

澆也。从水，告聲。《虞書》曰：“洪水浩浩。”

莽沆，大水也。从水，亢聲。一曰大澤皃。

水暴至聲。从水，鼻聲。

水小聲。从水，㕡聲。

水疾聲。从水，翁聲。

水超涌也。从水，朕聲。

涌出也。一曰水中坻，人所爲，爲潏。一曰潏，水名，在京兆杜陵。从水，矞聲。

水涌流也。从水，皮聲。

江水大波謂之澐。从水，雲聲。

大波爲瀾。从水，闌聲。瀾，或从連。

小波爲淪。从水，侖聲。《詩》曰：“河水清且淪漪。”一曰没也。

浮也。从水，奥聲。

汜也。从水，孚聲。

汜也。从水，監聲。一曰濡上及下也。《詩》曰：“畢沸濫泉。”一曰清也。備三義廣異説。

濫也。从水，巳聲。

下深皃。从水，弘聲。

回也。从水，韋聲。

深所至也。从水，則聲。

疾瀨也。从水，耑聲。

水聲也。从水，宗聲。

水礙衺疾波也。从水，敫聲。一曰半遮也。

疾流也。从水，同聲。

大波也。从水，旛聲。

涌也。从水，匈聲。

滕也。从水，甬聲。一曰涌水，在楚國。

湁湒，灊也。从水，拾聲。

直流也。从水，空聲。

激水聲也。从水，勺聲。井一有水、一無水，謂之瀱汋。

井一有水、一無水，謂之瀱汋。从水，罽聲。

混流聲也。从水，軍聲。一曰洿下皃。

水清也。从水，列聲。《易》曰：“井洌，寒泉，食。”

清湛也。从水，叔聲。

水盛也。从水，容聲。

清也。从水，徵省聲。徐鉉曰：“今俗作澄，非是。”

朖也。徵水之皃。从水，青聲。

水清底見也。从水，是聲。《詩》曰：“湜湜其止。”

水流浼浼皃。从水，閔聲。

下漉也。从水，參聲。

不流濁也。从水，圍聲。

亂也。一曰水濁皃。从水，圂聲。

濁也。从水，屈聲。一曰滒泥。一曰水出皃。

回泉也。从水，旋省聲。

深也。从水，崔聲。《詩》曰："有漼者淵。"

滿也。从水，爾聲。

水搖也。从水，詹聲。

旁深也。从水，尋聲。

谷也。从水，平聲。

水皃。从水，出聲。讀若窋。

水至也。从水，薦聲。讀若尊。

土得水沮也。从水，笳聲。讀若麳。

盈溢也。从水，㒼聲。

利也。从水，骨聲。

不滑也。从水，嗇聲。

光潤也。从水，睪聲。

浸淫隨理也。从水，𡈼聲。一曰久雨爲淫。

漬也。从水，韱聲。《爾雅》曰："泉一見一否爲瀸。"

水所蕩泆也。从水，失聲。

漏也。从水，貴聲。

水不利也。从水，㐱聲。《五行傳》曰："若其沴作。"

淺不深也。从水，戔聲。

洔水暫益且止未減也。从水，寺聲。

渻少減也。一曰水門，又水出丘前謂之渻丘。从水，省聲。

淖泥也。从水，卓聲。

濢小溼也。从水，翠聲。

溽溼暑也。从水，辱聲。

涅黑土在水中也，从水、从土，日聲。

滋益也。从水，兹聲。一曰滋水，出牛飲山白陘谷，東入呼沱。

⿰氵曶青黑色。从水，曶聲。

浥溼也。从水，邑聲。

瀨水流沙上也。从水，賴聲。

濆水厓也。从水，賁聲。《詩》曰："敦彼淮濆。"

涘水涯也。从水，矣聲。《周書》曰："王出涘。"

汻水厓也。从水，午聲。徐鉉曰："今作滸，非是。"

氿水厓枯土也。从水，九聲。《爾雅》曰："水醮曰氿。"

漘水厓也。从水，脣聲。《詩》曰："寘河之漘。"

浦瀕也。从水，甫聲。

沚小渚曰沚。从水，止聲。《詩》曰："于沼于沚。"

沸畢沸，濫泉。从水，弗聲。

水別復入水也。一曰汜，窮瀆也。从水，巳聲。《詩》曰：“江有汜。”徐鉉曰：“詳里切，與前‘洍’字音義同，蓋或體也。”

湀辟，深水處也。从水，癸聲。

滎濘也。从水，寧聲。

絶小水也。从水，熒省聲。

深池也。从水，圭聲。

清水也。一曰窊也。从水，窐聲。

積水池。从水，黄聲。

池水。从水，召聲。

大陂也。从水，胡聲。揚州浸，有五湖。浸，川澤所仰以灌溉也。

水都也。从水，支聲。

十里爲成。成閒廣八尺、深八尺謂之洫。从水，血聲。《論語》曰：“盡力乎溝洫。”

水瀆。廣四尺、深四尺。从水，冓聲。

溝也。从水，賣聲。一曰邑中溝。

水所居。从水，桌省聲。

谷也。从水，臨聲。讀若林。一曰寒也。

水艸交爲湄。从水，眉聲。

山夾水也。从水，間聲。一曰澗水，出弘農新安，東南入洛。

隈，厓也。其内曰澳，其外曰隈。从水，奥聲。

夏有水，冬無水，曰澩。从水，學省聲。讀若學。澩或不省。

水濡而乾也。从水，鷬聲。《詩》曰："灘其乾矣。"俗灘从隹。

魚游水皃。从水，山聲。《詩》曰："蒸然汕汕。"

漏流也。从水，䜌聲。

水注也。从水，啻聲。

灌也。从水，主聲。

溉灌也。从水，芺聲。

所以攤水也。从水，昔聲。《漢律》曰："及其門首洒浩。"

埤增水邊土，人所止者。从水，筮聲。《夏書》曰："過三澨。"

水渡也。从水，聿聲。古文津，从舟、从淮。

無舟渡河也。从水，朋聲。

小津也。从水，横聲。一曰以船渡也。

編木以渡也。从水，付聲。

濟也。从水，度聲。

緣水而下也。从水，㕣聲。《春秋傳》曰："王沿夏。"

逆流而上曰㴑洄。㴑，向也。水欲下，違之而上也。从水，㡿聲。㴑，或从辵。朔，朔聲也。

潛行水中也。从水，永聲。

涉水也。一曰藏也。一曰漢水爲潛。从水，朁聲。

水入船中也。一曰泥也。从水，金聲。

淦，或从今。

浮也。从水，乏聲。

水上人所會也。从水，奏聲。

没也。从水，甚聲。一曰湛水，豫章浸。《地理志》注引作“豫州浸”。《周禮·職方氏》：“荆州浸，潁湛。”古文。

没也。从水，垔聲。

没也。从水，畏聲。

雲气起也。从水，翁聲。

滃也。从水，央聲。

雲雨起也。从水，妻聲。《詩》曰：“有渰淒淒。”

雲雨皃。从水，弇聲。

小雨溟溟也。从水，冥聲。

小雨零皃。从水，束聲。

疾雨也。一曰沫也。一曰瀑賈也。从水，暴聲。《詩》曰：

"終風且瀑。"

時雨，澍生萬物。从水，尌聲。

雨下也。从水，咠聲。一曰沸涌皃。

久雨涔濱也。一曰水名。从水，資聲。

雨水大皃。从水，尞聲。

雨流霤下皃。从水，蒦聲。

流下滴也。从水，豖聲。上谷有涿縣。奇字涿从日、乙。

雨瀧瀧皃。从水，龍聲。

渿沛也。从水，柰聲。

久雨也。从水，高聲。

雨漊漊也。从水，婁聲。一曰汝南謂飲酒習之不醉爲婁。

小雨也。从水，微省聲。

微雨也。从水，蒙聲。

陵上滈水也。从水，冘聲。一曰濁默也。徐鉉曰："今俗别作沉，冗不成字，非是。"

雷震洅洅也。从水，再聲。

泥水淊淊也。一曰繅絲湯也。从水，臽聲。

水澤多也。从水，函聲。《詩》曰："僭始既涵。"

漸溼也。从水，挐聲。

瀀澤多也。从水，憂聲。《詩》曰："既瀀既渥。"

涔漬也。一曰涔陽渚，在郢中。从水，岑聲。

漬漚也。从水，責聲。

漚久漬也。从水，區聲。

浞濡也。从水，足聲。

渥霑也。从水，屋聲。

㴫灌也。从水，隺聲。

洽霑也。从水，合聲。

濃露多也。从水，農聲。《詩》曰："零露濃濃。"

瀌雨雪瀌瀌。从水，麃聲。

溓薄水也。一曰中絶小水。从水，兼聲。

滯凝也。从水，帶聲。

汦著止也。从水，氏聲。

㶁水裂去也。从水，虢聲。

澌水索也。从水，斯聲。

汔水涸也。或曰泣下。从水，气聲。《詩》曰："汔可小康。"

涸渴也。从水，固聲。讀若狐貈之貈。𣸣涸亦从水、鹵、舟。

消盡也。从水，肖聲。

潐盡也。从水，焦聲。

盡也。从水，曷聲。

水虚也。从水，康聲。

幽溼也。从水，一所以覆也。覆而有土，故溼也。㬎省聲。

幽溼也。从水，音聲。

濁水不流也。一曰窳下也。从水，夸聲。

汙也。从水，免聲。《詩》曰：“河水浼浼。”《孟子》曰：“汝安能浼我？”

薉也。一曰小池爲汙。一曰涂也。从水，于聲。

隘下也。一曰有湫水，在周地。《春秋傳》曰：“晏子之宅湫隘。”安定朝那有湫泉。从水，秋聲。泉當作淵，唐人避諱改也。《前志》云：朝那有湫淵祠，在今甘肅平涼府。

水曰潤下。从水，閏聲。

平也。从水，隼聲。

平也。从水，丁聲。 汀，或从平。

水吏也。又温也。从水，丑聲。

水浸也。从水，糞聲。《爾雅》曰：“瀵，大出尾下。”

新也。从水，臯聲。

無垢薉也。从水，静聲。

拭滅皃。从水，蔑聲。

灖泧也。从水，戉聲。讀若椒椴之椴。

灌釜也。从水，自聲。

熱水也。从水，昜聲。

洝也。一曰煮孰也。从水，而聲。

財温水也。从水，兑聲。《周禮》曰："以涚漚其絲。"

鬻也。从水，官聲。酒泉有樂涫縣。

涫溢也。今河朔方言謂沸溢爲涾。从水，沓聲。

淅灡也。从水，大聲。

淅也。从水，簡聲。

汏米也。从水，析聲。

浚乾漬米也。从水，竟聲。《孟子》曰："夫子去齊，滰淅而行。"

浸沃也。从水，妟聲。

抒也。从水，夋聲。謂从水，中挹取之也。

浚也。从水，歷聲。一曰水下滴瀝。

浚也。从水，鹿聲。漉，或从录。

淅米汁也。一曰水名，在河南滎陽。从水，番聲。

潘也。从水，蘭聲。

周謂潘曰泔。从水，甘聲。

久泔也。从水，脩聲。

滓埿也。从水，殿聲。

澱滓，濁泥。从水，於聲。

澱也。从水，宰聲。

濁也。从水，念聲。

漬也。从水，侖聲。

釃酒也。一曰浚也。从网、从水，焦聲。讀若《夏書》“天用勦絶”。徐鉉曰：“以縑帛漉酒，故从网。”

側出泉也。从水，㱿聲。㱿，籒文磬字。

莤酒也。一曰浚也。一曰露皃。从水，胥聲。《詩》曰：“有酒湑我。”又曰：“零露湑兮。”

沈於酒也。从水，面聲。《周書》曰：“罔敢湎于酒。”

酢𣽍也。从水，將省聲。古文𣽍省。

薄也。从水，京聲。

薄味也。从水，炎聲。

食已而復吐之。从水，君聲。《爾雅》曰：“太歲在申曰涒灘。”

沃也。从水，堯聲。

盡也。从水，夜聲。

液也。从水，十聲。

多汁也。从水，哥聲。讀若哥。

豆汁也。从水，顥聲。

器滿也。从水，益聲。

滌也。从水，西聲。古文以爲灑埽字。

洒也。从水，條聲。

和也。从水，戢聲。

汁也。从水，審聲。《春秋傳》曰：“猶拾瀋也。”

飲也。从水，弭聲。

飲歃也。一曰吮也。从水，算聲。

盪口也。从水，軟聲。

滄也。从水，同聲。

寒也。从水，倉聲。

冷寒也。从水，靚聲。

滅火器也。从水，卒聲。

濯髮也。从水，木聲。

洒面也。从水，未聲。古文沬，从頁。《尚書》：“王乃洮額水。”釋文曰：“《說文》作沬，云古文作額。”陸所據唐本《說文》作，从，謂以兩手匊水沬面，於義尤備。

洒身也。从水，谷聲。

洒手也。从水，喿聲。

灑足也。从水，先聲。

淥也。从水，𦎫聲。

以水沃也。从水，林聲。一曰淋淋，山下水皃。

除去也。从水，枼聲。

濯衣垢也。从水，榦聲。瀚，或从完。

瀚也。从水，翟聲。

瀚也。从水，朿聲。河東有涑水。

於水中擊絮也。从水，敝聲。

涂也。从水、从土，龙聲。讀若隴。

汛也。从水，麗聲。

灑也。从水，卂聲。

以繒染爲色。从水，杂聲。徐鍇曰：“《説文》無‘杂’字。”裴光遠云：“从木，木者所以染，梔、茜之屬也。从九，九者染之數也。未知其審。”

滑也。从廾、从水，大聲。古文泰。

海岱之間謂相汙曰潣。从水，閻聲。

汙灑也。一曰水中人。从水，贊聲。

乳汁也。从水，重聲。

鼻液也。从水，夷聲。

涕流皃。从水，散省聲。《詩》曰：“潸焉出涕。”

人液也。从水，干聲。

泣無聲出涕曰泣。从水，立聲。

涕泣也。从水，弟聲。

涑瀚也。从水，束聲。

渝變汙也。从水，俞聲。一曰渝水，在遼西臨俞，東出塞。

減損也。从水，咸聲。

滅盡也。从水，威聲。

漕水轉轂也。一曰人之所乘及船也。从水，曹聲。

漏以銅受水刻節，晝夜百刻。从水，扇聲。

澒丹沙所化爲水銀也。从水，項聲。

濊水多皃。从水，歲聲。

汩治水也。从水，曰聲。

霣雨也。齊人謂靁爲霣。从雨，員聲。一曰雲轉起也。[illegible]古文霣。

霆雷余聲也鈴鈴，所以挺出萬物。从雨，廷聲。

䨮雪雪，震電皃。一曰眾言也。从雨，嚞省聲。

電陰陽激燿也。从雨，申聲。此依小徐本，大徐本作“从雨，从申”。案：申，古文作[illegible]，象電光激燿之形，本最初古文“電”字也，後加雨爲“電”，加示爲“神”，古以“電”即天神也。“虹”下出[illegible]爲籀文，从申，申，電也，是矣。後專用“申”爲申束字，反以“電”从雨，申會意，或以爲聲，皆非也，但相沿已久，依聲次此。[illegible]古文電如此。

劈歷，振物者。从雨，辰聲。《春秋傳》曰：“震夷伯之廟。”籀文震。

凝雨，説物者。从雨，彗聲。

雨霓爲霄。从雨，肖聲。齊語也。

稷雪也。从雨，散聲。霰，或从見。

雨冰也。从雨，包聲。古文雹。

雨零也。从雨，各聲。

余雨也。从雨，令聲。

小雨財零也。从雨，鮮聲。讀若斯。

霢霂，小雨也。从雨，脈聲。

霢霂也。从雨，沐聲。

小雨也。从雨，酸聲。

微雨也。从雨，𢦔聲。又讀若芟。

小雨也。从雨，眾聲。《明堂月令》曰：“霝雨。”

久陰也。从雨，沈聲。

久雨也。从雨，兼聲。

久雨也。从雨，函聲。

雨三日已往。从雨，林聲。

霖雨也。南陽謂霖雨曰䨲。从雨，𠂢聲。

雨聲。从雨，真聲。讀若資。

雨皃。方語也。从雨，禹聲。讀若禹。

小雨也。从雨，僉聲。

雨䨣也。从雨，沾聲。

濡也。从雨，染聲。

屋水流也。从雨，留聲。

雨止也。从雨，齊聲。

霽謂之䨮。从雨，妻聲。

雨止雲罷皃。从雨，郒聲。

潤澤也。从雨，路聲。

喪也。成物者。从雨，相聲。

地气發，天不應。从雨，敄聲。今俗作“霧”，从務。籀文省。

風雨土也。从雨，貍聲。《詩》曰：“終風且霾。”

天气下，地不應，曰霿。霿，晦也。从雨，瞀聲。

屈虹，青赤，或白色，陰气也。从雨，兒聲。

寒也。从雨，執聲。或曰早霜。讀若《春秋傳》“墊阨”。

夏祭，樂于赤帝，以祈甘雨也。从雨，亏聲。或从羽。雩，羽舞也。

須也。遇雨不進，止須也。从雨，而聲。《易》曰：“雲上於天，需。”徐鉉曰：“案，李陽冰據《易》‘雲上於天’云‘當从天’，然諸本及前作所書皆从而，無有从天者。”

水音也。从雨，羽聲。

雲覆日也。从雲，今聲。後加雨。古文或省。非省也，古但以云爲形。亦古文霒。俗用陰。

魚子已生者。从魚，憜省聲。籀文。

魚子也。一曰魚之美者，東海之鮞。从魚，而聲。讀若而。

魚也。从魚，去聲。

魚。似鼈，無甲，有尾，無足，口在腹下。从魚，納聲。

虛鰨也。从魚，㬰聲。

赤目魚。从魚，尊聲。

魚也。从魚，樕聲。

魚也。从魚，容聲。

魚也。从魚，胥聲。

鮥也。《周禮》：“春獻王鮪。”从魚，有聲。

鯍也。《周禮》謂之䱡。从魚，恆聲。

䱡鯍也。从魚，亢聲。

叔鮪也。从魚，各聲。

魚也。从魚，系聲。徐鉉曰：“系非聲，疑从孫省。”

魚也。从魚，罘聲。李陽冰曰：“當从𦋹省。”

鱣也。从魚，里聲。

鯉也。从魚，亶聲。籀文鱣。

魚也。从魚，專聲。

魚名。从魚，同聲。一曰鱸也。讀若絝襱。

鮦也。从魚，蠡聲。

魚名。一名鯉。一名鰜。从魚，婁聲。

魚名。从魚，兼聲。

魚名。从魚，攸聲。《詩·周頌》作“鰷”。箋云：“鰷，白鰷也。”今呼鰷子音刁。

魚名。从魚，豆聲。

魚名。从魚，便聲。鯾，或从扁。

赤尾魚。从魚，方聲。《詩》：“魴魚赬尾。”傳：“魚勞則尾赤。”非專名。魴，或从旁。

魚名。从魚，與聲。

魚名。从魚，連聲。

魚名。从魚，皮聲。

魚名。从魚，幼聲。讀若幽。

魚名。从魚，付聲。

魚名。从魚，巠聲。

魚名。从魚，矞聲。

魚名。从魚，麗聲。

魚也。从魚，曼聲。

魚名。从魚，蒦聲。

大鱯也。其小者名鮡。从魚，丕聲。

鱯也。从魚，豊聲。

鱧也。从魚，果聲。

楊也。从魚，嘗聲。

魚也。从魚，覃聲。《傳》曰：“伯牙鼓琴，鱏魚出聽。”

刺魚也。从魚，兒聲。

鰌也。从魚，習聲。

鰼也。从魚，酋聲。

魚名。从魚，完聲。

哆口魚也。从魚，乇聲。

飲而不食，刀魚也，九江有之。从魚，此聲。

鮎也。从魚，它聲。

鰋也。从魚，占聲。

鮀也。从魚，晏聲。 鰋，或从匽。

大鮎也。从魚，弟聲。

魚名。从魚，賴聲。

魚名。从魚，朁聲。

魚名。从魚，翁聲。

魚名。从魚，臽聲。

魚名。从魚，厥聲。

白魚也。从魚，取聲。

魚名。皮可爲鼓。从魚，單聲。

魚名。出薉邪頭國。从魚，免聲。一名石首，即䱋䱻。今所食黄花魚首中有二石。

魚名。出薉邪頭國。从魚，分聲。《後漢書 · 東夷傳》："濊國海出班魚皮。"班魚，即魵魚。

魚名。出樂浪潘國。从魚，虜聲。

魚名。狀似蝦，無足，長寸，大如叉股，出遼東。从魚，區聲。

魚名。出樂浪潘國。从魚，妾聲。

魚名。出樂浪潘國。从魚，巿聲。

魚名。出樂浪潘國。从魚，匊聲。一曰鰡魚，出江東，有兩乳。

魚名。出樂浪潘國。从魚，沙省聲。

魚名。出樂浪潘國。从魚，樂聲。

魚名。出貉國。从魚，羴省聲。

魚名。皮有文，出樂浪東暆。神爵四年初，捕收輸考工。周成王時，揚州獻鰅。从魚，禺聲。漢孝宣帝時，有神爵年號，又《公卿表》少府屬官，有考工輸此魚皮飾器。

魚名。从魚，庸聲。

烏鰂，魚名。从魚，則聲。鰂，或从即。

海魚名。从魚，台聲。

海魚名。从魚，白聲。

海魚名。从魚，复聲。

海魚，皮可飾刀。从魚，交聲。

海大魚也。从魚，畺聲。《春秋傳》曰："取其鱷鯢。"鱷，或从京。

魚骨也。从魚，更聲。

魚甲也。从魚，粦聲。

魚臭也。从魚，生聲。徐鉉曰："今俗作鯹。"

鮏臭也。从魚，喿聲。《周禮》曰："膳膏鱢。"

魚䏣醬也。出蜀中。从魚，旨聲。一曰鮪魚名。

藏魚也。南方謂之魿，北方謂之鮺。从魚，差省聲。

鮺也。一曰大魚爲鮺，小魚爲魿。从魚，今聲。

饐魚也。从魚，包聲。

蟲連行紆行者。从魚，令聲。

鰕也。从魚，叚聲。

大鰕也。从魚，高聲。

當互也。从魚，咎聲。

大貝也。一曰魚膏。从魚，亢聲。讀若岡。

蚌也。从魚，丙聲。

蚌也。从魚，吉聲。漢律，會稽郡獻鮚醬。

魚名。从魚，必聲。

魚名。从魚，瞿聲。

魚名。从魚，侯聲。

骨耑脃也。从魚，周聲。

烝然䱓䱓。从魚，卓聲。此新增俗字。

鱣鮪鱍鱍。从魚，犮聲。此二文皆用《詩》説之，不言字義，古《毛詩》作“發”“罩”，此俗字。

䱐魚。出東萊。从魚，夫聲。

魚名。从魚，其聲。

魚名。从魚，兆聲。

魚名。从魚，匕聲。

神農居姜水以爲姓。从女，羊聲。

黄帝居姬水以爲姓。从女，𦣞聲。

黄帝之後百鯀姓，后稷妃家也。从女，吉聲。

少昊氏之姓。从女，羸省聲。

虞舜居姚虚，因以爲姓。从女，兆聲。或爲姚，嬈也。《史篇》以爲：姚，易也。

虞舜居嬀汭，因以爲姓。从女，爲聲。

祝融之後姓也。从女，云聲。籒文妘，从員。

殷諸侯爲亂，疑姓也。从女，先聲。《春秋傳》曰："商有姺邳。"

人姓也。从女，然聲。

人姓也。从女，丑聲。《商書》曰："無有作政。"

人姓也。从女，其聲。杜林説："娸，醜也。"

少女也。从女，乇聲。

謀也，謀合二姓。从女，某聲。

酌也，斟酌二姓也。从女，勺聲。

女適人也。从女，家聲。

匹也。从女，己聲。

妃也。从女，𥃩聲。

女妊身動也。从女，辰聲。《春秋傳》曰："后緍方娠。"一曰官婢女隸謂之娠。或音振。

婦人妊身也。从女，芻聲。《周書》曰："至於媰婦。"

生子齊均也。从女，𤯍聲。此依小徐本，大徐本作“从女、从生，免聲”，俗本誤兔聲。

婗也。从女，殹聲。

嫛婗也。从女，兒聲。一曰婦人惡皃。

母也。从女，區聲。

女老偁也。从女，𥁕聲。讀若奧。

嫗也。从女，句聲。

蜀謂母曰姐，淮南謂之社。从女，且聲。

夫母也。从女，古聲。

殁母也。从女，比聲。籒文妣省。

女兄也。从女，𠂔聲。

女弟也。从女，未聲。

楚人謂女弟曰媦。从女，胃聲。《公羊傳》曰：“楚王之妻媦。”

兄妻也。从女，叜聲。

兄之女也。从女，至聲。

妻之女弟同出爲姨。从女，夷聲。

女師也。从女，加聲。杜林説：“加教於女也。”讀若阿。

女師也，从女，每聲。讀若母。

重婚也。从女，冓聲。《易》曰：“匪寇，婚媾。”

美女也。从女，多聲。 姼，或从氏。

婦人美也。从女，犮聲。

女隸也。从女，奚聲。

婦官也。从女，弋聲。

甘氏《星經》曰：“太白上公，妻曰女媊。女媊居南斗，食厲，天下祭之，曰明星。”从女，前聲。《天官書》曰：“昔之傳天數者，在齊，甘公。”徐廣曰：“或曰甘公名德也，本是魯人。”

古之神聖女化萬物者也。从女，咼聲。 籀文媧，从鬲。

帝高辛之妃，偰母號也。从女，戎聲。《詩》曰：“有娀方將。”

帝堯之女、舜妻娥皇字也。秦晉謂好曰娙娥。从女，我聲。

台國之女、周棄母字也。从女，原聲。

女字也。从女，燕聲。

女字也。从女，可聲。讀若阿。

女字也。《楚詞》曰：“女嬃之嬋媛。”賈侍中說：“楚人謂姊爲嬃。”从女，須聲。

女字也。从女，圭聲。

女字也。从女，與聲。讀若余。

女字也。从女，需聲。

女字也。从女，尞聲。

女字也。从女，衣聲。讀若衣。

女字也。从女，周聲。

女字也。从女，合聲。《春秋傳》曰："嬖人婤姶。"一曰無聲。

女字也。从女，已聲。

女字也。从女，主聲。

女字也。从女，久聲。

女號也。从女，耳聲。

女之初也。从女，台聲。

説也。从女，眉聲。

媚也。从女，無聲。

媚也。从女，畜聲。

南楚之外謂好曰嫷。从女，隋聲。徐鉉曰："今俗省作婧，《唐韵》作妥，非是。"

好也。从女，朱聲。

説也。从女，興聲。

好也。从女，厭聲。

好也。从女，殳聲。《詩》曰："静女其殳。"

好也。从女，交聲。

好也。从女，㬎聲。讀若蜀郡布名。委員切。

好也。从女，兑聲。

目裏好也。从女，苗聲。

静好也。从女，畫聲。

體德好也。从女，官聲。讀若楚卻宛。

長好也。从女，巠聲。

白好也。从女，贊聲。

順也。从女，𤔔聲。《詩》曰：“婉兮嫋兮。”

宛也。从女，夗聲。

順也。从女，宛聲。《春秋傳》曰：“太子痤婉。”

直項皃。从女，同聲。

長皃。从女，焉聲。

弱長皃。从女，幵聲。

鋭細也。从女，韱聲。

嬰娸也。从女，冥聲。一曰娸娸，小人皃。

曲肩行皃。从女，䍃聲。

材緊也。从女，睘聲。《春秋傳》曰：“嬛嬛在疚。”

閑體，行姽姽也。从女，危聲。

姽也。一曰女侍曰婐。讀若騧，或若委。从女，果聲，孟軻曰：“舜爲天子，二女婐。”小徐本有“一曰果敢也”五字。

婐姽也。一曰弱也。从女，戹聲。舊讀五果切，與婐疊韵，今衡人謂弱女有穢行可欺梅者曰乞媒姫。段玉裁説，俗作婀娜。

小弱也。一曰女輕薄善走也。一曰多技藝也。从女，占聲，或讀若占。

姈也。从女，沾聲。

婆姈也。一曰善笑皃。从女，今聲。

竦身也。从女，篋聲。讀若《詩》:“糾糾葛屨。”

竦立也。从女，青聲。一曰有才也。讀若韭菁。

静也。从女，井聲。

婦人皃。从女，乏聲。

好也。从女，旋聲。

材也。从女，齊聲。

面醜也。从女，昏聲。

直好皃。一曰嬈也。从女，翟聲。

媞也。从女，規聲。讀若癸。秦晋謂細腰爲嫢。

諦也。一曰妍黠也。一曰江淮之間謂母曰媞。从女，是聲。

不繇也。从女，敄聲。

雅也。从女，閒聲。

説樂也。从女，配聲。

美也。从女，臤聲。

樂也。从女，吴聲。

戲也。从女，矣聲。一曰卑賤名也。

樂也。从女，甚聲。

順也。从女，尾聲。讀若媚。

孎也。从女，啻聲。

謹也。从女，屬聲。讀若人不孫爲不孎。

宴婉也。从女，冤聲。

女有心媕媕也。从女，弇聲。

諟也。从女，染聲。

壹也。从女，專聲。一曰女嫥嫥。

齊也。从女，責聲。

謹也。从女，束聲。讀若謹敕數數。

敏疾也。一曰莊敬皃。从女，僉聲。

服也。从女，賓聲。

至也。从女，執聲。《周書》曰：“大命不藝。”讀若摯同。一曰《虞書》“雉藝”。

俛伏也。从女，沓聲。一曰伏意。

緩也。从女，亶聲。一曰傳也。

保任也。从女，辜聲。

奢也。从女，般聲。徐鉉曰："今俗作婆，非是。"

舞也。从女，沙聲。《詩》曰："市也媻娑。"

耦也。从女，有聲。讀若祐。婣，或从人。

鈞適也。男女併也。从女，旬聲。鈞，猶均也。

婦人小物也。从女，此聲。《詩》曰："屢舞姕姕。"

婦人小物也。从女，支聲。讀若跂行。

三女爲㚥。㚥，美也。从女，奻省聲。

問也。从女，甹聲。

隨從也。从女，录聲。

飾也。从女，牀省聲。

慕也。从女，䜌聲。

嬻也。从女，枼聲。

媟嬻也。从女，賣聲。

短面也。从女，竅聲。

便嬖愛也。从女，辟聲。

難也。从女，殸聲。

妒也。从女，介聲。

婦妒夫也。从女，户聲。

夫妒婦也。从女，冒聲。一曰相視也。

巧也。一曰女子笑皃。《詩》曰："桃之媄媄。"从女，笑聲。

小心態也。从女，熒省聲。

婟也。从女，翏聲。

嫪也。从女，固聲。

態也。从女，次聲。

嬌也。从女，虘聲。

害也。从女，方聲。

亂也。从女，亡聲。

巧黠也。从女，俞聲。

婪㐭，貪也。从女，污聲。

小小侵也。从女，肖聲。

量也。从女，朵聲。

動也。从女，由聲。徐鍇曰："當从胄省。"

不平於心也。一曰疑也。从女，兼聲。

減也。从女，省聲。

不順也。从女，若聲。《春秋傳》曰："叔孫婼。"

很也。从女，幸聲。《楚詞》曰："鮌幸直。"鍇本有"一曰見親"四字，則親幸字當作婞。

易使怒也。从女，敝聲。讀若擊擎。

好枝格人語也。一曰靳也。从女，善聲。

疾悍也。从女，叕聲。讀若唾。

含怒也。一曰難知也。从女，酓聲。《詩》曰：“碩大且嬒。”

媕婴也。从女，阿聲。

技也。一曰不省録事，一曰難侵也，一曰惠也，一曰安也。从女，幵聲。讀若研。

圜深目皃。或曰吴楚之間謂好曰娃。从女，圭聲。

不媚㳘卻嫛嫛也。从女，陜聲。

鼻目間皃。讀若煙火炔炔。从女，决省聲。

愚戇多態也。从女，巂聲。讀若隓。

不説也。从女，恚聲。

怒皃。从女，黑聲。

輕也。从女，戉聲。

輕也。从女，奥聲。

訬疾也。从女，坙聲。

女人自偁我也。从女，央聲。

不説皃。从女，韋聲。小徐本“皃”下有“恣也”二字。

姿雄，姿也。从女，隹聲。一曰醜也。此當以“姿也”釋“姿雄”，或作“恣睢”，鍇涉此而誤。

有守也。从女，弦聲。

輕皃。从女，扁聲。

侮易也。从女，曼聲。

疾言失次也。从女，臿聲。讀若懾。

弱也。一曰下妻也。从女，需聲。

不肖也。从女，否聲。讀若竹皮箁。

遲鈍也。从女，臺聲。闒嬯亦如此。闒嬯，葢古語，《廣韵》：“弱跆，連手唱歌也。”當作此。

下志貪頑也。从女，覃聲。讀若深。

婪也。从女，參聲。

貪也。从女，林聲。杜林説：“卜者當相詐驗爲婪。”讀若潭。或云黨即攩，驗即譣。

懈也，怠也。一曰臥也。从女，賴聲。

娎婡也。从女，折聲。

得志婡婡。一曰婡息也。一曰少气也。从女，夾聲。

苛也。一曰擾，戲弄也。一曰嬥也。从女，堯聲。

惡也。一曰人皃。从女，毀聲。

誹也。一曰翼便也。从女，删省聲。

醜也。一曰老嫗也。从女，酉聲。讀若蹴。此畒惡正字。

嫫母，都醜也。从女，莫聲。《漢書・古今人表》：“㑄母，黄帝妃，生蒼林。"《荀卿書》作"嫫姆"。

往來㛷㛷也。一曰醜皃。从女，非聲。

煩擾也。一曰肥大也。从女，襄聲。

女黑色也。从女，會聲。《詩》曰："嬒兮蔚兮。"

好皃。从女，耎聲。舊讀而沇切，徐鉉《切韵》又音奴困切，今俗作嫩，非是。

誣挐也。从女，奄聲。

過差也。从女，監聲。《論語》曰："小人窮斯爁矣。"

侮易也。从女，敖聲。

私逸也。从女，𡈼聲。

除也。漢律，齊人予妻婢姦曰姘。从女，并聲。

婦人污也。从女，半聲。漢律曰："見姅變不得侍祠。"

女出病也。从女，廷聲。

女病也。从女，卓聲。

諉也。从女，垂聲。

有所恨也。从女，𡿺聲。今汝南人有所恨曰㜛。徐鉉曰："𡿺，古囟字，非聲，當从惱省。"段玉裁説："㜛之从惱，與思之从囟同意，又作懊。"

慙也。从女，鬼聲。媿，或从恥省。

舊注"上諱"。徐鉉曰："後漢和帝名也。"案，李舟《切韵》云："擊也。"从戈，𡰪聲。

周制，侍臣執戣立于東垂兵也。从戈，癸聲。

盾也。从戈，旱聲。

敗也。从戈，則聲。

鬭也。从戈，單聲。

三軍之偏也。一曰兵也。从戈，䖒聲。

利也。一曰剔也。从戈，呈聲。

斷也。从戈，雀聲。

殺也。从戈，今聲。《商書》曰：“西伯既戡黎。”

槍也。他國臣來弑君曰戕。从戈，爿聲。

殺也。从戈，翏聲。

刺也。从戈，甚聲。

長槍也。从戈，寅聲。《春秋傳》有檮戭。

傷也。从戈，才聲。

滅也。从戈，晋聲。《詩》曰：“實始戩商。”

藏兵也。从戈，咠聲。《詩》曰：“載戢干戈。”

斧也。从戈，𠄌聲。《司馬法》曰：“夏執玄戉，殷執白戚，周左杖黄戉，右秉白髦。”凡戉之屬皆从戉。徐鉉曰：“今俗别作鉞，非是。”

藏也。从匚，夾聲。 匧，或从竹。

飯器，筥也。从匚，㞷聲。 匡，或从竹。以竹爲之乃加竹。

佀羹魁，柄中有道，可以注水。从匚，也聲。

渌米籔也。从匚，算聲。

小桮也。从匚，贛聲。匶，或从木。

器，佀竹筐。从匚，非聲。《逸周書》曰：“實玄黄于匪。”

古器也。从匚，倉聲。

田器也。从匚，攸聲。

田器也。从匚，異聲。

古器也。从匚，曶聲。

甌器也。从匚，俞聲。

匣也。从匚，貴聲。

匱也。从匚，賣聲。

匵也。从匚，甲聲。

器也。从匚，淮聲。

棺也。从匚、从木，久聲。籒文柩。

宗廟盛主器也。《周禮》曰：“祭祀共匰主。”从匚，單聲。

㮚也，古田器也。从甾，疌聲。

畚屬，蒲器也，所以盛穜。从甾，弁聲。此盛糧器也。鄭注《周禮》：“挈畚以爲盛糧器。”

㼦也。从甾，并聲。杜林以爲竹筥。揚雄以爲蒲器。讀若軿。

罌也。从甾，虍聲。讀若盧同。篆文⿸虍甾。籀文⿸虍甾。

周家摶埴之功也。从瓦，方聲。讀若抵破之抵。徐鉉曰：“抵音瓦，非聲，未詳。”案，《考工記》“陶瓬”注：“大鄭讀爲甫始之甫，後鄭讀如放於此之放。”此从方聲，後鄭爲是。

匋也。从瓦，亞聲。

屋棟也。从瓦，夢省聲。徐鍇曰：“所以承瓦，故从瓦。”

甗也。从瓦，曾聲。籀文甑，从𩰲。

甑也。一曰穿也。从瓦，鬳聲。讀若言。

甌瓿謂之瓵。从瓦，台聲。

大盆也。从瓦，尚聲。

小盆也。从瓦，區聲。

罌也。从瓦，公聲。

佀罌，長頸，受十升。讀若洪，从瓦，工聲。

小盂也。从瓦，夗聲。徐鉉曰：“今俗別作椀，非是。”

瓮佀瓶也。从瓦，令聲。

罌謂之㼰。从瓦，卑聲。

佀小瓿，大口而卑，用食。从瓦，扁聲。

甂也。从瓦，音聲。

器也。从瓦，容聲。

瓴甓也。从瓦，辟聲。《詩》曰：“中唐有甓。”

井壁也。从瓦，秌聲。

康瓠破罌。从瓦，臬聲。甈，或从埶。

磋垢瓦石。从瓦，爽聲。宋刻本磋作瑳。

蹈瓦聲。从瓦，耎聲。《玉篇》：“㼽㼽，蹋瓦聲。”玄應以躐音讀之，云“蹈瓦聲躐躐”也。

治橐榦也。从瓦，今聲。段玉裁説，治當作冶，以韋囊鼓火，其榦用瓦與木爲之。

破也。从瓦，卒聲。

敗瓦也。从瓦，反聲。

畫弓也。从弓，𦎧聲。

弓無緣，可以解轡紛者。从弓，耳聲。弭，或从兒。

角弓也。洛陽名弩曰弲。从弓，肙聲。

木弓也。从弓，瓜聲。一曰往體寡、來體多曰弧。

弓反也。从弓，召聲。《詩》曰：“彤弓弨兮。”

弓曲也。从弓，雚聲。

弓弩耑弦所居也。从弓，區聲。

弓便利也。从弓，繇聲。讀若燒。

施弓弦也。从弓，長聲。

弓急張也。从弓，矍聲。

弓彊皃。从弓，朋聲。

弓有力也。从弓，畺聲。

持弓關矢也。从弓，䜌聲。

滿弓有所鄉也。从弓，于聲。

弓聲也。从弓，厶聲。厶，古文厷字。

弛弓也。从弓，璽聲。

弓有臂者。《周禮》：“四弩、夾弩、庾弩、唐弩、大弩。”从弓，奴聲。

張弩也。从弓，殸聲。

弩滿也。从弓，黄聲。讀若鄺。

䠶也。从弓，畢聲。《楚詞》曰：“芎焉彃日。”

行丸也。从弓，單聲。彈，或从弓，持丸。

䠶發也。从弓，癹聲。

帝嚳䠶官，夏少康滅之。从弓，幵聲。《論語》曰：“芎善䠶。

繫也。从糸，丿聲。凡系之屬皆从系。系，或从毄處。从處而毄聲也。籒文系，从爪絲。

繹繭爲絲也。从糸，巢聲。

抽絲也。从糸，睪聲。

絲耑也。从糸，者聲。

微絲也。从糸，面聲。

絲也。从系屯聲。《論語》曰：“今也純儉。”

生絲也。从糸，肖聲。

大絲也。从糸，皆聲。

絲曼延也。从糸，巟聲。

絲下也。从糸，气聲。《春秋傳》有“臧孫紇”。

絲滓也。从糸，氏聲。

繭滓絓頭也。一曰以囊絮練也。从糸，圭聲。

絲也。从糸，樂聲。

箸絲於筟車也。从糸，崔聲。

織也。从糸，巠聲。

作布帛之總名也。从糸，戠聲。樂浪挈令織。从糸、从式。

機縷也。从糸，壬聲。紝，或从任。

機縷也。从糸，宗聲。

緯十縷爲綹。从糸，咎聲。讀若柳。

織横絲也。从糸，韋聲。

緯也。从糸，軍聲。

織余也。从糸，貴聲。

紀也。从糸，充聲。

紀絲別也。从糸，己聲。

繈觕纇也。从糸，强聲。

纇絲節也。从糸，頪聲。

紿絲勞即紿。从糸，台聲。

納絲溼納納也。从糸，内聲。

紡網絲也。从糸，方聲。網絲，猶紡絲也。

續連也。从糸，賣聲。賡古文續，从庚貝。徐鉉曰："今俗作古行切。"

纘繼也。从糸，贊聲。

紹繼也。从糸，召聲。一曰紹，緊糾也。綤古文紹，从邵。

䌤偏緩也。从糸，羡聲。

䋼緩也。从糸，盈聲。讀與聽同。綎䋼，或从呈。

縱緩也。一曰舍也。从糸，從聲。

紓緩也。从糸，予聲。

繎絲勞也。从糸，然聲。

紆詘也。从糸，于聲。一曰縈也。

緈直也。从糸，㚔聲。讀若陘。

纖細也。从糸，韱聲。

細敚也。从糸，囟聲。

緢旄絲也。从糸，苗聲。《周書》曰："惟緢有稽。"旄，猶豪毛也，言稽察細散，今書“緢”作“貌”。

縒參縒也。从糸，差聲。

繙冕也。从糸，番聲。

縮亂也。从糸，宿聲。一曰蹴也。

紊亂也。从糸，文聲。《商書》曰：“有條而不紊。”

級絲次第也。从糸，及聲。

總聚束也。从糸，悤聲。徐鉉曰：“今俗作摠，非是。”

䋫約也。从糸，具聲。

約纏束也。从糸，勺聲。

繚纏也。从糸，尞聲。

纏繞也。从糸，廛聲。

繞纏也。从糸，堯聲。

紾轉也。从糸，㐱聲。

繯落也。从糸，睘聲。

辮交也。从糸，辡聲。

結締也。从糸，吉聲。

縎結也。从糸，骨聲。

締結不解也。从糸，帝聲。

縛束也。从糸，尃聲。

繃束也。从糸，崩聲。《墨子》曰：“禹葬會稽，桐棺三寸，葛以絣之。”

急也。从糸，求聲。《詩》曰：“不競不絿。”

急引也。从糸，同聲。

散絲也。从糸，𠂢聲。

不均也。从糸，羸聲。

相足也。从糸，合聲。

止也。从糸，畢聲。

止也。从糸，林聲。讀若郴。

素也。从糸，丸聲。

帛也。从糸，曾聲。籀文繒，从宰省。揚雄以爲，漢律祠宗廟丹書告。

繒也。从糸，胃聲。

綺絲之數也。漢律曰：“綺絲數謂之絩，布謂之總，綬組謂之首。”从糸，兆聲。

文繒也。从糸，奇聲。

細縛曰。从糸，殸聲。

白鮮色也。从糸，專聲。

并絲繒也。从絲，兼聲。

厚繒也。从糸，弟聲。

湅繒也。从糸，柬聲。

鮮色也。从糸，高聲。

粗緒也。从糸，壐聲。徐鉉曰：“今俗别作絁，非是。”段玉説：“粗，疏也，即今綿紬。”

大絲繒也。从糸，由聲。

掓繒也。一曰徽幟信也。有齒。从糸，攴聲。當云啟省聲。

東齊謂布帛之細曰綾。从糸，夌聲。

繒無文也。从糸，曼聲。漢律曰：“賜衣者，縵表白裏。”

五采備也。从糸，肅聲。

《詩》云：“系以爲絢兮。”从糸，旬聲。馬融《論語》注：“絢，文貌也。”

會五采繡也。《虞書》曰：“山龍蕐蟲作繪。”《論語》曰：“繪事後素。”从糸，會聲。

白文皃。《詩》曰：“緀兮斐兮，成是貝錦。”从糸，妻聲。小徐本作“帛文皃”。

繒如麥稍。从糸，肙聲。

帛青黄色也。从糸，录聲。

帛青帛色也。从糸，臾聲。

帛青經縹緯。一曰育陽染也。从糸，育聲。

純赤也。《虞書》：“丹朱如此。”从糸，朱聲。

淺絳也。从糸，熏聲。

絀絳也。从糸，出聲。

絳大赤也。从糸，夅聲。

綰惡色絳也。从糸，官聲。一曰絹也。讀若雞卵。"色"字或譌也。

縉帛赤色也。《春秋傳》曰："縉雲氏禮有縉緣。"从糸，晉聲。

綪赤繒也。以茜染，故謂之綪。从糸，青聲。

緹帛丹黃色。从糸，是聲。緹，或从氏。

縓帛赤黃色。一染謂之縓，再染謂之䞓，三染謂之纁。从糸，原聲。

紫帛青赤色。从糸，此聲。

紅帛赤白色。从糸，工聲。

繱帛青色。从糸，蔥聲。

紺帛深青揚赤色。从糸，甘聲。

綥帛蒼艾色。从糸，畀聲。《詩》曰："縞衣綥巾。"未嫁女所服。一曰不借綥。《禮·喪服傳》注："繩菲今時不借也。"亦作薄借綥，見《弁師》注。篆誤从。綥，或从其。

繰帛如紺色。或曰深繒。从糸，喿聲。讀若喿。繒不得言深，蓋"湅"字之譌，當讀若澡。

緇帛黑色也。从糸，甾聲。

纔帛雀頭色。一曰微黑色，如紺纔淺也。讀若讒。从糸，毚聲。

帛騅色也。从糸，剡聲。《詩》曰：“毳衣如緂。”徐鉉曰：“今俗别作毯，非是。”

帛戾艸染色。从糸，戾聲。

白鮮衣皃。从糸，不聲。《詩》曰：“素衣其紑。”

白鮮衣皃。从糸，炎聲。謂衣采色鮮也。

繒采色。从糸，需聲。讀若《易》“繻有衣。”徐鉉曰“《漢書·傳》‘符帛也’，蘇林曰‘繻，帛邊也’。”

繁采色也。从糸，辱聲。

冠織也。从糸，麗聲。

冠卷也。从糸，厷聲。紘，或从弘。

冕冠塞耳者。从糸，冘聲。徐鉉曰：“今俗别作髧，非是。”

冠系也。从糸，嬰聲。

纓卷也。从糸，央聲。

系冠纓也。从糸，委聲。

織帶也。从糸，昆聲。

大帶也。从糸，申聲。

帶緩也。从糸，單聲。

韍維也。从糸，受聲。

組綬屬其小者以爲冕纓。从糸，且聲。

緺綬紫青也。从糸，咼聲。

縌綬維也。从糸，逆聲。

纂似組而赤。从糸，算聲。

紐系也。一曰結而可解。从糸，丑聲。

綸青絲綬也。从糸，侖聲。

綎系綬也。从糸，廷聲。

絙緩也。从糸，亘聲。

繐細疏布也。从糸，惠聲。

䌂頸連也。从糸，㬥省聲。頸連者，在衣領上，與頸相連，㬥於外也。《玉篇》與“襮”同字。

紟衣系也。从糸，今聲。捦籀文。从金。

緣衣純也。从糸，彖聲。

纀裳削幅謂之纀。从糸，僕聲。

絝脛衣也。从糸，夸聲。

繑絝紐也。从糸，喬聲。

緥小兒衣也。从糸，保聲。徐鉉曰：“今俗作褓，非是。”

繜薉貉中女子無絝，以帛爲脛空，用絮補核，名曰繜衣，狀如襜褕。从糸，尊聲。

紴絛屬。从糸，皮聲。讀若被，或讀若水波之波。

扁緒也。从糸，攸聲。

采彰也。一曰車馬飾。从糸，戊聲。

絨屬。从糸、从從，省聲。

圜采也。从糸，川聲。

增益也。从糸，重聲。

援臂也。从糸，襄聲。

維綱中繩。从糸，巂聲。讀若畫，或讀若維。

維紘繩也。从糸，岡聲。古文綱。

持綱紐也。从糸，員聲。《周禮》曰：“縜寸。”徐鉉曰：“縜，長寸也，謂以小繩毌大綱結紐。”

絳綫也。从糸，侵省聲。《詩》曰：“貝胄朱綅。”

綫也。从糸，婁聲。

縷也。从糸，戔聲。古文綫。

縷一枚也。从糸，穴聲。

以鍼紩衣也。从糸，逢聲。

緶衣也。从糸，疌聲。緁，或从習。

縫也。从糸，失聲。

衣戚也。从糸，耎聲。戚，猶蹙也。鄭康成説《詩》“緆絺”云：“絺之戚戚者。”此謂衣腋縫。

補縫也。从糸，旦聲。

補也。从糸，善聲。

《論語》曰："紲衣長，短右袂。"从糸，舌聲。今《論語》作"褻裘長"。《玉篇》："紲，堅也。"此説叚借。

綴得理也。一曰大索也。从糸，畾聲。

以絲介履也。从糸，离聲。

刀劍緱也。从糸，侯聲。

韏衣也。从糸，殹聲。一曰赤黑色繒。

旌旗之游也。从糸，參聲。

衺幅也。一曰三糾繩也。从糸，微省聲。

扁緒也。一曰弩腰鉤帶。从糸，斲聲。

縛繩也。从糸，刃聲。

索也。从糸，蠅省聲。

紆未縈繩。一曰急弦之聲。从糸，爭聲。讀若旌。謂未重繞之繩，詘之如環者。

收韏也。从糸，熒省聲。

纑繩絇也。从糸，句聲。讀若鳩。

以繩有所縣也。《春秋傳》曰："夜縋納師。"从糸，追聲。

攘臂繩也。从糸，𢍏聲。

束篋也。从糸，咸聲。

緘也。从糸，朕聲。

次簡也。从糸，扁聲。

車蓋維也。从糸，隹聲。

車紴也。从糸，伏聲。紴，或从艸。紴，或从革，葡聲。

乘輿馬飾也。从糸，正聲。

紝綊也。从糸，夾聲。

馬髦飾也。从糸，每聲。《春秋傳》曰："可以稱旌緐乎。"繁，或从㝈。㝈，籒文弁。

馬紲也。从系，畺聲。

馬尾韜也。从糸，分聲。

馬緧也。从糸，肘省聲。

馬紂也。从糸，酋聲。

馬縶也。从糸，半聲。

絆前兩足也。从糸，須聲。漢令，蠻夷卒有纇。

牛系也。从糸，引聲。讀若矤。

以長繩繫牛也。从糸，旋聲。

牛轡也。从糸，麻聲。縻，或从多。

系也。从糸，世聲。《春秋傳》曰："臣負羈紲。"紲，或从枼。

索也。从糸，黑聲。

大索也。一曰急也。从糸，恆聲。

綆也。从糸，矞聲。古文。从絲。籀文繘。

汲井綆也。从糸，更聲。

彈彄也。从糸，有聲。

生絲縷也。从糸，敫聲。

繴謂之罿，罿謂之罬，罬謂之罦，捕鳥覆車也。从糸，辟聲。

釣魚繁也。从糸，昏聲。吴人解衣相被謂之緍。

敝緜也。从糸，如聲。

絮也。一曰麻未漚也。从糸，各聲。

絮也。从糸，廣聲。《春秋傳》曰：“皆如挾纊。” 纊，或从光。

絮一苫也。从糸，氏聲。苫當作箈，潎絮簣也。《後漢書》：“蔡倫用樹麻敝布造紙。”

治敝絮也。从糸，音聲。

絜緼也。一曰敝絮。从糸，奴聲。《易》曰：“需有衣絮。”

繫纊也。一曰惡絮也。从糸，毄聲。

繫纊也。一曰維也。从糸，虒聲。

績也。从糸，咠聲。

績所緝也。从糸，次聲。

緝也。从糸，責聲。

布縷也。从糸，盧聲。

布也。一曰粗紬。从糸，付聲。

蜀細布也。从糸，彗聲。

細葛也。从糸，希聲。

粗葛也。从糸，谷聲。綌，或从巾。

絺之細也。《詩》曰：“蒙彼縐絺。”一曰蹴也。从糸，芻聲。

細布也。从糸，全聲。

檾屬，細者爲絟，粗者爲紵。从糸，宁聲。紵，或从緒省。

十五升布也。一曰兩麻一絲布也。从糸，思聲。古文緦，从糸省。

細布也。从糸，易聲。緆，或从麻。

緰貲布也。从糸，俞聲。

服衣長六寸，博四寸，直心。从糸，衰聲。

喪首戴也。从糸，至聲。徐鉉曰：“當从姪省，乃得聲。”

交枲也。一曰緁衣也。从糸，便聲。

履也。一曰青絲頭履也。讀若阡陌之陌。从糸，户聲。

枲履也。从糸，封聲。

麻一耑也。从糸，韧聲。

枲之十絜也。一曰綢繆。从糸，翏聲。

繆也。从糸，周聲。

紼也。从糸，昷聲。

亂系也。从糸，弗聲。

氐人殊縷布也。从糸，并聲。

氐人𦅾也。讀若《禹貢》“玭珠”。从糸，比聲。

西胡毳布也。从糸，罽聲。

經也。从糸，益聲。《春秋傳》曰：“夷姜縊。”

宗廟常器也。从糸，糸，綦也。廾，持米器，中實也。彑聲。此與爵相佀。《周禮》：“六彝：雞彝、鳥彝、黄彝、虎彝、蜼彝、斝彝以待祼將之禮。” 皆古文彝。

密也。从糸，致聲。

虫也。从虫，夏聲。

神蛇也。从虫，朕聲。

大蛇可食。从虫，冄聲。

螾也。从虫，堇聲。

側行者。从虫，寅聲。 螾，或从引。

蟲在牛馬皮者。从虫，翁聲。

蝓蜙也。从虫，從聲。

知聲蟲也。从虫，鄉聲。 司馬相如：“蠁从向。”

蟲也。从虫，召聲。

蟲也。从虫，㪉聲。

䗃蟲也。从虫，甬聲。

蛹也。从虫，鬼聲。讀若潰。

腹中長蟲也。从虫，有聲。

腹中短蟲也。从虫，堯聲。

佀蜥蜴而大。从虫，唯聲。今用雖然字爲語詞。

虺以注鳴者。《詩》曰：“胡爲虺蜥。”从虫，兀聲。徐鉉曰：“兀非聲，未詳。舊讀許偉切。”

蜥易也。从虫，析聲。

在壁曰蝘蜓，在艸曰蜥易。从虫，匽聲。蝘，或从䖵。

蝘蜓也。从虫，廷聲。一曰螾蜓。

榮蚖蛇醫以注鳴者。从虫，元聲。

蟲也。一曰大螫也。讀若蜀都布名。从虫，雚聲。

蝨子也。一曰齊謂蛭曰蟣。从虫，幾聲。

蟣也。从虫，至聲。《釋魚》有“蛭蟣”，即水蛭，俗名馬黄。其生海中者，可食，名蛭蟣。

蛭蝚至掌也。从虫，柔聲。

蛣蚰蝎也。从虫，吉聲。

蛣蚰也。从虫，出聲。

白魚也。从虫，覃聲。

丁蛵負勞也。从虫，巠聲。

毛蠹也。从虫，臽聲。

蟲也。从虫，喬聲。

毛蟲也。从虫，𢦏聲。

蠆也。从虫，圭聲。

蠹也。从虫，氏聲。

蝤蠐也。从虫，酋聲。

蠐螬也。从虫，齊聲。

蝤蠐也。从虫，曷聲。

蚚也。从虫，弘聲。徐鍇曰："弘與强聲不相近，秦刻石文从口，疑从籀文省也。" 籀文强，从䖵，从畺。

强也。从虫，斤聲。

馬蠲也。从虫，目益聲。㇆，象形。《明堂月令》曰："腐艸爲蠲。"即馬蚿，古音讀如圭。

齧牛蟲也。从虫，㲋聲。

尺蠖屈申蟲也。从虫，蒦聲。

復陶也。劉歆説："蝝，蚍蜉子。"董仲舒説："蝗子也。"从虫，彖聲。

螻蛄也。从虫，婁聲。一曰聲天螻。

螻蛄也。从虫，古聲。

丁螘也。从虫，龍聲。

羅也。从虫，我聲。徐鉉曰：“《爾雅》：‘蛾羅，蠶蛾也。’蚰部已有蠿，或作蚕，此重出。”案：鄦以此爲螘蟻之蛾，本二字。

蚍蜉也。从虫，豈聲。

螘子也。从虫，氏聲。《周禮》有“蚳醢”，讀若祁。籀文蚳，从蚰。古《周官·醢人》當作“蝨”。古文蚳，从辰土。辰，聲也。古振、祇通用。出土中，故从土。

自蠜也。从虫，樊聲。

悉蟀也。从虫，帥聲。徐鉉曰：“今俗作蟀，非是。”

馬蝒也。从虫，面聲。

蟷蠰不過也。从虫，當聲。

蟷蠰也。从虫，襄聲。

堂蜋也。从虫，良聲。一名蚚父。

蟲蛸堂蜋子。从虫，肖聲。

蟠蝗以翼鳴者。从虫，并聲。

蟠蟥也。从虫，喬聲。

蟠蟥也。从虫，黃聲。

姑蠻强羊也。从虫，施聲。

蛅斯墨也。从虫，占聲。

縊女也。从虫，見聲。

盧蜰也。从虫，肥聲。

渠蝴。一曰天社。从虫，卻聲。

蠣嬴，蒲盧，細要土蠭也。天地之性，細要，純雄無子。《詩》曰："螟蠕有子，蠣嬴負之。"从虫，㒸聲。蜾，或从果。

蜾嬴也。从虫，㬎聲。一曰虒蝓。

螟蠕桑蟲也。从虫，需聲。

蛺蜨也。从虫，夾聲。

蛺蜨也。从虫，疌聲。徐鉉曰："今俗作蝶，非是。"

蟲也。从虫，之聲。

盤蝥，毒蟲也。从虫，般聲。

盤蝥也。从虫，敄聲。徐鉉曰："今俗作蟊，非是。"蟊即蠿蟊，蜘蛛之別名也。

鼠婦也。从虫，番聲。

蛜威，委黍。委黍，鼠婦也。从虫，伊省聲。

蚣蝑以股鳴者。从虫，松聲。蚣或省。徐鉉曰："今俗作古紅切，以爲蜈蚣，蟲名。"

蚣蝑也。从虫，胥聲。

蟲也。从虫，庶聲。

螽也。从虫，皇聲。

蟬也。从虫，周聲。《詩》曰：“五月鳴蜩。” 蜩，或从舟。

以旁鳴者。从虫，單聲。

寒蜩也。从虫，兒聲。

螇鹿蛁蟟也。从虫，奚聲。

蚗蚗蛁蟟也。从虫，夬聲。

蛃蚗，蟬屬。讀若周天子赧。从虫，丏聲。

蜻蛚也。从虫，列聲。

蜻蛚也。从虫，青聲。

蜻蛉也。从虫，令聲。一名桑根。

蠛蠓也。从虫，蒙聲。

蟲蟟也。一曰蜉蝣，朝生莫死者。从虫，𡨄聲。

秦晋謂之蜹，楚謂之蚊。从虫，芮聲。

蠨蛸長股者。从虫，肅聲。

蟲也。从虫，省聲。

商何也。从虫，寽聲。

蠅胆也。《周禮》：“蜡氏掌除骴。” 从虫，昔聲。鄭康成説：“骨肉臭腐，蠅蟲所蜡也。蜡讀如狙司之狙。”《釋蟲》：“蠚，醜螸。” 讀于據反，即蛆之異文。《記》叚爲八蜡字，遂讀鉏駕切。

動也。从虫，耎聲。

行也。从虫，支聲。李善據《説文》古本作"徐行也"，下有"凡生之類行皆曰蚑"八字。

蟲行也。从虫，睘聲。

蟲曳行也。从虫，中聲。讀若騁。

蠭醜螸，𠂹腴也。从虫，欲聲。

蠅醜蝙，摇翼也。从虫，扇聲。

螫也。从虫，若省聲。

蟲虫行毒也。从虫，赦聲。

虺屬。从虫，亞聲。

搔蛘也。从虫，羊聲。

龍之屬也。池魚滿三千六百，蛟來爲之長，能率魚飛，置笱水中即蛟去。从虫，交聲。《韵會》作"龍屬無角"。

若龍而黄，北方謂之地螻。从虫，离聲。或云無角曰螭。

龍子有角者。从虫，丩聲。李善據古本《説文》作"龍無角者"。王逸、高誘所見同。

蛇屬，黑色，潛于神淵，能興風雨。从虫，侖聲。讀若戾艸。侖聲、戾聲音轉最近。蜦，或从戾。

海蟲也。長寸而白，可食。从虫，兼聲。讀若嗛。《玉篇》曰："蠊，小蚌，可食。"即《本艸》蝛蜼。

雉入海化爲蜃。从虫，辰聲。

蜃屬，有三，皆生于海。千歲化爲盒，秦謂之牡厲。又云百歲燕所化。魁盒，一名復累，老服翼所化。从虫，合聲。服翼，蝙蝠也。

陛也。脩爲蠯，圜爲蠇。从虫，庳聲。

蝸蠃也。从虫，咼聲。

蜃屬。从虫，丰聲。

蚌屬。似蠊微大，出海中，今民食之。从虫，萬聲。讀若賴。

虒蝓也。从虫，俞聲。

蜎也。从虫，肙聲。《釋蟲》：“蜎，蠉。”鄦不本爲訓者，蠉訓蟲行，肙訓小蟲。肙、蜎古今字。

夗蟺也。从虫，亶聲。

蛐蟉也。从虫，幽聲。

蛐蟉也。从虫，翏聲。

臧也。从虫，執聲。

青蚨，水蟲，可還錢。从虫，夫聲。

蝌竈，詹諸，以脰鳴者。从虫，匊聲。

蝦蟆也。从虫，叚聲。

蝦蟆也。从虫，莫聲。

大龜也。以胃鳴者。从虫，巂聲。司馬相如説：“蠵从夐。”

蜥離也。从虫，漸省聲。

有二敖八足，旁行，非蛇鮮之穴無所庇。从虫，解聲。“鮮”字或作“鱓”，魚之似蛇者。又作“䱇”，《荀子》作“蟺”，玄應説：“鱓又作鱔、鮮二形，同。”蟹，或从魚。蟹也。从虫，危聲。

短狐也。似鼈三足，以气射害人。从虫，或聲。蜮，又从國。徐鉉曰：“今俗作古獲切，以爲蝦蟇之別名。”

似蜥易，長一丈，水潛，吞人即浮，出日南也。从虫，屰聲。《異物志》云：“鰐魚長二丈余，有四足，似鼉，喙長三尺，甚利齒，虎及大鹿渡水，鰐擊之，皆中斷。”即此“蝉”也。

蝄蜽，山川之精物也。淮南王説，蝄蜽狀如三歲小兒，赤黑色，赤目，長耳，美髮。从虫，网聲。《國語》曰：“木石之怪夔、蝄蜽。”

蝄蜽也。从虫，兩聲。徐鉉曰：“今俗別作魍魎，非是。”

善援，禺屬。从虫，爰聲。徐鉉曰：“今俗別作猨，非是。”

禺屬。从虫，翟聲。

如母猴，卬鼻長尾。从虫，隹聲。

北方有蚼犬食人。从虫，句聲。

蛩蛩，獸也。一曰秦謂蟬蜕曰蛩。从虫，巩聲。

鼠也。一曰西方有獸，前足短，與蛩蛩、巨虛比，其名謂之蟨。从虫，厥聲。張揖曰："蛩蛩，狀如馬；距虛，似驘而小。"郭璞説："距虛，即卭卭。"《吕氏春秋》云："蟨，鼠前兔後。"

蝙蝠也。从虫，扁聲。

蝙蝠，服翼也。从虫，畐聲。

南蠻蛇穜。从虫，䜌聲。

東南越蛇穜。从虫，門聲。

螮蝀也，狀似蟲。从虫，工聲。《明堂月令》曰："虹始見。"籒文虹，从申。申，電也。

螮蝀虹也。从虫，帶聲。

螮蝀也。从虫，東聲。

衣服、歌謠、艸木之怪，謂之祅。禽獸蟲蝗之怪，謂之蠥。从虫，辥聲。

八風也。東方曰明庶風，東南曰清明風，南方曰景風，西南曰涼風，西方曰閶闔風，西北曰不周風，北方曰廣莫風，東北曰融風，風動蟲生，故蟲八日而化。从虫，凡聲。凡風之屬皆从風。古文風。

龜名。从龜，夊聲。夊，古文終字。

龜甲邊也。从龜，冄聲。天子巨𪛉，尺有二寸，諸侯尺，大夫八寸，士六寸。《公羊傳》曰："龜青純。"純，即𪛉也。何休注叚作頯。

甲蟲也。从黽，敝聲。

大鼈也。从黽，元聲。

蝦蟇也。从黽，圭聲。

䵹鼀，詹諸也。《詩》曰：“得此䵹鼀。”言其行鼀鼀。从黽爾聲。

水蟲，似蜥易，長大。从黽，單聲。《大平御覽》云：“長丈所，猶云丈許也。”蓋古本《説文》。

水蟲也。薉貉之民食之。从黽，奚聲。

鼅屬。頭有兩角，出遼東。从黽，句聲。

鼅鼄，䵷也。从黽，智省聲。或从虫。

鼅鼄也。从黽，朱聲。鼄，或从虫。

卵不孚也。从卵，段聲。《樂記》曰：“卵生者不殈。”謂毈裂也。《吕氏春秋》：“雞卵多毈。”

田踐處曰町。从田，丁聲。

城下田也。一曰畟卻也。从田，耎聲。

燒穜也。漢律曰：“畱田茠艸。”从田，翏聲。

三歲治田也。《易》曰：“不菑畬田。”从田，余聲。汲古本引《易》“畬”下無“田”字，故空其文。

和田也。从田，柔聲。

殘田也。从田，奇聲。謂井田之餘，不方正者。殘，當作歺。歺者，禽獸所食餘也。

殘田也。从田，𦣞聲。《詩》曰：“天方薦畻。”今《毛詩》作“瘥”訓病，田之參差不齊者，病也。

六尺爲步，步百爲畮。从田，每聲。畮，或从田，十久。蓋久聲。十，四方也。

天子千里地以遠近言之，則言畿也。从田，幾省聲。小徐本遠作逮。逮，近爲畿。

田五十畝曰畦。从田，圭聲。

田三十畝也。从田，宛聲。

田界也。从田，半聲。

境也。从田，介聲。

竟也。一曰陌也。趙、魏謂陌爲阬。从田，亢聲。

兩陌間道也，廣六尺。从田，叕聲。

井田間陌也。从田，㐱聲。

天地五帝所基址，祭地。从田，寺聲。右扶風有五畤，好畤、鄜畤皆黄帝時祭，或曰秦文公立也。

經略土地也。从田，各聲。

田相值也。从田，尚聲。

農夫也。从田，夋聲。

田民也。从田，亡聲。

轢田也。从田，粦聲。

止也。从田，丣聲。

禽獸所踐處也。《詩》曰：“町畽鹿場。”从田，童聲。

不生也。从田，昜聲。徐鉉曰：“借爲通暘之暘，今俗别作暢，非是。”案，漢文多言艸木暢茂，不生爲暘，義相反而相成。

白金也。从金，艮聲。

白金也。从金，尞聲。

白金也。从金，渶省聲。

青金也。从金，㕣聲。

銀鉛之間也。从金，易聲。

錫也。从金，引聲。

赤金也。从金，同聲。

銅屬。从金，連聲。

黑金也。从金，戴聲。鐵或省。古文鐵，从夷。

九江謂鐵曰鍇。从金，皆聲。

鐵也。一曰轡首銅。从金，攸聲。

剛鐵可以刻鏤。从金，婁聲。《夏書》曰：“梁州貢鏤。”一曰鏤釜也。

鐵屬。从金，賁聲。讀若熏。

金之澤者。一曰小鑿。一曰鐘兩角謂之銑。从金，先聲。

剛也。从金，臤聲。

金屬。一曰剥也。从金，黎聲。

金色也。从金，录聲。

銷金也。从金，壽聲。

鑠金也。从金，肖聲。

銷金也。从金，樂聲。

治金也。从金，柬聲。

鍊鉼黄金。从金，丁聲。

鑄塞也。从金，固聲。

作型中腸也。从金，襄聲。

治器法也。从金，容聲。

可以持治器鑄鎔者。从金，夾聲。讀若漁人莢魚之莢。一曰若挾持。

小冶也。从金，段聲。

銅鐵樸也。从金，廷聲。

鐵文也。从金，曉聲。

景也。从金，竟聲。

曲鉹也。从金，多聲。一曰鬵鼎，讀若擠。一曰《詩》云：“哆兮侈兮。”小徐本作“一曰若《詩》曰侈兮之侈”，同。

似鐘而頸長。从金，幵聲。

酒器也。从金，重聲。

大盆也。一曰鑑諸，可以取明水於月。从金，監聲。

似鼎而長足。从金，喬聲。

陽鐆也。从金，隊聲。

温器也。圜直上。从金，巠聲。

甍也。从金，巂聲。甍者，大盆也。

鑴也。从金，蒦聲。《少宰饋食禮》有羊鑊、豕鑊。鑊，所以煮也。

釜大口者。从金，复聲。玄應作“如釜而大口者”。《方言》曰：“釜，自關而西或謂之鍑。”

鍑屬。从金，敄聲。

朝鮮謂釜曰錪。从金，典聲。

鍑也。从金，坐聲。

銼鏞也。从金，羸聲。

器也。从金，刑聲。《禮》有鉶羹，肉汁之有菜和者。《内饔》職“鉶”，叚作“刑”字，又作鈃。

温器也。从金，高聲。武王所都，在長安西上林苑中。字亦如此。

温器也。一曰金器。从金，麀聲。

温器也。一曰田器。从金，兆聲。

鐎斗也。从金，焦聲。

小盆也。从金，肙聲。

鉉也。一曰車轄。从金，建聲。

舉鼎具也。《易》：謂之鉉，《禮》謂之鼏。从金，玄聲。

鼎也。从金，彗聲。讀若彗。

可以句鼎耳及鑪炭。从金，谷聲。一曰銅屑。讀若浴。

器也。从金，熒省。聲讀若銑。謂摩鋥之器也。《爾雅》注曰：“鷊鷊，膏中鎣刀。”烏定切。

鐵器也。一曰鐫也。从金，韱聲。徐鉉曰：“今俗作尖，非是。”

鐙也。从金，定聲。

錠也。从金，登聲。徐鉉曰：“錠中置燭，故謂之鐙。今俗别作燈，非是。”

鍱也。从金，集聲。 鏶，或从咠。

鏶也。从金，枼聲。齊謂之鍱。

鏶也。一曰平鐵。从金，産聲。

方鑪也。从金，盧聲。徐鉉曰：“今俗别作爐，非是。”

圜鑪也。从金，旋聲。

器也。从金，虒聲。

煎膠器也。从金，虜聲。

金涂也。从金，昔聲。

鉏鋤也。从金，御聲。鋙，或从吾。

鉏鋤也。从金，奇聲。江淮之間謂釜曰錡。

郭衣鍼也。从金，臿聲。

綦鍼也。从金，术聲。

所以縫也。从金，咸聲。徐鉉曰："今俗作針，非是。"

大鍼也。一曰劒如刀裝者。从金，皮聲。

鈹有鐔也。从金，殺聲。

印鼻也。从金，丑聲。古文鈕，从玉。

斤斧穿也。从金，巩聲。

鈭錍斧也。从金，此聲。此斧名。"鈭錍"本古語，葢斧之小者，今所用斧亦有數種。

鈭錍也。从金，卑聲。

穿木鐫也。从金，雋聲。一曰琢石也。讀若瀸。

穿木也。从金，鑿省聲。

銛屬。从金，舌聲。讀若棪。桑欽讀若鐮。

臿屬。从金，冘聲。

臿屬。从金，危聲。一曰瑩鐵也。讀若跛行。

河內謂臿頭金也。从金，敝聲。

銚也。古田器，从金，戔聲。《詩》曰："庤乃錢鎛。"小徐本下有“一曰貨也”四字，漢語也。

大鉏也。从金，矍聲。

鈐鏅大犂也。一曰類枱。从金，今聲。

鈐鏅也。从金，隋聲。

兩刃木柄可以刈艸。从金，發聲。讀若撥。

枱屬。从金，蟲省聲。讀若同。

立薅所用也。从金，且聲。

枱屬。从金，罷聲。讀若嫣。

鍥也。从金，兼聲。

鎌也。从金，契聲。

大鎌也。从金，召聲。鎌謂之鉊。張徹説。

穫禾短鎌也。从金，至聲。

博壓也。从金，真聲。

鐵銸也。从金，占聲。

鉆也。从金，耴聲。

以鐵有所劫束也。从金，甘聲。

鐵鉗也。从金，大聲。

槍唐也。从金，居聲。《古史考》曰：“孟莊子作鋸。”《廣韵》引同。鋸有齒，槍唐，本古語也。

可以綴箸物者。从金，朁聲。今呼釘子叚“釘”爲之。

鋭也。从金，隹聲。

鋭也。从金，毚聲。

芒也。从金，兑聲。籒文説，从厂剡。

鐵杇也。从金，曼聲。鏝，或从木。徐鉉曰：“木部已有此，重出。”

所以穿也。从金，贊聲。

錯銅鐵也。从金，慮聲。以厲石厝治銅鐵，使光澤也。錯，當作厝。鑢，《周禮》注作“鐗”。

衡也。从金，全聲。

權十分黍之重也。从金，朱聲。此當云“十絫黍之重也”。絫者，十黍之重也，百黍为銖。《汉麻志》曰：“一龠容千二百黍，重十二銖。兩之二十四銖爲兩。”葢鄦所本。

十銖二十五分之十三也。从金，寽聲。《周禮》曰：“重三鋝。”北方以二十兩爲鋝。《尚書·音義》引作“十一銖二十五分銖之十三也”，此用命分之法，百黍以四除之，凡二十五而除盡，命爲二十五分。二十五分之十三，得五十二黍，命爲二十五分銖之十三，合十一銖千一百黍，共爲黍千一百五十二。賈逵説俗儒以鋝重六兩，葢鋝本重六兩大半兩，故北方以二十兩爲三鋝，今本脱去“三”字，輕重懸殊。

鋝也。从金，爰聲。《書》曰：“罰百鍰。”趙本作“虞書曰”本《吕刑》文，《釋文》引此作“六鋝也”。

六銖也。从金，甾聲。

八銖也。从金，坙聲。

三十斤也。从金，匀聲。古文鈞，从旬。

兵車也。一曰鐵也。《司馬法》："晨夜内鈀車。"从金，巴聲。今《司馬法》無此文。《方言》："箭廣長而薄鐮謂之錍，或謂之鈀。"

鉦也。从金，蜀聲。軍法，公司馬執鐲。宋刻本無"公"字，汲古閣本據《周禮》補之，杜子春云："公司馬，謂五人爲伍，伍之司馬也。"

鐃也。似鈴，柄中上下通。从金，正聲。

小鉦也。軍法，卒長執鐃。从金，堯聲。

大鈴也。軍法，五人爲伍，五伍爲兩，兩司馬執鐸。从金，睪聲。

大鐘淳于之屬，所以應鐘磬也，堵以二金樂則鼓鎛應之。从金，薄聲。堵以二者，謂鐘一堵，磬一堵也。《周禮》曰："凡縣鐘磬，半爲堵，全爲肆。"堵以二，則爲肆，奏金樂以鎛應之，《左氏傳》晋侯賜魏絳以二肆之半，鐘一堵，磬一堵，及一鎛也是。

大鐘謂之鏞。从金，庸聲。

樂鐘也。秋分之音，物穜成。从金，童聲，古者垂作鐘。鐘，或从甬。

方鐘也。从金，方聲。

鎛鱗也。鐘上横木，上金蕐也。一曰田器。从金，尃聲。

《詩》曰："庤乃錢鎛。"

鍠聲也。从金，皇聲。《詩》曰："鐘鼓鍠鍠。"

鐘聲也。从金，倉聲。

鎗鏓也。一曰大鑿平木者。从金，悤聲。《文選》李注引此作"大鑿中木也"，謂入木使中空，故謂之鏓。

金聲也。从金，争聲。

鐘鼓之聲。从金，堂聲。《詩》曰："擊鼓其鏜。"

金聲也。从金，輕聲。讀若《春秋傳》曰："䡩而乘它車。"

劍鼻也。从金，覃聲。徐鍇曰："劍鼻，人握處之下也。"

鏌釾也。从金，莫聲。小徐及諸家於"从金，莫聲"上有"大戟也"三字，今但爲劍名。

鏌釾也。从金，牙聲。

刀削末銅也。从金，奥聲。

鋋也。从金，及聲。

小矛也。从金，延聲。

侍臣所執兵也。从金，允聲。《周書》曰："一人冕執鈗。"讀若允。

短矛也。从金，它聲。

矛也。从金，從聲。鏦，或从彖。

長矛也。从金，炎聲。讀若老聃。

鏠兵耑也。从金，逢聲。

錞矛戟柲下銅鐏也。从金，𦎫聲。《詩》曰：“厹矛沃錞。”玄應書引《説文》作“鐓”，謂錞爲樂器。錞于字，疑東晋唐初《説文》篆作鐓。

鐏柲下銅也。从金，尊聲。

鏐弩眉也。一曰黄金之美者。从金，翏聲。

鍭矢。金鏃翦羽謂之鍭。从金，侯聲。小徐本奪此篆，《爾雅·釋器》：“金鏃翦羽謂之鍭。”

鏑矢鏠也。从金，啇聲。

鎧甲也。从金，豈聲。甲，象人頭，因爲甲胄字。古曰甲，秦漢曰鎧。

釬臂鎧也。从金，干聲。

錏錏鍜頸鎧也。从金，亞聲。

鍜錏鍜也。从金，叚聲。

鐗車軸鐵也。从金，間聲。

釭車轂中鐵也。从金，工聲。

銴車樘結也。一曰銅生五色也。从金，折聲。讀若誓。

釳乘輿馬頭上防釳。插以翟尾，鐵翮，象角，所以防網羅釳去之。从金，气聲。

鉞車鑾聲也。从金，戉聲。《詩》曰：“鑾聲鉞鉞。”徐鉉曰：“今作鐬，以鉞作斧戉之戉，非是。”

馬頭飾也。从金，陽聲。《詩》曰："鉤膺鏤鐊。"一曰鍱車輪鐵也。徐鉉曰："今經典作錫。"

馬銜也。从金，麃聲。鑣，或从角。

組帶鐵也。从金，劫省聲。讀若劫。

莝斫刀也。从金，夫聲。

鉤魚也。从金，勺聲。

羊箠耑有鐵。从金，執聲。讀若至。

鋃鐺瑣也。从金，良聲。漢時不用纍紲，以鐵爲連環，謂之鋃鐺。今俗名鎖鋃子。

鋃鐺也。从金，當聲。

大瑣也。一鐶貫二者。从金，每聲。《詩》曰："盧重鋂。"

鍡鑸不平也。从金，畏聲。

鍡鑸也。从金，壘聲。《莊子》有畏壘之山，後加金旁，謂金鐵之不平者。又作"碨礧"。

怒戰也。从金，氣聲。《春秋傳》曰："諸侯敵王所鎎。"今《左傳》作"愾"。段玉裁説，从愾省。

箸門鋪首也。从金，甫聲。

所以鉤門户樞也。一曰治門户器也。从金，巽聲。

叉取也。从金，少聲。徐鉉曰："今俗别作抄。"

以今有所冒也。从金，沓聲。

斷也。从金，昏聲。

鬍也。从金，各聲。

伐擊也。从金，亶聲。

利也。从金，族聲。

刺也。从金，夬聲。

利也。从金，敕聲。

殺也。从金，畱聲。徐鍇曰：“《説文》無劉字，偏旁有之，此字又《史傳》所不見，疑此即劉字也。从金，从丣，刀字屈曲，傳寫誤作田爾。”案：舊有“从金，畱聲”四字，爲鉉所奪。

業也。賈人占鍲。从金，昏聲。史、漢賈人緡錢字从糸。

大剛也。从金，巨聲。

鎕銻火齊。从金，唐聲。

鎕銻也。从金，弟聲。

吪圜也。从金，化聲。

下垂也。一曰千斤椎。从金，敦聲。秦始皇造鐵鐓，重不可勝，刻爲力士像以祭之，鐓乃可移動，此千斤椎之説所本。段玉裁改“錞”篆爲“鐓”，忘其與此重也。

鈍也。从金，周聲。

錭也。从金，屯聲。

利也。从金，𠂔聲。讀若齊。

側意。从金，委聲。段玉裁説，即今之“歪”字。

斫也。从斤，父聲。

方銎斧也。从斤，爿聲。《詩》曰：“又缺我斨。”

擊也。从斤，石聲。

斫也。从斤，句聲。

斫也。从斤，屬聲。

伐木聲也。从斤，户聲。《詩》曰：“伐木所所。”

析也。从斤，其聲。《詩》曰：“斧以斯之。”

斬也。从斤，昔聲。

柯擊也。从斤，良聲。

取木也。从斤，亲聲。

十斗也。从斗，角聲。

量也。从斗，臾聲。《周禮》曰：“求三斞。”今《考工記》弓人：“桼三斞”，此譌作“求”。《論語》作“庾”。

蠡柄也。从斗，倝聲。楊雄、杜林説，皆以爲軺車輪斡。

羹斗也。从斗，鬼聲。

平斗斛也。从斗，冓聲。

勺也。从斗，甚聲。

抒也。从斗，余聲。讀若荼。今叚爲偏衺之衺。

挹也。从斗，臾聲。舉朱切。

量溢也。从斗，旁聲。

杼滿也。从斗，䜌聲。玄應引此注“滿”作“漏”。

相易物俱等爲斣。从斗，蜀聲。小徐本無此篆，舊讀昌六切，《篇》《韵》作丁豆切。

斛旁有斛。从斗，厎聲。一曰突也。一曰利也。《爾雅》曰：“斛謂之疀。”古田器也。徐鉉曰：“《説文》無厎字，疑厂象形，兆聲。今俗别作鍫，非是。”案：田器作“銚”。

矛屬。从矛，良聲。

矛屬。从矛，害聲。

矛屬。从矛，昔聲。讀若笮。

矛柄也。从矛，今聲。段玉裁據漢石經《論語》改篆作矝，从令聲。故《毛詩》段作“憐”。

刺也。从矛，丑聲。

曲輈藩車。从車，干聲。

軿車前、衣車後也。从車，甾聲。《左傳》正義引此作“輜軿，衣車也”。又《文選》注所引“前有衣爲軿車，後有衣爲輜車”，謂有衣蔽之也，此注疑有脱誤。

輜車也。从車，并聲。

臥車也。从車，𥁕聲。

臥車也。从車，京聲。

小車也。从車，召聲。

輕車也。从車，巠聲。

輕車也。从車，酋聲。《詩》曰：“輶車鑾鑣。”

兵車也。从車，朋聲。

兵車也。从車，屯聲。

陷敶車也。从車，童聲。

兵高車加巢以望敵也。从車，巢聲。《春秋傳》曰：“楚子登轈車。”或作“兵車高如巢”。

車輿也。从車，舁聲。

車和輯也。从車，咠聲。《列子·湯問篇》釋文引《説文》“輯，車輿也”。殷敬順所據葢唐本《説文》不誤。又《大玄》亦“輯航”竝言，謂舟車也。

衣車葢也。从車，曼聲。

車軾前也。从車，凡聲。《周禮》曰：“立當前軓。”

車前也。从車，式聲。

車軨前横木也。从車，各聲。徐鉉曰：“各非聲，當从路省。”案：《廣韵》胡格反，本二音。

車輢上曲銅也。从車，爻聲。

車横軨也。从車，對聲。《周禮》曰：“参分軹圍，去一以爲轛園。”

車旁也。从車，奇聲。

車兩輢也。从車，耴聲。

車約軥也。从車，川聲。《周禮》曰："孤乘夏軥。"一曰下棺車曰軥。

車籍交錯也。从車，嗇聲。

車轖間横木。从車，令聲。 軨，或从霝。司馬相如說。

軺車前横木也。从車，君聲。讀若帬。又讀若褌。

車後横木也。从車，㐱聲。

車伏兔也。从車，菐聲。《周禮》曰："加軫與轐焉。"

車伏兔下革也。从車，𤔔聲。𤔔，古昏字，讀若閔。

持輪也。从車，由聲。徐鍇曰："當从冑省。"案：冑亦由聲，鍇說非是。

車軸縛也。从車，复聲。《易》曰："輿脱輹。"

礙車也。从車，刃聲。

車軔也。从車，柔聲。

車輮規也。一曰一輪車。从車，熒省聲。讀若熒。

輻所湊也。从車，殻聲。

轂齊等皃。从車，昆聲。《周禮》曰："望其轂，欲其輥。"

長轂之軝也，以朱約之。从車，氏聲。《詩》曰："約軝錯衡。" 軝，或从革。

車輪小穿也。从車，只聲。

輪轑也。从車，畐聲。

蓋弓也。一曰輻也。从車，尞聲。

車輨也。从車，大聲。

轂端沓也。从車，官聲。

輈也。从車，袁聲。

轅也。从車，舟聲。籀文輈。

直轅車轒也。从車，具也。

車轅而持衡者。从車，元聲。

轅前也。从車，戹聲。

軶軥也。从車，軍聲。

軶下曲者。从車，句聲。

車衡載轡者。从車，義聲。轙，或从金，从獻。

驂馬内轡繫軾前者。从車，内聲。《詩》曰："渋以觼軜。"

軺車後登也。从車，丞聲。讀若《易》"枡馬"之枡。

乘也。从車，𢦏聲。

出將有事於道，必先告其神，立壇四通，樹茅以依神，爲軷。既祭軷，轢於牲而行，爲範軷。《詩》曰："取羝以軷。"从車，犮聲。

範軷也。从車，範省聲。讀與犯同。《周禮·大馭》"犯軷"，古但用犯，後因車祭，改作範。

轋載高皃。从車，巘省聲。

轄車聲也。从車，害聲。一曰轄鍵也。

轉運也。从車，專聲。

輸委輸也。从車，俞聲。

輖重也。从車，周聲。

輩若軍發車百兩爲輩。从車，非聲。

軋輾也。从車，乙聲。

報轢也。从車，𡰪聲。尸部“𡰪”訓“柔皮也”，音人善切。報讀尼展切。軋報猶轉輾也。

轢車所踐也。从車，樂聲。

軌車徹也。从車，九聲。

⿰車从車迹也。从車，從省聲。徐鉉曰：“今俗别作蹤，非是。”

軼車相出也。从車，失聲。

⿰車真車⿰車真鈏也。从車，真聲。讀若《論語》“鏗爾舍瑟而作”，又讀若掔。鈏，小徐本作“鈜”。

⿱埶車抵也。从車，埶聲。

軭車戾也。从車，匡聲。

輟車小鈘復合者。从車，叕聲。徐鉉曰：“网部輟與罬同，此重出。”

⿰車多礙也。从車，多聲。

治車軸也。从車，算聲。

接軸車也。从車，可聲。

車堅也。从車，㲃聲。

有輻曰輪，無輻曰輇。从車，侖聲。

蕃車下庳輪也。一曰無輻也。从車，全聲。讀若饌。汲古閣本“蕃”作“轓”，本當作“藩”。

大車轅耑持衡者，从車，兒聲。 輗，或从宜。 輗，又从木。

大車後也。从車，氐聲。

大車簀也。从車，秦聲。讀若臻。

淮陽名車穹隆轒。从車，賁聲。

大車後壓也。从車，宛聲。

大車駕馬也。从車，共聲。

連車也。一曰却車抵堂爲䡨。从車，差省聲。讀若遅。舊音土皆切，李善音柴。

引之也。从車，免聲。

紡車也。一曰一輪車。从車，㞷聲。讀若狂。

車裂人也。从車，睘聲。《春秋傳》曰：“轘諸栗門。”

喪車也。从車，而聲。

人頰車也。从車，甫聲。

危高也。从𠂤，屮聲。讀若臬。

大𨸏也。从𨸏，夌聲。

大𨸏也。从𨸏，鲧聲。

地理也。从𨸏，力聲。

闇也。水之南，山之北也。从𨸏，侌聲。

高明也。从𨸏，昜聲。

大陵也。一曰曲𨸏也。从𨸏，可聲。

阪也。一曰沱也。从𨸏，皮聲。

坡者曰阪。一曰澤障。一曰山脅也。从𨸏，反聲。

阪隅也。从𨸏，取聲。

陬也。从𨸏，禺聲。

阻難也。从𨸏，僉聲。

阻也。一曰門榍。从𨸏，艮聲。

險也。从𨸏，且聲。

隗隗高也。从𨸏，隹聲。

隗隗也。从𨸏，鬼聲。

高也。一曰石也。从𨸏，允聲。

磊也。从𨸏，乘聲。

陵也。从𨸏，肖聲。

陗高也。从𨸏，夋聲。

仰也。从𨸏，登聲。

陒陜也。从𨸏，㔷聲。

隘也。从𨸏，夾聲。徐鉉曰：“今俗从山，非是。”今又作陿狹。

阪下溼也。从𨸏，㬎聲。

敧也。从𨸏，區聲。徐鉉曰：“今俗作嶇，非是。”

下隊也。从𨸏，貴聲。

從高隊也。从𨸏，㒸聲。

下也。从𨸏，夅聲。

從高下也。从𨸏，員聲。《易》曰：“有隕自天。”

小崩也。从𨸏，也聲。

敗城𨸏曰隓。从𨸏，𢀖聲。徐鉉曰：“《說文》無‘𢀖’字，葢二左也。眾力左之，故从二左。今俗作隳，非是。” 篆文。

落也。从𨸏，多聲。徐鉉曰：“今俗作墮，非是。”

閬也。从𨸏，亢聲。徐鉉曰：“今俗作坑，非是。”案：閬者，門高大之皃，故高深爲閬阬。

通溝也。从𨸏，賣聲。讀若瀆。小徐作“讀若洞”。《急就篇》“乘風縣鐘華洞樂”，皇象碑本“洞”作“竇”。又“襱”或作“襩”，从賣聲，《廣韵》引此注“通溝”下有“以防水者也”

五字，與小徐本同。古文隫，从谷。

隄也。从𨸏，方聲。防，或从土。

塘也。从𨸏，是聲。

基也。从𨸏，止聲。阯，或从土。

山絶坎也。从𨸏，巠聲。

附婁小土山也。从𨸏，付聲。《春秋傳》曰：“附婁無松柏。”

秦謂陵阪曰阺。从𨸏，氐聲。

崖也。从𨸏，兼聲。讀若儼。

塞也。从𨸏，戹聲。

障也。从𨸏，鬲聲。

隔也。从𨸏，章聲。

蔽也。从𨸏，㥯聲。

水隈崖也。从𨸏，奥聲。

水曲隩也。从𨸏，畏聲。

水衡官谷也。从𨸏，解聲。一曰小谿。

天水大阪也。从𨸏，龍聲。

酒泉天𨻰阪也。从𨸏，衣聲。

弘農陝也。古虢國，王季之子所封也。从𨸏，夾聲。

弘農陝東陬也。从𨸏，㶕聲。

河東安邑陬也。从𨸏，䖍聲。

上黨陭氏阪也。从𨸏，奇聲。

北陵西隃鴈門是也。从𨸏，俞聲。

代郡五阮關也。从𨸏，元聲。

大𨸏也。一曰右扶風郿有陪𨸏。从𨸏，告聲。

丘名。从𨸏，芙聲。

丘名。从𨸏，貞聲。

丘名。从𨸏，丁聲。讀若丁。

鄭地阪。从𨸏，爲聲。《春秋傳》曰：“將會鄭伯於隝。”

如渚者陼丘，水中高者也。从𨸏，者聲。

宛丘，舜後嬀滿之所封。从𨸏、从木，申聲。徐鉉曰：“陳者，大昊之虛，畫八封之所，木德之始，故从木。”古文陳。

再成丘也，在濟陰。从𨸏，匋聲。《夏書》曰：“東至于陶丘。”陶丘有堯城，堯嘗所居，故堯號陶唐氏。在今山東曹州定陶縣西南。

耕以臿浚出下壚土也。一曰耕休田也。从𨸏，从土，召聲。

壁危也。从𨸏，占聲。

殿陛也。从𨸏，余聲。

陛也。从𨸏，皆聲。

主階也。从𨸏，乍聲。

升高階也。从𨸏，坒聲。

階次也。从𨸏，亥聲。

壁會也。从𨸏，祭聲。

重土也。一曰滿也。从𨸏，音聲。

道邊庳垣也。从𨸏，彖聲。

築牆聲也。从𨸏，耎聲。《詩》曰："捄之陾陾。"

城上女牆俾倪也。从𨸏，卑聲。籀文陴，从𩫏。

城池也。有水曰池，無水曰隍。从𨸏，皇聲。《易》曰："城復于隍。"

依山谷爲牛馬圈也。从𨸏，厺聲。

危也。从𨸏，垂聲。

小障也。一曰庳城也。从𨸏，烏聲。

堅也。从𨸏，完聲。徐鉉曰："宀部已有此，重出。"

山𨸏陷也。从𨸏，侖聲。

水𨸏也。从𨸏，辰聲。《集韵》"水"作"小"。案："䧖"亦水𨸏，與"陙"相次。

水𨸏也。从𨸏，戔聲。

乳也。从子，𣪊聲。一曰㝅瞀也。

一乳兩子也。从子，䜌聲。

乳子也。一曰輸也，輸尚小也。从子，需聲。孺子。

長也。从子，皿聲。古文孟。

庶子也。从子，辥聲。

汲汲生也。从子，兹聲。籀文孳，从絲。

無父也。从子，瓜聲。

恤問也。从子，才聲。

效也。从子，爻聲。

惑也。从子、止、匕，矢聲。徐鍇曰：“止，不通也。𠂀，古矢字，反匕之幼子多惑也。”案：宋刻本作“矢聲”，他本皆作“𠂀聲”。

引前也。从牛，象引牛之縻也。玄聲。此从牛爲形，从玄爲聲，本形聲字。而冂象引牛之縻，是指牽引之事也。於六書爲不純，故附於篇末。

右形聲之文三千六百四十六　重二百九十九

国家出版基金项目
NATIONAL PUBLICATION FOUNDATION
2011—2020年国家古籍整理出版规划项目
2021—2035年国家古籍工作规划重点出版项目

王闓運全集

［清］王闿运 著
朱汉民 主编

六书存微（下）

马涛 杨超 点校

CNS PUBLISHING & MEDIA
岳麓書社·长沙

文獻叢書

嶽麓書院

卷五

諧聲

《周官·保氏》“六書”，鄭康成説，曰象形、會意、轉注、處事、假借、諧聲也。鄦叔重之説六書，一曰指事，二曰象形，三曰形聲，四曰會意，五曰轉注，六曰假借。而《漢書·藝文志》則謂象形、象事、象意、象聲、轉注、假借，此六者造字之本也。是鄭曰諧聲，鄦曰形聲，班氏以爲象聲，三者不同。蓋班氏以象聲一門，實兼象形、指事、會意三種，以爲偏旁，或但言諧聲而不言形，或但言形聲而不及事與意，二者胥失，故更爲象事、象意而曰象聲。其實，形聲、諧聲皆先儒舊説，必有所指，非鄦、鄭有所變易也。今分事、意諸文之譬以聲者，謂之諧聲，其以形譬聲者，屬之形聲，庶鄦、鄭二家之言皆不背古誼云爾。班書之出，雖前乎鄦、鄭，然鄦本史篇，鄭出官禮，古聖遺傳，不可漫也。推班氏之意，欲以象聲賅乎形、事、意三者，故皆名曰象事、象意。然諧聲之師法，起於事、意之所窮，故以聲譬之，非聲可以取象也。又況諧聲之字，必取指事、會意諸文以爲主體，而譬之以聲，使名從主人，聲自外來，一覽可得，非若并體指事三合會意，無主客輕重之殊。至若後起俗字，妄加偏旁。言从口，唁、訆皆加口。辵从止，徙又加止。冒从目，瞐又加目。或从口，國又加囗。眔从目，會意，瞖，又从目諧聲。如此之類，皆始於

引申假借，後乃加意區别，遂不覺其複襍。此諧聲之字起於假借之後者也。以唁从口言聲，訆从言口聲證之。知初假言爲唁，後加口旁以别之。始假口爲扣問，《公羊傳》："吾爲子①口隱矣。"後復加言旁以别之。二字相同，非諧以聲，幾不可辨矣。

大也。从一，不聲。凡聲音之始，與天地俱來，有聲而後有字。古聖人因聲以求事，事不足明，乃求於形，形不足達，乃求之以意。至於會意之繁者，或五六體相合而成，而造字之幾窮於意者，乃不得不求於聲。至於聲，則所推益廣矣，然不外乎形、事、意三者以爲母文。如此"丕"，以一爲義，一象天地萬物之始，故爲大也。而以不爲聲，不爲鳥上飛不下來也。故可説以聲，非可説以義，與"大"義遠也。然一與不，皆指事之文，與艸、木、牛、羊旁偏有實形者不同，故此類皆屬諧聲之列。

諦也。王天下之號也。从丄，朿聲。吴大澂説以爲象萼蒂形，據鐘鼎駁文所説。古文帝。古文諸丄字皆从一，篆文皆从二。二，古文上字。辛、言、示、辰、龍、童、音、章，皆从古文上。

溥也。从二、闕，方聲。闕謂从冂之説，未聞。案，冂，不成字，葢指其ナ又，旁達之事。縣自序云："其於所不知，葢闕如也。"謂此耳。古文旁。此疑从下，自上達下，旁及ナ又。故古或从丄，或从下也。亦古文旁。所謂篆文从二，古文皆从一者，謂李斯改一爲二，一象天，猶二也。籀文。善旁溥者，莫如雨。會雨之意。故大雨爲滂沱。《詩》曰"俾滂沱矣"，又曰

① 爲子，原作"爲之"，誤，據《公羊傳》改。

"雨雪其雱"，用此。

祜鄦注此爲上諱，無説解。徐鉉曰："此漢安帝名也。福也。當从示，古聲。"鄦書言上諱，字凡五，秀、莊、炟、肇與此也。

禧禮吉也。从示，喜聲。

禛以真受福也。从示，真聲。

禄福也。从示，录聲。

褫履也。从示，虒聲。

禎祥也。从示，貞聲。

祥福也。从示，羊聲。

祉福也。从示，止聲。

福祐也。从示，畐聲。

祐助也。从示，右聲。

祺吉也。从示，其聲。禥籀文。从基。

祗敬也。从示，氐聲。

禔安福也。从示，是聲。《易》曰："禔既平。"

神天神，引出萬物者也。从示，申聲。

祇地祇，提出萬物者也。从示，氏聲。

祕神也。从示，必聲。

齋戒潔也。从示，齊省聲。𥜽籀文齋。从襲省。

祀祭無巳也。从示，巳聲。禩祀，或从異。

禋潔祀也。一曰精意以亯爲禋。从示，垔聲。於真切。𡪂籀文。从宀。

祡燒祡樊燎以祭天神。从示，此聲。《虞書》："至于岱宗，祡。"𥛚古文祡。从隋省。

禷以事類祭天神。从示，類聲。

祪袝祪祖也。从示，危聲。

祔後死者合食於先祖。从示，付聲。

祖始廟也。从示，且聲。

鬃門内祭先祖，所以徬徨也。从示，彭聲。《詩》曰："祝祭于鬃。"祊鬃，或从方。

祰告祭也。从示，告聲。

𥙊以豚祠司命。从示，比聲。《漢律》曰："祠𥙊司命。"

祠春祭曰祠。品物少，多文詞也。从示，司聲。仲春之月，祠不用犧牲，用圭璧及皮幣。

禘諦祭也。从示，帝聲。《周禮》曰："五歲一禘。"

祼灌祭也。从示，果聲。

𥜶數祭也。从示，毳聲。讀若"舂麥爲𥜶"之"𥜶"。徐鉉曰："舂麥爲𥜶，今無此語，且非異文，所未詳也。"案，今衡人呼粉之細者爲𥜶，與此讀"比芮切"聲近。鄦蓋説聲叚也。

福祝福也。从示，畱聲。

除惡祭也。从示，犮聲。

求福也。从示，斤聲。

告事求福也。从示，壽聲。禱，或省。籀文禱。

設緜蕝爲營，以禳風雨雪霜水旱癘疫於日月星辰山川也。从示，營省聲。一曰禜，衛使灾不生。《禮記》曰：“雩禜，祭水旱。”

磔禳祀，除癘殃也。古者燧人禜子所造。从示，襄聲。

祭天也。从示，單聲。

祀也。从示，御聲。

祀也。从示，昏聲。

祭也。从示，某聲。

祭具也。从示，胥聲。

社肉①，盛以蜃，故謂之祳。天子所以親遺同姓。从示，辰聲。《春秋傳》曰：“石尚來歸祳。”

宗廟奏祴樂。从示，戒聲。

師行所止，恐有慢其神，下而祀之，曰禡。从示，馬聲。《周禮》曰：“禡於所征之地。”

禱牲馬祭也。从示，周聲。《詩》曰：“既禡既禂。”或从馬，壽省聲。

---

① 肉，原作“内”，據《説文》改。

禓道上祭。从示，昜聲。

祲精氣感祥。从示，侵省聲。《春秋傳》曰：“見赤黑之祲。”

禍害也，神不福也。从示，咼聲。

䄏地反物爲䄏也。从示，芺聲。

禁吉凶之忌也。从示，林聲。

禫除服祭也。从示，覃聲。

氛祥气也。从气，分聲。雰氛，或从雨。

壻夫也。从士，胥聲。《詩》曰：“女也不爽，士貳其行。”士者，夫也。讀與細同。婿壻，或从女。女之夫也。

壯大也。从士，爿聲。

壿舞也。从士，尊聲。《詩》曰：“壿壿舞我。”

萐萐莆，瑞艸也。堯時生於庖廚，扇暑而涼。从艸，疌聲。

莆萐莆也。从艸，甫聲。

虋赤苗嘉穀也。从艸，釁聲。

荅小尗也。从艸，合聲。

萁豆莖也。从艸，其聲。

藿尗之少也。从艸，靃聲。

莥鹿藿之實名也。从艸，狃聲。

蓈禾粟之采，生而不成者，謂之蕫蓈。从艸，郎聲。稂蓈，或从禾。

禾粟下生莠。从艸，秀聲。讀若酉。與久切。

枲實也。从艸，肥聲。葩，或从麻賁。

麻母也。从艸，子聲。一曰芓，即枲也。

芓也。从艸，異聲。

桂荏也。从艸，穌聲。

桂荏穌。从艸，任聲。

菜也。从艸，矢聲。

菜之美者，雲夢之薑。从艸，豈聲。

菜也。从艸，叕聲。

禦溼之菜也。从艸，彊聲。

辛菜，薔虞也。从艸，翏聲。

菜也。从艸，祖聲。

菜也，似蘇者。从艸，豦聲。

菜也，似霍。从艸，微聲。籀文薇省。

菜也。从艸，唯聲。

菜，類蒿。从艸，近聲。《周禮》有“菦菹”。

菜也。从艸，釀聲。

莧菜也。从艸，見聲。

大葉實根，駭人，故謂之芋也。从艸，亏聲。徐鍇曰：“芋猶言吁。吁，驚辭，故曰‘駭人’。”

齊謂芎爲莒。从艸，吕聲。

蘧麥也。从艸，遽聲。

大菊，蘧麥。从艸，匊聲。

臭菜也。从艸，軍聲。

蘘荷也。一名蒚葙。从艸，襄聲。即巴且。

韭華也。从艸，青聲。

蘆菔也。一曰薺根。从艸，盧聲。

蘆菔似蕪菁，實如小尗者。从艸，服聲。

苹也。無根，浮水而生者。从艸，平聲。

艸也。从艸，臣聲。

大蓱也。从艸，賓聲。

染青艸也。从艸，監聲。

令人忘憂艸也。从艸，憲聲。《詩》曰："安得蕿艸。" 或从煖。或从宣。今《毛詩》作"焉得諼艸"。崔豹説"爲丹棘"。《本艸》無萱，後增入，以爲鹿葱，今金針。

营藭，香艸也。从艸，宮聲。司馬相如説"营或从弓"。

营藭也。从艸，竆聲。

香艸也。从艸，闌聲。

艸出吴林山。从艸，姦聲。

薑屬，可以香口。从艸，俊聲。《既夕禮》有綏澤，注以

綬爲廉薑，即此葰也。今三柰。

芄蘭，莞也。从艸，丸聲。《詩》曰：“芄蘭之枝。”

楚謂之蘺，晋謂之虈，齊謂之茝。从艸，𠻘聲。

江蘺，蘼蕪。从艸，離聲。

虈也。从艸，𦣞聲。

蘪蕪也。从艸，麋聲。

香艸也。从艸，熏聲。

水萹茿。从艸、从水，毒聲。讀若督。

萹茿也。从艸，扁聲。

萹茿也。从艸，筑省聲。

芞輿也。从艸，楬聲。

芞輿也。从艸，气聲。

馬莓也。从艸，母聲。

艸也。从艸，各聲。

艸也。从艸，予聲。可以爲繩。

艸也。从艸，盡聲。

艸也。从艸，述聲。

荵冬艸。从艸，忍聲。

萇楚，銚弋。一名羊桃。从艸，長聲。

笑也。从艸，劊聲。

艸也。从艸，里聲。讀若釐。

釐艸也。一曰拜商藋。从艸，翟聲。

堇艸也。从艸，及聲。讀若急。

山莓也。从艸，𢦏聲。

毒艸也。从艸，婺聲。

卷耳也。从艸，務聲。

人蓡藥艸。出上黨。从艸，浸聲。

鳧葵也。从艸，攣聲。

艸也，可以染留黃。从艸，戾聲。

蚍蚷也。从艸，收聲。

蒿也。从艸，毗聲。

艸也。从艸，禹聲。

艸也。从艸，夷聲。

艸也。从艸，辥聲。

大苦，苓也。从艸，古聲。

艸也。从艸，音聲。

蓋苢。从艸，啻聲。一曰蓄英。

菅也。从艸，矛聲。

茅也。从艸，官聲。

蘄艸也。从艸，斳聲。江夏有蘄春亭。徐鉉曰：“《説文》無‘斳’字，他字書亦無。此篇下有‘菦’字，注云：‘江夏平春亭名。’疑相承誤重出一字。”

莞艸也，可以作席。从艸，完聲。

藺莞屬。从艸，閵聲。

蒢黄蒢，職也。从艸，除聲。

蒲水艸也，可以作席。从艸，浦聲。

蒻蒲子，可以爲平席。从艸，弱聲。

䕡蒲蒻之類也。从艸，深聲。

蓷萑也。从艸，推聲。《詩》曰：“中谷有蓷。”

萑艸多皃。从艸，隹聲。

茥缺盆也。从艸，圭聲。

莙牛藻也。从艸，君聲。讀若威。

䓵夫蘺也。从艸，睆聲。

蒚夫蘺上也。从艸，鬲聲。

苢芣苢，一名馬舄。其實如李，令人宜子。从艸，㠯聲。《周書》所説。羊止切。

蕁芜藩也。从艸，尋聲。𦵼蕁，或从爻。

𦺇艸也。从艸，㱿聲。

蓲艸也。从艸，區聲。

艸也。从艸，固聲。

艸也。从艸，榦聲。

藷蔗也。从艸，諸聲。

藷蔗也。从艸，庶聲。

牂蘘。可以作糜綆。从艸，毄聲。

艸也。从艸，賜聲。

艸也。从艸，中聲。

王萯也。从艸，負聲。

艸也。味苦，江南食以下气。从艸，夭聲。

艸也。从艸，弘聲。

艸也。从艸，䴡聲。䴡，籒文囿。

艸也。从艸，孚聲。

兔瓜也。从艸，寅聲。

馬帚也。从艸，并聲。

水邊艸也。从艸，猶聲。

艸也。从艸，安聲。

蕣月爾也。从艸，綦聲。

兔葵也。从艸，稀省聲。

灌渝。从艸，夢聲。讀若萌。

盜庚也。从艸，復聲。

卷耳也。从艸，令聲。

艸也。从艸，贛聲。一曰薏苢。占送切。

茅葍也。一名蕣。从艸，夐聲。

葍也。从艸，富聲。

蓄也。从艸，畐聲。

苗也。从艸，脩聲。

蓨也。从艸，由聲。徒歷切。又他六切。

艸。枝枝相值，葉葉相當。从艸，昜聲。

嬰薁也。从艸，奥聲。

馬藍也。从艸，咸聲。

艸也，可以束。从艸，魯聲。 蓾，或从鹵。

艸也。从艸，赧聲。徐鉉曰：“案《說文》無‘赧’字，當是‘赧’字之省，而聲不相近，未詳。”

艸也，可以烹魚。从艸，婁聲。

艸也。从艸，畾聲。《詩》曰：“莫莫葛藟。”一曰秬鬯也。

棘蒬也。从艸，冤聲。

茈艸也。从艸，此聲。

茈艸也。从艸，貌聲。

烏喙也。从艸，則聲。

茅蒐也。从艸，西聲。

赤䔡也。从艸，隶聲。

牡贊也。从艸，辟聲。

杜榮也。从艸，忘聲。

艸也。南陽以爲麤履。从艸，包聲。布交切。

冰臺也。从艸，乂聲。

艸也。从艸，章聲。

楚葵也。从艸，斤聲。

豕首也。从艸，甄聲。

寄生艸也。从艸，鳥聲。《詩》曰："蔦與女蘿。" 蔦，或从木。

艸也，似目宿。从艸，云聲。《淮南子》説，芸艸可以死復生。

艸也。从艸，㲋聲。

艸也。从艸，律聲。

莿也。从艸，朿聲。

苦婁，果蓏也。从艸，昏聲。

須從也。从艸，封聲。

蒺蔾也。从艸，齊聲。《詩》曰："牆有薺。"

茦也。从艸，刺聲。

鼎董也。从艸，童聲。杜林曰“藕根”。

狗毒也。从艸，繫聲。

艸也。从艸，婈聲。

地黄也。从艸，下聲。《禮》：“鉶毛，牛藿，羊苄，豕薇。”

白蘞也。从艸，僉聲。蘞，或从斂。

黄菳也。从艸，金聲。

艸也。从艸，今聲。《詩》曰：“食野之芩。”

鹿藿也。从艸，麃聲。讀若剽。一曰蔽屬。

綬也。从艸，鶪聲。《詩》曰：“邛有旨虉。”

芰也。从艸，凌聲。楚謂之芰，秦謂之薢茩。司馬相如説“蔆从遴”。

蔆也。从艸，支聲。奇記切。杜林説“芰从多”。

薢茩也。从艸，解聲。

薢茩也。从艸，后聲。

雞頭也。从艸，欠聲。

日精也。以秋華。从艸，鞠省聲。蘜或省。

爵麥也。从艸，侖聲。

牡茅也。从艸，遫聲。遫，籀文速。

茅秀也。从艸，私聲。

蒹之未秀者。从艸，兼聲。

剡也。从艸，亂聲。八月，薍爲葦也。

雚之初生。一曰薍，一曰騅。从艸，剡聲。菼，或从炎。

蒹也。从艸，廉聲。

青蘋，似莎者。从艸，煩聲。

昌蒲也。从艸，卬聲。益州生。

茚莪也。从艸，邪聲。

葦華也。从艸，刀聲。

苪也。从艸，列聲。

菡萏。从艸。函聲。

菡萏。芙蓉華未發爲菡萏，已發爲芙蓉。从艸，閻聲。

芙蕖之實也。从艸，連聲。

芙蕖莖。从艸，加聲。

芙蕖葉。从艸，何聲。

芙蕖本。从艸，密聲。

芙蕖根。从艸、水，禺聲。

天蘥也。从艸，龍聲。

蒿屬。生千歲，三百莖。《易》以爲數。天子蓍九尺，諸侯七尺，大夫五尺，士三尺。从艸，耆聲。

香蒿也。[从]① 艸，臤聲。菣，或从堅。

蘿莪，蒿屬。从艸，我聲。

蒿屬。从艸，林聲。

牡蒿也。从艸，尉聲。

艾蒿也。从艸，肅聲。

蕭也。从艸，秋聲。

鳧茈也。从艸，勺聲。

王彗也。从艸，湔聲。

艸也。从艸，爲聲。

艸也。从艸，尤聲。

治蘠也。从艸，鞠聲。居六切。

蘠靡，虋冬也。从艸，牆聲。

芪母也。从艸，氏聲。

茈菀。出漢中房陵。从艸，宛聲。

貝母也。从艸，朙省聲。

山薊也。从艸，术聲。

析蓂，大薺也。从艸，冥聲。

荎藸也。从艸，味聲。

① 从，原脱，據文義補。

荎藸艸也。从艸，至聲。

荎藸也。从艸，豬聲。

絺綌艸也。从艸，曷聲。

葛屬。从艸，曼聲。

葛屬，白華。从艸，皋聲。

菨余也。从艸，杏聲。莕，或从行，同。

菨余也。从艸，妾聲。

艸也。从艸，罽聲。

魚毒也。从艸，元聲。

大苦也。从艸，霝聲。

蕛苵也。从艸，稊聲。

蕛苵也。从艸，失聲。

艼熒，朐也。从艸，丁聲。

苽蔣也。从艸，將聲。

雕苽也。一名蔣。从艸，瓜聲。

艸也。从艸，育聲。

艸也。从艸，罷聲。

艸也。从艸，難聲。

艸也。从艸，良聲。

艸也。从艸，臭聲。《詩》曰：“四月秀葽。”劉向說：“此味苦，苦葽也。”

艸也。从艸，過聲。

地蕈也。从艸，囷聲。

桑葜。从艸，覃聲。

木耳也。从艸，耎聲。一曰萮茈。

桑實也。从艸，甚聲。

果也。从艸，竘聲。

艸也。一曰芘茮木。从艸，比聲。

木堇，朝華暮落者。从艸，䑞聲。《詩》曰：“顔如蕣華。”

茱萸也。从艸，臾聲。

茱萸，茮屬。从艸，朱聲。

茮菉。从艸，尗聲。

茮、樧實，裹如表者。从艸，求聲。

楚木也。从艸，刑聲。古文荊。

水衣也。从艸，治聲。

萌芽也。从艸，牙聲。

艸芽也。从艸，明聲。

艸初生出地皃。从艸，出聲。《詩》曰：“彼茁者葭。”

枝柱。从艸，巠聲。

莖也。从艸，廷聲。

艸木之葉也。从艸，枼聲。

艸之小者。从艸，𠚪聲。𠚪，古文“鋭”字，讀若芮。

華盛。从艸，不聲。一曰芣苢。

華也。从艸，皅聲。

艸之皇榮也。从艸，尹聲。

黄華。从艸，黊聲。讀若壞。

苕之黄華也。从艸，㷊聲。一曰末也。

艸榮而不實者。一曰黄英。从艸，央聲。

華盛。从艸，爾聲。《詩》曰：“彼薾惟何。”

艸盛。从艸，妻聲。《詩》曰：“菶菶萋萋。”

艸盛。从艸，奉聲。

茂也。从艸，疑聲。《詩》曰：“黍稷薿薿。”

艸木華垂皃。从艸，甤聲。

青、齊、沇①、冀謂木細枝曰䔿。从艸，㚇聲。

艸萎䔟。从艸，移聲。

艸木形。从艸，原聲。

艸實。从艸，夾聲。

① 沇，原作“沈”，據《説文》改。

艸耑。从艸，亡聲。

藍蓼秀。从艸，隨省聲。

瓜當也。从艸，帶聲。

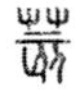艸根也。从艸，亥聲。

茇也，茅根也。从艸，均聲。

艸根也。从艸，犮聲。春艸根枯，引之而發土爲撥，故謂之茇。一曰艸之白華爲茇。

艸盛也。从艸，凡聲。《詩》曰："芃芃黍苗。"

華葉布。从艸，傅聲。讀若傅。

艸木不生也。一曰茅芽。从艸，執聲。

艸多皃。从艸，折聲。江夏平春有菥亭。

艸豐盛。从艸，戊聲。

艸茂也。从艸，暘聲。

艸陰也。从艸，陰聲。

艸皃。从艸，造聲。

艸木多益。从艸，絲省聲。

艸旱盡也。从艸，俶聲。《詩》曰："蔋蔋山川。"

艸皃。从艸，歊聲。《周禮》曰："轂雖獘不蔽。"

艸多皃。从艸，既聲。

艸多皃。从艸，資聲。

艸盛皃。从艸，秦聲。

惡艸皃。从艸，肖聲。

芮芮，艸生皃。从艸，内聲。讀若汭。

艸皃。从艸，在聲。濟北有茬平縣。

艸多皃。从艸，會聲。《詩》曰：“薈兮蔚兮。”

細艸叢生也。从艸，敄聲。

艸覆蔓。从艸，毛聲。《詩》曰：“左右芼之。”

艸色也。从艸，倉聲。

艸皃。从艸，卒聲。讀若瘁。

更别種。从艸，時聲。

小艸也。从艸，可聲。

薉也。从艸，無聲。

蕪也。从艸，歲聲。

蕪也。从艸，巟聲。一曰艸淹地也。

艸亂也。从艸，寍聲。杜林説：“艸䓫薴皃。”

䓫薴皃。从艸，争聲。

凡艸曰零，木曰落。从艸，洛聲。

蔽蔽，小艸也。从艸，㡀聲。

艸木凡皮葉落陊地爲蘀。从艸，擇聲。《詩》曰：“十月隕蘀。”

積也。从艸，温聲。《春秋傳》曰：“蕰利生孽。”

菸也。从艸，焉聲。

鬱也。从艸，於聲。一曰矮也。

艸旋皃也。从艸，榮聲。《詩》曰：“葛藟縈之。”

艸也。从艸，祭聲。

艸葉多。从艸，伐聲。《春秋傳》曰：“晋糴茷符。”

艸之可食者。从艸，采聲。

艸多葉皃。从艸，而聲。沛城父有楊荋亭。

艸浮水中皃。从艸，乏聲。

林薄也。一曰蠶薄。从艸，溥聲。

所以養禽獸也。从艸，夗聲。

大澤也。从艸，數聲。九州之藪，楊州具區、荆州雲夢、豫州圃田、青州孟諸、沇州大野、雍州弘蒲、幽州奚養、冀州楊紆、并州昭余祁是也。

艸盛皃。从艸，繇聲。《夏書》曰：“厥艸惟蘨。”

除艸也。《明堂月令》曰：“季夏燒薙。”从艸，雉聲。

艸大也。从艸，致聲。

艸相蕲苞也。从艸，斬聲。《書》曰：“艸木蕲苞。”蕲，或从槧。

道多艸，不可行。从艸，弗聲。

馨香也。从艸，必聲。

香艸也。从艸，設聲。

香艸也。从艸，方聲。

雜香艸。从艸，賁聲。

治病艸。从艸，樂聲。

艸木相附麗土而生。从艸，麗聲。《易》曰：“百穀艸木麗於土。”

廣多也。从艸，席聲。

薦蓆也。从艸，抒聲。

祭藉也。一曰艸不編，狼藉。从艸，耤聲。

茅藉也。从艸，租聲。《禮》曰：“封諸侯以土，租以白茅。”

朝會束茅表位曰蕝。从艸，絶聲。《春秋國語》曰：“致茅蕝表坐。”

以茅葦蓋屋。从艸，次聲。

茨也。从艸，咠聲。

苫也。从艸，盇聲。

蓋也。从艸，占聲。

蓋也。从艸，渴聲。

刷也。从艸，屈聲。

屏也。从艸，潘聲。

酢菜也。从艸，沮聲。或从皿。或从缶。

芥脆也。从艸，全聲。

韭鬱也。从艸，酤聲。

瓜菹也。从艸，監聲。

菹也。从艸，泜聲。直宜切。菭，或从皿。皿，器也。

乾梅之屬。从艸，橑聲。《周禮》曰：“饋食之籩，其實乾藤。”後漢長沙王始煮艸爲藤。藤，或从潦。

煎茱萸。从艸，顡聲。《漢律》：“會稽獻藾一斗。”

羹菜也。从艸，宰聲。

蒲叢也。从艸，専聲。

以艸補缺。从艸，丙聲。讀若稚。或以爲綴，一曰約空也。直例切。

叢艸也。从艸，尊聲。

艸田器。从艸，條省聲。《論語》曰：“以杖荷莜。”今作蓧。

雨衣。一曰衰衣。从艸，卑聲。一曰萆藨，似烏韭。

艸也。从艸，是聲。

履中艸。从艸，且聲。

艸履也。从艸，麤聲。

覆也。从艸，侵省聲。

車重席。从艸，因聲。司馬相如說“茵从革”。

乾芻。从艸，交聲。一曰牛蘄艸。

亂艸。从艸，步聲。

飤馬也。从艸，如聲。

斬芻。从艸，坐聲。

食牛也。从艸，委聲。

以穀萎馬，置莝中。从艸，敇聲。

蠶薄也。从艸，曲聲。

行蠶蓐。从艸，族聲。

束葦燒。从艸，巨聲。徐鉉曰：“今俗别作炬，非是。”

薪也。从艸，堯聲。

蕘也。从艸，新聲。

折麻中榦也。从艸，烝聲。蒸，或省聲。

生枲也。从艸，焦聲。

瘞也。从艸，貍聲。

喪藉也。从艸，侵聲。

遠荒也。从艸，九聲。

葷菜。从艸，祘聲。

菜也。从艸，介聲。大篆。从茻。鄦於此上總題之曰：“左文五十三，重二。大篆从茻。”因補其篆如此。

菜也。从艸，恖聲。大篆。从茻。

艸也。从艸，雈聲。《詩》曰：“食鬱及雈。”大篆。从茻。

亭歷也。从艸，單聲。大篆。从茻。

艸也。从艸，句聲。大篆苟。

鼈也。从艸，厥聲。大篆蕨。

鎬侯也。从艸，沙聲。大篆莎。

苹也。从艸，洴聲。大篆蓱。

艸也。根如薺，葉如細柳。蒸食之甘。从艸，堇聲。大篆蓳。

芴也。从艸，非聲。大篆菲。

菲也。从艸，勿聲。大篆芴。

艸也。从艸，鷏聲。大篆虉。

亂也。从艸，萑聲。大篆萑。

大葭也。从艸，韋聲。大篆葦。

葦之未秀者。从艸，叚聲。大篆葭。

蔓華也。从艸，來聲。大篆萊。

艸也。似蒲而小，根可作㕏。从艸，劦聲。大篆荔。

王女也。从艸，冢聲。大篆蒙。

水艸也。从艸、从水，巢聲。《詩》曰："于以采藻。"藻，或从澡。大篆。

王芻也。从艸，录聲。《詩》曰："菉竹猗猗。"大篆菉。

艸也。从艸，𣍘聲。大篆⿱艹𣍘。

艸也。从艸，逌聲。大篆⿱艹逌。

艸也。从艸，沼聲。大篆菬。

艸也。从艸，吾聲。《楚詞》有"⿱艹吾蕭艸"。大篆⿱艹吾。

艸也。从艸，氾聲。大篆范。

艸也。从艸，乃聲。大篆艿。

艸也。从艸，血聲。大篆⿱艹血。

艸也。从艸，匋聲。大篆萄。

白苗嘉穀。从艸，己聲。大篆芑。

水舄也。从艸，賣聲。《詩》曰："言采其藚。"大篆藚。

艸也。从艸，冬聲。大篆苳。

薔虞蓼。从艸，嗇聲。大篆薔。

艸也。从艸，召聲。大篆苕。

艸也。从艸，林聲。大篆菻。

艸也。从艸，冒聲。大篆萺。

臯葵也。从艸，丣聲。《詩》曰：“言采其茆。”大篆茆。

苦荼也。从艸，余聲。徐鉉曰：“此即今之荼字。”大篆荼。

白蒿也。从艸，緐聲。大篆蘩。

菣也。从艸，高聲。大篆蒿。

蒿也。从艸，逢聲。籀文蓬省。此當是古文省。大篆蓬。

艸也。从艸，黎聲。大篆藜。

薺實也。从艸，歸聲。大篆蘬。

艸盛皃。从艸，保聲。大篆葆。

艸茂也。从艸，番聲。大篆蕃。

艸茸茸皃。从艸，聰省聲。大篆茸。

艸皃。从艸，津聲。大篆葎。

艸叢生皃。从艸，叢聲。大篆叢。

草斗，櫟實也。一曰象斗子。从艸，早聲。徐鉉曰：“今俗以此爲艸木之艸，别作皁字爲黑色之皁。”案，櫟實可以染帛爲黑色，故曰草。通用爲草棧字。今俗書皁，或从白从十，或从白从七，皆無意義，無以下筆。大篆草①。

麻蒸也。从艸，取聲。一曰蓐也。大篆菆。

① 草，原作“革”，據文義改。

積也。从艸，畜聲。大篆蓄。

推也。从艸、从日，艸春日生也，屯聲。大篆萅。

艸多皃。从艸，狐聲。江夏平春有菰亭。大篆菰。

艸木倒。从艸，到聲。大篆菿。

陳艸復生也。从艸，辱聲。一曰蔟也。凡蓐之屬皆从蓐。籀文蓐，从茻。

拔去田艸也。从蓐，好省聲。籀文薅省。薅，或从休。《詩》曰：“既茠荼蓼。”此葢小篆。

不多也。从小，丿聲。

少也。从小，乀聲。讀若輟。

詞之舒也。从八、从曰，囧聲。

曾也，庶幾也。从八，向聲。

从意也。从八，豕聲。

語之舒也。从八，舍省聲。二余也，讀與余同。此葢籀文余。

解也。从釆，釆，取其分別物也。从睪聲。

半也。从半，反聲。

半①曲毛，可以箸起衣。从犛省，來聲。古文斄省。

急告之甚也。从告，學省聲。

---

① 半，《説文》作“强”。

噭吼也。从口，敫聲。一曰噭，呼也。

噣喙也。从口，蜀聲。

喙口也。从口，彖聲。

吻口邊也。从口，勿聲。脗吻，或从肉从昏。

嚨喉也。从口，龍聲。

喉咽也。从口，侯聲。

噲咽也。从口，會聲。讀若快。一曰嚵噲也。

吞咽也。从口，天聲。

咽嗌也。从口，因聲。

喗大口也。从口，軍聲。

哆張口也。从口，多聲。

呱小兒嗁聲。从口，瓜聲。《詩》曰：“后稷呱呱。”

啾小兒聲也。从口，秋聲。

喤小兒聲。从口，皇聲。《詩》曰：“其泣喤喤。”

咺朝鮮謂兒泣不止曰咺。从口，宣省聲。

唴秦晋謂兒泣不止曰唴。从口，羌聲。

咷楚謂兒泣不止曰噭咷。从口，兆聲。

喑宋、齊謂兒泣不止曰喑。从口，音聲。

㘈小兒有知也。从口，疑聲。《詩》曰：“克岐克㘈。”

小兒笑也。从口，亥聲。户來切。古文咳，从子。

口有所銜也。从口，兼聲。

含味也。从口，且聲。

嘗也。从口，叕聲。一曰喙也。

噍也。从口，集聲。讀若集。

嘗也。从口，齊聲。《周書》曰：“大保受同，祭嚌。”

齧也。从口，焦聲。噍，或从爵。

欶也。从口，允聲。

小歙也。从口，率聲。讀若啟。

小啐也。从口，毚聲。一曰喙也。

啗也，喙也。从口，筮聲。

食也。从口，臽聲。讀與含同。

小食也。从口，幾聲。

噍皃。从口，尃聲。

嗛也。从口，今聲。

哺咀也。从口，甫聲。

滋味也。从口，未聲。

食辛嚛也。从口，樂聲。

口滿食。从口，竅聲。

飽食息也。从口，意聲。

喘息也。一曰喜也。从口，單聲。《詩》曰："嘽嘽駱馬。"

口液也。从口，來聲。唾，或从水。

南陽謂大呼曰咦。从口，夷聲。

東夷謂息爲呬。从口，四聲。《詩》曰："犬夷呬矣。"

疾息也。从口，耑聲。

外息也。从口，乎聲。

内息也。从口，及聲。

吹也。从口，虛聲。

大息也。从口，胃聲。喟，或从貴。

口气也。从口，辜聲。《詩》曰："大車嘻嘻。"

悟解气也。从口，疐聲。《詩》曰："願言則嚏。"

野人之言。从口，質聲。

口急也。从口，金聲。

口閉也。从口，禁聲。

我自稱也。从口，五聲。

知也。从口，折聲。哲，或从心。古文哲，从三吉。

謀事曰咨。从口，次聲。

評也。从口，刀聲。

問訊也。从口，門聲。

唯諾也。从口，隹聲。

唱導也。从口，昌聲。

和相hyperlink也。从口，禾聲。

咥大笑也。从口，至聲。《詩》曰："咥其笑矣。"

啞笑也。从口，亞聲。《易》曰："笑言啞啞。"

噱大笑也。从口，豦聲。

唏笑也。从口，稀省聲。一曰哀痛不泣曰唏。

听笑皃。从口，斤聲。

呭多言也。从口，世聲。《詩》曰："無然呭呭。"

嘄聲嘄嘄也。从口，梟聲。

咄相謂也。从口，出聲。

唉譍也。从口，矣聲。讀若埃。

哉言之間也。从口，𢦏聲。

噂聚語也。从口，尊聲。《詩》曰："噂沓背憎。"

呷吸呷也。从口，甲聲。

嘒小聲也。从口，彗聲。《詩》曰："嘒彼小星。" 嚖或从慧。

嘫語聲也。从口，然聲。

唪大笑也。从口，奉聲。讀若《詩》曰"瓜瓞菶菶"。

盛气也。从口，真聲。《詩》曰：“振旅嗔嗔。”

疾也。从口，㶾聲。《詩》曰：“匪車嘌兮。”

嘑也。从口，虖聲。

音聲喅喅然。从口，昱聲。

吹聲也。从口，肅聲。籒文嘯。从欠。

說也。从口，㠯聲。

喜也。从口，䍃聲。

聲也。从口，貪聲。《詩》曰：“有嗿其饁。”

平也。从口，壬聲。

語時不啻也。从口，帝聲。一曰啻，諟也。讀若鞮。

大言也。从口，庚聲。古文唐。从口易。

誰也。从口、𠃬，又聲。𠃬，古文疇。

含深也。从口，覃聲。

飯窒也。从口，壹聲。

咽也。从口，昷聲。

不歐而吐也。从口，見聲。

寫也。从口，土聲。

气悟也。从口，歲聲。

違也。从口，弗聲。《周書》曰：“咈其耇長。”

嚘語末定皃。从口，憂聲。

吃言蹇難也。从口，气聲。

嗜嗜欲喜之也。从口，耆聲。

啖噍啖也。从口，炎聲。一曰噉。

哽語爲舌所介也。从口，更聲。讀若井級綆。

嘐誇語也。从口，翏聲。

啁啁嘐也。从口，周聲。

哇諂聲也。从口，圭聲。讀若醫。

吺讘吺，多言也。从口，投省聲。

呧苛也。从口，氐聲。

呰苛也。从口，此聲。

嗻遮也。从口，庶聲。

唊妄語也。从口，夾聲。讀若莢。

嗑多言也。从口，盍聲。讀若甲。

嗙謌聲，嗙喻也。从口，旁聲。司馬相如說：“淮南、宋、蔡謌舞嗙喻也。”

噧高气多言也。从口，蠆省聲。《春秋傳》曰：“噧言。”

叴高气也。从口，九聲。臨淮有叴猶縣。

嘮嘮呶，讙也。从口，勞聲。

呶讙聲也。从口，奴聲。《詩》曰：“載號載呶。”

叱訶也。从口，七聲。

噴吒也。从口，賁聲。一曰鼓鼻。普魂切。

吒噴也，叱怒也。从口，乇聲。

噊危也。从口，矞聲。

啐驚也。从口，卒聲。

唇驚也。从口，辰聲。

吁驚也。从口，于聲。况于切。

嘵懼也。从口，堯聲。《詩》曰：“唯予音之嘵嘵。”

嘖大呼也。从口，責聲。謮嘖，或从言。

嗷眾口愁也。从口，敖聲。《詩》曰：“哀鳴嗷嗷。”

唸𠯗也。从口，念聲。《詩》曰：“民之方唸。”

𠯗唸𠯗，呻也。从口，尸聲。

㘖呻也。从口，嚴聲。

呻吟也。从口，申聲。

吟呻也。从口，今聲。䪩吟，或从音。訡或从言。

嗞嗟也。从口，兹聲。

哤哤異之言。从口，龙聲。一曰雜語。讀若龙。

叫嘑也。从口，丩聲。

嘅嘆也。从口，既聲。《詩》曰：“嘅其嘆矣。”

語唌嘆也。从口，延聲。

吞歎也。从口，歎省聲。一曰太息也。

潄也。从口，曷聲。

不容也。从口，肖聲。

動也。从口，化聲。《詩》曰：“尚寐無吪。”

嗛也。从口，晉聲。

恨惜也。从口，文聲。《易》曰：“以往吝。”徐鉉曰：“俗作恡，非。”古文吝。从彣。

弔生也。从口，言聲。《詩》曰：“歸言衛侯。”

閔也。从口，衣聲。

號也。从口，虒聲。

歐皃。从口，嗀聲。《春秋傳》曰：“君將嗀之。”

口戾不正也。从口，冎聲。

嘆也。从口，叔聲。

啾嘆也。从口，莫聲。

塞口也。从口，氒省聲。氒音厥。古活切。古文。从甘。

使犬聲。从口，族聲。《春秋傳》曰：“公嗾夫獒。”

嘷也。从口，包聲。

咆也。从口，皋聲。譚長説“嘷从犬”。

喈鳥鳴聲。从口，皆聲。一曰鳳皇鳴聲喈喈。

哮豕驚聲也。从口，孝聲。

喔雞聲也。从口，屋聲。

呝喔也。从口，戹聲。烏格切。《廣韵》云：“呝喔，鳥聲。”

咮鳥口。从口，朱聲。

嚶鳥鳴也。从口，嬰聲。

啄鳥食也。从口，豖聲。

呦鹿鳴聲。从口，幼聲。呦，或从欠。

噳麋鹿羣口相聚皃。从口，虞聲。《詩》曰：“麀鹿噳噳。”

喁魚口上見。从口，禺聲。

嚴教命急也。从吅，厰聲。古文。

咢譁訟也。从吅，屰聲。

喌呼雞重言之。从吅，州聲。讀若祝。

哭哀聲也。从吅，獄省聲。凡哭之屬皆从哭。

趨走也。从走，芻聲。

赴趨也。从走，仆省聲。徐鉉曰：“《春秋傳》赴告用此字，今俗作訃，非。”

趣疾也。从走，取聲。

超跳也。从走，召聲。

趫善緣木走之才。从走，喬聲。讀若王子蹻。

輕勁有才力也。从走，丩聲。讀若鐈。

緣大木也。一曰行皃。从走，支聲。

疾也。从走，喿聲。徐鉉曰：“今俗别作躁，非是。”

踊也。从走，翟聲。

蹠也。从走，厥聲。

度也。从走，戉聲。

趨也。从走，㐱聲。讀若塵。

趁也。从走，亶聲。

趞趞也。一曰行皃。从走，昔聲。

行輕皃。一曰趬舉足也。从走，堯聲。

急走也。从走，弦聲。

蒼卒也。从走，𠂔聲。讀若資。

輕行也。从走，票聲。

行皃。从走，臤聲。讀若菣。

行皃。从走，酋聲。

行皃。从走，蜀聲。读若燭。

行皃。从走，匠聲。读若匠。

走皃。从走，叡聲。读若紃。徐鉉曰：“以爲叡聲，遠疑从睿。”

走意。从走，薊聲。讀若髽結之結。

走意。从走，困聲。

走意。从走，坐聲。

走意。从走，憲聲。

走意。从走，𦣞聲。

走也。从走，𢦔聲。讀若《詩》“威儀秩秩”。

走也。从走，有聲。讀若又。

走輕也。从走，烏聲。讀若鄔。

走顧皃。从走，瞿聲。讀若劬。

走皃。从走，蹇省聲。

疑之，等赹而去也。从走，才聲。

淺渡也。从走，此聲。

獨行也。从走，勻聲。讀若煢。

安行也。从走，與聲。

能立也。从走，巳聲。古文起，从辵。

留意也。从走，里聲。讀若小兒孩。

行也。从走，臭聲。

低頭疾行也。从走，金聲。

趌趨，怒走也。从走，吉聲。

趌趨也。从走，曷聲。

疾也。从走，睘聲。讀若讙。

直行也。从走，气聲。

趨進趩如也。从走，翼聲。

踶也。从走，决省聲。

行聲也。一曰不行皃。从走，異聲。讀若敕。

趨也。从走，氐聲。

趍趙。从走，多聲。

趍趙也。从走，肖聲。

行難也。从走，斤聲。讀若堇。

走意也。从走，夐聲。讀若繘。

遠也。从走，卓聲。

趠趞也。从走，龠聲。

大步也。从走，矍聲。

超特也。从走，契聲。

走也。从走，幾聲。

走也。从走，弗聲。

狂走也。从走，矞聲。

行遲也。从走，曼聲。

走也。从走，出聲。讀若無尾之屈。

窮也。从走，匊聲。

趑趄，行不進也。从走，次聲。

趑趄也。从走，且聲。

蹇行越越也。从走，虔聲。讀若愆。

行趯趢也。一曰行曲脊皃。从走，雚聲。

趯趢也。从走，录聲。

行趚䞘也。从走，夋聲。

側行也。从走，束聲。《詩》曰：“謂地蓋厚，不敢不趚。”

半步也。从走，圭聲。讀與跬同。

趍隲，輕薄也。从走，虒聲。讀若池。

僵也。从走，音聲。讀若匐。

距也。从走，厈省聲。《漢令》曰：“趀張百人。”

動也。从走，樂聲。讀若《春秋傳》曰“輔趮”。

動也。从走，隹聲。《春秋傳》曰：“盟于趡。”趡，地名。

趄田，易居也。从走，亘聲。

走頓也。从走，真聲。讀若顛。

喪辟踊。从走，甬聲。

止行也。一曰竈上祭名。从走，畢聲。

進也。从走，斬聲。

趧婁，四夷之舞，各自有曲。从走，是聲。都分切。

雀行也。从走，兆聲。

舉尾走也。从走，干聲。

跟也。从止，重聲。

歫也。从止，尚聲。

躇也。从止，寺聲。

止也。从止，巨聲。一曰搶也。一曰超歫。

過也。从止，厤聲。

至也。从止，叔聲。

人不能行也。从止，辟聲。

女嫁也。从止，从婦省，自聲。籒文省。

疾也。从止，从又。又，手也。中聲。此古便捷字，後乃加手旁。

機下足所履者。从止、从又，入聲。即躡也。尼輒切。

木星也。越歷二十八宿，宣徧陰陽，十二月一次。从步，戌聲。律曆書名五星爲五步。《漢書·律曆志》云五步，故據之以說从步之意。

識也。从此，朿聲。一曰藏也。

是也。从是，韋聲。《春秋傳》曰：“犯五不韙。”籒文韙，从心。

迹步處也。从辵，亦聲。蹟或从足責。𨒫籀文迹。从朿。

𨗨無違也。从辵，䓝聲。讀若害。

䢦先道也。从辵，率聲。

邁遠行也。从辵，蠆省聲。𨘹邁，或不省。

巡視行皃。从辵，川聲。

遚恭謹行也。从辵，既聲。讀若九。

辻步行也。从辵，土聲。

𨘢行𨘢徑也。从辵，䌛聲。

𨒅正行也。从辵，正聲。征𨒅，或从彳。

隨从也。从辵，𡐦省聲。

迊行皃。从辵，市聲。

迋往也。从辵，王聲。《春秋傳》曰："子無我迋。"

逝往也。从辵，折聲。讀若誓。

𨑩往也。从辵，且聲。𨑩，齊語。徂𨑩，或从彳。𨖍籀文。从虘。

述循也。从辵，术聲。𨘭籀文。从秫。

遵循也。从辵，尊聲。

適之也。从辵，啻聲。宋、魯語。

過度也。从辵，咼聲。

遦習也。从辵，貫聲。

媟遺也。从辵，賣聲。

登也。从辵，鬮省聲。

就也。从辵，告聲。譚長說：“造，上士也。”古文造。从舟。

逮進也。从辵，俞聲。《周書》曰：“無敢昬逾。”

追也。从辵，罘聲。徒合切。

遝也。从辵，合聲。

迮迮起也。从辵，作省聲。

迹遣也。从辵，昔聲。

往來數也。从辵，耑聲。《易》曰：“目事遄往。”

疾也。从辵，朿聲。籀文。从欶。古文。从欶，从言。

疾也。从辵，卂聲。

疾也。从辵，𠯑聲。讀與括同。

迎也。从辵，屰聲。關東曰逆，關西曰迎。

逢也。从辵，卬聲。

會也。从辵，交聲。

逢也。从辵，禺聲。

遇也。从辵，曹聲。一曰邐行。

遇也。从辵，冓聲。

遇也。从辵，夆省聲。

道也。从辵，由聲。

更易也。从辵，虒聲。

達也。从辵，甬聲。

迻也。从辵，止聲。徙，或从彳。古文徙。

遷徙也。从辵，多聲。

登也。从辵，䙴聲。古文遷，从手西。

迻徙也。从辵，軍聲。

遷也。一曰逃也。从辵，盾聲。徒困切。

遁也。从辵，孫聲。

復也。从辵，睘聲。

縱也。从辵，昔聲。

行邐邐也。从辵，麗聲。

唐逮，及也。从辵，隶聲。徐鉉曰：“或作迨。”

徐行也。从辵，犀聲。《詩》曰：“行道遲遲。”遲，或从尸。籒文遲，从屖。《五經文字》曰“从籒文”，謂隸變也。

徐也。从辵，黎聲。

去也。从辵，帶聲。

行皃。从辵，耑聲。

馬不行也。从辵，䮡聲。讀若住。

止也。从辵，豆聲。

曲行也。从辵，只聲。

逶迆，衺去之皃。从辵，委聲。於爲切。 或从虫爲。

衺行也。从辵，也聲。《夏書》曰："東迆北，會于匯。"

回避也。从辵，矞聲。

回也。从辵，辟聲。

離也。从辵，韋聲。

行難也。从辵，粦聲。《易》曰："以往遴。" 或从人。

復也。从辵，夋聲。

怒不進也。从辵，氐聲。

行不相遇也。从辵，羍聲。《詩》曰："挑兮達兮。" 達，或从大。或曰迭。

行謹逯逯也。从辵，录聲。

迵迭也。从辵，同聲。

更迭也。从辵，失聲。一曰达。

惑也。从辵，米聲。

斂聚也。从辵，求聲。《虞書》曰："旁逑孱功。"又曰："怨匹曰逑。"

毇也。从辵，貝聲。《周書》曰："我興受其退。"薄邁切。

逃也。从辵，官聲。逭，或从雚，从兆。

亡也。从辵，甫聲。籒文逋，从捕。

亡也。从辵，貴聲。

亡也。从辵，㒸聲。古文遂。

亡也。从辵，兆聲。

逐也。从辵，自聲。

迫也。从辵，西聲。迺，或从酉。

附也。从辵，斤聲。古文近。

搚也。从辵，巤聲。

近也。从辵，白聲。

近也。从辵，臸聲。

近也。从辵，爾聲。古文邇。

微止也。从辵，曷聲。讀若桑蟲之蝎。

遏也。从辵，庶聲。

遮遂也。从辵，羡聲。

迾也。晉、趙曰迣。从辵，世聲。讀若寘。

遮也。从辵，列聲。

進也。从辵，干聲。讀若干。

過也。从辵，侃聲。

連遱也。从辵，婁聲。

前頓也。从辵，市聲。賈侍中說："一讀若桮，又若郅。"北未切。

迦互，令不得行也。从辵，枷聲。徐鍇曰："迦互，猶犬牙左右相制也。"

踰也。从辵，戉聲。《易》曰："雜而不越。"

通也。从辵，呈聲。楚謂疾行爲逞。《春秋傳》曰："何所不逞欲？"

遠也。从辵，尞聲。

遼也。从辵，袁聲。古文遠。

遠也。从辵，狄聲。古文逖。

遠也。从辵，同聲。

遠也。从辵，卓聲。一曰蹇也。讀若棹苕之棹。徐鉉曰："案，棹苕，今無此語，未詳。"

避也。从辵，于聲。

自進極也。从辵，聿聲。

傳也。一曰窘也。从辵，虒聲。

獸迹也。从辵，亢聲。迒，或从足，从更。

至也。从辵，弔聲。

行垂崖也。从辵，臱聲。

升也。从彳，悳聲。

步道也。从彳，巠聲。徐鍇曰："道不容車，故曰步道。"

往來也。从彳，复聲。

徑行也。从彳，呈聲。

之也。从彳，㞷聲。古文。从辵。

行皃。从彳，瞿聲。

往，有所加也。从彳，皮聲。

循也。从彳，敫聲。

行順也。从彳，盾聲。

急行也。从彳，及聲。

行皃。从彳，蹈聲。一曰此與馺同。

隱行也。从彳，㣲聲。《春秋傳》曰："白公其徒微之。"

徥徥，行皃。从彳，是聲。《爾雅》曰："徥，則也。"

安行也。从彳，余聲。

行平易也。从彳，夷聲。

使也。从彳，諤聲。

使也。从彳，夆聲。讀若螽。

迹也。从彳，戔聲。

附行也。从彳，旁聲。

徯待也。从彳，奚聲。蹊徯，或从足。

待竢也。从彳，寺聲。

𢓊行𢓊𢓊也。从彳，由聲。徐讀徒歷切，與《詩・小弁》“踧踧”同。《玉篇》云除又切，與“宙”同。

徧帀也。从彳，扁聲。

徦至也。从彳，叚聲。

徲久也。从彳，犀聲。讀若遲。

很不聽从也。一曰行難也，一曰盭也。从彳，皀聲。

𢔧相迹也。从彳，重聲。

得行有所得也。从彳，㝵聲。㝵古文。省彳。

徛舉脛有渡也。从彳，奇聲。

徇行示也。从彳，匀聲。《司馬法》：“斬以徇。”

律均布也。从彳，聿聲。

廷朝中也。从廴，壬聲。

征行也。从廴，正聲。

延長行也。从延，丿聲。

術邑中道也。从行，术聲。

街四通道也。从行，圭聲。

衢四達謂之衢。从行，瞿聲。

衝通道也。从行，童聲。《春秋傳》曰：“及衝，以戈擊之。”

通街也。从行，同聲。

迹也。从行，戔聲。

行皃。从行，吾聲。

行喜皃。从行，午聲。

將衛也。从行，率聲。

齒本也。从齒，斤聲。

齒相值也。一曰齧也。从齒，責聲。《春秋傳》曰：“晳䶠。”

齒相齘也。一曰開口見齒之皃。从齒，柴省聲。讀若柴。

齒相切也。从齒，介聲。

口張齒見。从齒，只聲。

齒差也。从齒，兼聲。

齒搚也。一曰齰也。一曰馬口中糜也。从齒，芻聲。

齒不正也。从齒，禺聲。

齬齒也。从齒，虘聲。

齵也。从齒，取聲。

齒參差。从齒，差聲。

齒差跌皃。从齒，佐聲。《春秋傳》曰：“鄭有子䶩。”徐鉉曰：“《說文》無佐字，此字當从𨑘，傳寫之誤。”

缺齒也。一曰曲齒。从齒，𢍏聲。讀若權。曲邪也。

無齒也。从齒，軍聲。

缺齒也。从齒，獻聲。

齗腫也。从齒，巨聲。

老人齒。从齒，兒聲。

齧也。从齒，奇聲。

齚齒也。从齒，出聲。

齧也。从齒，昔聲。齰，或从乍。

齧也。从齒，咸聲。

齧也。从齒，皀聲。

齒見皃。从齒，干聲。

齺齚也。从齒，卒聲。

齒分骨聲。从齒，列聲。讀若刺。

齧骨也。从齒，交聲。

齒差也。从齒，屑聲。讀若切。

齒堅聲。从齒，吉聲。

齸牙也。从齒，豈聲。

吐而噍也。从齒，台聲。《爾雅》曰：“牛曰齝。”

齧也。从齒，气聲。

齒見皃。从齒，聯聲。

噬也。从齒，㓞聲。

齒傷酢也。从齒，所聲。讀若楚。

齒不相值也。从齒，吾聲。

羊粻也。从齒，世聲。

鹿麋粻。从齒，益聲。

齒堅也。从齒，至聲。

噍聲。从齒，昏聲。

噍堅也。从齒，博省聲。

齒蠹也。从牙，禹聲。𤘅，或从齒。

足也。从足，虒聲。

足踵也。从足，艮聲。跟，或从止。

足踝也。从足，果聲。

足下也。从足，石聲。

一足也。从足，奇聲。

拜也。从足，危聲。

長跪也。从足，忌聲。

行平易也。从足，叔聲。《詩》曰：“踧踧周道。”

行皃。从足，瞿聲。

長脛行也。从足，昔聲。一曰踧踖。

疏行皃。从足，禹聲。《詩》曰："獨行踽踽。"

行皃。从足，將聲。《詩》曰："管磬蹡蹡。"

踐處也。从足，斷省聲。

趣越皃。从足，卜聲。

越也。从足，俞聲。

輕也。从足，戉聲。

舉足行高也。从足，喬聲。《詩》曰："小子蹻蹻。"

疾也，長也。从足，攸聲。

動也。从足，倉聲。

跳也。从足，甬聲。

登也。从足，齊聲。《商書》曰："予顛躋。"

迅也。从足，翟聲。

蹴也。一曰卑也，絭也。从足，全聲。

躡也。从足，就聲。

蹈也。从足，聶聲。

渡也。从足，夸聲。

踐也。从足，弱聲。

蹈也。从足，步聲。旁各切。又音步。

踐也。从足，舀聲。

踐也。从足，廛聲。

履也。从足，戔聲。

追也。从足，重聲。一曰往來皃。

踶也。从足，卓聲。

踶也。从足，帶聲。

踶也。从足，敝聲。一曰跛也。

躗也。从足，是聲。

衛也。从足，衛聲。

蟄足也。从足，執聲。

尌也。从足，氏聲。

住足也。从足，適省聲。或曰蹢躅。賈侍中說：“足垢也。”

蹢躅也。从足，蜀聲。

觸也。从足，卒聲。一曰駭也。一曰蒼踤。

僵也。从足，厥聲。一曰跳也。亦讀若橜。蹶，或从闕。

蹶也。从足，兆聲。一曰躍也。

動也。从足，辰聲。

峙躇不前也。从足，屠聲。

跳也。从足，弗聲。

楚人謂跳躍曰蹠。从足，庶聲。

跛也。从足，荅聲。

跳也。从足，䍃聲。

進足有所擷取也。从足，及聲。《爾雅》曰：“趿謂之擷。”

步行獵跋也。从足，貝聲。

跆也。从足，質聲。《詩》曰：“載躓其尾。”

躓也。从足，合聲。

述也。从足，世聲。

跋也。从足，真聲。

蹎跋也。从足，犮聲。

小步也。从足，脊聲。《詩》曰：“不敢不蹐。”

踼也。从足，失聲。一曰越也。

跌也。从足，昜聲。一曰搶也。

踞也。从足，尊聲。

蹲也。从足，居聲。

踞也。从足，夸聲。

足躩如也。从足，矍聲。

僵也。从足，音聲。《春秋傳》曰：“晋人踣之。”

行不正也。从足，皮聲。一曰足排之。讀若彼。

跛也。从足，寒省聲。徐鉉曰：“案，《易》‘王臣蹇’，蹇，今俗作謇，非。”

足不正也。从足，扁聲。一曰拖後足馬。讀若苹，或曰徧。

脛肉也。一曰曲脛也。从足，𢍏聲。讀若逵。

足跌也。从足，委聲。

足親地也。从足，先聲。

天寒足跔也。从足，句聲。

瘃足也。从足，困聲。

雞距也。从足，巨聲。

舞履也。从足，麗聲。 或从革。

足所履也。从足，段聲。

跀也。从足，非聲。讀若匪。

斷足也。从足，月聲。 跀，或从兀。

曲脛也。从足，方聲。讀與彭同。

馬行皃。从足，決省聲。

獸足，企也。从足，幵聲。

轢也。从足，粦聲。

足多，指也。从足，支聲。

籥音。律管壎之樂也。从龠，炊聲。

管樂也。从龠，虒聲。 龥，或从竹。

調也。从龠，禾聲。讀與和同。

樂和，龤也。从龠，皆聲。《虞書》曰：“八音克龤。”

諸侯嗣國也。从册从口，司聲。徐鍇曰：“册必於廟，史讀其册，故从口議。”案，册有實形。从口。讀册，足會意也。故屬諧聲。古文嗣，从子。

語聲也。从㗊，臣聲。古文嚚。

高聲也。一曰大呼也，从㗊，丩聲。《春秋公羊傳》曰：“魯昭公叫然而哭。”

呼也。从㗊，莧聲。讀若讙。

歠也。从舌，沓聲。

以舌取食也。从舌，易聲。舓，或从也。

聲也。从只，甹聲。讀若馨。

从外知内也。从冏，章省聲。古文商。亦古文商。籀文商，从昍。

曲也。从口，丩聲。凡句之屬皆从句。

大遠也。从古，叚聲。

材十人也。从十，力聲。

詞之卙矣。从十，咠聲。

直言曰言，論難曰語。从口，辛聲。凡言之屬皆从言。

聲也。从言，眀聲。

欬也。从言，殸聲。殸，籀文“磬”字。

語 論也。从言，吾聲。

談 語也。从言，炎聲。

謂 報也。从言，胃聲。

諒 信也。从言，京聲。

請 謁也。从言，青聲。

謁 白也。从言，曷聲。

許 聽也。从言，午聲。

諾 譍也。从言，若聲。

譍 以言對也。从言，雁聲。

讎 猶譍也。从言，雔聲。

諸 辯也。从言，者聲。

詩 志也。从言，寺聲。訨 古文詩省。

讖 驗也。从言，韱聲。

諷 誦也。从言，風聲。

誦 諷也。从言，甬聲。

讀 誦書也。从言，賣聲。

訓 説教也。从言，川聲。

誨 曉教也。从言，每聲。

譔 專教也。从言，巽聲。

譬諭也。从言，辟聲。

謜徐語也。从言，原聲。《孟子》曰：“故謜謜而來。”

詇早知也。从言，央聲。

諭告也。从言，俞聲。

詖辯論也。古文以爲頗字。从言，皮聲。

諄告曉之孰也。从言，𦎫聲。讀若庉。

謘語諄謘也。从言，屖聲。

詻論訟也。《傳》曰：“詻詻孔子容。”从言，各聲。

誾和説而諍也。从言，門聲。

謀慮難曰謀。从言，某聲。古文謀。亦古文。

謨議謀也。从言，莫聲。《虞書》曰：“咎繇謨。”古文謨。从口。

訪汎謀曰訪。从言，方聲。

諏聚謀也。从言，取聲。

論議也。从言，侖聲。

議語也。从言，義聲。

訂平議也。从言，丁聲。

詳審議也。从言，羊聲。

諟理也。从言，是聲。

諦審也。从言，帝聲。

常也。一曰知也。从言，戠聲。

問也。从言，卂聲。古文訊。从西。

言微親詧也。从言，察省聲。

慎也。从言，堇聲。

厚也。从言，乃聲。

誠諦也。从言，甚聲。《詩》曰：“天難諶斯。”

燕、代、東齊謂信曰訦。从言，冘聲。

信也。从言，成聲。

敕也。从言，戒聲。

誠也。从言，忌聲。

諱也。从言，韋聲。

告也。从言，告聲。古文誥。

約束也。从①言，折聲。

問也。从言，僉聲。《周書》曰：“勿以譣人。”

訓故言也。从言，古聲。《詩》曰：“詁訓”。

臣盡力之美。从言，葛聲。《詩》曰：“藹藹王多吉士。”

餔旋促也。从言，朿聲。

知也。从言，胥聲。

---

① 从，原闕，據《説文》補。

証 諫也。从言，正聲。

諫 証也。从言，柬聲。

諗 深諫也。从言，念聲。《春秋傳》曰："辛伯諗周桓公。"

課 試也。从言，果聲。

試 用也。从言，式聲。《虞書》曰："明試以功。"

諴 和也。从言，咸聲。《周書》曰："丕能諴于小民。"

䚻 徒歌。从言，肉聲。各本脱"聲"字，段玉裁據缶部"䍃，从缶，肉聲"補之，是也。俗作謡。

詮 具也。从言，全聲。

訢 喜也。从言，斤聲。

説 説釋也。从言，兑聲。一曰談説。

諧 詥也。从言，皆聲。

詥 諧也。从言，合聲。

調 和也。从言，周聲。

話 合會善言也。从言，昏聲。《傳》曰："告之話言。" 譮 籀文語。从會。

諈 諈諉累也。从言，垂聲。

諉 累也。从言，委聲。

謐 静語也。从言，𥁕聲。一曰無聲也。

謙 敬也。从言，兼聲。

大言也。从言，羽聲。

善言也。从言，戔聲。一曰謔也。

嘉言也。从言，我聲。《詩》曰："誐以溢我。"

共也。一曰譀也。从言，同聲。《周書》曰："在夏后之詷。"

救視也。从言，蒦聲。

譞慧也。从言，圜省聲。

大也。一曰人相助也。从言，甫聲。讀若逋。

寄也。从言，乇聲。

疏也。从言，己聲。

稱也。从言，與聲。

敷也。从言，番聲。《商書》曰："王譒告之。"

辤去也。从言，𢉖聲。

齊歌也。从言，區聲。

歌也。从言，永聲。詠，或从口。

止也。从言，争聲。

召也。从言，乎聲。

評謼也。从言，虖聲。

止也。从言，气聲。

傳言也。从言，彥聲。

相迎也。从言，牙聲。《周禮》曰："諸侯有卿訝。"訝，或从辵。

候至也。从言，旨聲。

和解也。从言，冓聲。

迻書也。从言，朕聲。

頓也。从言，刃聲。《論語》曰："其言也訒。"

謯娽也。从言，虘聲。

待也。从言，伿聲。讀若毉。

痛嘑也。从言，敫聲。

恚嘑也。从言，堯聲。

小聲也。从言，熒省聲。《詩》曰："謍謍青蠅。"

大聲也。从言，昔聲。讀若笮。諎，或从口。

諂也。从言，臾聲。

諛也。从言，閻聲。讇，或省。

詐也。从言，爰聲。

不肖人也。从言，敖聲。一曰哭不止，悲聲謷謷。

誘也。从言，术聲。

沇州，謂欺曰詑。从言，它聲。

欺也。从言，曼聲。

諸拏羞窮也。从言，奢聲。

慙語也。从言，作聲。

執讋也。从言，執聲。

謰謱也。从言，連聲。

謰謱也。从言，婁聲。

相欺詒也。一曰遺也。从言，台聲。

相怒使也。从言，參聲。

欺也。从言，狂聲。

騃也。从言，疑聲。

相誤也。从言，㚖聲。䜹誤，即詿誤。

謗也。从言，山聲。

誹也。从言，幾聲。

加也。从言，巫聲。

謗也。从言，非聲。

毁也。从言，旁聲。

詶也。从言，壽聲。讀若醻。《周書》曰：“無或譸，張爲幻。”

譸也。从言，州聲。

詶也。从言，且聲。

詶也。从言，由聲。

離别也。从言，多聲。讀若《論語》“跢予之足”。周景

王作洛陽誃臺。

亂也。从言，孛聲。誖，或从心。籒文誖。从二或。

謬也。从言，吴聲。

誤也。从言，圭聲。一本有“或从言佳省聲”六字。

可惡之辭。从言，矣聲。一曰誒然。《春秋傳》曰：“誒誒出出。”

痛也。从言，喜聲。

膽氣滿，聲在人上。从言，自聲。讀若反目相睞。

謧詍，多言也。从言，离聲。

多言也。从言，世聲。《詩》曰：“無然詍詍。”

不思稱意也。从言，此聲。《詩》曰：“翕翕訿訿。”

往來言也。一曰小兒未能正言也。一曰祝也。从言，匋聲。詾，或从包。

詡詡，多語也。从言，冄聲。樂浪有詡邯縣。

語相反及①也。从言，遝聲。

謎諸也。从言，沓聲。

諍語訮訮也。从言，开聲。

言壯皃。一曰數相怒也。从言，巂聲。讀若畫。呼麥切。

駭言聲。从言，匀省聲。漢中西域有訇鄉。又讀若玄。

① 及，《説文》作“謎”。

籀文。不省。

便巧言也。从言，扁聲。《周書》曰："戩戩善諞言。"《論語》曰："友諞佞。"

匹也。从言，頻聲。

言相説司也。从言，兒聲。

相呼誘也。从言，兆聲。

加也。从言，曾聲。

忘也。从言，失聲。

忌也。从言，其聲。《周書》曰："爾尚不諅于凶德。"

誕也。从言，敢聲。俗譀。从忘。

譀也。从言，夸聲。

詞誕也。从言，延聲。籀文誕。省正。

譀也。从言，萬聲。

戲也。从言，虐聲。《詩》曰："善戲謔兮。"

很戾也。从言，艮聲。

讃也。从言，工聲。《詩》曰："蝥賊内訌。"

中正也。从言，貴聲。《司馬法》曰："師多則人讃。"讃，止也。

聲也。从言，歲聲。《詩》曰："有噦其聲。"

疾言也。从言，咼聲。

譟也。从言，魋聲。

擾也。从言，喿聲。

大呼也。从言，丩聲。《春秋傳》曰："或訆于宋太廟。"

譁也。从言，雚聲。

讙也。从言，華聲。

妄言也。从言，雩聲。譁，或从荂。

譌言也。从言，爲聲。《詩》曰："民之譌言。"

狂者之妄言也。从言，翏聲。

夢言也。从言，㐬聲。

大呼自勉也。从言，暴省聲。

訬擾也。一曰訬獪。从言，少聲。讀若毚。

欺也。从言，其聲。

權詐也。益、梁曰，謬欺天下曰譎。从言，矞聲。古穴切。

欺也。从言，乍聲。

詭譌也。从言，于聲。一曰訏，譇。齊、楚謂信曰訏。

咨也。一曰痛惜也。从言，差聲。

失气言。一曰不止也。从言，龖省聲。傅毅讀若慴。籀文讋。不省。

言謵讋也。从言，習聲。

相毀也。从言，亞聲。一曰畏亞。

相毁也。从言，隨省聲。

嗑也。从言，闒聲。

説也。从言，匈聲。或省。詾，或从兇。

争也。从言，公聲。一曰諝訟。古文訟。

恚也。从言，真聲。賈侍中説謓笑。一曰讀若振。

多言也。从言，聶聲。河東有狐讘縣。

大言而怒也。从言，可聲。

訐也。从言，臣聲。讀若指。

面相厈罪，相告訐也。从言，干聲。

告也。从言，厈聲。《論語》曰："訴子路於季孫。" 舊本云厈省聲。案，此本不省。徐鉉曰："厈非聲。葢古之字音多與今異，如皀亦音香，釁亦音門，乃亦音仍，他皆放此。古今失傳，不可詳究。" 訴，或从言朔。訴，或从朔心。

愬也。从言，朁聲。

譖也。从言，毚聲。

讁問也。从言，遣聲。

罰也。从言，啻聲。

數也。一曰相讓也。从言，耑聲。讀若專。

相責讓。从言，襄聲。

嬈譊也。从言，焦聲。讀若嚼。古文譙。从肖。《周

書》曰："王亦未敢誚公。"

數諫也。从言，朿聲。

讓也。从言，卒聲。《國語》曰："誶申胥。"

問也。从言，吉聲。

責望也。从言，望聲。

責也。从言，危聲。

告也。从言，登聲。

詰詘也。一曰屈襞。从言，出聲。詘，或从屈。

慰也。从言，夗聲。

知處告言之。从言，冋聲。

流言也。从言，夐聲。

苛也。一曰訶也。从言，氐聲。

何也。从言，隹聲。

飾也。一曰更也。从言，革聲。讀若戒。

詆讕也。从言，闌聲。讕，或从間。

視也。从言，㐱聲。

悲聲也。从言，斯省聲。

罪也。从言，尤聲。《周書》曰："報以庶訧。"

討也。从言，朱聲。

悉也。从言，音聲。

禱也。累功德以求福。《論語》曰："讄曰：禱尔于上下神祇。"从言，纍省聲。或不省。

謚也。从言，未聲。

恥也。从言，奚聲。謑，或从奊。

謑詬也。从言，后聲。詬，或从句。

軍中反間也。从言，枼聲。

軍中約也。从言，亥聲。讀若心中滿該。

傳譯四夷之言者。从言，睪聲。

迫也。从言，九聲。讀若求。

笑皃。从言，益聲。

痛怨也。从誩，賣聲。《春秋傳》曰："民無怨讟。"

聲也。从音，鄉聲。

下徹聲。从音，酓聲。

虞舜樂也。《書》曰："簫韶九成，鳳皇來儀。"从音，召聲。

男有辠曰奴，奴曰童，女曰妾。从䇂，重省聲。籒文童。中與竊中同从廿。廿，目爲古文疾字。

聚也。从丵[1]，取聲。

承也。从手从廾，丰聲。

---

① 丵下原有一"丵"字，衍。據《説文》删。

引給也。从𠬞，睪聲。

舉也。从𠬞，由聲。《春秋傳》曰：“晋人或以廣墜，楚人卑之。”黄顥説，廣車陷，楚人爲舉之。杜林以爲麒麟字。

举也。从𠬞，目聲。《虞書》曰：“岳曰異哉。”

兩手盛也。从𠬞，𠔏聲。

摶飯也。从𠬞，采聲。采，古文辨字。讀若書卷。

慤也。从𠬞，龍聲。

圍棊也。从𠬞，亦聲。《論語》曰：“不有博弈者乎。”

樊也。从𠬢，䜌聲。

給也。从共，龍聲。

分物得增益曰戴。从異，𢦏聲。籀文戴。

升高也。从舁，囟聲。䙴，或从卩。古文䙴。

身中也，象人要自臼之形。从臼，交省聲。古文要。

耕也。从晨，囟聲。徐鍇曰：“當从凶，乃得聲。”籀文農。从林。古文農。亦古文農。

去毛皮也。《論語》曰：“虎豹之鞹。”从革，郭聲。

靬，乾革也。武威有麗靬縣。从革，干聲。

生革，可以爲縷束也。从革，各聲。

柔革工也。从革，包聲。讀若朴。《周禮》曰：“柔皮之工鮑氏。”鞄即鮑也。

攻皮治鼓工也。从革，軍聲。讀若運。韗，或从韋。

柔革也。从革，旦聲。古文靼，从亶。

韋繡也。从革，貴聲。

大帶也。《易》曰："或錫之鞶帶。"男子帶鞶，婦人帶絲。从革，般聲。

以韋束也。《易》曰："鞏用黃牛之革。"从革，巩聲。

履空也。从革，免聲。徐鍇曰："履空，猶言履殼也。"

小兒履也。从革，及聲。讀若沓。

䩕角，鞮屬。从革，印聲。

革履也。从革，是聲。

鞮屬。从革，徙聲。

革生鞮也。从革，奚聲。

補履下也。从革，丁聲。

蹋鞠也。从革，匊聲。鞠，或从簕。

鞀遼也。从革，召聲。鞀，或从兆。鞀，或从鼓，从兆。籀文鞀，从殸召。

量物之鞔。一曰抒井鞔。古以革。从革，冤聲。鞔，或从宛。

刀室也。从革，卑聲。

車革前曰報。从革，艮聲。

車軾也。从革，弘聲。《詩》曰："鞹鞃淺幭。"讀若穹。

車軸束也。从革，敄聲。

車束也。从革，必聲。

車衡三束也。曲轅䪝縛，直轅⿱⺮輦縛。从革，爨聲。讀若《論語》"鑽燧"之鑽。䪝，或从革贊。

蓋杠絲也。从革，旨聲。徐鍇曰："絲，其繫系也。"古用革。

車駕具也。从革，皮聲。

轡鞥。从革，弇聲。讀若譍。一曰龍頭繞者。

轡革也。从革，巴聲。

著掖鞥也。从革，顯聲。

當膺也。从革，斤聲。

驂具也。从革，蚩聲。讀若騁蜃。

引軸也。从革，引聲。籀文靷。

車鞁具也。从革，官聲。

車鞁具也。从革，豆聲。

輨內環靼也。从革，亏聲。

車下索也。从革，尃聲。

車具也。从革，奄聲。

車具也。从革，叕聲。

鞌毳飾也。从革，茸聲。

鞌飾。从革，占聲。

防汗也。从革，合聲。

馬頭絡銜也。从革，力聲。

大車縛軛靼。从革，肙聲。

勒靼也。从革，面聲。

鞮也。从革，今聲。

所以戢弓矢。从革，建聲。

弓矢韇也。从革，賣聲。

綏也。从革，巂聲。

急也。从革，亟聲。

驅也。从革，便聲。古文鞭。

頸靼也。从革，央聲。

佩刀絲也。从革，蒦聲。

馬尾鞑也。从革，它聲。今之般緧。

繫牛脛也。从革，見聲。

鬻也。从䰜，侃聲。䰞，或从食，衍聲。或从干聲。或从建聲。案，禮家作餰，《孟子》作飦，《左氏傳》注作鍵。

鍵也。从䰜，米聲。舊讀武悲切。徐鉉曰：“今俗作粥。之六切。”

鍵也。从䰜，古聲。

鼎實。惟葦及蒲。陳留謂鍵爲䰞。从䰜，速聲。餗䰞，或从食，束聲。

鬻也。从䰜，毓聲。鬻䰸，或省从米。

涼州謂鬻爲䰛。从䰜，穫聲。秣䰛，或省从末。

粉餅也。从䰜，耳聲。餌䰨，或从食，耳聲。

熬也。从䰜，芻聲。徐鉉曰：“今俗作㷅，别作炒，非是①。”

内肉及菜湯中薄出之。从䰜，翟聲。

亯也。从䰜，者聲。𩰫䰞，或从火。䰞䰞，或从水在其中。

吹釜溢也。从䰜，孛聲。

食飪也。从丮，𦎫聲。《易》曰：“孰飪。”

設飪也。从丮，从食，才聲。讀若載。

褱也。从丮，工聲。𢪏巩，或加手。

相踦𠀎也。从丮，谷聲。其虐切。

遇也。从鬥，斲聲。

鬬也。从鬥，共聲。《孟子》曰：“鄒與魯鬨。”

經繆殺也。从鬥，翏聲。

鬬取也。从鬥，龜聲。讀若三合繩糾。

① 非是，原作“是非”，據《説文》改。

智少力劣也。从鬥，爾聲。

鬭，連結𩰪紛相牽也。从鬥，燹聲。徐鉉曰：“案，燹，今先典切，从豩聲。豩，呼還切。蓋燹亦有豩音，故得爲聲。一本从豩，《説文》無豩字。撫文切。”

鬭也。从鬥，賓省聲。讀若賓。

引也。从又，冒聲。

引也。从又，𦥔聲。𦥔，古文申。失人切。

又取也。从又，虘聲。

引也。从又，𠩺聲。

拾也。从又，尗聲。汝南名收芌爲叔。叔，或从寸。

法制也。从又，庶省聲。

職也。从史，之省聲。古文事。

持去也。从支，奇聲。

習也。从聿，希聲。籀文𦘔。篆文𦘔。

所以書也。楚謂之聿，吳謂之不律，燕謂之弗。从聿，一聲。凡聿之屬皆从聿。余律切。

箸也。从聿，者聲。

及也。从隶，眔聲。《詩》曰：“𨽸天之末陰雨。”

附箸也。从隶，柰聲。篆文隸。从古文之體。

堅也。从又，臣聲。凡臤之屬皆从臤。讀若鏗鏘之鏗。古

文以爲賢字。

豎立也。从臤，豆聲。籀文豎。从殳。

善也。从臣，戕聲。籀文。

以杸殊人也。《禮》：“殳以積竹，八觚，長丈二尺，建於兵車，旅賁以先驅。”从又，几聲。凡殳之屬皆从殳。

殳也。从殳，示聲。或説城郭市里高縣羊皮，有不當入而欲入者，暫下以驚牛馬曰祋。故从示、殳。《詩》曰：“何戈與祋。”

从上擊下也。一曰素也。从殳，肖聲。舊讀若角切。肖，苦江切。今音轉，讀如鞱。

下擊上也。从殳，冘聲。

繇擊也。从殳，豆聲。古文投如此。

縣物殸擊也。从殳，㞋聲。

椎毄物也。从殳，豖聲。

捶毄物也。从殳，區聲。

擊頭也。从殳，高聲。

擊聲也。从殳，屍聲。

擊中聲。从殳，医聲。

椎物也。从殳，耑省聲。

擊空聲也。从殳，宫聲。

相雜錯也。从殳，肴聲。

妄怒也。一曰有决也。从殳，豙聲。

毅改，大剛卯也，以逐精鬼。从殳，亥聲。

戮也。从殳，杀聲。凡殺之屬皆从殺。徐鉉曰："《説文》無杀字，相傳音察，未知所出。"古文殺。古文殺。古文殺。古文殺。籀文殺。

臣殺君也。《易》曰："臣弒其君。"从殺省，式聲。

舒鳧，鶩也。从鳥，几聲。

廷也。有法度者也。从寸，之聲。

帥也。从寸，牆省聲。

繹理也。从工，从口，从又，从寸。工、口，亂也。又、寸分理之。彡聲。此與㲉同意。度，人之兩臂爲尋，八尺也。

六寸簿也。从寸，叀聲。一曰專，紡專。

布也。从寸，甫聲。

導引也。从寸，道聲。

剥取獸革者謂之皮。从又，爲省聲。凡皮之屬皆从皮。古文皮。从竹。籀文皮。

面生气也。从皮，包聲。

面黑气也。从皮，干聲。

羽獵韋絝。从甍，弃聲。鄦書無篆，而倴、腁皆从弃聲，蓋史篇遺亡，鄦未能補。或从衣，从腁。《虞書》曰："鳥

獸褻毛。”

攴 小擊也。从又，卜聲。凡攴之屬皆从攴。

啟 教也。从攴，启聲。《論語》曰：“不憤不啟。”

肇 擊也。从攴，肇省聲。

敏 疾也。从攴，每聲。

敃 彊也。从攴，民聲。

敄 彊也。从攴，矛聲。

敀 迮也。从攴，白聲。《周書》曰：“常敀常任。”

效 象也。从攴，交聲。

故 使爲之也。从攴，古聲。

𢻫 敷也。从攴，也聲。讀與施同。

敷 𢻫也。从攴，尃聲。《周書》曰：“用敷遺後人。”

敟 主也。从攴，典聲。

𢿢 數也。从攴，麗聲。

數 計也。从攴，婁聲。

孜 汲汲也。从攴，子聲。《周書》曰：“孜孜無怠。”

攽 分也。从攴，分聲。《周書》曰：“乃惟孺子攽。”亦讀與彪同。

𢼂 止也。从攴，旱聲。《周書》曰：“𢼂我于艱。”

敳 有所治也。从攴，豈聲。讀若豤。

敞平治高土，可以遠望也。从攴，尚聲。

敒理也。从攴，伸聲。

變更也。从攴，䜌聲。

更改也。从攴，丙聲。

敕誡也。臿地曰敕。从攴，束聲。

[illegible]使也。从攴，耴省聲。

斂收也。从攴，僉聲。

敹擇也。从攴，寀聲。《周書》曰：“敹乃甲胄。”

敿繫連也。从攴，喬聲。《周書》曰：“敿乃干。”讀若矯。

敶列也。从攴，陳聲。

敵仇也。从攴，啻聲。

斁解也。从攴，睪聲。《詩》曰：“服之無斁。”斁，猒也。一曰終也。

救止也。从攴，求[1]聲。

敓彊取也。《周書》曰：“敓攘矯虔。”从攴，兑聲。

赦置也。从攴，赤聲。[illegible]赦，或从亦。

[illegible]撫也。从攴，亡聲。讀與撫同。

敉撫也。从攴，米聲。《周書》曰：“亦未克敉公功。”讀若

① “求”上原有兩“攴”字，衍一，據《説文》改。

弭。敉，或从人。

戾也。从攴，韋聲。

怒也，詆也。一曰誰何也。从攴，𦎧聲。

刺也。从攴，蚩聲。

閉也。从攴，度聲。讀若杜。敷，或从刀。

塞也。从攴，念聲。《周書》曰："敜乃穽。"

戰盡也。从攴，畢聲。

捕也。从攴，丩聲。

敂也。从攴，丂聲。

擊也。从攴，句聲。讀若扣。

擊也。从攴，工聲。

橫擿也。从攴，高聲。

擊也。从攴，豖聲。

放也。从攴，㞷聲。

坼也。从攴，从厂。厂之性坼，果孰有味亦坼，故謂之斄。从未聲。徐鍇曰："厂，厓也。"

去陰之刑也。从攴，蜀聲。《周書》曰："刖劓斀黥。"

冒也。从攴，昏聲。《周書》曰："散不畏死。"

禁也。一曰樂器，椌楬也，形如木虎。从攴，吾聲。

研治也。从攴，果聲。舜女弟名敤首。

持也。从攴，金聲。讀如琴。

棄也。从攴，𠷎聲。《周書》以爲“討”。《詩》曰：“無我敨兮。”

毅改，大剛卯，以逐鬼彪也。从攴，已聲。讀若已。

次弟也。从攴，余聲。

毀也。从攴，卑聲。

𢾅也。从攴，兒聲。

擊馬也。从攴，朿聲。

小舂也。从攴，算聲。

𩭬田也。从攴，堯聲。

毀也。从攴，𡂤聲。士部重出。

覺悟也。从教，从冂。冂，尚矇也。臼聲。篆文斆。省。

筮也。从卜，圭聲。

《易》卦之上體也。《商書》曰：“貞曰𠧴。”从卜，每聲。

卜問也。从卜，召聲。

所願也。从用，寧省聲。

麗爾，猶靡麗也。从冂，从㸚。其孔㸚㸚。尔聲。此與爽同意。

低目視也。从𡕥，門聲。弘農湖縣有闅鄉，汝南西平有闅亭。無分切。

目也。从目，艮聲。

兒初生瞥者。从目，睘聲。

目無常主也。从目，玄聲。

目匡也。从目，此聲。

目旁毛也。从目，夾聲。

盧童子也。从目，縣聲。

目童子精也。从目，喜聲。讀若禧。

目旁薄緻宀宀也。从目，臱聲。

大目也。从目，非聲。

大目也。从目，臤聲。

大目也。从目，旱聲。睅，或从完。

大目也。从目，爰聲。

平目也。从目，㒼聲。

大目出也。从目，軍聲。

目䜌䜌也。从目，䜌聲。

白黑分也。《詩》曰：“美目盼兮。”从目，分聲。

目多白也。一曰張目也。从目，干聲。

多白眼也。从目，反聲。《春秋傳》曰：“鄭游眅，字子明。”

出目也。从目，見聲。

目多精也。从目，雚聲。益州謂瞋目曰矔。

目精也。从目，粦聲。

目少精也。从目，毛聲。《虞書》耄字从此。

目無精直視也。从目，黨聲。

暫視皃。从目，炎聲。讀若“白蓋謂之苫”相似。

吴楚謂瞋目、顧視曰眮。从目，同聲。

直視也。从目，必聲。讀若《詩》云“泌彼泉水”。

瞴婁，微視也。从目，無聲。

蔽人視也。从目，幵聲。讀若攜手。一曰直視也。 䀍，目或在下。

晚瞖目視皃。从目，免聲。

眂皃。从目，氏聲。

衺視也。从目，兒聲。

低目視也。从目，冒聲。《周書》曰：“武王惟眉。”

視高皃。从目，戉聲。讀若《詩》曰“施罛濊濊”。

視近而志遠。从目，冘聲。《易》曰：“虎視眈眈。”

張目也。从目，于聲。一曰朝鮮謂盧童子曰盱。

目驚視也。从目，袁聲。《詩》曰：“獨行睘睘。”

視而止也。从目，亶聲。

目冥遠視。从目，勿聲。一曰久也，一曰旦明也。

目有所根而止也。从目，㐱聲。

睽也。从目，奧聲。

察也。从目，祭聲。

見也。从目，者聲。古文。从見。

目不相聽也。从目，癸聲。

目不明也。从目，末聲。

轉目視也。从目，般聲。

小兒白眼也。从目，辡聲。

目財視也。从目，𠂢聲。

失意視也。从目，脩聲。

謹鈍目也。从目，䡽聲。

目動也。从目，閏聲。

恨張目也。从目，賓聲。《詩》曰：“國步斯矉。”

目無明也。从目，夗聲。

仰目也。从目，隹聲。

目搖也。从目，勻省聲。旬，或从旬。

大視也。从目，蒦聲。

目順也。从目，坴聲。一曰敬和也。古文睦。

臨視也。从目，詹聲。

低目謹視也。从目，敄聲。

小視也。从目，買聲。

視也。从目，監聲。

省視也。从目，啓省聲。

張目也。从目，真聲。祕書瞋。从戌。

目孰視也。从目，鳥聲。讀若雕。

目疾視也。从目，易聲。

視皃。从目，肙聲。

迎視也。从目，是聲。讀若珥瑱之瑱。

目相戲也。从目，晏聲。《詩》曰：“暥婉之求。”

短深目皃。从目，取聲。

顧也。从目，关聲。《詩》曰：“乃眷西顧。”

察也。一曰目痛也。从目，叔聲。

望也。从目，稀省聲。海岱之間謂眄曰睎。

深視也。一曰下視也。又竊見也。从目，覃聲。

坐寐也。从目，垂聲。

目病生翳也。从目，生聲。

過目也。又目翳也。从目，敝聲。一曰財見也。

目傷眥也。从目，多聲。一曰曹兜。

𥌃目眵也。从目，蔑省聲。

𥅳涓目也。从目，夬聲。徐鉉曰：“當从決省。”亦省聲。

䀶目病也。从目，良聲。

眛目不明也。从目，未聲。

瞯戴目也。从目，間聲。江淮之間謂眂曰瞯。

眯艸入目中也。从目，米聲。

眺目不正也。从目，兆聲。

睞目童子不正也。从目，來聲。

睩目睞謹也。从目，录聲。讀若鹿。

䀺眣也。从目，攸聲。𥄴䀺，或从丩。

眣目不正也。从目，失聲。

矇童矇也。一曰不明也。从目，蒙聲。

眄目偏合也。一曰衺視也。秦語。从目，丏聲。

䀩眄也。从目，各聲。

盲目無牟子。从目，亡聲。

䁍目陷也。从目，咸聲。

瞽目但有眹也。从目，鼓聲。

瞍無目也。从目，叜聲。

䁝惑也。从目，榮省聲。

目小也。从目，坐聲。徐鉉曰："案《尚書》'元首叢睉哉'，叢睉，猶細碎也。今从肉，非是。"

目小視也。从目，弟聲。南楚謂眄曰睇。

開闔目數搖也。从目，寅聲。舒問切。徐鉉曰："今俗别作瞬，非是。"

直視也。从目，台聲。

長眙也。一曰張目也。从目，宁聲。

恨視也。从目，兮聲。

目不明也。从目，弗聲。

盾也。从盾，犮聲。

盾握也。从盾，圭聲。

鈍詞也。从白，羨省聲。《論語》曰："參也魯。"

别事詞也。从白，𣥠聲。𣥠，古文旅字。

詞也。从白，𢎘聲。與疇同。《虞書》曰："𢎘咨。"

臥息也。从鼻，干聲。讀若汗。

病寒鼻窒也。从鼻，九聲。

臥息也。从鼻，隶聲。讀若虺。

習猒也。从習，元聲。《春秋傳》曰："翫歲而愒日。"

鳥之彊羽猛者。从羽，是聲。

天雞，赤羽也。从羽，倝聲。《逸周書》曰："文翰若翬

雉。一名鷐風。周成王時蜀人獻之。”

赤羽雀也。出鬱林。从羽，非聲。

青羽雀也。出鬱林。从羽，卒聲。

羽生也。一曰矢羽。从羽，𠂔聲。矢舊作矢，謂金鏃翦羽也。

頸毛也。从羽，公聲。

翼也。从羽，支聲。 翄，或从氏。

翅也。从羽，革聲。

尾長毛也。从羽，堯聲。

羽本也。一曰羽初生皃。从羽，侯聲。

羽莖也。从羽，鬲聲。

羽曲也。从羽，句聲。

羽之羿風，亦古諸侯也。一曰射師。从羽，开聲。

飛舉也。从羽，者聲。

起也。从羽，合聲。

小飛也。从羽，睘聲。

大飛也。从羽，軍聲。一曰，伊、雒而南，雉五采皆備曰翬。《詩》曰：“如翬斯飛。”

疾飛也。从羽，扁聲。

捷也，飛之疾也。从羽，夾聲。讀若濇。一曰俠也。

飛也。从羽，立聲。

飛盛皃。从羽，𡳿聲。

翱翔也。从羽，皋聲。

回飛也。从羽，羊聲。

飛聲也。从羽，歲聲。《詩》曰：“鳳皇于飛，翽翽其羽。”

鳥白肥澤皃。从羽，高聲。《詩》云：“白鳥翯翯。”

樂舞，以羽翿自翳其首，以祀星辰也。从羽，王聲。讀若皇。

樂舞，執全羽以祀社稷也。从羽，犮聲。讀若紱。

翳也，所以舞也。从羽，𣪊聲。《詩》曰：“左執翿。”

華蓋也。从羽，殹聲。

棺羽飾也。天子八，諸侯六，大夫四，士二。下垂。从羽，妾聲。

小爵也。从萑，吅聲。《詩》曰：“雚鳴于垤。”

雖舊，舊留也。从萑，臼聲。許流切。徐鍇曰：“今借爲新舊字。”巨救切。鵂，舊，或从鳥，休聲。

鳥羣也。从雥，㽗聲。

細也。从幺，麻聲。

逐也。从攴，方聲。凡放之屬皆从放。

相付也。从受，舟省聲。

五指持也。从𠬪，一聲。讀若律。

進取也。从𠬪，古聲。籒文叡。古文叡。

病也。从歺，委聲。

瞀也。从歺，昏聲。

胎敗也。从歺，賣聲。

終也。从歺，勿聲。歾，或从叟。

大夫死曰殚。从歺，卒聲。

死也。从歺，朱聲。《漢令》曰：“蠻夷長有罪，當殊之。”

胎①敗也。从歺，昷聲。

不成人也。人年十九至十六死爲長殤，十五至十二死爲中殤，十一至八歲死爲下殤。从歺，傷省聲。

往死也。从歺，且聲。《虞書》曰：“放勛乃殂落。”古文殂，从歺，从作。

殊也。从歺，亟聲。《虞書》：“殛鲧于羽山。”

死也。从歺，壹聲。古文殪，从死。

死寂募也。从歺，莫聲。

瘞也。从歺，隶聲。

道中死人，人所覆也。从歺，堇聲。《詩》曰：“行有死人，尚或殣之。”

---

① 胎，原作“貽”，據《説文》及上文改。

腐气也。从歺，臭聲。

爛也。从歺，貴聲。

腐也。从歺，丂聲。㱙，或从木。

危也。从歺，台聲。

咎也。从歺，央聲。

賊也。从歺，戔聲。

盡也。从歺，㐱聲。古文殄如此。

微盡也。从歺，韱聲。《春秋傳》曰："齊人殲于遂。"

殛盡也。从歺，單聲。

敗也。从歺，睪聲。《商書》曰："彝倫攸殬。"

畜産疫病也。从歺，羸聲。

殺羊出其胎也。从歺，豈聲。

脂膏久殖也。从歺，直聲。

枯也。从歺，古聲。

棄也。从歺，奇聲。俗語謂死曰大殑。

公侯卒也。从死，瞢省聲。

死人里也。从死，蒿省聲。

戰見血曰傷，亂或爲惽，死而復生爲𣦸。从死，次聲。

别也。从冎，卑聲。讀若罷。

髑髏頂也。从骨，蜀聲。

髑髏也。从骨，婁聲。

肩甲也。从骨，專聲。

肩前也。从骨，禺聲。

并脅也。从骨，并聲。晋文公骿脅。徐鉉曰：“骿胝字同，今别作胼，非。”

股也。从骨，卑聲。古文髀。

髀骨也。从骨，果聲。

臀骨也。从骨，厥聲。

髀上也。从骨，寬聲。

厀耑也。从骨，賓聲。

骨耑也。从骨，昏聲。

厀脛間骨也。从骨，貴聲。

脛也。从骨，交聲。

骹也。从骨，干聲。

脛骨也。从骨，亥聲。

骨中脂也。从骨，隓聲。

骨間黄汁也。从骨，易聲。讀若《易》曰“夕惕若厲”。

總十二屬也。从骨，豊聲。謂骨有頂、面、頤、肩、脊、尻、厷、臂、手、股、脛、足之屬也。

痲病也。从骨，麻聲。

食骨留咽中也。从骨，叜聲。

禽獸之骨曰骼。从骨，各聲。

鳥獸殘骨曰骴。骴，可惡也。从骨，此聲。《明堂月令》曰："掩骼薶骴。"骴或从肉資。

骨耑骼𡖅也。从骨，丸聲。

骨擿之可會髮者。从骨，會聲。《詩》曰："膾弁如星。"

婦始孕腜兆也。从肉，某聲。

婦孕一月也。从肉，不聲。

婦孕三月也。从肉，台聲。

肉也。从肉，几聲。

皮也。从肉，盧聲。籒文臚。

面頯也。从肉，屯聲。

頰肉也。从肉，幾聲。讀若畿。

口耑也。从肉，辰聲。古文脣，从頁。

項也。从肉，豆聲。

心上鬲下也。从肉，亡聲。《春秋傳》曰："病在肓之下。"

水藏也。从肉，臤聲。

金藏也。从肉，市聲。

土藏也。从肉，卑聲。

木藏也。从肉，干聲。

連肝之府。从肉，詹聲。

膀光也。从肉，孚聲。

大小腸也。从肉，昜聲。

肥也。从肉，高聲。

肥也。从肉，方聲。

匈也。从肉，𤸰聲。

匈肉也。从肉，乙聲。肊，或从意。

脊也。从肉，北聲。

兩膀也。从肉，劦聲。

脅也。从肉，旁聲。膀，或从骨。

脅肉也。从肉，寽聲。一曰脟，腸間肥也。一曰膫也。

脅骨也。从肉，力聲。

夾脊肉也。从肉，申聲。

背肉也。从肉，每聲。《易》曰：“咸其脢。”

亦下也。从肉，各聲。

亦下也。从肉，去聲。

手上也。从肉，辟[1]聲。

---

① 辟，原作“臂”，據《説文》改。

臂羊矢也。从肉，需聲。讀若襦。

毗齎也。从肉，齊聲。

厚也。从肉，夏聲。

腹下肥也。从肉，臾聲。

屍也。从肉，隹聲。

孔也。从肉，夬聲。讀若決水之決。

股也。从肉，夸聲。

髀也。从肉，殳聲。

脛也。从肉，卻聲。

胻也。从肉，巠聲。

脛耑也。从肉，行聲。

脛耑也。从肉，非聲。

腓腸也。从肉，耑聲。

體四胑也。从肉，只聲。胑，或从支。

足大指毛也。从肉，亥聲。

骨肉相似也。从肉，小聲。不似其先，故曰“不肖”也。

胤也。从肉，由聲。

振肸也。从肉，八聲。

肉膻也。从肉，亶聲。《詩》曰：“膻裼暴虎。”

益州鄙言人盛，諱其肥，謂之驤。从肉，襄聲。

臞也。从肉，皆聲。

少肉也。从肉，瞿聲。

消肉臞也。从肉，兑聲。

齊人謂臞脙也。从肉，求聲。讀若休止。

臞也。从肉，䜌聲。一曰切肉臠也。《詩》曰：“棘人臠臠兮。”

瘦也。从肉，㬥聲。古文臄。从疒、从朿，朿亦聲。

騃也。从肉，丞聲。讀若丞。

脣傷也。从肉，参聲。籀文胗。从疒。

瘢胝也。从肉，垂聲。

腄也。从肉，氐聲。

贅也。从肉，尤聲。籀文肬。从黑。

搔生創也。从肉，丸聲。

癰也。从肉，重聲。

骨差也。从肉，失聲。讀與跌同。

創肉反出也。从肉，希聲。

瘢也。从肉，引聲。一曰遽也。

冬至後三戌，臘祭百神。从肉，巤聲。

楚俗㠯二月祭歙食也。从肉，婁聲。一曰祈穀食新曰離膢。

祭也。从肉，兆聲。

祭福肉也。从肉，乍聲。徐鉉曰：“今俗别作祚，非是。”

具食也。从肉，善聲。

嘉善肉也。从肉，柔聲。

啖也。从肉，爻聲。徐鍇曰：“謂已脩庖之可食也。”

設膳腆腆多也。从肉，典聲。古文腆。

牛羊曰肥，豕曰腯。从肉，盾聲。

肥肉也。从肉，必聲。

牛顧垂也。从肉，古聲。

牛百葉也。从肉，弦省聲。

牛百葉也。从肉，𣬈聲。一曰鳥胞脛。膍，或从比。

鳥胃也。从肉，至聲。一曰脛，五藏①總名也。

牛脅後髀前合革肉也。从肉，㒸聲。讀若繇。

血祭肉也。从肉，帥聲。膟，或从率。

牛腸脂也。从肉，尞聲。《詩》曰：“取其血膫。”膫，或从勞省聲。

乾肉也。从肉，甫聲。

脯也。从肉，攸聲。

① 藏，原作“臧”，據《説文》改。

脯也。从肉，奚聲。

膎肉也。从肉，兩聲。

薄脯，搏①之屋上。从肉，尃聲。匹各切。

胃府也。从肉，完聲。讀②若患。舊云脯。鉉本如是，謂脘亦脯屬，故類次之。醫書謂之胃宛，即此胃脘也。

脯脡也。从肉，句聲。

無骨腊也。楊雄説，鳥腊也。从肉，無聲。《周禮》有膴判。讀若謨。荒烏切。

蟹醢也。从肉，疋聲。

北方謂鳥腊曰腒。从肉，居聲。《傳》曰：“堯如腊，舜如腒。”

孰肉醬也。从肉，九聲。讀若舊。

乾魚尾䏼䏼也。从肉，肅聲。《周禮》有“腒䏼”。

有骨醢也。从肉，耎聲。腝，或从難。

生肉醬也。从肉，延聲。

豕肉醬也。从肉，否聲。

爛也。从肉，而聲。

切孰肉，内於血中和也。从肉，員聲。讀若遜。

---

① 搏，《説文》作“膊”。

② 讀，原作“謂”，據《説文》改。

豕膏臭也。从肉，生聲。一曰不孰也。

犬膏臭也。从肉，喿聲。

豕肉羹也。从肉，堯聲。

戴角者脂，無角者膏。从肉，旨聲。

鬻也。从肉，肖聲。

上肥也。从肉，貳聲。

肉間胲膜也。从肉，莫聲。

肉表革裏也。从肉，弱聲。

肉羹也。从肉，隺聲。

臛也。从肉，賁聲。

臛也。从肉，雋聲。讀若纂。腨，或从火巽。

大臠也。从肉，𢦏聲。

薄切肉也。从肉，枼聲。

細切肉也。从肉，會聲。

漬肉也。从肉，奄聲。

耎易破也。从肉，毳聲。

雜肉也。从肉，楸聲。

切肉也。从肉，專聲。

挑取骨間肉也。从肉，叕聲。讀若《詩》曰“啜其泣矣”。

食所遺也。从肉，仕聲。《易》曰："噬乾𦙍。"楊雄説，𦙍从𠦄。

食肉不猒也。从肉，臽聲。讀若陷。

起也。从肉，真聲。

肉汁滓也。从肉，冘聲。

昵也。作之巳皮。从肉，翏聲。

蠅乳肉中也。从肉，且聲。

小蟲也。从肉，口聲。一曰空也。

爛也。从肉，府聲。

筋之本也。从筋，从夗省聲。筋，或从肉、建。

手足指節鳴也。从筋省，勺聲。筋，或省竹。

人所帶兵也。从刃，僉聲。籒文劍。从刀。

巧韧也。从刀，丰聲。凡韧之屬皆从韧。

齘㓞，刮也。从韧，夬聲。一曰㓞，畫堅也。

枝挌也。从丰，各聲。

犂也。从耒，井聲。一曰古者井田。

耒廣五寸爲伐，二伐爲耦。从耒，禺聲。

帝耤千畞也。古者使民如借，故謂之耤。从耒，昔聲。

冊叉可以畫麥，河内用之。从耒，圭聲。一本作䅅。叉或作册。又冊叉者，言杷取麥爪甚多也，冊爲數之積，因名。

除苗間穢也。从耒，員聲。䎣，或从芸。

商人七十而耡。耡，耤稅也。从耒，助聲。《周禮》曰："以興耡利萌。"

揮角皃。从角，雚聲。梁隝縣有䚖亭。又讀若繟。

角也。从角，樂聲。張掖有觻得縣。

角中骨也。从角，思聲。

曲角也。从角，关聲。

角觬曲也。从角，兒聲。西河有觬氏縣。

一角仰也。从角，㓞聲。《易》曰："其牛觢。"徐鉉曰："當从契省，乃得聲。"

角傾也。从角，虒聲。

角一俛一仰也。从角，奇聲。

角皃。从角，丩聲。《詩》曰："兕觵其觓。"

角曲中皃。从角，畏聲。

角長皃。从角，爿聲。

角有所觸發也。从角，厥聲。

抵也。从角，蜀聲。

舉角也。从角，公聲。

治角也。从角，學省聲。

牛觸，橫大木其角。从角，从大，行聲。《詩》曰："設其

福衡。”古文衡如此。

角䚗，獸也。狀佀豕，角善爲弓，出胡休多國。从角，耑聲。《禦覽》引作“出胡尸國。一曰出休尸國”十字。郭璞説：“角䚗，佀豬角，在鼻上，堪作弓。李陵嘗以此弓十張遺蘇武也。”

觰拏，獸也。从角，者聲。一曰下大者也。

羊角不齊也。从角，危聲。

牝，牂羊生角者也。从角，圭聲。牂者，牝羊也。牂羊多無角，故生角者謂之觟也。《詩》曰：“彼童而角。”童，即牂，有角則觟也。

骨角之名也。从角，各聲。

鴟舊頭上角觜也。一曰觜觿也。从角，此聲。此謂鳥之毛角與獸角異也。今用爲鳥咮之觜。俗加口作嘴。

佩角，鋭耑可以解結。从角，巂聲。《詩》曰：“童子佩觿。”

兕牛角，可㠯歓者也。从角，黄聲。其狀觵觵，故謂之觵。《毛詩》説“觥大七升”，《韓詩》説“觥大五升”，所以罰不敬。俗觵。从光。

鄉歓酒角也。《禮》曰：“一人洗，舉觶。”觶受四升。从角，單聲。徐鉉曰：“當从戰省，乃得聲。”案，《異義》引《韓詩》説：“三升曰觶。觶，適也。飲當自適也。”觶，或从辰。《考工記》疏引《鄭駁異義》云：“觶字角旁。友汝潁之間，師讀所作。”今本皆如是。案，友蓋辰之誤。古祇、振多通用也。

禮經觶。

小觶也。从角，旦聲。

觶實曰觴，虛曰觶。从角，𥏻省聲。觴者，餉也。籀文觴。从爵省。

鄉歓酒之爵也。一曰觴受三升者謂之觚。从角，瓜聲。

角匕也。从角，亘聲。讀若讙。

杖耑角也。从角，敫聲。

環之有舌者。从角，夐聲。觼，或从金、矞。

調弓也。从角，弱省聲。

惟射收繁具也。从角，發聲。

惟射收繁具。从角，酋聲。讀若鰌。

盛觵卮也。一曰射具。从角，殸聲。讀若斛。

羌人所吹角屠觱，以驚馬也。从角，𤇾聲。𤇾，古文誖字。屠觱，羌人所吹器，舊以角爲之，後乃以竹爲管，以蘆爲首。或作篳篥，亦作觱篥。今《詩》作觱發。又風寒聲。

法也。从工，弋聲。

枝也。从工，丂聲。

何也。从曰，勹聲。

曾也。从曰，兓聲。《詩》曰："朁不畏明。"

驚聲也。从乃省，鹵聲。籀文迺不省。或曰迺，往也。讀

若仍。徐鉉曰：“卤非聲，未詳。”古文逌。

气行皃。从乃，卤聲。讀若攸。

願詞也。从丂，寍聲。

可也。从可，加聲。《詩》曰：“哿矣富人。”

驚辭也。从兮，旬聲。㥦，或从心。

气也。从兮，義聲。

气損也。从丂，雐聲。虧，或从兮。

美也。从甘，匕聲。凡旨之屬皆从旨。古文旨。

口味之也。从旨，尚聲。

大也。从喜，否聲。《春秋傳》曰：“吴有太宰嚭。”

夜戒守鼓也。从壴，蚤聲。《禮》：“昏鼓四通爲大鼓，夜半三通爲戒晨，旦明五通爲發明。”讀若戚。

鼓聲也。从壴，彡聲。徐鉉曰：“當从形省，乃得聲。”

美也。从壴，加聲。

大鼓也。从鼓，咎聲。《詩》曰：“鼛鼓弗勝。”

大鼓謂之鼖。鼖八尺而兩面，以鼓軍事。从鼓，賁省聲。䩿鼖，或从革，賁不省。鼓以革爲之，故从革。

騎鼓也。从鼓，卑聲。

鼓聲也。从鼓，隆聲。

鼓聲也。从鼓，淵聲。《詩》曰：“鼘鼓鼘鼘。”

鼓聲也。从鼓，堂聲。《詩》曰："擊鼓其鼞。"

鼓聲。从鼓，合聲。古文鼛。从革。

鼓無聲也。从鼓，咠聲。

鼓鼙也。从鼓，缶聲。

還師振旅樂也。一曰欲也，登也。从豆，微省聲。凡豈之屬皆从豈。

𪔂也，訖事之樂也。从豈，幾聲。徐鉉曰："《説文》無𪔂字，从幾从气，義無所取，當是訖字之誤尔。"

好而長也。从豐。豐，大也。盍聲。《春秋傳》曰："美而豔。"以贍切。

土鍪也。从䖒，号聲。讀若鎬。

騶虞也。白虎黑文，尾長於身。仁獸，食自死之肉。从虍，吴聲。《詩》曰："于嗟乎，騶虞。"

虎皃。从虍，必聲。

虎行皃。从虍，文聲。讀若矜。徐鉉曰："文非聲，未詳。"

虎不柔不信也。从虍，且聲。讀若鄌縣。

哮虖也。从虍，乎聲。

虎文，彪也。从虍，彬聲。

人相違也。从大，凵聲。凡去之屬皆从去。

去也。从去，曷聲。

去也。从去，夌聲。讀若陵。

血也。从血，亡聲。《春秋傳》曰："士刲羊，亦無衁也。"

凝血也。从血，不聲。

气液也。从血，𦘒聲。

定息也。从血，甹省聲。讀若亭。

鼻出血也。从血，丑聲。

腫血也。从血，農省聲。 俗盥。从肉，農聲。

血醢也。从血，肬聲。《禮記》有"監醢"，以牛乾脯、粱①、䉼、鹽、酒也。徐鉉曰："肬，肉汁滓也，故从肬。肬亦聲。"案，肉汁滓即血醢，古但以肬爲之，後加血旁，故不言亦聲。

醢也。从血，菹聲。 蘁，或从缶。

以血有所刏涂祭也。从血，幾聲。

憂也。从血，卩聲。一曰鮮少也。徐鍇曰："血者言憂之切至也。"辛聿切。

傷痛也。从血、聿，皕聲。《周書》曰："民罔不衋傷心。"

羊凝血也。从血，臽聲。 衉，或从贛。

污血也。从血，蔑聲。

審也。从青，争聲。徐鍇曰："丹青明審也。"

① 粱，原作"梁"，據《說文》改。

即食也。从皀，卩聲。徐鍇曰：“即，就也。”

小食也。从皀，旡聲。《論語》曰：“不使勝食既。”

飯剛柔不調相箸。从皀，冂聲。讀若適。

黑黍也。一稃二米以釀也。从鬯，矩聲。秬，或从禾。

列也。从鬯，夬聲。讀若迅。列當作烈，謂以火熨之也。今衡人士語猶然。

一米也。从皀，亼聲。或説亼皀也。凡食之屬皆从食。

滫飯也。从食，奉聲。徐鉉曰：“奉音忽，非聲，疑奔字之誤。”饙，或从賁。餴，或从奔。

飯气蒸也。从食，留聲。

大孰也。从食，壬聲。古文飪。亦古文飪。

孰食也。从食，雝聲。

米櫱煎也。从食，台聲。籒文飴。从異省。

飴和饊者也。从食，易聲。

熬稻粻餭也。从食，散聲。

麪餈也。从食，并聲。

稻餅也。从食，次聲。餈，或从齊。餈，或从米。

糜也。从食，亶聲。周謂之饘，宋謂之餬。

乾食也。从食，侯聲。《周書》曰：“峙乃餱粻。”

餱也。从食，非聲。陳楚之間相謁而食麥飯曰餥。

酒食也。从食，喜聲。《詩》曰：“可以饙饎。”饎，或从配。饎，或从米。

具食也。从食，算聲。籑，或从㔾。

供養也。从食，羊聲。古文養。

食也。从食，反聲。

雜飯也。从食，丑聲。

以羹澆飯也。从食，贊聲。

晝食也。从食，象聲。餘，或从傷省聲。

日加申時食也。从食，甫聲。籀文餔。从血、从浦。

吞也。从食，奴聲。餐，或从水。

嗛也。从食，兼聲。讀若風溓溓。一曰廉潔也。

餉田也。从食，盍聲。《詩》曰：“饁彼南畝。”

周人謂餉曰饟。从食，襄聲。人漾切。

饟也。从食，向聲。

餉也。从食，貴聲。

盛器滿皃。从食，蒙聲。《詩》曰：“有饛簋飧。”

楚人相謁食麥曰飵。从食，乍聲。

相謁食麥也。从食，占聲。

秦人謂相謁而食麥曰䭇餀。从食，㐮聲。

饐飽也。从食，豈聲。

餬寄食也。从食，胡聲。

飶食之香也。从食，必聲。《詩》曰："有飶其香。"

餱燕食也。从食，笑聲。《詩》曰："飲酒之餱。"

飽猒也。从食，包聲。古文飽，从采。亦古文飽，从卯聲。

餶猒也。从食，肙聲。

饒飽也。从食，堯聲。

餘饒也。从食，余聲。

餀食臭也。从食，艾聲。《爾雅》曰："餀謂之喙。"

餞送去也。从食，戔聲。《詩》曰："顯父餞之。"

餫野饋曰餫。从食，軍聲。

館客舍也。从食，官聲。《周禮》："五十里有市，市有館，館有積，以待朝聘之客。"

饕貪也。从食，號聲。叨饕，或从口，刀聲。籒文饕，从號省。

飻貪也。从食，殄省聲。《春秋傳》曰："謂之饕飻。"

餲飯傷熱也。从食，歲聲。

饐飯傷溼也。从食，壹聲。

餲飯餲也。从食，曷聲。《論語》曰："食饐而餲。"

穀不孰爲飢。从食，幾聲。

蔬不孰爲饉。从食，堇聲。

飢也。从食，戹聲。讀若楚人言恚人。

飢也。从食，委聲。一曰魚敗曰餧。

餓也。从食，几聲。

飢也。从食，我聲。

祭酹也。从食，叕聲。

小餟也。从食，兑聲。

馬食穀多，气流四下也。从食，夌聲。

食馬穀也。从食，末聲。

益也。从會，卑聲。

鳥獸來食聲。从倉，爿聲。《虞書》曰："鳥獸牄牄。"

小堂也。从高省，冋聲。高，或从廣頃。

民所安定也。亭有樓。从高省，丁聲。

京兆杜陵亭也。从高省，乇聲。

買賣所之也。市有垣。从冂，从乁。乁，古文及，象物相及也。㞢省聲。

厚也。从亯，竹聲。讀若篤。

長味也。从㫗，鹹省聲。《詩》曰："實覃實吁。"古文覃。篆文覃。省。

善也。从畗省，亡聲。徐鍇曰：“良甚也，故从畗。”古文良。亦古文良。亦古文良。

多穀也。从㐭，旦聲。

垣蔽也。从嗇，爿聲。籒文。从二禾。籒文。亦从二來。

來麰麥也。从麥，牟聲。麰，或从艸。

堅麥也。从麥，气聲。

小麥屑之覈。从麥，貨聲。

礦麥也。从麥，𤯓聲。一曰擣也。

小麥屑皮也。从麥，夫聲。麩，或从甫。

麥末也。从麥，丏聲。

麥覈屑也。十斤爲三斗。从麥，啻聲。

煑麥也。从麥，豐聲。讀若馮。

麥甘鬻也。从麥，去聲。

餅籟也。从麥，㱿聲。讀若庫。

餅籟也。从麥，穴聲。

餅籟也。从麥，才聲。

行夋夋也。一曰倨也。从夊，允聲。

行故道也。从夊，畗省聲。

和之行也。从夊，悥聲。《詩》曰：“布政憂憂。”

行皃。从夊，㤅聲。

斂足也。鵲鵙醜其飛也。㚇，从夊，兇聲。

樂也，用足相背。从舛，無聲。古文舞。从羽、亡。

車軸耑鍵也。兩穿相背。从舛，㒼省聲。㒼，古文偰字。

華榮也。从舜，生聲。讀若皇。《爾雅》曰：“䑟，華也。”䑟，或从艸、皇。

相背也。从舛，口聲。獸皮之韋可目束，枉戾相韋背，故借目爲皮韋。凡韋之屬皆从韋。古文韋。

韍也。所以蔽前，以韋。下廣二尺，上廣一尺，其頸五寸。一命緼韠，再命赤韠。从韋，畢聲。

茅蒐染韋也。一入①曰韎。从韋，未聲。

櫜紐也。从韋，惠聲。一曰盛虜頭櫜也。徐鍇曰：“謂戰伐以盛首級。”

劒衣也。从韋，舀聲。

射臂決也。从韋，冓聲。

射決也。所以拘弦，以象骨韋系著右巨指。从韋，枼聲。《詩》曰：“童子佩韘。”韘，或从弓。

弓衣也。从韋，蜀聲。

弓衣也。从韋，長聲。《詩》曰：“交韔二弓。”

① 入，原作“人”，據《說文》改。

履也。从韋，叚聲。

履後帖也。从韋，段聲。鍛，或从糸。

足衣也。从韋，蔑聲。徐鉉曰：“今俗作韤，非是。”

軶裹也。从韋，専聲。

革中辨謂之韏。从韋，𢍏聲。

收束也。从韋，樵聲。讀若酋。徐鉉曰：“樵，側角切，聲不相近，未詳。”䪂，或从要。䪂，或从秋手。

井垣也。从韋，取其帀也，倝聲。

相遮要害也。从夊，丰聲。南陽新野有夆亭。乎葢切。

牾也。从夊，半聲。讀若縫。

辜也。从桀，石聲。

木叢生者。从林，鬱省聲。

叢木，一名荊也。从林，疋聲。創舉切。

木枝條棽儷皃。从林，今聲。

木盛也。从林，矛聲。

守山林吏也。从林，鹿聲。一曰林屬於山爲麓。《春秋傳》曰：“沙麓崩。”古文。从录，亦录聲也。

複屋棟也。从林，分聲。

槷䊛，不安也。从出，臬聲。《易》曰：“槷䊛。”徐鍇曰：“物不安則出，不在也。”

生也。从生，彥省聲。

豐大也。从生，降聲。徐鍇曰：“生而不已，益高大也。”

艸木實甤甤也。从生，豨省聲。讀若綏。

艸木華也。从𠂹，亏聲。凡𠌶之屬皆从𠌶。𠌶，或从艸林夸。

盛也。从𠌶，韋聲。《詩》曰：“萼不韡韡。”

多小意而止也。从禾支，只聲。一曰木也。小意者，意有所屈曲，不得伸也。

積椒也。从禾，从又，句聲。又者，从丑省。一曰木名。徐鍇曰：“丑者，束縛也。積椒，詘曲[1]不伸之意。”

留止也。从禾，从尤，旨聲。凡稽之屬皆从稽。

特止也。从稽省，卓聲。徐鍇曰：“特止，卓立也。”

稽椒而止也。从稽省，咎聲。讀若皓。賈侍中說：“稽、稈、稽三字皆木名。”

小束也。从束，幵聲。讀若繭。

橐也。从束，圂聲。凡㯻之屬皆从㯻。

囊也。从㯻省，石聲。

橐也。从㯻省，襄省聲。

車上大橐。从㯻省，咎聲。《詩》曰：“載櫜弓矢。”

---

① 詘曲，原闕，據《説文繫傳》補。

囊張大皃。从㯻省，匋省聲。

天體也。从囗，瞏聲。

圜也。从囗，專聲。

規也。从囗，肙聲。

回也。从囗，云聲。

圜全也。从囗，員聲。讀若員。

回行也。从囗，睪聲。《尚書》曰：“圛圛升雲，半有半無。”讀若驛。

養畜之閑也。从囗，卷聲。

苑有垣也。从囗，有聲。一曰禽獸曰囿。籀文囿。

所以樹果也。从囗，袁聲。

種菜曰圃。从囗，甫聲。

獄也。从囗，令聲。

守之也。从囗，吾聲。

四塞也。从囗，古聲。

守也。从囗，韋聲。

物數紛賱，亂也。从員，云聲。讀若《春秋傳》曰“宋皇鄖”。

國也。从邑，丰聲。古文。

周制，天子地方千里，分爲百縣，縣有四郡，故《春秋

傳》曰“上大夫受郡”是也。至秦初，置三十六郡以監其縣。从邑，君聲。

有先君之舊宗廟曰都。从邑，者聲。《周禮》：“距國五百里爲都。”

五家爲鄰。从邑，粦聲。

百家爲酇。酇，聚也。从邑，贊聲。南陽有酇縣。

五酇爲鄙。从邑，啚聲。

距國百里爲郊。从邑，交聲。

屬國舍。从邑，氐聲。

郭也。从邑，孚聲。

國甸，大夫稍稍所食邑。从邑，肖聲。《周禮》曰：“任郈地在天子三百里之内。”

夏后時諸侯夷羿國也。从邑，窮省聲。

周封黄帝之後於郹也。从邑，契聲。讀若薊。上谷有郹縣。

炎帝之後，姜姓所封，周棄外家國。从邑，台聲。右扶風斄縣是也。《詩》曰：“即有部家室。”宋本引《詩》“有部家室”，無“即”字。

周文王所封，在右扶風美陽中水鄉。从邑，支聲。巨支切。郊，或从山，支聲。因岐山以名之也。古文郊。从枝，从山。

周太王國，在右扶風美陽。从邑，分聲。美陽亭，即豳也。民俗以夜市。有豳山。从山，从豩，闕。

右扶風縣。从邑，眉聲。

右扶風郁夷也。从邑，有聲。

右扶風縣名。从邑，雩聲。

夏后同姓所封戰於甘者，在鄠有扈谷甘亭。从邑，户聲。古文扈。从山、㔾。徐鍇曰：“从辰巳之巳。”段玉裁説：“當从户。”

右扶風鄠鄉。从邑，崩聲。沛城父有鄘鄉。讀若陪。

右扶風鄠鄉。从邑，且聲。

右扶風鄠鄉盩厔縣。从邑，赤聲。

周文王所都，在京兆杜陵西南。从邑，豐聲。

京兆縣。周厲王子友所封。从邑，奠聲。宗周之滅，鄭徙潧洧之上，今新鄭是也。

左馮翊郃陽縣。从邑，合聲。《詩》曰：“在郃之陽。”

京兆藍田鄉。从邑，口聲。

京兆杜陵鄉。从邑，樊聲。

左馮翊縣。从邑，麃聲。

左馮翊鄜陽亭。从邑，屠聲。

左馮翊高陵。从邑，由聲。

左馮翊谷口鄉。从邑，季聲。讀若寧。

隴西上邽也。从邑，圭聲。

天水狄部。从邑，音聲。

弘農縣庾地。从邑，豆聲。

河南縣直城門官陌地也。从邑，辱聲。《春秋傳》曰：“成王定鼎于郟鄏。”

周邑也。从邑，輂聲。

周邑也。从邑，祭聲。

河南洛陽北亡山上邑。从邑，亡聲。

周邑也。从邑，尋聲。

周邑也，在河内。从邑，希聲。

河内沁水鄉。从邑，軍聲。魯有鄆地。

故商邑，自河内朝歌以北是也。从邑，北聲。

周武王子所封，在河内野王是也。从邑，于聲。又讀若區。

殷諸侯國，在上黨東北。从邑，㸚聲。㸚，古文利。《商書》：“西伯戡𨛘。”

晋邑也。从邑，召聲。

晋邑也。从邑，冥聲。《春秋傳》曰：“伐鄍三門。”

晋邢侯邑。从邑，畜聲。

晋之温地。从邑，侯聲。《春秋傳》曰："争鄇田。"

晋邑也。从邑，必聲。《春秋傳》曰："晋楚戰于邲。"

晋大夫叔虎邑也。从邑，谷聲。

河東聞喜縣。从邑，非聲。

河東聞喜聚。从邑，虔聲。邑落曰聚。舜所居，一年成聚，二年成邑，三年成都。

河東聞喜鄉。从邑，匡聲。

河東臨汾地，即漢之所祭后土處。从邑，癸聲。

周公子所封，地近河内懷。从邑，幵聲。河内郡懷邑也。今河南懷慶府武陟縣城西南十一里有故懷城。

太原縣名。从邑，烏聲。

太原縣。从邑，示聲。

魏郡縣。从邑，業聲。

鄭地郱亭。从邑，井聲。

趙邯鄲縣。从邑，甘聲。

邯鄲縣。从邑，單聲。

周武王子所封國，在晋地。从邑，旬聲。讀若泓。

清河縣。从邑，俞聲。《史記》吕嬰、樂布皆封俞侯，又田蚡奉邑食鄃。俞，即鄃也。

常山縣，世祖所即位。今爲高邑。从邑，高聲。

鉅鹿縣。从邑，梟聲。

涿郡縣。从邑，莫聲。

北地郁郅縣。从邑，至聲。

北方長狄國也。在夏爲防風氏，在殷爲汪茫氏。从邑，叜聲。《春秋傳》曰："鄋瞞侵齊。"

炎帝大嶽之胤，甫侯所封，在潁川。从邑，橆聲。讀若許。

潁川縣。从邑，亢聲。

潁川縣。从邑，匽聲。

潁川縣。从邑，夾聲。

新郪汝南縣。从邑，妻聲。

姬姓之國，在淮北。从邑，息聲。今汝南新鄎。

汝南邵陵里。从邑，自聲。讀若奚。

汝南鮦陽亭。从邑，旁聲。

蔡邑也。从邑，臭聲。《春秋傳》曰："鄭陽封人之女奔之。"

曼姓之國。今屬南陽。从邑，登聲。

鄧國地也。从邑，憂聲。《春秋傳》曰："鄧南鄙鄾人攻之。"

南陽淯陽鄉。从邑，号聲。

南陽棗陽鄉。从邑，巢聲。

今南陽穰縣是。从邑，襄聲。

南陽穰鄉。从邑，婁聲。

南陽西鄂亭。从邑，里聲。

南陽舞陰亭。从邑，羽聲。

故楚都，在南郡江陵北十里。从邑，呈聲。郢，或省。

南郡縣。孝惠三年改名宜城。从邑，焉聲。

江夏縣。从邑，黽聲。

南陽陰鄉。从邑，葛聲。

江夏縣。从邑，娶聲。

南陽縣。从邑，己聲。

江夏縣。从邑，朱聲。

漢南之國。从邑，員聲。漢中有鄖關。

南夷國。从邑，庸聲。

蜀縣也。从邑，卑聲。

蜀江原地。从邑，壽聲。

蜀地也。从邑，耤聲。

蜀廣漢鄉也。从邑，蔓聲。

什邡廣漢縣也。从邑，方聲。

存鄢犍爲縣。从邑，馬聲。

牂牁縣。从邑，敝聲。讀若鷩雉之鷩。

地名。从邑，包聲。

西夷國。从邑，冄聲。安定有朝那縣。

鄱陽豫章縣。从邑，番聲。

長沙縣。从邑，靁聲。

桂陽縣。从邑，林聲。

今桂陽⿰耒阝陽縣。从邑，耒聲。

會稽縣。从邑，貿聲。

會稽縣。从邑，堇聲。

沛縣。从邑，市聲。

宋下邑。从邑，丙聲。

沛國縣。从邑，虘聲。

地名。从邑，少聲。

地名。从邑，臣聲。

宋地也。从邑，㲋聲。讀若讒。

宋魯間也。从邑，晋聲。

周文王子所封國。从邑，告聲。

衛地。今濟陰鄄城。从邑，垔聲。

邛地，在濟陰縣。从邑，工聲。

祝融之後，妘姓所封，潧洧之間。鄭滅之。从邑，會聲。

鄭邑也。从邑，元聲。

鄭地。从邑，延聲。

琅邪莒邑。从邑，更聲。《春秋傳》曰："取郠。"

妘姓之國。从邑，禹聲。《春秋傳》曰："鄅人籍稻。"讀若規椝之椝。

魯縣，古邾國，帝顓頊之後所封。从邑，芻聲。

邾下邑地。从邑，余聲。魯東有郐城。讀若涂。

附庸國，在東平亢父邿亭。从邑，寺聲。《春秋傳》曰："取邿。"

魯下邑，孔子之鄉。从邑，取聲。

魯孟氏邑。从邑，成聲。

周公所誅郁國，在魯。从邑，奄聲。

魯下邑。从邑，雚聲。《春秋傳》曰："齊人來歸酄。"

魯亭也。从邑，良聲。

奚仲之後，湯左相仲虺所封國，在魯薛縣。从邑，丕聲。

紀邑也。从邑，章聲。

國也，今屬臨淮。从邑，干聲。一曰邗。本屬吴。

臨淮徐地。从邑，義聲。《春秋傳》曰："徐鄬楚。"

東平無鹽鄉。从邑，后聲。

東海縣，帝少昊之後所封。从邑，炎聲。

東海縣，故紀侯之邑也。从邑，吾聲。

東海之邑。从邑，巂聲。

姒姓國，在東海。从邑，曾聲。

琅邪郡。从邑，牙聲。

琅邪縣。一名純德。从邑，夫聲。

齊地也。从邑，桼聲。

齊之郭氏虚，善善不能進，惡惡不能退，是以亡也。从邑，䧈聲。

齊地。从邑，兒聲。《春秋傳》曰："齊高厚定郳。"

郣海地。从邑，孛聲。一曰地之起者曰郣。徐鉉曰："今俗作渤，非是。"

國也，齊桓公之所滅。从邑，覃聲。徐鉉曰："今作譚，非是。《説文》注義有譚長，疑後人傳寫之誤。"

地名。从邑，句聲。

陳留鄉。从邑，亥聲。

故國，在陳留。从邑，𢦏聲。

地名。从邑，燕聲。

地名。从邑，丘聲。

地名。从邑，如聲。

地名。从邑，丑聲。

地名。从邑，几聲。隸變作阢。

地名。从邑，翕聲。

地名。从邑，求聲。

地名。从邑，嬰聲。

地名。从邑，尚聲。

地名。从邑，并聲。

地名。从邑，虖聲。

地名。从邑，火聲。

地名。从邑，翏聲。

地名。从邑，爲聲。

地名。从邑，屯聲。徐鉉曰：“今俗作村，非是。”

地名。从邑，舍聲。

地名。从邑，盍聲。

地名。从邑，乾聲。

地名。从邑，畬聲。讀若淫。

地名。从邑，山聲。

地名，从邑，臺聲。臺，古堂字。

姬姓之國。从邑，馮聲。

鄎汝南安陽鄉。从邑，𣪠省聲。

郙汝南上蔡亭。从邑，甫聲。

酈南陽縣。从邑，麗聲。

𨞴地名。从邑，𢐀聲。

鄉國離邑，民所封鄉也。嗇夫别治。封圻之内六鄉，六卿治之。从𨛜，皀聲。離，析也。析國之地爲鄉，使嗇夫分治之。漢制，鄉有三老，有秩、嗇夫、游徼。三老掌教化；嗇夫職聽訟，收賦税；游徼循禁盗賊。《周禮》："天子圻内六鄉，鄉老：二鄉，公一人。鄉大夫：每鄉卿一人。"

暨日頗見也。从旦，既聲。頗猶偏也，謂不全見也。《公羊傳》曰："會、及、暨，皆與也。暨，猶暨暨也。及，我欲之。暨，不得已。"《尔疋·釋訓》："暨，不及也。"頗見，不及見。

倝日始出，光倝倝也。从旦，㫃聲。凡倝之屬皆从倝。舊讀古案切。《詩》"暵其乾矣"是。

𠦝闕。宋刻鉉本如是"鍇本有旦从三日在㫃中"七字。段玉裁據《汗簡》朝作"𣎴"、翰作"𩡧"定爲倝之籒文，然𠤷書部末不言有重文。

𠦍旦也。从倝，舟聲。

旐龜蛇四游，以象營室，游游而長。从㫃，兆聲。《周禮》曰："縣鄙建旐。"

旗熊旗五游，以象罰星，士卒以爲期。从㫃，其聲。《周禮》曰："率都建旗。"

繼旐之旗也，沛然而埀。从㫃，巿聲。

游車載旌，析羽注旄首，所以精進士卒。从㫃，生聲。

錯革畫鳥其上，所以進士衆。旟，衆也。从㫃，與聲。《周禮》曰：“州里建旟。”

旗有衆鈴，以令衆也。从㫃，斤聲。

導車所以載，全羽以爲允，夂，進也。从㫃，遂聲。九即軏軏進也。《易》曰：“軏升大吉。”旞，或从遺。

建大木，置石其上，發以機，以追敵也。从㫃，會聲。《春秋傳》曰：“旝動而鼓。”《詩》曰：“其旝如林。”小徐本作槌敵。或謂旝亦旌旗也，建於發石車上。

旗曲柄也，所以旃表士衆。从㫃，丹聲。《周禮》曰：“通帛爲旃。”旜，或从亶。

旌旗之旒也。从㫃，攸聲。

旗屬。从㫃，要聲。

旗皃。从㫃，也聲。齊欒施字子旗，知施者，旗也。

旗旖施也。从㫃，奇聲。

旌旗旟繇也。从㫃，與聲。

旌旗飛揚皃。从㫃，猋聲。

旌旗之旒也。从㫃，汓聲。古文游。从辵孚。古文汓省也。俗作遊。

旇旗披靡也。从㫃，皮聲。

幅胡也。从㫃，番聲。徐鉉曰：“胡，幅之下垂者也。”段玉裁據《韵會》訂作幡胡，謂甂瓳、繁廡、璠瑚，皆古語。案：旛，幅胡下垂，游移不定，因爲俗語。今湘潭人常言幔胡盧，即此“旛，幅胡”之意與？

幽也。从日，从六，冖聲。日數十。十六日而月始虧幽也。凡冥之屬皆从冥。

冥也。从冥，黽聲。讀若黽蛙之黽。

萬物之精，上爲列星。从晶，生聲。一曰象形。从〇，古〇，復注中，故與日同。不言从三〇，蓋謂下星也。古文曐。不注中者，但从三〇以象之，不从晶。曐，或省。謂省晶也。“一曰象形。从〇，古〇，復注中，與日同。”當在此下。

商星也。从晶，㐱聲。曑，或省。

房星，爲民田時者。从晶，辰聲。曟，或省。

不宜有也。《春秋傳》曰：“日月有食之。”从月，又聲。凡有之屬皆从有。

有文章也。从有，𢧢聲。

兼有也。从有，龍聲。讀若聾。

翌也。从明，亡聲。今俗作忙。

舍也，天下休舍也。从夕，亦省聲。

不明也。从夕，瞢省聲。今假作㝱寐字。

敬惕也。从夕，寅聲。《易》曰："夕惕若夤。"籀文夤。

雨而夜除星見也。从夕，生聲。徐鉉曰："今俗别作晴，非是。"

宗也。从夕，莫聲。

齊謂多爲夥。从多，果聲。

大也。从多，圣聲。

獲也。从毌，从力，虍聲。

木生條也。从马，由聲。《商書》曰："若顛木之有甹枿。"古文言由枿。徐鍇曰："《説文》無由字。今《尚書》只作由枿，蓋古文省马，而後人因省之，通用爲因由等字，从马，上象枝條華圅之形。"徐鉉曰："孔安國注《尚書》，直訓由作用也。用枿之語不通。"案，鄦書本有由，鍇等不識耳。説見《會意篇》。

艸木蕚甬甬然也。从马，用聲。

束也。从柬，韋聲。徐鍇曰："言束之象木蕚實之相累也。"

等也。从㠯，妻聲。

判也。从片，反聲。

判也。从片，畐聲。

書版也。从片，賣聲。

札也。从片，枼聲。

牀版也。从片，扁聲，讀若邊。

築牆短版也。从片，俞聲。讀若俞。一曰若紐。

穈也。从黍，麻聲。

黍屬。从黍，卑聲。

相箸也。从黍，占聲。

黏也。从黍，古聲。 黏，或从米。俗作糊。

黏也。从黍，日聲。《春秋傳》曰：“不義不䵒。” 䵒，或从刃。《考工記·弓人》：“凡昵之類不能方。”故書昵，或作樴。杜子春云：“樴，讀爲不義不昵之昵，或爲䵒。䵒，黏也”。今《左傳》作暱。昵，或暱字。

履黏也。从黍，㓞省聲。㓞，古文利。作履，黏以黍米。

治黍禾豆下潰葉。从黍，畐聲。

香之遠聞者。从香，㱿聲。㱿，籒文磬。

糲米一斛舂爲九斗曰糳。从毇，丵聲。

末練治纑也。从麻，後聲。徐鉉曰：“後非聲。疑復字譌，當从復省乃得聲。”案，後古音近復。《詩·大雅》垢與谷韵，不必如徐所說。

麻藍也。从麻，取聲。

䕚屬。从麻，俞聲。

匏也。从瓜，夸聲。凡瓠之屬皆从瓠。

蠡也。从瓠省，㷭聲。

居也。从宀，豭省聲。 古文家。

所託也。从宀，乇聲。 古文宅。 亦古文宅。

天子宣室也。从宀，亘聲。

養也。室之東北隅，食所居。从宀，叵聲。

户樞聲也。室之東南隅。从宀，㠯聲。

宛也。室之西南隅。从宀，弅聲。徐鉉曰："奚非聲，未詳。"案，弅讀若書卷，則奥宜與宛聲近。宛、奥雙聲，本相轉也。

屈艸自覆也。从宀，夗聲。宛，或从心。

屋守也。从宀，辰聲。

屋邊也。从宀，于聲。《易》曰："上棟下宇。"籒文宇，从禹。

大屋也。从宀，豐聲。《易》曰："寷其，屋。"

周垣也。从宀，奂聲。寏，或从𠂤，完聲。

屋深響也。从宀，厷聲。

屋響也。从宀，弘聲。

屋皃。从宀，爲聲。

屋康㝗也。从宀，康聲。

康也。从宀，良聲。徐鉉本有"音良。又力康切"六字，或誤又爲久，遂以"音良久"爲鄦注，非也。《方言》："康，空也。"郭注："康㝗，空皃。"

屋所容受也。从宀，成聲。

止也。从宀，是聲。①

安也。从宀，必聲。

静也。从宀，契聲。

安也。从宀，旻聲。

無人聲。从宀，尗聲。宗，或从言。

至也。从宀，親聲。

全也。从宀，元聲。古文目爲寬字。

備也。一曰厚也。从宀，畐聲。

藏也。从宀，杀聲。杀，古文保。《周書》曰："陳宝赤刀。"

寫寫，不見也。一曰寫寫，不見省人。从宀，𣈆聲。

珍也。从宀，从玉，从貝，缶聲。古文寶，省貝。

羣居也。从宀，君聲。

尊居也。从宀，龍聲。

寬也。从宀，有聲。

所安也。从宀之下，一之上，多省聲。古文宜。亦古文宜。

置物也。从宀，舄聲。

夜也。从宀，宀下冥也。肖聲。

---

① 聲，原作"也"，據《説文》改。

止也。从宀，㑊聲。㑊，古文夙。

臥也。从宀，𣑳聲。籒文寑省。

冥合也。从宀，丏聲。讀若《周書》"若藥不眄眩"。

屋寬大也。从宀，莧聲。

寤也。从宀，吾聲。

居之速也。从宀，疌聲。

寄也。从宀，各聲。

託也。从宀，奇聲。

寄也。从宀，禺聲。寓，或从广。

無禮居也。从宀，婁聲。

貧病也。从宀，久聲。《詩》曰："煢煢在疚。"

傷也。从宀，从口。宀、口，言从家起也。丰聲。

入家搜也。从宀，索聲。

窮也。从宀，簐聲。簐與簕同。竆，或从穴。

姦也。外爲盜，内爲宄。从宀，九聲。讀若軌。古文宄。亦古文宄。亂在内，故从宀。

塞也。从宀，𣪠聲。讀若《虞書》曰"竄三苗之竄"。

過也。一曰洞屋。从宀，碭省聲。汝南有項宕鄉。

屋傾下也。从宀，執聲。

宗廟宔祏。从宀，主聲。

舟輿所極覆也。从宀，由聲。

室也。从宀，躳省聲。凡宮之屬皆从宮。

市居也。从宮，熒省聲。

土室也。从宀，八聲。凡穴之屬皆从穴。

北方謂地空因以爲土穴爲盗户。从穴，皿聲。讀若猛。

地室也。从穴，音聲。

燒瓦竈也。从穴，羔聲。

地室也。从穴，復聲。《詩》曰：“陶復陶穴。”

炊竈也。从穴，鼀省聲。竈，或不省。

甑空也。从穴，圭聲。

穿也。从穴，尞聲。《論語》有公伯寮。

穿也。从穴，決省聲。

空也。从穴，瀆省聲。

空皃。从穴，矞聲。

空也。穴中曰窠，樹上曰巢。从穴，果聲。

通孔也。从宀，悤聲。

污衺，下也。从穴，瓜聲。

空也。从穴，敫聲。

窽也。从穴，工聲。

空也。从穴，巠聲。《詩》曰："瓶之窒矣。"

空大也。从穴，乙聲。

污窬也。从穴，㼌聲。朔方有窳渾縣。

窖也。从穴，丣聲。

地藏也。从穴，告聲。

穿木户也。从穴，俞聲。一曰空中也。

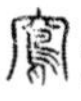窵窅，深也。从穴，鳥聲。

小視也。从穴，規聲。

穴中見也。从穴，叕聲。

塞也。从穴，真聲。

塞也。从穴，至聲。

从穴中卒出。从穴，卒聲。

迫也。从穴，君聲。

深肆極也。从穴，兆聲。讀若挑。

窮也。从穴，弓聲。

窮也。从穴，九聲。

極也。从穴，躳聲。

冥也。从穴，皀聲。

窅窔，深也。从穴，交聲。

深遠也。从穴，遂聲。

深遠也。从穴，幼聲。

杳窱也。从穴，條聲。

穿地也。从穴，毳聲。一曰小鼠。《周禮》曰：“大喪甫竁。”

葬下棺也。从穴，乏聲。《周禮》曰：“及窆執斧。”

葬之厚夕。从穴，屯聲。《春秋傳》曰：“窀穸从先君於地下。”

窀穸也。从穴，夕聲。

人衇刺穴謂之窜。从穴，甲聲。

寐而有覺也。从宀，从疒，夢聲。《周禮》以日月星辰占六㝱之吉凶，一曰正㝱，二曰罸㝱，三曰思㝱，四曰悟㝱，五曰喜㝱，六曰懼㝱。凡㝱之屬皆从㝱。

病臥也。从㝱省，㝱省聲。

臥也。从㝱省，未聲。

寐覺而有信曰寤[①]。从㝱省，吾聲。一曰晝見而夜㝱也。籒文寤。

楚人謂寐曰㝱。从㝱省，女聲。

寐而未厭。从㝱省，米聲。

---

① 寤，原作“寐”，據《説文》改。

孰寐也。从㝱省，水聲。讀若悸。

臥驚病也。从㝱省，丙聲。

瞑言也。从㝱省，臬聲。

病也。从疒，矢聲。古文疾。籒文疾。

病也。从疒，甬聲。

疾加也。从疒，丙聲。

病也。从疒，鬼聲。《詩》曰："譬彼瘣木。"一曰腫旁出也。

病也。从疒，可聲。《五行傳》曰："時即有口痾。"

病也。从疒，甫聲。《詩》曰："我僕痡矣。"

病也。从疒，堇聲。

病也。从疒，祭聲。

病也。从疒，真聲。一曰腹脹。

病也。从疒，莫聲。

腹中急也。从疒，丩聲。

病也。从疒，員聲。

病也。从疒，間聲。

病也。从疒，出聲。

病也。从疒，此聲。

固病也。从疒，發聲。

病也。从疒，者聲。《詩》曰："我馬瘏矣。"

病也。从疒，從聲。

寒病也。从疒，辛聲。

頭痛也。从疒，或聲。讀若溝洫之洫。

酸痟頭痛。从疒，肖聲。《周禮》曰："春時有痟首疾。"

頭瘍也。从疒，匕聲。

頭創也。从疒，昜聲。

瘍也。从疒，羊聲。

目病。一曰惡气箸身也，一曰蝕創。从疒，馬聲。

散聲。从疒，斯聲。

口咼也。从疒，爲聲。

瘍也。从疒，決省聲。

不能言也。从疒，音聲。

頸瘤也。从疒，嬰聲。

頸腫也。从疒，婁聲。

顫也。从疒，又聲。

積血也。从疒，於聲。

腹痛也。从疒，山聲。

小腹病。从疒，肘省聲。

滿也。从疒，㬥聲。

俛病也。从疒，付聲。

曲脊也。从疒，句聲。

气不定也。从疒，季聲。

風病也。从疒，非聲。

腫也。从疒，畱聲。

小腫也。从疒，坐聲。一曰族絫。徐鉉曰：“今別作瘯蠡，非是。”案，《左傳》“牲不疾瘯蠡”，即此族絫也。杜注以“皮毛無疥癬”釋之。

癰也。从疒，且聲。

癰也。从疒，麗聲。一曰瘦黑。讀若隸。

腫也。从疒，雝聲。

寄肉也。从疒，息聲。

乾瘍也。从疒，鮮聲。

搔也。从疒，介聲。

疥也。从疒，加聲。

女病也。从疒，叚聲。

惡疾也。从疒，蠆省聲。

有熱瘧。从疒，占聲。《春秋傳》曰：“齊侯疥遂痁。”

二日一發瘧。从疒，亥聲。

疝病。从疒，林聲。

後病也。从疒，寺聲。

痹也。从疒，委聲。

溼病也。从疒，畀聲。

足气不至也。从疒，畢聲。

中寒腫覈。从疒，豖聲。

半枯也。从疒，扁聲。

脛气足腫。从疒，童聲。《詩》曰：“既微且瘇。”籒文。从尣。

跛病也。从疒，盍聲。讀若脅，又讀若掩。

毆傷也。从疒，只聲。

疻痏也。从疒，有聲。

創裂也。一曰疾瘍。从疒，巂聲。

皮剥也。从疒，冄聲。徐鍇本有“讀若枏。又讀若襜”七字。籒文。从𠬝。

痛也。从疒，農聲。

傷也。从疒，夷聲。

痍也。从疒，般聲。

胝瘢也。从疒，艮聲。

彊急也。从疒，巠聲。

痋動病也。从疒，蟲省聲。

瘦臞也。从疒，叜聲。

癉勞病也。从疒，單聲。

疸黄病也。从疒，旦聲。

㾜病息也。从疒，夾聲。

痞痛也。从疒，否聲。

𤸇脈瘍也。从疒，易聲。

㽷狂走也。从疒，术聲。讀若欻。

疲勞也。从疒，皮聲。

𤵸瘕也。从疒，𠂔聲。

疧病也。从疒，氏聲。

㽺病劣也。从疒，及聲。

𤻷劇聲也。从疒，殹聲。

癃罷病也。从疒，隆聲。籀文癃省。

疫民皆疾也。从疒，役省聲。

瘛小兒瘛瘲病也。从疒，恝聲。徐鉉曰："《説文》無恝字，疑从疒，从心，契省聲。"

痑馬病也。从疒，多聲。《詩》曰："痑痑駱馬。"

㾝馬脛瘍也。从疒，兑聲。一曰將傷。

𤻲治也。从疒，樂聲。療或从尞。

久病也。从疒，古聲。

楚人謂藥毒曰痛瘌。从疒，剌聲。

朝鮮謂藥毒曰癆。从疒，勞聲。

瘉也。从疒，晉聲。

減也。从疒，衰聲。一曰秏也。

病瘳也。从疒，俞聲。徐鉉曰：“今別作愈，非是。”

疾瘉也。从疒，翏聲。

不慧也。从疒，疑聲。

奠爵酒也。从冖，託聲。《周書》曰：“王三宿三祭三託。”

大夫以上冠也。邃延、垂瑬、紞纊。从冃，免聲。古者黃帝初作冕。紞，所以縣瑱也。鄦説紞系於延左右。《左氏傳》云：“衡紞紘綖，昭其度也。”是冕有衡笄，所以系紞。絻冕，或从糸。

兜鍪也。从冃，由聲。䩜《司馬法》冑从革。

反覆也。从襾，乏聲。今作泛。《武帝紀》“泛賀之馬”，師古曰：“泛本作覂，後通用耳。”

實也。考事，襾笮邀遮，其辭得實曰覈。从襾，敫聲。覈，或从雨。

覂也。一曰蓋也。从襾，復聲。謂覆葢者，本別一義。

楚謂大巾曰帉。从巾，分聲。《內則》：“左佩紛帨。”注謂拭物之佩巾。《釋文》：“粉或作帉。”

佩巾也。从巾，自聲。大徐本奪聲字，巾自義無可説，知非會意。今叚作遳、衛、率。帥，或从兑，亦兑聲。

禮巾也。从巾，執聲。小徐本如是。大徐本作从執。段玉裁據《廣雅》改篆體作帤。

一幅巾也。从巾，犮聲。讀若撥。巾廣二尺二寸爲一幅。《周禮》翇舞或假帗爲之。

枕巾也。从巾，刃聲。

覆衣大巾。从巾，般聲。或以爲首幋。謂大巾可覆首者，今呼搭腦帕。幋、帕聲轉。

巾帤也。从巾，如聲。一曰幣巾。

帛也。从巾，敝聲。

布帛廣也。从巾，畐聲。

設色之工，治絲練者。从巾，巟聲。一曰帎隔。讀若荒。

髮有巾曰幘。从巾，責聲。

領耑也。从巾，旬聲。

弘農謂帬帔也。从巾，皮聲。

下帬也。从巾，尚聲。常，或从衣。

下裳也。从巾，君聲。帬，或从衣。

帬也。一曰帗也，一曰婦人脅衣。从巾，戔聲。讀若末殺之殺。

幒也。从巾，軍聲。 幒，或从衤。

幝也。从巾，悤聲。一曰帙。 幒，或从松。

楚謂無緣衣也。从巾，監聲。

幔也。从巾，冥聲。《周禮》有幎人。

幕也。从巾，曼聲。

禪帳也。从巾，冐聲。

帷也。从巾，兼聲。

在旁曰帷。从巾，隹聲。 古文帷。

張也。从巾，長聲。

帷在上曰幕，覆食案亦曰幕。从巾，莫聲。

幒裂也。从巾，匕聲。

殘帛也。从巾，祭聲。

正耑裂也。从巾，俞聲。

帛書署也。从巾，占聲。

書衣也。从巾，失聲。 帙，或从衣。

幡幟也。从巾，前聲。

幟也。以絳徽帛箸於背。从巾，微省聲。《春秋傳》曰：“揚徽者公徒。”

幟也。从巾，奥聲。

幡也。从巾，夗聲。

書皃拭觚布也。从巾，番聲。

㓨也。从巾，刺聲。

拭也。从巾，鐵聲。

車弊皃。从巾，單聲。《詩》曰：“檀車幝幝。”

蓋衣也。从巾，冢聲。

蓋幭也。从巾，蔑聲。一曰禪被。

覆也。从巾，無聲。

刷也。从巾，从人，食聲。讀若式。一曰襐飾。

囊也。从巾，韋聲。

囊也。今鹽官三斛爲一㡒。从巾，𢼄聲。

囊也。从巾，勝聲。

以囊盛穀太滿而裂也。从巾，奮聲。

载米䈁也。从巾，盾聲。讀若《易》屯卦之屯。

蒲席䈁也。从巾，及聲。讀若蛤。

馬纏鑣扇汗也。从巾，賁聲。《詩》曰：“朱幩鑣鑣。”

墀地以巾撋之。从巾，夒聲。讀若水温䵏也。一曰箸也。段本改篆作，云䙲聲。

金幣所藏也。从巾，奴聲。

枲織也。从巾，父聲。隸作布。

南郡蠻夷賨布。从巾，家聲。賨者，南蠻賦也。輸布八丈

二尺爲幏布。幏，亦賨也。

布出東萊。从巾，弢聲。

鬃布也。一曰車衡上衣。从巾，敄聲。讀若項。

鬃布也。从巾，辟聲。《周禮》曰："駹車犬幦。"

領耑也。从中，耴聲。

士無市有帢。制如榼，缺四角。爵弁服，其色韎，賤不得與裳同。司農曰："裳纁色。"从市，合聲。《毛詩》"韎韐"，《傳》："茅蒐染韋，一入曰韎韐，所以代韠也。"韎色淺赤，故或疑此注"賤不"二字爲"淺赤"之譌。纁，淺絳也，三入爲纁，故引司農言纁裳，是得與裳同。此葢鄭司農《禮》注文。帢，或从韋。

繒也。从巾，白聲。凡帛之屬皆从帛。

襄色織文。从帛，金聲。

月之帛也。从白，交聲。《詩》曰："月出皎兮。"

日之白也。从白，堯聲。

人色白也。从白，析聲。

老人白也。从白，番聲。《易》曰："賁如皤如。"皤，或从頁。

鳥之白也。从白，隺聲。

霜雪之白也。从白，豈聲。

艸蕐之白也。从白，巴聲。

玉石之白也。从白，敫聲。

合五采鮮色。从黹，虘聲。《詩》曰：“衣裳髗髗。”

白與黑相次文。从黹，甫聲。

黑與青相次文。从黹，友聲。

會五采繒也。从黹，卒聲。大、小徐本作“从綷省聲”。又“也”字本作“色”，今依《廣韵》訂。

未定也。从匕，吴聲。吴，古文矢字。《禮》疑立注謂“仡然自定之皃”。鄦於矢下無吴。

匕也。从匕，是聲。

頃也。从匕，支聲。匕，頭頃也。《詩》曰：“跂彼織女。”

相從也。从从，幵聲。一曰从持二爲幷。隸作并。段據《韵會》本作“从持二干爲幷”。

慎也。从比，必聲。《周書》曰：“無毖于卹。”

北方州也。从北，異聲。

大丘也。崐崘丘謂之崐崘虛。古者九夫爲井，四井爲邑，四邑爲丘，丘謂之虛。从丘，虍聲。徐鉉曰：“今俗别作墟，非是。”

反頂受水丘也。从丘，泥省聲。《尔疋·釋丘》曰：“水潦所止泥丘。”《釋文》曰：“字又作屔。”

會也。从㐺，取聲。邑落云聚。

眾詞與也。从㐺，自聲。《虞書》曰：“臮咎繇。”今作塈。

古文臮。

稱輕重也。从重省，曏省聲。古文量。

臨下也。从臥，峪省聲。古文監，从言。

監臨也。从臥，品聲。

體也。从身，區聲。

裘裏也。从裘，鬲聲。以毛爲表，以布爲其裏。鬲之猶言隔也，不使革害衣也。

老也。从老省，旨聲。

老人面凍黎若垢。从老省，句聲。

老人面如點也。从老省，占聲。讀若耿介之耿。

久也。从老省，𠷎聲。

老也。从老省，丂聲。

毛盛也。从毛，隼聲。《虞書》曰："鳥獸毴髦。"

獸豪也。从毛，倝聲。

仲秋鳥獸毛盛，可選取以爲器用。从毛，先聲。讀若選。

以毳爲𦇧，色如𧃱，故謂之𣯶。𧃱，禾之赤苗也。从毛，㒼聲。《詩》曰："毳衣如𣯶。"

燃毛也。从毛，亶聲。

毛紛紛也。从毳，非聲。

偫也。从尸，奠聲。偫，儲偫也。凡留以有待者爲屢。今衡人言待竢、儲偫，皆爲屢。

動作切切也。从尸，𦙶聲。

轉也。从尸，㠭省聲。

行不便也。一曰極也。从尸，凷聲。

脾也。从尸，九聲。

尻也。从尸，旨聲。

從後近之。从尸，匕聲。尼訓近，故古以爲親暱字。《高宗肜日》曰："典祀無豐于尼。"

屆𡰥也。从尸，乏聲。

伏皃。从尸，辰聲。一曰屋宇。

屖遲也。从尸，辛聲。

履也。从尸，非聲。

㓜也。从尸，者聲。

履中，薦也。从尸，枼聲。

屏蔽也。从尸，并聲。

重屋也。从尸，曾聲。

中婦人手，長八寸謂之咫。周尺也。从尺，只聲。

連也。从尾，蜀聲。

無尾也。从尾，出聲。

履也。从履省，婁聲。一曰鞮也。

履下也。从履省，歷聲。

履屬。从履省，予聲。

屐也。从履省，喬聲。

屩也。从履省，支聲。

方舟也。从方，亢聲。《禮》：天子造舟，諸侯維舟，大夫方舟，士特舟。今俗别作航，非。

秃皃。从秃，貴聲。今俗作穨。《詩》曰："我馬虺穨。"今《毛詩》作"虺隤"，《玉篇》引作"虺僓"。

求也。从見，麗聲。讀若池。

好視也。从見，委聲。

旁視也。从見，兒聲。

好視也。从見，𤔔聲。

笑視也。从見，录聲。

大視也。从見，爰聲。

察視也。从見，兂聲。讀若鎌。关，从入二爲羊之羊，爲聲。篆當从美。此葢关省也。《高帝紀》"廉問"，師古注曰："廉，察也。"字本作覝。

外博眾多視也。从見，員聲。讀若運。

諦視也。从見，雚聲。古文觀。从冏。

内視也。从見，來聲。

顯也。从見，是聲。

目有察省見也。从見，票聲。

䚁覰，闚觀也。从見，朿聲。闚觀者，以頭於門中竊觀也，謂之爲䚁。今衡語猶然。

拘覰，未致密也。从見，虘聲。有隙乃可以覰，故爲未致密。因爲覰伺，叚作狙司。

小見也。从見，冥聲。《爾雅》曰：“覭髳弗離。”

内視也。从見，甚聲。

遇見也。从見，冓聲。

注目視也。从見，歸聲。

窺也。从見，占聲。《春秋傳》曰：“公使覘之信。”

司也。从見，微聲。

暫見也。从見，炎聲。《春秋公羊傳》曰：“覢然公子陽生。”

暫見也。从見，賓聲。

覵𧢄也。从見，樊聲。讀若幡。

病人視也。从見，氐聲。讀若迷。

下視深也。从見，鹵聲。讀若攸。

私出頭視也。从見，彤聲。讀若郴。

钦𡴘也。从見，豈聲。

欲也。从見，俞聲。

視不明也。一曰直視。从見，春聲。

視誤也。从見，侖聲。

寤也。从見，學省聲。一曰發也。

目赤也。从見，䀠省聲。徐鉉曰：“䀠非聲，未詳。”

召也。从見，青聲。

至也。从見，亲聲。

諸侯秋朝曰覲，勞王事。从見，堇聲。

諸侯三年大相聘曰覜。覜，視也。从見，兆聲。

擇也。从見，毛聲。讀若苗。

蔽不相見也。从見，必聲。

司人也。从見，它聲。讀若馳。

目蔽垢也。从見，䍃聲。讀若兜。

很視也。从覞，肩聲。齊景公之勇臣有成䙺者。

欠皃。从欠，金聲。

欠皃。从欠，䜌聲。

喜也。从欠，吉聲。

吹也。一曰笑意。从欠，句聲。

温吹也。从欠，虖聲。

吹气也。从欠，或聲。

安气也。从欠，與聲。

翕气也。从欠，脅聲。

吹气。从欠，賁聲。

息也。一曰气越泄。从欠，曷聲。

喜樂也。从欠，雚聲。

笑喜也。从欠，斤聲。

笑不壞顔曰弞。从欠，引省聲。

㱃也。从欠，气聲。一曰口不便言。

貪欲也。从欠，谷聲。

詠也。从欠，哥聲。歌，或从言。

口气引也。从欠，耑聲。讀若車輇。

心有所惡若吐也。从欠，烏聲。一曰口相就。口與口相就爲歍。衡人呼爲歍食。

歍歜也。从欠，䶂聲。歍歜，本古語，凡心有所惡若欲吐者，謂之歍歜。衡語猶然。俗歜。从口，从就。此後起俗字，因有“口相就”之義而附會之。

愸然也。从欠，尗聲。《孟子》曰：“曾西叔然。”

含笑也。从欠，今聲。

人相笑相歋瘉。从欠，虒聲。《後漢書・王霸傳》“市人皆大笑，舉手邪揄之”，注引此。

有所吹起。从欠，炎聲。讀若忽。

欰欰，戲笑皃。从欠，㞢聲。俗作嗤。又作歖。

䍃欱，气出皃。从欠，䍃聲。

吟也。从欠，肅聲。《詩》曰：“其歗也謌。”徐鉉曰：“口部有此，籀文嘯字，此重出。”

吟也。从欠，鷬省聲。籀文歎。不省。

訾也。从欠，矣聲。

歐也。从欠，此聲。

吐也。从欠，區聲。

欷也。从欠，虚聲。一曰出气也。

歔也。从欠，稀省聲。

盛气怒也。从欠，蜀聲。

欲歓也。从欠，渴聲。

所謌也。从欠，噭省聲。讀若叫呼之叫。

悲意。从欠，嗇聲。

盡酒也。从欠，糕聲。

監持意，口閉也。从欠，緘聲。監持，猶堅持也。《篇韵》引此注作“堅持”。

指而笑也。从欠，辰聲。讀若蜃。

昆干，不可知也。从欠，鱀聲。《篇韵》引此注作“鰥

干”，蓋鱜干本古語，昆本作䍐。

歠也。从欠，𠖥聲。《春秋傳》曰：“歃而忘。”

吮也。从欠，束聲。含吸之也。俗加水旁作漱。

食不滿也。从欠，甚聲。讀若坎。

欲得也。从欠，臽聲。讀若貪。

歠也。从欠，合聲。

歉食不滿。从欠，兼聲。

咽中息不利也。从欠，骨聲。

嚘也。从欠，因聲。

屰气也。从欠，亥聲。

且唾聲。一曰小笑。从欠，㱿聲。

縮鼻也。从欠，翕聲。丹陽有歙縣。

蹴鼻也。从欠，咎聲。讀若《爾雅》曰：“麐豭短脰。”

愁皃。从欠，幼聲。徐鉉曰：“口部呦字，或作㹨，此重出。”

咄歁，無慙。一曰無腸意。从欠，出聲。讀若中。

不前，不精也。从欠，二聲。古文次。

飢虛也。从欠，康聲。

詐欺也。从欠，其聲。

神食气也。从欠，音聲。

歠也。从欠，酓聲。凡歠之屬皆从歠。古文歠。从今、水，今聲也。古者歠水，故从水。古文歠。从今、食。

歠也。从歠省，叕聲。歠，或从口，从夬。

歠也。从次，厂聲。讀若移。

屰惡驚詞也。从旡，咼聲。讀若楚人名多夥。

事有不善言鶁也。《爾雅》曰："鶁，薄也。"从兂，京聲。徐鉉曰："今俗隸書作亮。亮，明也。與此義別。"鉉説非是。今《爾雅》無"鶁薄"之文。《廣雅·釋詁》："鶁，補也。"

首也。从頁，豆聲。

眉目之間也。从頁，彥聲。籒文。

皃也。从頁，公聲。籒文。

顱也。从頁，乇聲。

頊顱，首骨也。从頁，盧聲。

顛頂也。从頁，㒼聲。

頂也。从頁，真聲。

顛也。从頁，丁聲。或从𩠐、丁。籒文。从鼎。

頟也。从頁，桑聲。

頟也。从頁，是聲。

顙也。从頁，各聲。徐鉉曰："今俗作額。"

鼻莖也。从頁，安聲。或从鼻曷。

權也。从頁，𡕒聲。𡕒，从艸，肉聲。讀如逵。

面旁也。从頁，夾聲。籀文。从𡿺。

頰後也。从頁，㠯聲。

顄也。从頁，合聲。

頤也。从頁，函聲。

頸莖也。从頁，巠聲。

項也。从頁，令聲。

頭後也。从頁，工聲。

項𩑶也。从頁，冘聲。

出頟也。从頁，隹聲。

曲頤也。从頁，不聲。

⿰齒兼兒。从頁，僉聲。

面目不正兒。从頁，尹聲。

頭頵頵大也。从頁，君聲。

面色顚顚兒。从頁，員聲。讀若隕。

頭頰長也。从頁，兼聲。

頭大也。从頁，石聲。

大頭也。从頁，分聲。一曰鬢也。《詩》曰：“有頒其首。”

大頭也。从頁，禺聲。《詩》曰：“其大有顒。”

大頭也。从頁，羔聲。

大頭也。从頁，骨聲。讀若魁。

大頭也。从頁，原聲。

高長頭。从頁，堯聲。

贅顤，高也。从頁，敖聲。

而前岳岳也。从頁，岳聲。

昧前也。从頁，㬎聲。讀若昧。

面瘦淺䪼䪼也。从頁，霝聲。

頭蔽顡也。从頁，家聲。

梱頭也。从頁，元聲。

小頭䫌䫌也。从頁，枝聲。讀若規。

小頭也。从頁，果聲。

短面也。从頁，昏聲。

狹頭頲也。从頁，廷聲。

頭閑習也。从頁，危聲。

面黃也。从頁，含聲。

面不正也。从頁，爰聲。

舉頭也。从頁，支聲。《詩》曰：“有頍者弁。”

還視也。从頁，雇聲。

顏色𩓞䫴，慎事也。从頁，㐱聲。

𩓞䫴也。从頁，粦聲。一曰頭少髮。

頭顓顓謹皃。从頁，耑聲。

頭頊頊謹皃。从頁，玉聲。

低頭也。从頁，金聲。《春秋傳》曰：“迎于門，顉之而已。”

下首也。从頁，屯聲。

舉目視人皃。从頁，臣聲。

倨視人也。从頁，善聲。

直項也。从頁，吉聲。

頭頡頔也。从頁，出聲。讀又若骨。

大醜皃。从頁，樊聲。

好皃。从頁，争聲。《詩》所謂䫀首。

頭妍也。从頁，翩省聲。讀若翩。徐鉉曰：“从翩聲，又讀若翩，則是古今異音也。”

謹莊皃。从頁，豈聲。

頭鬢少髮也。从頁，肩聲。《周禮》：“數目顧脰。”

無髮也。一曰耳門也。从頁，困聲。

秃也。从頁，气聲。

傾首也。从頁，卑聲。

伺人也。一曰恐也。从頁，契聲。讀若褉。

頭不正也。从頁，鬼聲。

頭偏也。从頁，皮聲。

顫也。从頁，尤聲。頄，或从疒。

飯不飽，面黄起行也。从頁，咸聲。讀若戇。

面顑顲皃。从頁，畬聲。

頭不正也。从頁，亶聲。

癡，不摇頭晃腦也。从頁，豙聲。

顦顇也。从頁，焦聲。

顦顇也。从頁，卒聲。

繫頭殟也。从頁，昏聲。

醜也。从頁，亥聲。

醜也。从頁，其聲。今逐疫有䫏頭。《風俗通》曰：“俗説亡人魂气游揚，故作魌頭以存之。”是䫏頭亦祭鬼也，非醜惡之醜。

呼也。从頁，籥聲。讀與籥同。《商書》曰：“率籲衆戚。”

頭明飾也。从頁，㬎聲。徐鉉曰：“㬎，古以爲顯字，故从㬎聲。”

頰也。从面，甫聲。

姿也。从面，厭聲。

下首也。从首，旨聲。

口上須也。从須，此聲。徐鉉曰："今俗別作髭，非是。"

須髮半白也。从須，卑聲。卑，古音近斑。孟子書"頒白"注"頭半白，斑斑者"，即此顊。

短須髮皃。从須，否聲。

象形也。从彡，幵聲。

飾也。从彡，攸聲。

琢文也。从彡，周聲。

清飾也。从彡，青聲。

美士有文，人所言也。从彣，厂聲。

分別文也。从文，非聲。《易》曰："君子豹變，其文斐也。"

駁文也。从文，辡聲。

微畫也。从文，嫠聲。

根也。从髟，犮聲。髮，或从首。古文。

頰髮也。从髟，賓聲。

髮長也。从髟，㒼聲。讀若蔓。

髮長也。从髟，監聲。讀若《春秋》："黑肱以濫來奔。"

髮好也。从髟，䜌聲。

髮好也。从髟，卷聲。《詩》曰："其人美且鬈。"

髮皃。从髟，鼻聲。讀若宀。

髮多也。从髟，周聲。

髮皃。从髟，爾聲。讀若江南謂酢母爲䰰。

髮皃。从髟，音聲。

髮至眉也。从髟，敄聲。《詩》曰：“紞彼兩髳。” 髳，或省。漢令有髳長。

女鬢垂皃。从髟，㛸聲。

㛸也。一曰長皃。从髟，兼聲。讀若慊。

髲也。从髟，易聲。 髢，或从也聲。

髢也。从髟，皮聲。

束髮少也。从髟，截聲。

用梳比也。从髟，次聲。

潔髮也。从髟，昏聲。

臥結也。从髟，般聲。讀若槃。

結也。从髟，付聲。

帶結飾也。从髟，莫聲。

屈髮也。从髟，貴聲。

簪結也。从髟，介聲。

髮鬣鬣也。从髟，巤聲。 鬣，或从毛。 或从豕。

鬣也。从髟，盧聲。

髴若，似也。从髟，弗聲。

亂髮也。从髟，茸省聲。

鬌髮也。从髟，春聲。

鬜禿也。从髟，閒聲。

鬄髮也。从髟，从刀，易聲。

鬀髮也。从髟，兀聲。或从元。古兀、元本一字，後分爲二。元从兀聲。

鬄髮也。从髟，弟聲。大人曰髡，小兒曰鬄，盡及身毛曰鬄。徐鉉曰："今俗别作剃，非是。"案，韓非曰："嬰兒不剔髮，則腹痛。"葢小兒剔髮，自古已然。

鬘也。从髟，竝聲。

鬽也，忽見也。从髟，录聲。录，籒文魅，亦忽見意。

喪結。《禮》：女子髽衰，弔則不髽。魯臧武仲與齊戰于狐鮐，魯人迎喪者始髽。从髟，坐聲。《檀弓》曰："魯婦人之髽而弔也，自敗於壺鮐始也。"葢迎喪者多髽而相弔。

小卮，有聲葢者。从卮，專聲。

小卮也。从卮，耑聲。讀若捶擊之捶。

輔信也。从卩，比聲。《虞書》曰："㔻成五服。"今《尚書》作弼。

有大度也。从卩，多聲。讀若侈。《廣韻》引作"大慶"。此言"讀若侈"，謂侈然有大度也。

宰之也。从卩，必聲。《詩·衛風》"有斐君子"，《釋文》

云："《韓詩》作卲美皃"。此謂宰制之也。

高也。从卩，召聲。

科卮，木節也。从卩，厂聲。賈侍中說，以爲卮，裹也。一曰卮，葢也。徐鉉曰："厂非聲，未詳。"案，舊讀五果切，《玉篇》牛戈切，與厂聲合韵最近。

脛頭卩也。从卩，桼聲。徐鉉曰："今俗作膝，非是。"

厀曲也。从卩，季聲。

節欲也。从卩，谷聲。

色艴如也。从色，弗聲。《論語》曰："色艴如也。"今《論語》作勃。

縹色。从色，并聲。

章也。六卿：天官冢宰、地官司徒、春官宗伯、夏官司馬、秋官司寇、冬官司空。从卯，皀聲。皀下云又讀若"香"，則此當讀如馨。今爲去京切矣。

治也。从辟，乂聲。《虞書》曰："有能俾嬖。"

曲脊也。从勹，籟省聲。此鞠躬正字也。《禮經·聘禮》及《論語·鄉黨》鞠字皆當作匑。

手行也。从勹，甫聲。薄乎切。

伏地也。从勹，畐聲。

聚也。从勹，九聲。讀若鳩。

膺也。从勹，凶聲。匈，或从肉。

帀徧也。从勹，舟聲。此周帀、周徧正字也。周旋字亦當作匊，俗加辵作週，非是。

飽也。从勹，㱿聲。民祭，祝曰："厭匔。"今衡人語使人食飽曰匔飽，即讀己又切之音。或聲近如，則爲乙庶切。葢舊本有二音。

重也。从勹，復聲。或省彳。

高墳也。从勹，豖聲。

瓠也。从包，从夸聲。包，取其可包藏物也。

神也。从鬼，申聲。此謂鬼火也。《中山經》："青要之山，魋武羅司之。"郭云："魋，即神字。"

陽气也。从鬼，云聲。

陰神也。从鬼，白聲。

厲鬼也。从鬼，失聲。

耗鬼也。从鬼，虛聲。

旱鬼也。从鬼，友聲。《周禮》有赤魃氏，除牆屋之物也。《詩》曰："旱魃爲虐。"今《周禮》作赤犮，鄭注："赤犮，猶捇拔也。主除蟲豸自埋者。"

鬼服也。一曰小兒鬼。从鬼，支聲。《韓詩傳》曰："鄭交甫逢二女魃服。"

鬼皃。从鬼，虎聲。

鬼俗也。从鬼，幾聲。《淮南傳》曰："吴人鬼，越人鑁。"

鬼魅聲䰭䰭不止也。从鬼，需聲。鬼無聲，魅爲老物精，假之鳴，則有聲䰭䰭然。

鬼變也。从鬼，化聲。

見鬼驚詞。从鬼，難省聲。讀若《詩》“受福不儺”。

鬼皃。从鬼，賓聲。

可惡也。从鬼，酉聲。師説此爲祭鬼也，故从酉。酉者，黍成可爲酒。當云酉亦聲。

神獸也。从鬼，隹聲。

屰而奪取曰篡。从厶，算聲。私天下者，則有篡敓之禍，故从厶。

高而不平也。从山，鬼聲。凡嵬之屬皆从嵬。《文選》李注引此，有“山石崔嵬”四字。

高也。从嵬，委聲。徐鉉曰：“今人省山以爲魏國之魏。”

會稽山。一曰九江當嵞也。民以辛壬癸甲之日嫁娶。从屾，余聲。《虞書》曰：“予娶嵞山。”會稽山在今浙江省紹興府城東南十二里，或説即《地理志》九江郡當涂。

水厓而高者。从屵，干聲。

高邊也。从屵，圭聲。

高也。从屵，隹聲。《玉篇》云：“亦作陮。”案，陮隗，高也。

崩也。从屵，肥聲。

峢聲。从屵，配聲。讀若費。

文書藏也。从广，付聲。

天子饗歓辟廱。从广，雝聲。

官禮①養老，夏曰校，殷曰庠，周曰序。从广，羊聲。案，《孟子》“殷曰序，周曰庠”，與此異。

寄也。秋冬去，春夏居。从广，盧聲。《詩・小雅》：“中田有盧。”箋云：“中田，田中也。農人有廬焉，以便田事。”《春秋》宣十五年《公羊傳》注曰：“在田曰廬，在邑曰里，春夏出田，秋冬入保城郭。”

宮中也。从广，廷聲。

中庭也。从广，畱聲。

樓牆也。从广，屯聲。

廡也。从广，牙聲。《周禮》曰：“夏庌馬。”故書庌爲訝。鄭玄曰：“庌，廡也。所以庇馬，涼也。”

堂下周屋。从广，無聲。籒文。从舞。

廡也。从广，虜聲。讀若鹵。

廚也。从广，包聲。

庖屋也。从广，尌聲。

馬舍也。从广，𣪊聲。《周禮》曰：“馬有二百十四匹爲

① 官禮，《説文》作“禮官”。

廏。廏有僕夫。”四當爲六。《夏官·校人》注云：“二耦爲乘。四匹也。”自乘至廏，其數二百一十六匹。、形近而誤。古文。从九。

東西牆也。从广，予聲。

牆也。从广，辟聲。

殿之，大屋也。从广，黄聲。

芻藁之藏也。从广，會聲。

水槽倉也。从广，臾聲。一曰倉無屋者。《詩》曰：“我庾維億。”《傳》：“露積曰庾。”漕運露積。

蔽也。从广，竝聲。

清也。从广，則聲。

屋牝瓦下。一曰維綱也。从广，閔省聲。讀若環。《廣韵》以庪爲屋牡瓦名。《玉篇》：“甋，牡①瓦也。”瓦上覆曰牝②，下載曰牝。此非瓦名，謂牝瓦之下木版耳。

屋階中會也。从广，怱聲。

廣也。从广，侈聲。《春秋國語》曰：“俠溝而廖。”

仄也。从广，兼聲。

開張屋也。从广，秅聲。濟陰有庑縣。

高屋也。从广，龍聲。

---

① 牡，原作“牝”，據《玉篇》改。

② 據文義，“牝”疑爲“牡”之譌。

底山居也。一曰下也。从广，氐聲。山當爲止。今用爲底止字。器物下處亦曰底。

厔礙止也。从广，至聲。

廮安止也。从广，嬰聲。鉅鹿有廮陶縣。

⿸广犮舍也。从广，犮聲。《詩》曰：“召伯所废。”

庳中伏舍。从广，卑聲。一曰屋庳。或讀若逋。中伏者，謂兩旁屋高也。故又爲屋卑。

庇蔭也。从广，比聲。今爲庇蔭、覆庇字。《周禮》故書庀作比。鄭無庀。

庤儲置屋下也。从广，寺聲。

廙行屋也。从广，異聲。

廔屋麗廔也。从广，婁聲。一曰穜也。

⿸广隹屋从上傾下也。从广，隹聲。

廢屋頓也。从广，發聲。屋頓，謂無居者。

庮久屋朽木。从广，酉聲。《周禮》曰：“牛夜鳴則庮。”臭如朽木。

廑少劣之居。从广，堇聲。

廟尊先祖皃也。从广，朝聲。謂圖其容皃，如今時畫像。

庿古文。

⿸广且人相依⿸广且也。从广，且聲。

屋迫也。从广，曷聲。

卻屋也。从广，屰聲。《倉頡》“庈”，廣也。卻屋者，謂開拓其屋，使廣也。因爲庈逐、充庈字。舊讀昌石切。俗又作斥，非是。

陳輿服於庭也。从广，欽聲。讀若歆。

空虛也。从广，膠聲。徐鉉曰：“今别作寥，非是。”

鷙鳥食已，吐其皮毛如丸。从丸，咼聲。讀若骫。於跪切。

丸之孰也。从丸，而聲。

㩻嘔也。从危，支聲。

久遠也。从兀，从匕。兀者，高遠意也。久則變化。亡聲。者，倒亡也。凡長之屬皆从長。徐鉉曰：“倒亡，不亡也。長久之義也。”古文長。亦古文長。叚爲長上字，後遂造此。，爲古文，从上人與。

極陳也。从長，隶聲。或从髟。肆變作肆。

久長也。从長，爾聲。

蛇惡毒長也。从長，失聲。

豕也。後蹏廢謂之彘。从彑，矢聲，从二匕。彘足與鹿足同。

豚屬。从豚，衛聲。讀若罽。

似虎，圜文。从豸，勺聲。

貙獌，似貍者。从豸，區聲。

貚屬也。从豸，單聲。

豹屬。出貉國。从豸，㲋聲。《詩》曰：“獻其貔皮。”《周書》曰：“如虎如貔。”貔，猛獸。《釋獸》：“貔，白狐。”舍人注：“名白狐也。”或从比。

狼屬，狗聲。从豸，才聲。

貏貐，似貙，虎爪，食人，迅走。从豸，俞聲。

似熊而黃黑色。出蜀中。从豸，莫聲。

猛獸也。从豸，庸聲。

𤞡貜也。从豸，矍聲。

獸無前足。从豸，出聲。《漢律》：“能捕豺貀，購百錢。”

似狐，善睡獸也。从豸，舟聲。《論語》曰：“狐貈之厚以居。”徐鉉曰：“舟非聲，未詳。”今《論語》作狐貉。《詩》一之曰：“于貉與狸。”裘爲韵。知貈、貉一字。

胡地野狗。从豸，干聲。豻，或从犬。《詩》曰：“宜犴宜獄。”

鼠屬。大而黃黑，出胡丁零國。从豸，召聲。

北方豸穜。从豸，各聲。孔子曰：“貉之爲言惡也。”

貉之類。从豸，亘聲。

伏獸，似貙。从豸，里聲。

獸也。从豸，耑聲。讀若湍。

野豕也。从豸，雚聲。

鼠屬，善旋。从豸，穴聲。

山羊細角者。从兔足，苜聲。凡萈之屬皆从萈。讀若丸。寬字从此。俗又作羱。徐鉉曰：“苜，徒結切，非聲，疑象形。”段玉裁説：“苜，从𦫳，从目。萈，从苜，胡官切。合音最近。”

司空也。从㹜，臣聲。復説獄司空。

熊屬，足似鹿。从肉，㠯聲。能獸堅中，故稱賢能，而彊壯稱能傑也。凡能之屬皆从能。徐鉉曰：“㠯非聲，疑皆象形。”案，㠯，古音讀如台；能，讀奴登切。聲最近。鉉説非。

獸似豕，山居，冬蟄。从能，炎省聲。凡熊之屬皆从熊。

如熊，黄白文。从熊，罷省聲。謂省罷爲网也。古文。从皮。

火行微燄燄也。从炎，臽聲。

火光也。从炎，舌聲。徐鉉曰：“舌非聲，當从甛省。”段玉裁改篆作，云从西聲。

侵火也。从炎，㐭聲。讀若桑葚之葚。

火行也。从炎，占聲。

齊謂黑爲黸。从黑，盧聲。

沃黑色。从黑，會聲。

深黑也。从黑，音聲。

中黑也。从黑，厭聲。

小黑子。从黑，殹聲。

白而有黑也。从黑，旦聲。五原有莫䵣縣。

雖晳而黑也。从黑，箴聲。古人名䵦字晳。

赤黑也。从黑，昜聲。讀若煬。

淺青黑也。从黑，參聲。

青黑也。从黑，奄聲。

微青黑色。从黑，幼聲。《爾雅》曰：“地謂之黝。”

黄濁黑。从黑，屯聲。

小黑也。从黑，占聲。

淺黄黑也。从黑，甘聲。讀若染繒[1]中[2]束緅黚。

黄黑也。从黑，金聲。

黑有文也。从黑，冤聲。讀若飴盌字。

黄黑而白也。从黑，算聲。一曰短黑。讀若以芥爲齏，名曰芥荃也。

黑皴也。从黑，开聲。

堅黑也。从黑，吉聲。

黎也。从黑，今聲。秦謂民爲黔首，謂黑色也。周謂之黎民。《易》曰：“爲黔喙。”巨淹切。

---

① 繒，原作“繪”，據《説文》改。
② 中，原作“小”，據《説文》改。

滓垢也。从黑，冘聲。

不鮮也。从黑，尚聲。

握持垢也。从黑，賣聲。《易》曰：“再三黷。”

大污也。从黑，詹聲。

中久雨青黑。从黑，微省聲。

貶下也。从黑，出聲。

黳姍，下色。从黑，般聲。宋刻本色作哂，謂姍笑也。葢黳姍本古語，《玉篇》：“下色皃。”

畫眉也。从黑，朕聲。

青黑繒發白色也。从黑，攸聲。

羔裘之縫。从黑，或聲。

黶謂之垽。垽，滓也。从黑，殿省聲。

桑葚之黑也。从黑，甚聲。

果實黭黯黑也。从黑，弇聲。

墨刑在面也。从黑，京聲。黥，或从刀。

黝者，忘而息也。从黑，敢聲。俗又作憨。

黑木也。从黑，多聲。丹陽有黟縣。

宗廟火孰肉。从炙，番聲。《春秋傳》曰：“天子有事繙焉，以饋同姓諸侯。”

炙也。从炙，尞聲。讀若爈燎。

赤色也。从赤，蟲省聲。

日出之赤。从赤，穀省聲。

面慙赤也。从赤，㞋聲。周失天下於赧王。㞋訓柔皮也，本或从又，舊讀人善切。

赤色也。从赤，巠聲。《詩》曰：“魴魚赬尾。”赬，或从貞。或从丁。

赬，棠棗之汁。或从水。舊本如此，疑有譌誤。案，此當訓爲“棠棗之汁也”。从赤，浧省聲。與赬字别，義異而音同，寫者誤爲一字，非也，且與鄦注全書體例不合。浾，或从正。不云“赬，或从水、正”，而云“浾，或从正”，知浾别爲一字甚明。

赤土也。从赤，者聲。

赤色也。从赤，䡌聲。讀若浣。

兩髀之間。从大，圭聲。

奢也。从大，亏聲。

奢查也。从大，亘聲。

奯大也。从大，瓜聲。

空大也。从大，歲聲。讀若《詩》“施罛濊濊”。宋刻本作泧泧。

大也。从大，𢦏聲。讀若《詩》“𢧵𢧵大猷”。

大也。从大，卯聲。

大也。从大，云聲。徐鍇本有“讀若齳”三字。齳，蓋䶕之譌。段玉裁訂作齳，是也。

大也。从大，氐聲。讀若氐。

大也。从大，介聲。讀若蓋。

瞋大也。从大，此聲。

大也。从大，弗聲。讀若“予違汝弼。”

大也。从大，屯聲。讀若䳺。

頭傾也。从夨，吉聲。讀若孑。

頭衺、骫奊態也。从夨，圭聲。骫奊者，頭衺之皃也。《賈誼傳》“奊詬無節”，叚奊爲謑。

走也。从夭，賁省聲。與走同意，俱从夭。

衺也。从交，韋聲。

蹇也。从尣，皮聲。尳，俗作跛。《王制》《公羊》《穀梁傳》皆作跛。

尲尬，行不正。从尣，左聲。此依孫氏宋刻本，他本“尲尬”誤作“尳尬”，涉上文而云。

行不正也。从尣，㫃聲。讀若燿。

不正也。从尣，兼聲。

尲尬也。从尣，介聲。此古跰字也。舊讀公八切。又古拜切。尲聲若點，俗語猶然。

行脛相交也。从尣，勺聲。牛行，腳相交爲尥。徐鍇本無

"牛行腳相交爲㐌"七字。

徥不能行，爲人所引，曰㣥㣥，从彳，从爪，是聲。此與提攜義近。彼提物，此㣥人。

㣥㣥也。从彳，从爪，巂聲。

𢓊股𢓊也。从彳，于聲。

懿專久而美也。从壹，从恣，省聲。

䈞窮理罪人也。从𡴘，从人，从言，竹聲。䈞或省言。

奢張也。从大，者聲。凡奢之屬皆从奢。奓籒文。徐鉉曰："今俗作陟加切，以爲奓厚之奓，非是。"案，《西京賦》"心奓體泰"，李善引《聲類》云："奓，侈字也。"李登已誤。

䶂富𪚥𪚥皃。从奢，單聲。

𠦬疾也。从𡴘，卉聲。拜从此。

㚸進也。从𡴘，从中，允聲。《易》曰："㚸升大吉。"

奕大也。从大，亦聲。《詩》曰："奕奕梁山。"

奚大腹。从大，𦃃省聲。𦃃，籒文系字。

耎稍前大也。从大，而聲。讀若畏偄。稍者，出物有漸也。稍前大者，前較大於後也。

奰大皃。从大，𠱠聲。或曰拳勇字。一曰讀若傿。

𥪰磊𥪰，重聚也。从立，𦎫聲。

端直也。从立，耑聲。

竱等也。从立，專聲。《春秋國語》曰："竱本肇末。"

亭安也。从立，争聲。

立峥也。从立，青聲。一曰細皃。

待也。从立，矣聲。或从巳。

健也。一曰匠也。从立，句聲。讀若齲。《逸周書》有竘匠。

不正也。从立，鬲聲。

負舉也。从立，曷聲。

待也。从立，須聲。或从芻。

痿也。从立，羸聲。

偓竣也。从立，夋聲。《國語》曰：“有司已事而竣。”竣，猶蹲也。偓，猶倨也。凡無事則竣。

驚皃。从立，昔聲。

短人竨竨皃。从立，卑聲。

北地高樓無屋者。从立，曾聲。

廢一偏下也。从竝，白聲。或从曰。或从兟，从曰。徐鉉曰：“今俗作替，非是。”案，兟，从二先，訓進也。贊，从此，竝進。與竝廢義相反而相成。

人臍也。从囟，囟取气通也。从比聲。

容也。从心，囟聲。凡恖之屬皆从恖。隸變作思。段玉裁以注訓容，容爲睿之誤。

謀恖也。从恖，虍聲。

人之陰气，有欲者。从心，青聲。

人之陽气，性善者。从心，生聲。

意也。从心，㞢聲。

意也。从心，旨聲。

當也。从心，雁聲。

謹也。从心，真聲。古文。

敬也。从心，中聲。

謹也。从心，殸聲。

美也。从心，須聲。

喜也。从心，夬聲。

樂也。从心，豈聲。徐鉉曰：“豈部已有，此重出。”

快也。从心，匧聲。

常思也。从心，今聲。

思也。从心，付聲。

敏也。从心，从目，害省聲。

平也。从心，登聲。

敬也。从心，難聲。

闓也。从心，斤聲。《司馬法》曰：“善者，忻民之善，閉民之惡。”

遲也。从心，重聲。

重厚也。从心，軍聲。

厚也。从心，𦎧聲。

慨也。从心，亢聲。一曰《易》“忼龍有悔”。徐鉉曰：“今俗別作慷，非是。”一曰即《易》曰。

忼慨，壯士不得志也。从心，既聲。

愊也。从心，困聲。

誠志也。从心，畐聲。

謹也。从心，原聲。

儇也。从心，彗聲。

慧也。从心，𡩠聲。

憭也。从心，交聲。

静也。从心，㾜聲。徐鉉曰：“㾜非聲，未詳。”案，㾜，从夾聲，苦叶切。瘱，於計切。本合音。

敬也。从心，折聲。

樂也。从心，宗聲。

安也。从心，甛省聲。

大也。从心，灰聲。

肅也。从心，共聲。

仁也。从心，如聲。古文。省。

和也。从心，台聲。

愛也。从心，兹聲。

愛也。从心，氏聲。

忯憛，不憂事也。从心，虒聲。讀若移。

謹也。从心，全聲。

惠也。从心，因聲。

高也。一曰極也，一曰困劣也。从心，帶聲。

問也。謹敬也。从心，猌聲。一曰說也。一曰甘也。《春秋傳》曰："昊天不憖。"又曰："兩君之士皆未憖。"甘字《玉篇》作且。《左氏傳》："昊天不弔，不憖遺一老"，杜注云："憖，且也。"

飾也。从心，戒聲。《司馬法》曰："有虞氏悈於中國。"飾，當作飭，古書飾、飭多互譌。

謹也。从心，舀聲。

寬嫺心腹皃。从心，宣聲。《詩》曰："赫兮愃兮。"

順也。从心，孫聲。《唐書》曰："五品不遜。"

實也。从心，塞省聲。《虞書》曰："剛而寋。"

信心也。从心，旬聲。

誠也。从心，冘聲。《詩》曰："天命匪忱。"

凡思也。从心，隹聲。

念思也。从心，褱聲。

欲知之皃。从心，侖聲。

冀思也。从心，相聲。

深也。从心，彖聲。

起也。从心，畜聲。《詩》曰："能不我慉。"

滿也。从心，啻聲。一曰十萬曰啻。籒文省。

憂也。从心，官聲。

憀然也。从心，翏聲。

敬也。从心，客聲。《春秋傳》曰："以陳備三愙。"徐鉉曰："今俗作恪。"

懼也。从心，雙省聲。《春秋傳》曰："駟氏愯。"舊讀息拱切，與竦音義略近，今傳作聳。

恐也。从心，瞿聲。古文。

恃也。从心，古聲。

賴也。从心，寺聲。

慮也。从心，曹聲。

覺也。从心，吾聲。古文悟。

愛也。韓鄭曰憮。一曰不動。从心，無聲。

惠也。从心，先聲。屰气不得息曰旡，古文作[illegible]。夌爲行皃，㤅爲惠。㤅今通用愛。古文。唐人用爲"伊余來塈""民之攸塈"之塈。

知也。从心，胥聲。

安也。从心，尉聲。一曰恚怒也。《詩》曰：“以慰我心。”《毛傳》：“慰，怨也。”《韓詩》作慍，云：“恚也。”

謹也。从心，㱿聲。讀若毳。

箟箸也。从心，笸聲。

朗也。从心，由聲。《詩》曰：“憂心且怞。”

煤撫也。从心，某聲。讀若侮。

彊也。从心，文聲。《周書》曰：“在受德忞。”讀若旻。

勉也。从心，莫聲。

勉也。从心，面聲。

習也。从心，曳聲。段玉裁改篆作，云“从心大聲”，又云“唐人避偏旁世，改作⿰忄曳”。

勉也。从心，楙聲。《虞書》曰：“時惟懋哉。”或省。

習也。从心，莫聲。案，慕、慔本一字。慔从心莫聲，與慕同，結體微異，即慔之重文。

止也。从心，夋聲。

肆也。从心，隶聲。

趣步惥惥也。从心，與聲。

説也。从心，舀聲。

安也。从心，厭聲。《詩》曰：“懕懕夜飲。”

安也。从心，詹聲。

無爲也。从心，白聲。

憂也，收也。从心，血聲。

極也。从心，干聲。此干犯字，加心旁者，以下犯上，故訓爲極。極者，屋之高處也。

喜款也。从心，雚聲。《爾雅》曰：“懽懽愮愮，憂無告也。”

懽也。从心，禺聲。琅邪朱虚有惆亭。

飢餓也。一曰憂也。从心，叔聲。《詩》曰：“惄如朝飢。”

勞也。从心，卻聲。

憸詖也。憸利於上，佞人也。从心，僉聲。

息也。从心，曷聲。徐鉉曰：“今别作憩，非是。”

精戇也。从心，毳聲。

褊也。从心，及聲。

憂也。从心，辡聲。一曰急也。

疾也。从心，亟聲。一曰謹重皃。

急也。从心，睘聲。讀若絹。

疾也。从心，與聲。

駑弱者也。从心，需聲。段改篆作，云：“从心需聲者，爲淺人所改，本爲耎聲也。”

下齎也。从心，任聲。

失常也。从心，代聲。

驕也。从心，且聲。

不安也。从心，邑聲。

忘也。嘾也。从心，余聲。《周書》曰：“有疾不悆。”悆，喜也。

更也。从心，弋聲。

愉也。从心，閒聲。

薄也。从心，俞聲。《論語》曰：“私覿，愉愉如也。”此當爲薄樂也。淺泊、厚薄，皆當作洦。

輕易也。从心，蔑聲。《商書》曰：“以相陵懱。”

愚也。从心，贛聲。

姦也。从心，采聲。

愚也。从心，舂聲。

很也。从心，支聲。

勇也。从心，旱聲。

異也。从心，圣聲。

放也。从心，象聲。

惰也。从心，曼聲。一曰慢不畏也。

慢也。从心，台聲。

怠也。从心，解聲。

驚也。从心，从聲。讀若悚。

鬱也。从心，弗聲。

忽也。从心，介聲。《孟子》曰：“孝子之心不若是忿。”

忘也。从心，勿聲。

忘也。慲兜也。从心，㒼聲。慲兜，葢古語。今衡俗呼不省事之人曰慲兜，音近買。

縱也。从心，次聲。

放也。从心，昜聲。一曰平也。

意不定也。从心，童聲。

啁也。从心，里聲。《春秋傳》有孔悝。一曰病也。

權詐也。从心，矞聲。

誤也。从心，狂聲。

狂之皃。从心，況省聲。

變也。从心，危聲。

有二心也。从心，巂聲。

心動也。从心，季聲。

幸也。从心，敫聲。

善自用之意也。从心，銛聲。《商書》曰：“今汝懖懖。”

古文。从耳。壁中文。

貪也。从心，元聲。《春秋傳》曰：“忨歲而濁日。”

河内之北謂貪曰惏。从心，林聲。

不明也。从心，夢聲。

過也。从心，衍聲。或从寒省。籀文。

疑也。从心，兼聲。

亂也。从心，或聲。

怋也。从心，民聲。

亂也。从心，奴聲。《詩》曰：“以謹惽怋。”

亂也。从心，春聲。《春秋傳》曰：“王室曰惷惷焉。”一曰亂也。

不憭也。从心，昏聲。

癡也。从心，气聲。

寱言不慧也。从心，衛聲。

亂也。从心，貴聲。

憎惡也。从心，已聲。

悁也。从心，分聲。

忿也。从心，肙聲。一曰憂也。籀文。

恨也。从心，黎聲。一曰怠也。

恨也。从心，圭聲。

恚也。从心，夗聲。古文。

恚也。从心，奴聲。

怨也。从心，敼聲。《周書》曰：“凡民罔不譈。”

怒也。从心，昷聲。

過也。从心，亞聲。

惡也。从心，憎聲。

恨怒也。从心，市聲。《詩》曰：“視我怖怖。”

怒也。从心，刀聲。讀若顡。李陽冰説：“刀非聲，當从刈省，乃得聲。”案，下又有忎篆。

怨恨也。从心，彖聲。讀若膎。徐鉉曰：“彖非聲，未詳。”案，此當从彖聲。彖，从彑，从豕，讀若弛。彖，从豕省，即《周易》卦辭謂之彖。舊本彖、彖不分，故徐疑爲非聲，當訂正。

怨也。从心，𥄉聲。

怨也。从心，對聲。

悔恨也。从心，每聲。

小怒也。从心，壴聲。

不服，懟也。从心，央聲。

懣也。从心，賁聲。

懣也。从心，門聲。

失意也。从心，周聲。

望恨也。从心，長聲。

愁不安也。从心，喿聲。《詩》曰："念子懆懆。"

傷也。从心，倉聲。

憯也。从心，旦聲。或从心，在旦下。《詩》曰："信誓悬悬。"

痛也。从心，朁聲。

毒也。从心，參聲。

痛也。从心，妻聲。

痛也。一曰呻吟也。从心，同聲。

痛也。从心，非聲。

痛也。从心，則聲。

痛也。从心，昔聲。

痛也。从心，敃聲。

痛也。从心，殷聲。

痛聲也。从心，依聲。《孝經》曰："哭不悠。"

簡，存也。从心，簡省聲。讀若簡。

動也。从心，蚤聲。一曰起也。

動人心也。从心，咸聲。

不動也。从心，尤聲。讀若佑。

怨仇也。从心，咎聲。

憂皃。从心，員聲。

憂皃。从心，幼聲。

憂也。从心，介聲。

憂也。从心，羊聲。

憂懼也。从心，耑聲。《詩》曰：“惴惴其慄。”

憂也。从心，鈞聲。

憂也。从心，丙聲。《詩》曰：“憂心怲怲。”

憂也。从心，炎聲。《詩》曰：“憂心如惔。”

憂也。从心，叕聲。《詩》曰：“憂心惙惙。”一曰意不定也。

憂也。从心，殤省聲。

憂也。从心，秋聲。

憂皃。从心，弱聲。讀與惄同。

憂困也。从心，臽聲。

憂也。从心，攸聲。

憂也。从心，卒聲。讀與《易》萃卦同。

憂也。从心，圂聲。一曰擾也。

楚潁之間謂憂曰慦。从心，敄聲。

憂也。从心，亏聲。讀若吁。

憂也。从心，中聲。《詩》曰：“憂心忡忡。”以悬、怛證之，此亦忠之異文。惎、慔皆後分者。

憂也。从心，肖聲。《詩》曰：“憂心悄悄。”

憂也。从心，戚聲。

思皃。从心，夾聲。

失气也。从心，聶聲。一曰服也。

忌難也。从心，單聲。一曰難也。

懼也。陳楚謂懼曰悼。从心，卓聲。徐云當从罩省。案，罩亦卓聲，不必如鉉所説。

懼也。从心，巩聲。古文。

懼也。从心，習聲。讀若疊。

恐也。从心，术聲。

敬也。从心，易聲。或从狄。

戰慄也。从心，共聲。

苦也。从心，亥聲。

恐也。从心，皇聲。

惶也。从心，甫聲。或从布聲。

悑也。从心，執聲。

憜也。从心，嗀聲。

憨也。从心，葡聲。或从疒。

毒也。从心，其聲。《周書》曰："來就惎惎。"今《尚書》無此文。或云即《秦誓》"未就予忌"也。

辱也。从心，耳聲。

青、徐謂慙曰㥏。从心，典聲。

辱也。从心，天聲。

媿也。从心，斬聲。

慙也。从心，而聲。

慙也。从心，作省聲。

哀也。从心，粦聲。

泣下也。从心，連聲。《易》曰：“泣涕㦁如。”

能也。从心，刃聲。

厲也。一曰止也。从心，弭聲。讀若沔。

懲也。从心，乂聲。

忞也。从心，徵聲。

覺寤也。从心，景聲。《詩》曰：“憬彼淮夷。”

垂也。从惢，糸聲。

涉水顰蹙。从瀕，卑聲。

水生厓石間，粼粼也。从巜，粦聲。

水脈也。从川，在一下。一，地也。王省聲。一曰水冥巠也。古文巠。不省。

水廣也。从川，亡聲。《易》曰：“包巟用馮河。”

水流也。从川，或聲。

水流也。从川，曰聲。

水流㓚㓚也。从川，列省聲。徐鉉曰：“列字从𣦼。此疑誤，當从歺省聲”。小徐本作“歺省聲”。鍇用鉉説而改者。

泉水也。从泉，緐聲。讀若飯。

水長也。从永，羊聲。《詩》曰：“江之羕矣。”

山瀆無所通者。从谷，奚聲。

通谷也。从谷，害聲。

空谷也。从谷，翏聲。

大長谷也。从谷，龍聲。讀若聾。

谷中響也。从谷，厷聲。

望山谷谸谸青也。从谷，千聲。

寒也。从仌，廩聲。

寒也。从仌，青聲。

仌也。从仌，東聲。

仌出也。从仌，朕聲。《詩》曰：“納于勝陰。” 勝，或从夌。

流仌也。从仌，斯聲。

半傷也。从仌，周聲。

銷也。从仌，台聲。冶金如銷仌。

寒也。从仌，倉聲。

寒也。从仌，令聲。

寒也。从仌，函聲。

風寒也。从欠，畢聲。

一之曰澤泧。从仌，犮聲。

寒也。从仌，㮚聲。

寒也。从仌，賴聲。段玉裁改篆作，云："凓，冽也。从仌，列聲。"據《詩》"冽彼下泉"疏引《七月》"二之日凓冽"，删此瀨篆。案，今《詩》作栗烈。陸《釋文》云栗烈。《説文》作颲颲。唐本《説文》尚無冽篆。段不知鄦引《詩》《書》皆所以明古文也，妄欲比附鄦所引《詩》《書》，以説後起俗字，不思《七月》爲周初詩，其時尚無凓冽字也。鄦書廣收俗字，猶無冽篆，栗亦因此詩後加仌旁。

鱗蟲之長。能幽能明，能細能巨，能短能長，春分而登天，秋分而潛淵。从肉，飛之形，童省聲。凡龍之屬皆从龍。師説馬高八尺曰龍。古文作龖，从帝龙。鄦失載。

龍也。从龍，霝聲。

龍皃。从龍，今聲。各本誤作合聲。篆體或誤，或誤。兹依九經字様證正。

龍耆脊上䶬䶬。从龍，幵聲。

翄也。从飛，異聲。篆文翼。从羽。

别也。从非，已聲。

披靡也。从非，麻聲。

相違也。从非，告聲。

牢也。所以拘非也。从非，陛省聲。

回疾也。从卂，營省聲。

至也。从至，刀聲。《詩》曰：“靡國不到。”

至也。从至，秦聲。

姓也。从西，圭聲。徐鍇曰：“張説《梁四公子記》有𨐗闖。”

鹹也。从鹵，㢋省聲。河内謂之𪉖，沛人言若虘。

銜也，北方味也。从鹵，咸聲。

鹹也。从鹵，監聲。古者宿沙初作煮海鹽。凡鹽之屬皆从鹽。

河東鹽池，袤五十一里，廣七里，周百十六里。从鹽省，古聲。

鹵也。从鹽省，僉聲。不言“从鹵”，而“从鹽省，僉聲”者，謂已成鹽而化鹵，故不見鹽。《廣韵》“水和鹽”也，故省鹽也。

户扇也。从户，非聲。

室在旁也。从户，方聲。

輜車旁推户也。从户，大聲。讀與釱同。

隘也。从户，乙聲。

户牖之間謂之扆。从户，衣聲。

閉也。从户，刧省聲。

外閉之關也。从户，冋聲。

天門也。从門，昌聲。楚人名門曰閶闔。

宮中之門也。从門，韋聲。

闥謂之樀。樀，廟門也。从門，詹聲。

巷門也。从門，厷聲。

特立之户，上圜下方，有似圭。从門，圭聲。

門旁户也。从門，合聲。

樓上户也。从門，翕聲。

門也。从門，干聲。汝南平輿里門曰閈。

里門也。从門，吕聲。《周禮》：“五家爲比，五比爲閭。”閭，侶也。二十五家相羣侶也。

里中門也。从門，臽聲。 閻，或从土。

市外門也。从門，貴聲。

城内重門也。从門，垔聲。《詩》曰：“出其闉闍。”

闉闍也。从門，者聲。

門觀也。从門，欮聲。

門欂櫨也。从門，弁聲。

門扇也。从門，介聲。

門扇也。一曰閉也。从門，盍聲。

門梱也。从門，臬聲。

門榍也。从門，或聲。《論語》曰："行不履閾。"古文閾。从洫。

門高也。从門，㒼聲。巴郡有閬中縣。

開也。从門，辟聲。《虞書》曰："闢四門。"从門，从𠬞，此壁中古文。从𠬞會意。

闢門也。从門，爲聲。《國語》曰："闖門而與之言。"

開也。从門，單聲。《易》曰："闡幽。"

開也。从門，豈聲。

大開也。从門，可聲。大杯亦爲閜。

開閉門也。从門，甲聲。

閉門也。从門，必聲。《春秋傳》曰："閟門而與之言。"所引傳文當是"閟而以夫人言"。

所以止扉也。从門，各聲。

門傾也。从門，阿聲。

遮攤也。从門，於聲。

開閉門利也。从門，繇聲。一曰縷十紘也。鄦書無"繇"，當云"从系，䍃聲"，故爲縷十紘也。紘即總，八十縷爲總，《禮經》謂之升。十升之布，漸吉矣。

門聲也。从門，曷聲。

門響也。从門，鄉聲。

門遮也。从門，柬聲。

外閉也。从門，亥聲。

閉門也。从門，音聲。

以木横持門户也。从門，𢇇聲。

關下牡也。从門，龠聲。

盛皃。从門，真聲。

闛闛盛皃。从門，堂聲。

豎也，宫中奄閽閉門者。从門，奄聲。

閃也。从門，規聲。

妄入宫掖也。从門，䜌聲。讀若闌。

具數於門中也。从門，説省聲。

事已閉門也。从門，癸聲。

望也。从門，敢聲。

疏也。从門，活聲。

弔者在門也。从門，文聲。徐鉉曰："今俗别作憫，非是。"古文閔。

小垂耳也。从耳，占聲。

耳大垂也。从耳，冘聲。《詩》曰："士之耽兮。"

耳曼也。从耳，冄聲。耼，或从甘。

垂耳也。从耳，詹聲。南方聸耳之國。

耳箸頰也。从耳，烓省聲。杜林説：“耿，光也。”从光聖省。凡字皆左形右聲，杜説非也。徐鍇曰：“凡字多右形左聲，此説或後人所加，或傳寫之誤。”案，烓，各本作炯。

耳鳴也。从耳，卯聲。

通也。从耳，呈聲。

察也。从耳，悤聲。

聆也。从耳、㥁，壬聲。

聽也。从耳，令聲。

記微也。从耳，戠聲。

讙語也。从耳，昏聲。

張耳有所聞也。从耳，禹聲。

音也。从耳，殸聲。殸，籒文磬。

知聞也。从耳，門聲。古文。从昏。

訪也。从耳，甹聲。

無聞也。从耳，龍聲。

生而聾曰聳。从耳，從省聲。篆省作傱，隸俗作聳，不省。《方言》：“欲也。”今爲聳聽字。

益梁之州謂聾爲䏆，秦晋聽而不聰，聞而不達謂之䏆。从耳，宰聲。

聾也。从耳，貴聲。 聵，或从㪊。徐鉉曰：“當从蔽省，義見蔽字注。”案，鄦書無㪊，而从㪊之字凡三。又段玉裁據别本出聕篆，云或从豙作。

無知意也。从耳，出聲。讀若孽。

吴楚之外，凡無耳者謂之䎱，言若斷耳爲盟。从耳，闋聲。

軍戰斷耳也。《春秋傳》曰：“以爲俘聝。”从耳，或聲。 聝，或从𩠐。

𦖋耳也。从耳，月聲。

乘輿金飾馬耳也。从耳，麻聲。讀若涠水。一曰若《月令》靡艸之靡。宋本無飾字。

《國語》曰：“回禄信於聆遂。”闕。此葢闕其義耳。當云“从耳，今聲”。所引今見《周語》。

廣𦣝也。从𦣝，巳聲。 古文配。从户。徐鉉曰：“今俗以爲階戺之戺。”

手中也。从手，尚聲。

將指也。从手，母聲。

手指也。从手，旨聲。

手也。从手，𢍏聲。

手擘也。楊雄曰：“擘，握也。”从手，辟聲。

好手皃。《詩》曰：“攕攕女手。”从手，韱聲。

人臂皃。从手，削聲。《周禮》曰：“輻欲其掣。”徐鍇曰：

"人臂梢長纖好也。"

繑也。一曰摳[1]衣升堂。从手，區聲。

摳[2]衣也。从手，褰聲。

舉手下手也。从手，壹聲。

讓也。从手，咠聲。一曰手箸胷曰揖。

推也。从手，襄聲。

斂手也。从手，共聲。

拱也。从手，僉聲。

搯捾也。从手，官聲。一曰援也。

捾也。从手，舀聲。《周書》曰："師乃搯。"搯者，拔兵刃以習擊刺。《詩》曰："左旋右搯。"

攤也。从手，巩聲。徐鉉曰："丮部有𢀜，與巩同，此重出。"

排也。从手，隹聲。

推也。从手，夋聲。《春秋傳》曰："捘衛侯之手。"

擠也。从手，非聲。

排也。从手，齊聲。

擠也。从手，氐聲。

---

① 摳，原作"樞"，據《説文》改。
② 摳，原作"樞"，據《説文》改。

擠也。从手，崔聲。一曰挏也，一曰折也。

摧也。从手，立聲。

摧也。从手，坙聲。今作挫。

佐也。从手，夫聲。古文扶。从攴。

扶也。从手，爿聲。《玉篇》曰：“牂，今作將。擨同。”案，古詩“好事相扶抒①”，今叚將爲之。

握也。从手，寺聲。

縣持也。从手，㓞聲。

脅持也。从手，甘聲。

閱持也。从手，棄聲。

把持也。从手，喿聲。

爪持也。从手，瞿聲。徐鉉曰：“今俗别作掬，非是。”

急持衣裣也。从手，金聲。捦，或从禁。

索持也。一曰至也。从手，專聲。

杖持也。从手，豦聲。

引持也。从手，聶聲。

幵持也。从手，冄聲。

捫持也。从手，布聲。

---

① 抒，疑爲“牂”之譌。

俾持也。从手，夾聲。

撫持也。从手，門聲。《詩》曰：“莫捫朕舌。”

撮持也。从手，監聲。

理持也。从手，巤聲。

搤持也。从手，屋聲。古文握。

提持也。从手，單聲。讀若行遟驒驒。

握也。从手，巴聲。

把也。从手，鬲聲。搹，或从戹。

牽引也。从手，奴聲。

提也。从手，巂聲。

挈也。从手，是聲。

拈也。从手，耴聲。

揶也。从手，占聲。

舒也。从手，离聲。

釋也。从手，舍聲。

一指按也。从手，厭聲。

下也。从手，安聲。

引也。从手，空聲。《詩》曰：“控于大邦。”匈奴名引弓控弦。

摩也。从手，盾聲。

緣也。从手，象聲。

拊也。从手，百聲。

揗也。从手，付聲。

把也。今鹽官入水取鹽爲掊。从手，音聲。

取易也。从手，寽聲。

理也。从手，尞聲。

置也。从手，昝聲。

擇也。从手，侖聲。

柬選也。从手，睪聲。

搤也。从手，足聲。一曰握也。

捉也。从手，益聲。

搣也。从手，前聲。

批也。从手，威聲。

捽也。从手，此聲。

捽也。从手，即聲。魏郡有揤裴侯國。

持頭髮也。从手，卒聲。

四圭也。一曰兩指撮也。从手，最聲。《漢・律厤志》曰："量多少者，不失圭撮。"孟康曰："六十四黍爲一圭。"《廣韵》引作孟子，而云十圭爲一合。《筭經》："六粟爲圭，十圭爲撮。"

撮也。从手，⿱⺮⿰金匊省聲。

撮取也。从手，帶聲。讀若《詩》曰“蝃蝀在東”。 摕。或从折，从示，兩手急持人也，蓋示聲也。

引取也。从手，孚聲。 捊，或从包。徐鉉曰：“今以爲褎裒字，非是。”案，小徐本捊下引“《詩》曰‘原隰捊矣’”六字，爲鉉本所無。今讀捊爲步侯切，抱爲薄報切。

自關以東謂取曰揜。一曰覆也。从手，弇聲。

給也。从手，臣聲。一曰約也。

拭也。从手，堇聲。

朋羣也。从手，黨聲。

交也。从手，妾聲。

撞也。从手，市聲。

攤引也。漢有挏馬官作馬酒。从手，同聲。《廣韵》作“推引也”。《漢·禮樂志》應劭曰：“主馬乳取其汁，挏治之，味酢可飲，因以名官。”《顏氏家訓》曰：“此謂撞擣挺挏之。”是也。

安也。从手，無聲。一曰循也。 古文撫。从亡、辵。

撫也。从手，昏聲。一曰摹也。

量也。从手，耑聲。度高曰揣。一曰捶之。徐鍇曰：“此字與耑聲不相近。如喘、遄之類，皆當从瑞省。”案，此讀初委切，與耑本雙聲，合音最近。

開也。从手，只聲。讀若抵掌之抵。

習也。从手，貫聲。《春秋傳》曰：“摜瀆鬼神。”

擿搔也。从手，適聲。一曰投也。

搔括也。从手，蚤聲。

扴刮也。从手，介聲。

摽擊也。从手，㩻聲。一曰挈門壯也。

挑撓也。从手，兆聲。一曰摷也。《國語》曰：“卻至挑天。”韋本作“佻天”，注：“佻，偷也。佻天之功，以爲已力。”小徐本摷下有爭。

抉挑也。从手，夬聲。

撓擾也。从手，堯聲。一曰捄也。

擾煩也。从手，夒聲。

挶戟持也。从手，局聲。

据戟挶也。从手，居聲。

擖刮也。从手，葛聲。一曰撻也。

摘拓果樹實也。从手，啻聲。一曰指近之也。徐鉉曰：“當从適省乃得聲。”案，拓，拾也。

搳擖也。从手，害聲。

摲暫也。从手，斬聲。

拹摺也。从手，劦聲。一曰拉也。

摺敗也。从手，習聲。

揫束也。从手，秋聲。《詩》曰：“百祿是揫。”

曳聚也。从手，婁聲。

有所失也。从手，云聲。《春秋傳》曰：“抎子辱矣。”今《左傳》叚作隕。

从旁持曰披。从手，皮聲。

引縱曰瘳。从手，瘳省聲。

積也。《詩》曰：“助我舉㩲。”搣頰旁也。从手，此聲。小徐本有“一曰搣頰旁也”，當據訂。

搖也。从手，卓聲。《春秋傳》曰：“尾大不掉。”

動也。从手，䍃聲。

動容也。从手，容聲。

當也。从手，貳聲。

聚也。从手，酋聲。

固也。从手，臤聲。讀若《詩》“赤舄掔掔”。徐鉉曰：“今別作慳，非是。”案，《毛詩》：“赤舄几几。”

奉也。从手，夆聲。

對舉也。从手，輿聲。

飛舉也。从手，昜聲。古文。

對舉也。从手，與聲。小徐本有“一曰輿也”四字。段氏以此與舉同義，改舉爲擧。

舉出也。从手，欣聲。《春秋傳》曰：“掀公出於淖。”

高舉也。从手，曷聲。

上舉也。从手，升聲。《易》曰：“抍馬壯，吉。”段玉裁改篆作，補“出休爲拯”四字，非也。抍，或从登。徐鉉曰：“今俗别作拯，非是。”

舉救也。从手，辰聲。一曰奮也。

横關對舉也。从手，工聲。

握也。从手，分聲。讀若粉。

舉手也。从手，喬聲。一曰撟擅也。

自關已西，凡取物之上者爲撟捎。从手，肖聲。

抱也。从手，雝聲。

染也。从手，需聲。《周禮》：“六曰擩祭。”段玉裁改篆作。案，唐石經《周禮》作擩，是。

引也。从手，俞聲。

擎擭，不正也。从手，般聲。

擎擭也。一曰布擭也，一曰握也。从手，蒦聲。布擭，即布濩，遍滿皃，劉逵説。

附手也。从手，弁聲。

專也。从手，亶聲。

葵也。从手，癸聲。此即癸加手旁耳。疑舊訓癸，明癸、揆本一字，癸下云“水土平，可揆度也”是已。段玉裁據《六書故》引唐本《説文》葵作度。

度也。从手，疑聲。

減也。从手，員聲。

縱也。从手，乙聲。

解挩也。从手，兑聲。

治也。从手，發聲。

抒也。从手，邑聲。

挹也。从手，予聲。

挹也。从手，且聲。讀若樝梨之樝。

扟也。从手，矍聲。

从上挹也。从手，卂聲。讀若莘。

拾也。陳、宋語。从手，石聲。拓，或从庶。

拾也。从手，麇聲。

掇也。从手，合聲。

拾取也。从手，叕聲。

貫也。从手，睘聲。《春秋傳》曰：“擐甲執兵。”

引急也。从手，恒聲。

蹴引也。从手，宿聲。

相援也。从手，虘聲。

引也。从手，爰聲。

引也。从手，畱聲。 擂，或从由。 擂，或从秀。

引也。从手，翟聲。

擢也。从手，犮聲。

拔也。从手，匽聲。

手椎也。一曰築也。从手，鬲聲。

係也。从手，䜌聲。

拔也。从手，廷聲。

拔取也。南楚語。从手，寒聲。《楚詞》曰：“朝搴批之木蘭。”

遠取之也。从手，罙聲。

探也。从手，覃聲。

推也。从手，委聲。一曰兩手相切摩也。徐鉉曰：“今俗作挼，非。”

别也。一曰擊也。从手，敝聲。

摇也。从手，咸聲。徐鉉曰：“今俗别作撼，非是。”

按也。从手，弱聲。

偏引也。从手，奇聲。一本作“偏引一足也”。《詩》曰“伐木掎矣”，《毛傳》：“伐木者持其顛。”

奮也。从手，軍聲。

研也。从手，麻聲。《學記》“相觀而善謂之摩”，《詩》

曰“如琢如摩”，即此。研摩俗又作磨。

反手擊也。从手，㲋聲。

亂也。从手，覺聲。《詩》曰：“祇攪我心。”

推擣也。从手，茸聲。

卂擣也。从手，童聲。

就也。从手，因聲。

因也。从手，乃聲。

絜也。从手，昏聲。

抲撝也。从手，可聲。《周書》曰：“盡執柯。”

撝也。从手，辟聲。

裂也。从手，爲聲。一曰手指撝也。《易》曰：“撝謙。”馬曰“撝猶離也”，用裂義。叚作指麾。

裂也。从手，赤聲。

《易》筮，再扐而後卦。从手，力聲。

巧也。从手，支聲。

規也。从手，莫聲。此與模音義略同。有法度爲規模，依法倣之爲規摹。又作摸。

不巧也。从手，出聲。

縱指揩也。一曰韜也。从手，沓聲。讀若眔。揩之言重沓。縫人以韋韜指謂之揩。

圜也。从手，專聲。

手推之也。从手，圂聲。

盛土於梩中也。一曰擾也。《詩》曰：“捄之陾陾。”从手，求聲。擾字，《韵會》作“一曰捊也”。

手口共有所作也。从手，吉聲。《詩》曰：“予手拮据。”

掘也。从手，骨聲。

搰也。从手，屈聲。

斂也。小上曰掩。从手，奄聲。

滌也。从手，既聲。《詩》曰：“摡之釜鬵。”

取水沮也。从手，胥聲。武威有揟次縣。

穜也。一曰布也。从手，番聲。古文播。

穫禾聲也。从手，至聲。《詩》曰：“穫之挃挃。”

刺也。从手，致聲。一曰刺之財至也。

動也。从手，兀聲。

折也。从手，月聲。

縛殺也。从手，翏聲。

鄉飲酒，罰不敬，撻其背。从手，達聲。古文撻。《周書》曰：“虘以記之。”

止馬也。从手，夌聲。

撣也。从手，平聲。小徐本作彈。

气勢也。从手，卷聲。《國語》曰：“有捲勇。”一曰捲收也。徐鉉曰：“今俗以爲捲舒之捲。”

收也。从手，及聲。

拘擊也。从手，巢聲。

擊背也。从手，矣聲。

挨也。从手，業聲。

旁擊也。从手，敫聲。

疾擊也。从手，勺聲。

笞擊也。从手，失聲。

側擊也。从手，氏聲。

以車鞅擊也。从手，央聲。

衣上擊也。从手，保聲。

兩手擊也。从手，卑聲。

以杖擊也。从手，垂聲。

敲擊也。从手，隺聲。

中擊也。从手，竟聲。

過擊也。从手，弗聲。徐鍇曰：“擊而過之也。”

擣頭也。从手，堅聲。讀若“鏗爾舍瑟而作”。

深擊也。从手，冘聲。讀若告。言不正曰抌。

攴也。从手，㱿聲。

忮也。从手，干聲。

扞也。从手，亢聲。抗，或从木。《既夕禮》：“抗木横三縮二。”故或改从木。

取也。从手，甫聲。

刺也。从手，籍省聲。《周禮》曰：“簎魚鼈。”一本作《春秋國語》曰：“簎魚鼈。”今魯語作矠。

執也。从手，然聲。一曰蹂也。

畫也。从手，圭聲。

曳也。从手，它聲。

卧引也。从手，余聲。

捈也。从手，世聲。

搏也。从手，扁聲。

从手，有所把也。从手，厥聲。从當作以字之誤也。《内則》：“不涉不撅。”撅，揭衣也。

挐持也。从手，盧聲。

持也。从手，如聲。

没也。从手，昷聲。

掩也。从手，旁聲。

擊也。从手，各聲。

夜戒守，有所擊。从手，取聲。《春秋傳》曰：“賓將掫。”

《昭廿年傳》謂：“擊欜以行夜也。”

棄也。从手，肙聲。

所以覆矢也。从手，朋聲。《詩》曰：“抑釋掤忌。”

指麾也。从手，亏聲。

旌旗，所以指麾也。从手，靡聲。

獵也，軍獲得也。从手，疌聲。《春秋傳》曰：“齊人來獻戎捷。”

牽馬也。从手，口聲。

同也。从手，昆聲。

衆意也。一曰求也。从手，叜聲。《詩》曰：“束矢其搜。”

易也。从手，奐聲。

以手持人臂投地也。从手，夜聲。一曰臂下也。

民也。从民，亡聲。讀若盲。

卧也。从氐，垔聲。

觸也。从氐，失聲。

戊也。从戊，尗聲。

出亡在外，望其還也。从亡，朢省聲。

亡也。从亡，無聲。 奇字無。通於元者，虛無道也。王育說：“天屈西北爲无。”

亡也。从匚，若聲。讀如羊騶箠。此當云“讀如羊騶箠蟄

之鍪”，葢傳寫者所脱譌。

側逃也。从匚，丙聲。一曰箕屬。徐鉉曰：“丙非聲，義當从内會意，疑傳寫之誤。”案，《玉篇》側逃引作側匧，云又作陋。知側匧即《尚書》之側陋。段玉裁説，疑从丙聲。

匿也。从匚，𡚁聲。

骫曲也。从曲，玉聲。

古器也。从曲，舀聲。

輔也，重也。从弜，西聲。徐鍇曰：“西，舌也，非聲。舌柔而弜剛，从柔从剛，輔弼之意。”案，西下曰“一讀若誓”，弼字从此，明弼以爲聲也。鍇説非是。弼，或如此。亦古文弼。小徐本如此。竝古文弼。大徐本目上言之。

急戾也。从弦省，少聲。《類篇》説“精微也”，則爲今之妙字。妙或作玅是也。

不成，遂急戾也。从弦省，曷聲。讀若瘞葬。

隨從也。从系，䍃聲。徐鉉曰：“今俗从䍃。”

素屬。从素，𠁥聲。

白約，縞也。从素，勺聲。

素屬。从素，率聲。

䋄也。从素，卓聲。䋄，或省。

䋄也。从素，爰聲。緩，或省。

織絹。从系，貫杼也。从絲省，丱聲。徐鉉曰：“丱，古

磺字。”

吐絲蟲。从䖵，朁聲。

蠶化飛蟲。从䖵，我聲。 或从虫。

齧人跳蟲。从䖵，叉聲。叉，古爪字。 蚤，或从虫。

齧人蟲。从䖵，卂聲。

蝗也。从䖵，夂聲。夂，古文終字。 螽，或从虫，眾聲。

蟲也。从䖵，展省聲。

小蟬蜩也。从䖵，截聲。

蠿蟊，作罔蛛蟊也。从䖵，𢇍聲。𢇍，古絶字。

蠿蟊也。从䖵，矛聲。

蟲也。从䖵，𥁕聲。

齏蠹。从䖵，𨐌聲。

螻蛄也。从䖵，羍聲。

𧕴蛸也。从䖵，卑聲。 蜱，或从虫。

飛蟲螫人者。从䖵，逢聲。 古文。省。

蠭甘飴也。一曰螟子。从䖵，鼏聲。 蠠，或从宓。

蠸蠑也。从䖵，巨聲。

齧人飛蟲。从䖵，民聲。 蟁，或从昏，以昏時出也。

俗蟁。从虫，从文。亦文聲也。

齧人飛蟲。从䖵，亡聲。

木中蟲。从䖵，槖聲。蠹。或从木，象蟲在木中形，譚長説。

蟲齧木中也。从䖵，彖聲。古文。

多足蟲也。从䖵，求聲。蝨，或从虫。

蚍蠹也。从䖵，槖聲。蠹，或从虫、从孚。

蟲食也。从䖵，雋聲。

蟲動也。从䖵，萅聲。古文蠢，从𢦔。《周書》曰：“我有𢧵于西。”

蠶蜉，大螘也。从䖵，𣬉聲。蠶，或从虫，比聲。

蝨也。从蟲，冃聲。

臭蟲，負蠜也。从蟲，非聲。蜚，或从虫。

北風謂之飆。从風，涼省聲。

小風也。从風，朮聲。

扶摇風也。从風，猋聲。飆，或从包。

回風也。从風，舆聲。

翔風也。从風，立聲。

高風也。从風，翏聲。

大風也。从風，胃聲。

大風也。从風，日聲。

風所飛揚也。从風，昜聲。

風雨暴疾也。从風，利聲。讀若栗。

列風也。从風，𠛱聲。讀若列。

厚也。从二，竹聲。

兼垓八極地也。《國語》曰：“天子居九垓之田。”从土，亥聲。

四方土可居也。从土，奥聲。古文墺。

堣夷，在冀州陽谷。立春日，日值之而出。从土，禺聲。《尚書》曰：“宅堣夷。”陽當作暘。

朝歌南七十里地。《周書》：“武王與紂戰于坶野。”从土，母聲。

陂也。从土，皮聲。

柔土也。从土，襄聲。

堅不可拔也。从土，高聲。

磽也。从土，敫聲。

剛土也。从土，盧聲。小徐本作黑剛土也。

赤剛土也。从土，鮮省聲。

黏土也。从上，直聲。

土塊坴坴也。从土，先聲。讀若速。一曰坴梁。始皇略取陸梁地爲桂林、象郡。

土也。洛陽有大发𡎆里。从土，軍聲。

塊也。从土，菐聲。墣，或从卜。

凷也。从土，畐聲。

穜也。一曰内其中也。从圭，㚇聲。

稻田畦也。从土，朕聲。

治也。一曰臿土謂之坺。《詩》曰：“武王載坺。”一曰塵皃。从土，犮聲。

陶竈窻也。从土，役省聲。

牆始也。从土，其聲。

牆也。从土，亘聲。籒文垣。从𩫖。

牆高皃。《詩》曰：“崇墉圪圪。”从土，气聲。

垣也。五版爲一堵。从土，者聲。籒文。从𩫖。

垣也。从土，辟聲。

周垣也。从土，尞聲。

壁間隙也。从土，曷聲。讀若謁。

卑垣也。从土，寽聲。

地突也。从土，甚聲。

突也。《詩》曰：“蜉蝣堀閱。”从土，屈省聲。段玉裁據部末有“㙐，篆从屈，不省，此从屈省，本一字”，因删兔堀之堀，而改此篆作㙐，从屈。案，鄦書廣收俗字，當時已分爲二，

不必改篆也。

殿也。从上，尚聲。古曰堂，秦漢以後曰殿。鄦以今釋古，今則人臣無有偁殿者。古文堂。籀文堂。从高省。

堂塾也。从土，朵聲。

屏也。从土，占聲。

涂也。从土，浝聲。徐鉉曰："水部已有，此重出。"案，泥、涂必兼水土，當从土、水，龙聲。

涂也。从土，見聲。

涂也。从土，堇聲。

仰涂也。从土，既聲。仰涂，舉首而涂之。郢人施廣領大袖，以仰涂是。

白涂也。从土，亞聲。

涂地也。从土，犀聲。《禮》："天子赤墀。"

瓴適也。一曰未燒也。从土，毄聲。

埽除也。从土，弁聲。讀若糞。

存也。从土，才聲。

箸也。从土，氐聲。

塞也。从土，真聲。

安也。从土，旦聲。

地相次比也。衛大夫貞子名坒。从土，比聲。

滯也。从土，是聲。

樂器也，以土爲之，六孔。从土，熏聲。

王者印也，所以主土。从土，爾聲。 籒文。从玉。

以桼和灰而髼也。从土，完聲。一曰補垸。

鑄器之法也。从土，刑聲。

射臬也。从土，𦎧聲。讀若準。

雞棲垣爲塒。从土，時聲。

城垣也。从土，庸聲。 古文墉。五篇：“𩫖，度也。”讀如郭。古今音讀不同。

城上女垣也。从土，葉聲。

陷也。从土，欠聲。

下也。《春秋傳》曰：“墊隘。”从土，執聲。

小渚也。《詩》曰：“宛在水中坻。”从水，氏聲。 坻，或从水，从夊。 坻，或从水，从耆。耆聲也。

下入也。从上，㬎聲。

水乾也。一曰堅也。从土，各聲。

以土增大道上。从土，次聲。 古文垐。从土、即。《虞書》曰：“龍，朕堲讒語殄行。”堲，疾惡也。即聲。

益也。从土，曾聲。

增也。从土，卑聲。

坿益也。从土，付聲。

垍堅土也。从土，自聲。讀若息。

埱气出土也。一曰始也。从土，叔聲。

埵堅土也。从土，垂聲。讀若朵。

[illegible]地也。从土，[illegible]聲。

壔保也。高土也。从土，𠷎聲。讀若毒。

培培敦土田山川也。从土，咅聲。

埩治也。从土，争聲。

墇擁也。从土，章聲。

㙕遏遮也。从土，則聲。

垠地垠也。一曰岸也。从土，㫐聲。圻垠，或从斤。

墠野土也。从土，單聲。

垑恃也。从土，多聲。

壘軍壁也。从土，畾省聲。

垝毀垣也。从土，危聲。《詩》曰："乘彼垝垣。"陒垝，或从𨸏。

圮毀也。《虞書》曰："方命圮族。"从土，己聲。[illegible]圮，或从手，从非，配省聲。

垔塞也。《尚書》曰："鯀垔洪水。"从土，西聲。[illegible]古文垔。陻垔，或从𨸏。

阬也。一曰大也。从土，斬聲。

秦謂阬爲埂。从土，更聲。讀若井汲綆。

塹穴也。一曰大也。从土，廣聲。

高燥也。从土，豈聲。

缺也。从土，毇省聲。古文毁。从壬。

壞也。一曰塞補。从土，厭聲。

敗也。从土，褢聲。古文壞。省。籀文壞。攴部有數。此重出。

坎坷也。梁國寧陵有坷亭。从土，可聲。

𡑝也。从土，虖聲。㙒，或从𨸏。

裂也。《詩》曰：“不𡑝不疈。”从土，㡿聲。

塵埃也。从土，央聲。

塵也。从土，麻聲。

塺土也。从土，婁聲。

塵也。从土，分聲。一曰大防也。

塵也。从土，非聲。

塵也。从土，矣聲。

塵埃也。从土，殹聲。

澱也。从土，沂聲。

濁也。从土，后聲。

天陰塵也。《詩》曰：“墤墤其陰。”从土，壹聲。

丘再成者也。一曰瓦未燒。从土，不聲。

螘封也。《詩》曰：“鸛鳴于垤。”从土，至聲。《毛傳》：“垤，螘冢也。”蓋結垤樹上，故爲鸛所集。

益州部謂蠙場曰坥。从土，且聲。

徒隸所居也。一曰女牢，一曰亭部。从土，肙聲。

囚突出也。从土，㪿聲。

幽薶也。从土，㾕聲。

喪葬下土也。从土，朋聲。《春秋傳》曰“朝而堋”，《禮》謂之“封”，《周官》謂之“窆”，《虞書》曰“堋淫于家”。小徐本此下有“亦如是”三字。今《皋陶謨》作“朋”。

畔也。爲四時界。祭其中。《周禮》曰：“垗五帝於四郊。”从土，兆聲。

墓也。从土，熒省聲。

丘也。从土，莫聲。

墓也。从土，賁聲。

丘壠也。从土，龍聲。

祭壇場也。从土，亶聲。

祭神道也。一曰田不耕，一曰治穀田也。从土，昜聲。

東楚謂橋爲圮。从土，巳聲。

垂遠邊也。从土，𠂹聲。

堀兔堀也。从土，屈聲。

釐家福也。从里，𠩺聲。

野郊外也。从里，予聲。壄古文野。从里省，从林。亦作埜。

艱土難治也。从堇，艮聲。囏籀文艱。从喜。

䵺赤黃也。一曰輕傷人䵺姁也。从黃，夾聲。《後漢書》曹大家《女誡》“視聽陜輸”即此䵺姁也，謂侮傷人者，面色赤黃，其狀䵺姁。

䵎黃黑色也。从黃，耑聲。

䵋青黃色也。从黃，有聲。

黇白黃色也。从黃，占聲。

黊鮮明黃也。从黃，圭聲。

舅母之兄弟爲舅，妻之父爲外舅。从男，臼聲。

甥謂我舅者，吾謂之甥也。从男，生聲。

勳能成王功也。从力，熏聲。勛古文勳。从員。

助左也。从力，且聲。

勴助也。从力，从非，慮聲。

勑勞也。从力，來聲。

劼慎也。从力，吉聲。《周書》曰：“汝劼毖殷獻臣。”

趣也。从力，敄聲。

迫也。从力，强聲。古文。从彊。

勉力也。《周書》曰：“用勱相我邦家。”讀若厲。从力，萬聲。

勥也。从力，厥聲。𠢋彊，本古語。

彊也。《春秋傳》曰：“勍敵之人。”从力，佘聲。

彊也。从力，巠聲。

彊也。从力，免聲。

勉也。从力，召聲。讀若舜樂《韶》。

勉也。《周書》曰：“勖哉，夫子！”从力，冒聲。

勉也。从力，雚聲。

任也。从力，朕聲。

并力也。从力，翏聲。

繇緩也。从力，象聲。

作也。从力，重聲。古文動，从辵。

推也。从力，畾聲。

務也。从力，豦聲。

尤劇也。从力，克聲。

勞也。《詩》曰：“莫知我勩。”从力，貰聲。

勞也。《春秋傳》曰：“安用勦民？”从力，巢聲。字又

作勳。

勞也。从力，卷省聲。徐鉉曰："今俗作倦，義同。"

勞也。从力，堇聲。

健也。从力，敖聲。讀若豪。

气也。从力，甬聲。勇，或从戈、用。古文勇。从心。

排也。从力，孛聲。

劫也。从力，㓝聲。

致堅也。从人，从力，食聲。讀若敕。

涂有辠也。从力，亥聲。

廣求也。从力，莫聲。

且往也。从且，豦聲。

自寠也。从𨸏，㚇省聲。

陋也。从𨸏。𡭴，籒文嗌字。𡭴見口部嗌下，俗本嗌誤作隘，涉下篆文隘譌。篆文䪷。从𨸏益。俗本篆譌作籒，葢涉上而誤。益聲。

塞上亭守㷭火者。从𨸏，从火，遂聲。篆文。省。

上出也。从乙。乙，物之達也。倝聲。此本古乾溼字，上出爲乾，下注爲溼，後以三爲一二三之三，乃用此爲卦名。舊有渠焉、古寒二讀。籒文乾。

異也。从乙，又聲。徐鍇曰："乙欲出而見閡，見閡則顯其尤異也。"羽求切。

就也。从戊，丁聲。古文成。从午。徐鍇曰："戊中宫成於中也。"

長踞也。从己，其聲。讀若杞。

辠也。从辛，古聲。古文辜。从死。

辠也。从辛，㞢聲。

養子使作善也。从𠫓，肉聲。《虞書》曰："教育子。"徐鍇曰："𠫓，不順子也。不順子亦教之，况順者乎？"謙案，不順者教之使順，若順子不待教也，故从𠫓。今書作胄子。育，或从每。从㐬，古文𠫓字。

震也。三月陽气動，靁電振，民農時也。物皆生，从乙、匕，象芒達。厂，聲也。辰，房星，天時也。从二，二，古文上字。凡辰之屬皆从辰。徐鍇曰："匕，音化。乙，艸木萌初出曲卷也。"徐鉉曰："三月陽气盛，艸木生，上徹於土，故从上。厂非聲，疑亦象物之出。"古文辰。

逆也。从午，吾聲。

擊小鼓，引樂聲也。从申，柬聲。《周禮・小師》："鼓朄。"《詩》："應田縣鼓。"箋云："田當作朄。"

臾曳也。从申，丿聲。束縛捽抴爲臾曳，言曳引之也。

籟生衣也。从酉，冡聲。《方言》："䤌，麴也。"郭注云："音蒙，有衣麴也。"

孰𩰪也。从酉，甚聲。

醖也。作酒曰釀。从酉，襄聲。

釀也。从酉，昷聲。

酒疾孰也。从酉，弁聲。《廣韵》云："一宿酒。"

酒母也。从酉，余聲。讀若廬。

下酒也。一曰醇也。从酉，麗聲。《詩·小雅》："釃酒有藇。"《毛傳》："以筐曰釃，以藪曰湑。"

䤄酒也。从酉，肙聲。

䤄也。从酉，鬲聲。

酒一宿孰也。从酉，豊聲。

汁滓酒也。从酉，翏聲。

不澆酒也。从酉，𦎧聲。

厚酒也。从酉，需聲。《詩》曰："酒醴維醹。"

濁酒也。从酉，盎聲。

厚酒也。从酉，農聲。

酒也。从酉，茸聲。

一宿酒也。一曰買酒也。从酉，古聲。

酒也。从酉，籋省聲。

泛齊，行酒也。从酉，監聲。

酒味淫也。从酉，竷省聲。讀若《春秋傳》曰"美而豔"。

酒味厚也。从西，告聲。汲古本作“酒厚味也”，此依《廣韻》訂。

酒味長也。从西，覃聲。

酒色也。从酒，市聲。

酒色也。从西，己聲。徐鉉曰：“己非聲，當从妃省。”

酒色也。从西，弋聲。

爵也。一曰酒濁而微清也。从西，戔聲。

盛酒行觴也。从西，勺聲。

冠娶禮祭。从西，焦聲。醮，或从示。

𢎕酒也。从西，朁聲。

少少飲也。从西，勻聲。

主人進客也。从西，𠷎聲。醻，或从州。

客酌主人也。从西，昔聲。今俗多叚酢爲醋，惟《儀禮》舊本不誤。

飲酒俱盡也。从西，盗聲。

飲酒盡也。从西，嚼省聲。

樂酒也。从西，冘聲。

私宴飲也。从西，區聲。

會飲酒也。从西，豦聲。醵，或从巨。

王德布，大飲酒也。从西，甫聲。

醉飽也。从酉，音聲。

醉也。从酉，熏聲。《詩》曰：“公尸來燕醺醺。”

酌也。从酉，熒省聲。

醉醬也。从酉，句聲。《尚書釋文》引此作“酒醬也”，《周禮·司救》注又以此爲“酗醬”。

病酒也。一曰醉而覺也。从酉，呈聲。

薄酒也。从酉，离聲。讀若離。

酢也。从酉，韱聲。

酢也。从酉，夋聲。關東謂酢曰酸。籀文酸。从畯。

酢漿也。从酉，𢦏聲。

酢漿也。从酉，僉聲。徐鉉曰：“今俗作釅，非是。”

醶也。从酉，𠂤聲。

黍酒也。从酉，也聲。一曰甜也。賈侍中說：“酏爲鬻清。”

醢也。从肉，从酉。酒以和牆也。爿聲。古文。籀文。

醬醶，榆牆也。从酉，敄聲。

醬醶也。从酉，俞聲。

餟祭也。从酉，寽聲。

擣榆牆也。从酉，畢聲。

牆也。从西，喬聲。

雜味也。从西，京聲。

闕。《玉篇》："醶醅，味薄也。"从西，漸聲。

闕。醶醅也。从西，任聲。

酒味苦也。从西，今聲。據小徐本補此。

走獸總名。从内，象形，今聲。禽、离、兕頭相佀。此从内今聲，本諧聲字，而云象形，謂中从凶者，無可説也，故舉离、兕明之，言卤、凹、凶頭皆相佀，於六書不純，故附於此。《釋鳥》："二足而羽謂之禽，四足而毛謂之獸。"葢分之則别，合之則一也。

母猴屬，頭佀鬼。从由，从内。師説："鬼不可見，何云佀猴？"此葢内、由聲。由，从十、，本會意字。凡偏旁屬會意、指事，皆爲諧聲。此與禽雖獸屬，其字既取今聲，不得爲象形明矣。葢凶爲陷阱，獸入阱乃可擒。本从内、凶會意，而以今諧聲。鄦誤爲象形，遂亂六書之例。禽本古擒字，後加手足意。

右諧聲之文四千五十。

重五百二十六。

卷六

亦聲

造字之初，始於畫形，形不可象，則指以事，事不可見，則會以意，意不可通，則無義可説，而造字之法窮矣。於是古聖欲通事、意之窮，乃取三者以爲主文，而譬以聲。至於聲，則無不諧矣。初不必更取其義，是故有聲無義者，六書之正也。然聲由人心，其始启口，即是皆有由然。又聲以義起者也，此亦聲。諸文聲之中更説以義，於六書之例不純矣。故鄦於意兼聲之字往往不言聲。如閏爲王居門中，皇爲始王者，皆不言王聲。芝不言之聲，苷不言甘聲，君不言尹聲，命不言令聲。此从止、匕，皆義皆聲，而但云从止从匕，均以爲會意者，惡六書之混淆也。又如祫爲大合祭，但言合聲，而不言从合。諄爲告曉之孰也，𦎫下云“孰也”。但言𦎫聲，不言从𦎫，均直以爲諧聲若不取義者，惡其厖襍也。又况娶爲取婦，婚爲娶婦以昏時，姻爲壻家女之所因，坪爲地平，小徐本但云取聲、昏聲、因聲、平聲，不言从取、从昏、从因、从平者，本不以聲兼義也。大徐本乃皆以爲亦聲字矣。然則鄦書亦聲之字本不多見，其説解爲後人所增改，非其舊也。乃或者反於聲中求義，謂河下當云黄河千里，一曲驚人，故謂之可，且舉讀若聲假之文，强説以義，誣古人矣。兹據大徐本所言亦聲者二百又八文，繫之聲篇之末，不與會意字相混也。况娶古

作取，婚古作昏，詔古作召，卽古作口，鉤、拘古但作句，後加偏旁以爲分別，文因謂之亦聲，實起於聲段之後，非从聲中而兼取義也。然則聲篇諸文不可更説以義也，審矣。

治人者也。从一，从史，史亦聲。言既取其誼，亦取其聲。凡諧聲，皆兼事、意者也。

履也。所以事神致福也。从示，从豊，豊亦聲。古文禮。

宗廟主也。《周禮》有郊宗石室。一曰大夫以石爲主。从示，从石，石亦聲。

會福祭也。从示，从會，會亦聲。《周禮》曰：“禬之祝號。”

發兵瑞玉，爲虎文。从玉，从虎，虎亦聲。《春秋傳》曰：“賜子家雙琥。”

禱旱玉，龍文。从玉，从龍，龍亦聲。

諸侯執圭朝天子，天子執玉以冒之，似犂冠。《周禮》曰：“天子執瑁四寸。”从玉、冒，冒亦聲。古文。省。

瑱也。从玉、耳，耳亦聲。

送死口中玉也。从玉，从含，含亦聲。

旌旗杠皃。从丨，从㫃，㫃亦聲。

屮初生，其香分布。从屮，从分，分亦聲。岁，或从艸。

耕多艸。从艸、耒，耒亦聲。

南昌謂犬善逐兔，艸中爲莽。从犬，从茻，茻亦聲。

分也。从重、八。八，别也，亦聲。《孝經説》曰：“故上下有别。”

分極也。从八、弋，弋亦聲。

半體肉也。一曰廣肉。从半，从肉，半亦聲。

四歲牛。从牛，从四，四亦聲。籀文牭。从貳。

以芻莖養牛也。从牛、芻，芻亦聲。《春秋國語》曰：“犓豢幾何。”

牛很不從引也。从牛，从臤，臤亦聲。一曰大皃。讀若賢。

大也。从吅、甲，吅亦聲。闕。謂甲之形誼，未聞。

亡也。从哭、亡，亡亦聲。此從《禮記釋文》奔喪之禮，所引唐本《説文》如此。今大徐本於从亡下有“會意”二字，葢寫者所注。

相遇驚也。从辵，从㖾，㖾亦聲。

還也。从辵，从反，反亦聲。《商書》曰：“祖甲返。”《春秋傳》返从彳。

遣也。从辵、巽。巽，遣之。巽亦聲。一曰選擇也。

復也。从彳，从柔，柔亦聲。

老人齒如臼也。一曰馬八歲齒臼也。从齒，从臼，臼亦聲。

齧骨聲。从齒，从骨，骨亦聲。

虎牙也。从牙，从奇，奇亦聲。

門户疏窻也。从疋，疋亦聲。囱，象𤕟形。讀若疏。

通也。从爻，从疋，疋亦聲。

止也。从句，从手，句亦聲。

曲竹捕魚笱也。从竹，从句，句亦聲。

曲也。从金，从句，句亦聲。

艸之相丩者。从茻，从丩，丩亦聲。

致言也。从言，从先，先亦聲。《詩》曰："螽斯羽詵詵兮。"

告也。从言，从召，召亦聲。

人所宜也。从言，从宜，宜亦聲。

扣也。如求婦先訽叕之。从言，从口，口亦聲。

戒也。从言，从敬，敬亦聲。

瀆菐也。从丵，从廾，廾亦聲。凡菐之屬皆从菐。徐鉉曰："瀆，讀爲煩瀆之瀆。一本注云：丵，眾多也。兩手奉之，是煩瀆也。"

給事者。从人，从菐，菐亦聲。古文。从臣。

賦事也。从菐，从八，八分之也。八亦聲，讀若頒，一曰讀若非。

鷙不行也。从𠬜，从棥，棥亦聲。

早，昧爽也。从臼，从辰，辰時也。辰亦聲。丮夕爲𡖍，

曰辰爲晨，皆同意。凡晨之屬皆从晨。

釁血祭也。象祭竈也。从爨省。从酉，酉所以祭也。从分，分亦聲。徐鉉曰：“分，布也。”

鞣耎也。从革，从柔，柔亦聲。

鞅鞮鞅沙也。从革，从夾，夾亦聲。

叡楚人謂卜問吉凶曰叡。从又持祟，祟亦聲，讀若贅。

整齊也。从攴，从束，从正，正亦聲。

政正也。从攴，从正，正亦聲。

敆合會也。从攴，从合，合亦聲。

敡侮也。从攴，从易，易亦聲。

𢿱朋侵也。从攴，从羣，羣亦聲。

𢿢煩也。从攴，从𤔔，𤔔亦聲。

鼓擊鼓也。从攴，从壴，壴亦聲。

甫男子美稱也。从用、父，父亦聲。

䀎相顧視而行也。从目，从延，延亦聲。

瞑翕目也。从目、冥，冥亦聲。徐鉉曰：“今俗别作眠，非是。”武延切。

眇一目小也。从目，从少，少亦聲。

齅以鼻就臭也。从鼻，从臭，臭亦聲。讀若畜牲之畜。後乃加鼻旁。

盛也。从大，从皕，皕亦聲。此𤔲召公名。讀若郝。《史篇》名醜。徐鍇曰：“《史篇》謂史籀所作《倉頡》十五篇也。”

雄雌鳴也。雷始動，雉鳴而雊其頸。从隹，从句，句亦聲。段玉裁説：“此爲雄雉鳴也，别於鷕之爲雌雉鳴。”又云：“當作句其頸。”

火不明也。从苜，从火，苜亦聲。《周書》曰：“布重莧席。”織蒻席也。讀與蔑同。

西戎牧羊人也。从人，从羊，羊亦聲。南方蠻閩从虫，北方狄从犬，東方貉从豸，西方羌从羊，此六種也。西南僰人、僬僥从人，葢在坤地，頗有順理之性。唯東夷从大，大，人也。夷俗仁，仁者壽。有君子不死之國。孔子曰：“道不行，欲之九夷，乘桴浮於海。”有以也。古文羌如此。

鷹隼之視也。从隹，从䀠，䀠亦聲。凡瞿之屬皆从瞿。讀若章句之句。

隱也。从山中𢆶，𢆶亦聲。

專小謹也。从幺省。屮，財見也。屮亦聲。凡叀之屬皆从叀。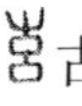古文叀。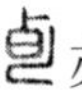亦古文（文）叀。

伸也。从舍，从予，予亦聲。一曰舒緩也。

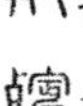坑也。从死，从井，井亦聲。

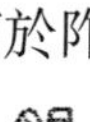死在棺，將遷葬柩，賓遇之。从歺，从賓，賓亦聲。夏后氏殯於阼階，殷人殯於兩楹之間，周人殯於賓階。

星見食豕，令肉中生小息肉也。从肉，从星，星亦聲。

裂也。从刀，从录。录，刻割也。录亦聲。剥，或从卜。

錐刀曰劃。从刀，从畫，畫亦聲。

齊也。从刀，从齊，齊亦聲。

君殺大夫曰刺。刺，直傷也。从刀，从朿，朿亦聲。此當巳“直傷”爲本義。君殺大夫當有“一曰”字，爲別一義。

以竹曲五弦之樂也。从竹，从巩。巩，持之也。竹亦聲。

行棊相塞謂之簺。从竹，从塞，塞亦聲。

古之遒人，以木鐸記詩言。从辵，从丌，丌亦聲。讀與記同。徐鍇曰：“遒人行而求之，故从辵、丌，薦而進之於上也。”

和也。从甘，从麻。麻，調也。甘亦聲。讀若函。段玉裁說：“篆當作磿，从厤，厤，稀疏適也，故有調和義。”

告也。从曰，从冊，冊亦聲。

肎也。从口、丂，丂亦聲。凡可之屬皆从可。

驚語也。从口，从亏，亏亦聲。徐鉉曰：“按口部已有，此重出。”况于切。

說也。从心，从喜，喜亦聲。

康也。从心、豈，豈亦聲。

器也。从虍、宔，宔亦聲。闕。直吕切。

相與語唾而不受也。从丶，从否，否亦聲。音，或从豆，从欠。

陷也。从𨸏，从井，井亦聲。阱，或从穴。古文阱。

从水。

罰辠也。从井，从刀。《易》曰：“井，法也。”井亦聲。

鄉人飲酒也。从食，从鄉，鄉亦聲。

吴人謂祭曰餽。从食，从鬼，鬼亦聲。

日月合宿爲辰。从會，从辰，辰亦聲。

艸也。楚謂之葍，秦謂之藑。蔓地連華，象形。从舛，舛亦聲。凡舜之屬皆从舜。謂匧象蔓連華之形，疑古但作匧，後乃加舛目爲聲耳。古文舜。

編樹木也。从木，从册，册亦聲。

平也。从木，从平，平亦聲。

械也。从木，从手，手亦聲。

出穀也。从出，从糶，糶亦聲。

財分少也。从貝，从分，分亦聲。古文。从宀、分。

鄯善，西胡國也。从邑，从善，善亦聲。

日見也。从日，从見，見亦聲。《詩》曰：“見晛日消。”

幢也。从㫃，从毛，毛亦聲。

舌也。象形舌體马马。从马，马亦聲。俗圅。从肉、今。

木𠂹華實。从木、马，马亦聲。凡東之屬皆从東。

坎中小坎也。从穴，从臽，臽亦聲。《易》曰：“入于坎

窞。”一曰坎旁入也。讀若萏。

熱寒休作。从疒，从虐，虐亦聲。

積也。从冂，从取，取亦聲。

二十四銖爲一兩。从一。㒳，平分。㒳亦聲。

网也。从网、繯，繯亦聲。一曰綰也。

曲梁寡婦之笱魚所留也。从网、畱，畱亦聲。 罶，或从婁。《春秋國語》曰：“溝罛𦊨。”婁，聲耳。

帗也。一曰敗衣。从攴、㡀，㡀亦聲。

中也。从人，从中，中亦聲。

仄也。从人，从頃，頃亦聲。

絜束也。从人，从系，系亦聲。

象也。从人，从象，象亦聲。讀若養。徐兩切。

長生僊去。从人，从䙴，䙴亦聲。

教行也。从匕，从人，匕亦聲。

隨行也。从辵，从从，从亦聲。

日日所常衣。从衣，从日，日亦聲。

紩衣也。从衣、黹，黹亦聲。

從後相臿也。从尸，从臿。小徐本作“臿聲，舊讀楚洽切”，當云“臿亦聲”，義相臿也。

觀也。从見、監，監亦聲。

歊歊，气出皃。从欠、高，高亦聲。

言意也。从欠，从鹵，鹵亦聲。讀若西。

詮詞也。从欠，从日，日亦聲。《詩》曰："吹求厥寧。"

内頭水中也。从頁、𠬛，𠬛亦聲。

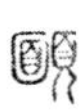面見也。从面、見，見亦聲。《詩》曰："有靦面目。"或从旦。

頰須也。从須，从冄，冄亦聲。徐鉉曰："今俗别作髯，非是。"

文彰也。从彡，从章，章亦聲。

厚怒聲。从口、后，后亦聲。厚怒者不必君后，然以聲之厚怒者施於羣下，惟君后則然，故从后、口。俗又作吼。

帀也。从勹，从合，合亦聲。

岸高也。从山、厂，厂亦聲。凡屵之屬皆从屵。五葛切。

竇中犬聲。从犬，从音，音亦聲。

妄彊犬也。从犬，从壯，壯亦聲。

屈申木也。从火、柔，柔亦聲。人久切。

燒田也。从火、棥，棥亦聲。

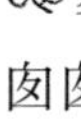多遽悤悤也。从心、囪，囪亦聲。囪在屋上者，其光下照，囪囪然。多遽者，其心亦囪囪然。故从囪，从心，或謂孔隙多而心亂也。

郄病也。从介，从骨，骨亦聲。

捕罪人也。从丮，从㚔，㚔亦聲。案，此執从㚔，葢會盜不止之意，而取讀若籋之音也。執讀之入切，籋讀尼輒切，故云㚔亦聲。若讀若瓠與大聲，皆不得言亦聲。

直項莽䞶皃。从亢，从夋。夋，倨也。亢亦聲。小徐本篆作竧，結體ナ又互易，微異。《詩》曰："頡之頏之。"《淮南書》有"嚴志頡頏之行"。頡訓直項，則頏當作䞶，爲莽䞶皃。

舉目驚䀠然也。从夰，从䀠，䀠亦聲。

嫚也。从百，从夰，夰亦聲。《虞書》曰："若丹朱奡。"讀若傲。《論語》："奡盪舟。"五到切。

春爲昦天，元气昦昦。从日、夰，夰亦聲。胡老切。

駔大也。从大，从壯，壯亦聲。

喘也。从心，从自，自亦聲。自者，鼻也。人喘息，則心气從鼻出，因爲休息義，自亦聲者，葢古音近呬。𨙶書"呬，息也"是。今讀相即切。

敬也。从心，从敬，敬亦聲。

闊也。一曰廣也，大也。一曰寬也。从心，从廣，廣亦聲。

急也。从心，从弜，弜亦聲。河南密縣有㤄亭。

騃也。从心，从疑，疑亦聲。一曰惶也。

不識也。从心，从亡，亡亦聲。

大息也。从心，从氣，氣亦聲。《詩》曰："愾我寤歎。"

怯也。从心、匡，匡亦聲。

憂也。从心，上貫吅，吅亦聲。吅者，驚嘑也。憂而驚嘑，是爲患難。《春秋繁露》曰：“心止於一中者，謂之忠。持二中者，謂之患，患人之中不一也。”董氏所説殊失本恉。段玉裁説，當从毌聲，謂串即毌字。以俗書説古字，非也。古文。从關省。亦關省聲。亦古文患。此後起字，葢从重毌者，而横直異。

水相入也。从水，从内，内亦聲。

水从孔穴疾出也。从水，从穴，穴亦聲。

水涌光也。从水，从光，光亦聲。《詩》曰：“有洸有潰。”

别水也。从水，从𠂢，𠂢亦聲。

引水於井也。从水，从及，及亦聲。

腹中有水气也。从水，从愁，愁亦聲。

諸侯鄉射之宫，西南爲水，東北爲牆。从水，从半，半亦聲。

苹也，水艸也。从水、苹，苹亦聲。

不也。从口，从不，不亦聲。徐鍇曰：“不可之意見於言，故从口。”案，此已見口部。

常以昏閉門隸也。从門，从昏，昏亦聲。

長也。从手，从延，延亦聲。

予也。从手，从受，受亦聲。

傷擊也。从手，从毀，毀亦聲。

兩手同械。从手，从共，共亦聲。《周禮》曰："上辠，梏拲而桎。"居竦切。拲，或从木。

人所生也。古之神聖母感天而生子，故稱天子。从女，从生，生亦聲。《春秋傳》曰："天子因生以賜姓。"息正切。

取婦也。从女，从取，取亦聲。

婦家也。《禮》："娶婦以昏時，婦人陰也，故曰婚。"从女，从昏，昏亦聲。籒文婚如此。

壻家也。女之所因，故曰姻。从女，从因，因亦聲。籒文姻。从𣶏。

孕也。从女，从壬，壬亦聲。

女弟也。从女，从弟，弟亦聲。

女之卑者也。从女，从卑，卑亦聲。

色好也。从女，从美，美亦聲。

犯婬也。从女，从干，干亦聲。

繡文如聚細米也。从糸，从米，米亦聲。

履兩枚也。一曰絞也。从糸，从兩，兩亦聲。

蟲食苗葉者。吏乞貸則生蟘。从虫，从貸，貸亦聲。《詩》曰："去其螟蟘。"俗又作蟗，非。

蟲食穀葉者。吏冥冥犯法即生螟。从虫，从冥，冥亦聲。

宋刻本如此，小徐本同，他本無“亦聲”，有“又螟蛉”三字。

敗創也。从虫、人、食，食亦聲。創傷也，謂敗壞之創，有蟲食之。《春秋經》曰：“鼷鼠食郊角。”又曰：“日有食之。”字或作蝕，是也。

疾風也。从風，从忽，忽亦聲。

先鼀，詹諸也。其鳴詹諸，其皮鼀鼀，其行先先。从黽，从先，先亦聲。夫夫，黽黽不前之意。其狀背大而黑，多痱磊菌。先，圜椎似之，故字从先。鼀，或从酋。

地平也。从土，从平，平亦聲。小徐本篆作坙，不以爲亦聲也。

平徧也。从土，从匀，匀亦聲。

書墨也。从土，从黑，黑亦聲。

以盛民也。从土，从成，成亦聲。籒文城。从𩫏。

地之色也。从田，从炗，炗亦聲。炗，古文光。凡黄之屬皆从黄。古文黄。

以勞定國也。从力，从工，工亦聲。

發也。从力，从徹，徹亦聲。徐鉉曰：“今俗作撤，非是。”

金飾器口。从金，从口，口亦聲。

小鑿也。从金，从斬，斬亦聲。

令丁也。从金，从令，令亦聲。

鐵之耎也。从金，从柔，柔亦聲。

量物分半也。从斗，从半，半亦聲。

車耳反出也。从車，从反，反亦聲。

車轄相擊也。从車，从毄，毄亦聲。《周禮》曰：“舟輿轚互者。”今本引《周禮》或誤作擊。

高平地。从𨸏，从坴，坴亦聲。籒文陸。

高下也。一曰陊也。从𨸏，从臽，臽亦聲。

仄也。从𨸏，从頃，頃亦聲。

石山戴土也。从𨸏，从兀，兀亦聲。

壁祭孔也。从𨸏，从㝵，㝵亦聲。

乳也。从子在宀下，子亦聲。

少稱也。从子，从稚省，稚亦聲。

通也。从㐬，从疋，疋亦聲。

進獻也。从羊。羊，所進也。从丑，丑亦聲。

就也，所以就人性之善惡。从水，从酉，酉亦聲。一曰造也，吉凶所造也。古者儀狄作酒醪，禹嘗之而美，遂疏儀狄。杜康作秫酒。

酒樂也。从酉，从甘，甘亦聲。

右亦聲之字二百又八文。

重二十又七。

卷七

轉注

鄦君叙曰："五曰轉注，轉注者，建類一首，同意相受，考、老是也。"案，鄦書老爲部首，考入老部，耆、耇諸文以類相屬，故曰建類一首。老有衰老意，考有考成意，成德之人將就衰老。故考下注云老也，老下注云考也，意轉相訓，是爲同意相受。此轉注所以明古人訓字之法，通形、事、意、聲之窮，是故考从老省丂聲，本諧聲字。老从人、毛、匕，言須髮變白也，乃會意字。二者可相轉注，他可知矣。俗子不察，猥以隸形釋篆，妄稱考字左回，老字右轉，至爲鄙淺。而戴侗《六書故》、周伯琦《六書正譌》亦本裴務齊左回右轉之説。别舉側山爲𨸏，反人爲匕，反欠爲旡，到子爲𠫓，用以爲例，是以字形爲轉注説，與形、事諸文相混矣。而鄭樵《六書略》曰諧聲、轉注一也，又混於聲矣，皆不知轉注者也。又或以考老疊韻，專以疊韻爲轉注，此龍氏《古今音韵通轉》亦以轉注名之，均失鄦書之旨。至於二字相通，似轉注而實非轉注者，如"苿，莿也"，"莿，苿也"，"蕾，萺也"，"萺，蕾也"，"歔，欷也"，"欷，歔也"，"諷，誦也"，"誦，諷也"，雖同部同聲，實爲一事一物，本古今分别文，或聲音有輕重，此直相訓耳，與考、老各有本義者不同，不得相混也。又如"蔆，芰也"，"芰，蔆也"，楚謂之芰，秦謂之薢茩，皆國

別方言。且桷、榱、椽，一物也，而周秦齊魯分焉。楣、櫓、梠、槐、櫋聯一物也，而齊楚秦分焉。推之菡、蕳、蓮、茄、荷、蔤、蒚以根葉萼實爲別，蒹、薕、菼、薍以初生未秀八月已成爲異，或一物數名，或因時殊號，所以廣異稱，别種類，辨方俗，與考老之例迥不相侔。而王筠皆以爲轉注，不亦謬乎？至若異部相訓，如衣部衺下云㒹也，交部㒹下云衺也。隔字相訓，如論下云議也，議下云語也，語下云論也，恚下云恨也，恨下云怨也，怨下云恚也。又有逐字相訓，如揃之下次以摵，即訓揃爲摵。摵之下次以批，即訓摵爲批。批及揤之下爲捽，故訓批、揤皆曰捽。至捽而異名畢矣，因明訓之曰持頭髮也。更有交互相訓，如犗下云騬牛也，騬下云犗馬也，羯下云羊羖犗也，羠下云騬羊也，豶下云羠豕也，猗下云犗犬也。其事則一，而所施異名。凡斯之類，或同義異文，因物殊字，皆非轉注。俗學不察，往往牽混説之，誤矣。兹就師所原定諸文，略加分釋，發其微旨，使與鄦説相合。學者以此類推，庶足公其愚惑云爾。故諸家之説皆所不從。

西南夷長髦牛也。从牛，𠩺聲。凡犛之屬皆从犛。

犛牛尾也。从犛省，从毛。

彊曲毛，可以箸起衣。从犛省，來聲。古文斄。省。犛爲長髦牛，氂爲犛牛尾，斄爲彊曲毛。長髦牛尾毛彊曲。是犛、氂、斄三者葢同意相受，犛爲部首，與老之建類一首相合，故竝舉聲以明之。

口上阿也。从口，上象其理。凡谷之屬皆从谷。谷，或如此。或从肉，从豦。

舌皃。从谷省，象形。古文西。讀若“三年導服”之

導。一曰竹上皮，讀若沾。一曰讀若誓弼字。从此。谷動則見舌西西然，其意相受。谷爲部首，西从谷省，是謂建類一首。

齊謂之炊爨。臼象持甑，冂爲竈口，廾推林内火。凡爨之屬皆从爨。籀文爨，省。

所以枝鬲者。从爨省，鬲省。

血祭也。象祭竈也。从爨省，从西。西，所以祭也。从分，分亦聲。炊爨必於竈，故从冂爲竈口。爨必有鬲，䰙以枝鬲。釁象祭竈，意皆相受。䰙、釁皆从爨省，爨爲部首，是爲一首。

界也。象田四界。聿所以畫之。凡畫之屬皆从畫。古文畫，省。亦古文畫。

日之出入，與夜爲界。从畫省，从日。从畫者，以日之出入畫分晝夜，與畫意相受，畫爲部首，故建類焉。籀文晝。

戳也。从殳，杀聲。凡殺之屬皆从殺。古文殺。古文殺。古文殺。

臣弑君也。《易》曰："臣弑其君。"从殺省，式聲。《春秋》："晋殺其大夫。"君殺臣爲殺，臣殺君爲弑，兩意相轉，故爲相受。弑與殺本二事，而意相同，又以殺爲部首，故建類一首。若一物一事，雖彼此相釋，直通訓也，不得爲轉注。

交積材也。象對交之形。凡冓之屬皆从冓。

一舉而二也。从一，冓省。

并舉也。从爪，冓省。冓象交積材，爯从爪冓省，再从

一、冓省。爪猶手也，一猶杖也，所冓積之物，當中以手持之，以杖荷之，則其物兩下并乘。故省冓之文，畫半冓形作冉，知其一在内，一在外，故再爲一舉而二，爯爲并舉也。再與爯既同意，又爲二事，而意相承受。其从冓省者，謂从冓而半折之，其意乃見也。冓爲部首，是爲建類一首。

肉之力也。从力，从肉，从竹。竹，物之多筋者。凡筋之屬皆从筋。

筋之本也。从筋省，从夗省聲。筋，或从建。葢从建聲，記作腱。

手足指節鳴也。从筋省，勺聲。笏，或省竹。筋爲筋本，笏爲筋節鳴，二者同意相受。筋爲部首，皆从筋省，是建類一首也。

崇也。象臺觀高之形。从冂、口。與倉、舍同意。凡高之屬皆从高。

小堂也。从高省，冋聲。去潁切。高，或从广，頃聲。俗又作廳。

民所安定也。亭有樓。从高省，丁聲。

京兆杜陵亭也。从高省，乇聲。臺觀崇高，高爲小堂，亭、亳皆民所安居，非絶高者，特高於平地耳，與高意相轉受也。

滿也。从高省。象高厚之形。凡畐之屬皆从畐。讀若伏。

善也。从畐省，亡聲。盈滿爲災，省畐則爲良善，是良善與畐、滿同意相受。所謂相受者，謂轉相承受也。畐爲部首，是爲一首。古文良。亦古文良。亦古文良。

鳥在木上曰巢，在穴曰窠。从木，象形。凡巢之屬皆从巢。

傾覆也。从寸，𦥑覆之。寸，人手也。从巢省。杜陵説以爲貶損之貶。在木爲巢，覆巢爲㽬，意轉相受。巢、㽬建類一首，是爲轉注。

橐也。从束，圂聲。凡㯻之屬皆从㯻。

囊也。从㯻省，石聲。

橐也。从㯻省，襄省聲。

車上大橐。从㯻省，咎聲。《詩》曰："載櫜弓矢。"

囊張大皃。从㯻省，匋省聲。囊、橐通名，析言之，則有底曰囊，無底曰橐，大橐斂載爲櫜，囊口張大爲橐，是囊與橐、櫜與橐意相轉受。㯻爲部首，四者皆从㯻省，是爲建類一首。

寐而有覺也。从宀，从疒，夢聲。《周禮》："以日月星辰占六𡫸之吉凶，一曰正𡫸，二曰咢𡫸，三曰思𡫸，四曰悟𡫸，五曰喜𡫸，六曰懼𡫸。"凡𡫸之屬皆从𡫸。

病臥也。从𡫸省，㝲省聲。今本作寑。

臥也。从𡫸省，未聲。

寐覺而有言曰寤。一曰晝見而夜𡫸也。从𡫸省，吾聲。籀文寤。

楚人謂寐曰𡫸。从𡫸省，女聲。

寐而未厭。从𡫸省，米聲。

熟寐也。从𡫸省，水聲。讀若悸。

臥驚病也。从㝱省，丙聲。

瞑言也。从㝱省，臬聲。

臥驚也。一曰小兒號寣寣，一曰河内相評也。从㝱省，从言。臥病曰寢，臥而無病曰寐，熟寐曰㝱，寐而未厭曰寐，寐覺有言曰寤，臥驚病曰寎，瞑言曰寱，驚評曰寣，此數者皆意轉相受，又與㝱建類一首。

厚也。从壬，東聲。凡重之屬皆从重。

稱輕重也。从重省，曏省聲。有不純重者，故量之，量之而後知其孰輕孰重也，是量與重爲同意相受。葢以輕量重，乃見其重。重爲部首，意轉相受，是爲轉注。古文量。

考也。七十曰老。从人、毛、匕，言須髮變白也。凡老之屬皆从老。

年八十曰耋。从老省，从至。

老也。从老省，旨聲。

老人面凍黎若垢。从老省，句聲。

老人面如點也。从老省，占聲。讀若耿介之耿。

老人行才相逮。从老省、易省，行象。讀若樹。

久也。从老省，𠷎聲。

老也。从老省，丂聲。

善事父母者。从老省。从子，子承老也。老从人、毛、匕，有衰老意。考者，成也，父爲考，有成德也，故與老意轉相

受。鄦叙説轉注，舉考老二字以爲例，其實耆、耇諸文皆與老同意相受者也。故師舉此皆在轉注之類。

足所依也。从尸，从彳，从夂。舟象履形。一曰尸聲。凡履之屬皆从履。古文履。从頁，从足。

履也。从履省，婁聲。一曰鞮也。

履下也。从履省，歴聲。

履屬。从履省，予聲。

屐也。从履省，喬聲。

屩也。从履省，支聲。屩、屐二文均从履省，支聲、喬聲爲别，幾疑屩、屐一物，方音殊耳。案，徐廣説：屩，艸屨也。屐下以木爲之，空彎，有齒，可以踐泥。是屩爲艸屨，屐爲木履。屩便遠行，不可踐泥，屐可踐泥，不能及遠。是義正轉相爲受，非一物也。

鹹也。从鹵，監聲。古者宿沙初作煮海鹽。凡鹽之屬皆从鹽。

河東鹽池，袤五十一里，廣七里，周百十六里。从鹽省，古聲。

鹵也。从鹽省，僉聲。不从鹵者，本鹽省也。鹽地爲鹽，煮海爲鹽，意轉相受。水和鹽爲鹼，又與煮海之意相轉受。鹽和水則不見鹽，故从鹽省也。

弓弦也。从弓，象絲軫之形。凡弦之屬皆从弦。

弼戾也。从弦省，从盭。讀若戾。小徐本“从盭”下有

“盭，引戾之也”五字，大徐所無。段玉裁改“引戾”爲“了戾”。案，弦爲張弓之弦，引之而乖戾，是爲盭。鄦以戾釋盭，明古今字也。張弓見弦弼戾，則弦反矣，故省弦見意。徐鉉曰：“盭者，擊皐人見血也。弼戾之意。”弦、盭意轉相受明矣。

匏也。从瓜，夸聲。凡瓠之屬皆从瓠。

蠡也。从瓠省，票聲。以一瓠剖爲二，則曰瓠，亦曰蠡，是瓢與瓠意相轉受。包部匏下云瓠也，與此瓠訓匏，明一物，相通訓也。既非建類一首，不得爲轉注審矣。

蠶所吐也。从二糸。凡絲之屬皆从絲。

織絹，以系貫杼也。从絲省，丱聲。以絲貫杼，將織成絹矣，故不見絲，因省絲以見意。絲貫杼則爲𦃇，是與絲意轉相受。絲爲部首，是爲建類一首。

右轉注之文六十七。

重二十。

卷八

假借

鄦君説假借曰："本無其字，依聲託事，令、長是也。"案，令之本義爲發號也，長之本義爲久遠也，而漢制大縣爲令，小縣爲長，假爲官名矣。《春秋》楚有"令尹"，《周禮》"建其長"，其用假義，由來舊矣。葢古時字少，不足於用，往往一字兩用，故六書之有假借，所以通形、事、意、聲之窮，廣用字之法。鄦舉令長一證，而於本字下不説假義者，以不用假借則不成文，觸類皆是，不可盡舉。若自上而下，由下而上，好者好之，惡者惡之，義本引申，人所易曉，不煩言也。玆就鄦書已注明者，如爲朋黨、來爲行來之類，略著於篇，以備參考。鄦所未言，闕而不論，舉一反三，是在學者。

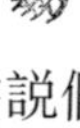古文鳳。象形。鳳飛，羣鳥從以萬數，故以爲朋黨字。此鄦書説假借也。本無朋黨字，依朋之聲而託爲朋從之義。後專以爲朋黨字，而朋、鳥象形古誼反不見。葢周以前已别造从鳥凡聲之鳳爲鳳皇字。古文加鳥旁作鵬，用爲鵬鳥字者，亦俗文也。葢古止一朋字，今分而三之。假借義行，本義轉廢。故鄦於此明之。

孝鳥也。象形。孔子曰："烏，盱呼也。取其助气，故以爲烏呼。"此引孔子説假借，本《史篇》舊文。今俗加口旁作嗚，

爲“嗚呼”字。專以烏爲孝烏，此古用假義，今用本義。象古文烏省。《爾雅·釋詁》：“爰、粤，于也。”“爰、粤、于，於也”，又“於，代也”，皆假爲語詞，如《語》曰“君子之於天下”，“於彼”“於此”皆是。

周所受瑞麥來麰。一來二縫，象芒朿之形。天所來也，故爲行來之來。《詩》曰：“詒我來麰。”行來無正字，依來之聲，若瑞麥之自來也，託爲行來之義，云天所來也。引申又爲賚予，後加貝作賚，乃專以來爲行來，而來麰之義反隱。禾部有秾注云：“齊謂麥秾也。”亦後起字加禾旁。

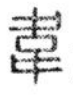相背也。从舛，口聲。獸皮之韋，可以束枉戾相韋背，故借以爲皮韋。韋背本虛義，假爲皮韋，則實有其物。非若朋也、烏也、來麰也，皆實物，而假爲朋黨、烏呼、行來，以虛義形容之詞用之。蓋虛假爲實，實假爲虛，假借之通例也。獸皮可以束枉戾相韋背，因假爲皮韋。乃加辵作違，爲行相違離也。今“違背”“違離”字皆用違。

州里所建旗，象其柄有三游。雜帛，幅半異，所以趣民。故遽稱勿勿。凡勿之屬皆从勿。勿爲旗，所以趣民疾功事。凡疾遽者，因稱爲勿勿，假爲形容詞。又假爲“勿不”字。《語》曰：“非禮勿視。”

熊屬。足似鹿。从肉，目聲。能獸堅中，故稱賢能，而彊壯稱能傑也。凡能之屬皆从能。能，獸也，假爲賢能，與朋烏假爲“朋黨”字同。

鳥在巢上。象形。日在西方而鳥棲，故因以爲東西之西。凡西之屬皆从西。隸變作西。東西之西，本難造字，因鳥西之聲

而託爲西方之義，此假借之最古者。鄦獨於西下發明假義，而東方、南方、北方可類推矣。故出或體作棲，爲“棲止”字，明此西專用爲西方字。卤从古文西省，且用假義造字矣。

它虫也。从虫而長，象宛曲垂尾形。上古艸居患它，故相問無它乎。凡它之屬皆从它。古無他字，依它之聲，託爲它物、它人之義。古人相問無它，因爲汎指他物。後又加虫旁作蛇，專爲蛇虫字。

右鄦書注明假借字，八文，重一文。鄦不説明假借者，以烏下引孔子古説，於于轉訓，已見《雅詁》。但此亦分二類，如朋、烏、來、勿、能、它，皆實假爲虚，若韋與冨，則虚義而假爲實用矣。

令發號也。从亼、卩。鄦於本義下不説假義，但於叙篇舉此爲例，明假借一門，觸類皆是，不勝言也。楚有令尹，春秋前已假爲官名。漢制，大縣爲令，小縣爲長。本無令、長官名之字，依發號令之聲，託爲令尹、縣令之義，能卩制號令之人，因以爲令焉。是即令之引申義也。

長久遠也。从兀，从匕。兀者，高遠意也。久則變化。亡聲。𠂔者，倒亡也。倒亡者，猶言不亡也，故爲長久。《周禮》“建其長”，秦末有郡長、亭長，漢有縣長，借爲官名。本無官長之字，依長久之聲，託爲長官之義，謂其法制恩德長久在民，乃爲民之長也。因有長老意。鄦叙舉此二文以明假借，而於篆下不説假義者，蓋此類甚多，人所易曉，不煩言也。舉一反三，是在學者。

右鄦書叙篇舉以明假借者二文。鄦注於本篆下皆不説假義者，欲明古文用字多用假借，不可究詰。至如“或”訓“邦”也，从

口，从戈，以守一。一，地也。是或本古“邦國”字。樹國必相疑，因有疑惑義。可疑則或然，或不然。後遂以或問、或曰爲不定之詞。更加口爲“邦國”字，加心爲“疑惑”字。是“國”“惑”皆或之後起分别文。鄦以國入口部，惑入心部，或入戈部，出域於或下，云“或又从土”，今則分而四之，不知或爲假義也。又如其，本簸也，後用爲語詞，乃加竹作箕，爲其之分别文，而其專用假借。他如：舊本鴟舊，借爲新舊。難亦鳥也，假爲難易。舄本鵲也，借为舄履。焉，鳥黄色，用爲語助。肰爲犬肉，借爲肰否，加火爲然，俗又作燃。何爲儋負，借爲誰何，俗作擔荷。月始生霸，借爲霸王。求爲衣裘，古文借爲求請。方爲併船，借爲方正。須，面毛也，借爲所須之須。而，頰毛也，借爲轉語之詞。蜥易，蝘蜓，守宫也，借爲難易。象之大者爲豫，借爲豫備。雖，似蜥蜴而大，借爲雖然。且，薦也，从几，足有二横，一其下地也，今借爲且然。新，取木也，借爲新故。斯，析木也，所伐木聲。皆爲語詞。至於哉、乎、也者，一切助詞，尤難枚舉，皆假借之類也。此鄦所以不煩言也。

右假借之文十。

重一。

闕疑

鄦叙云：“於所不知，蓋闕如也。”故鄦書所闕者數十事，或闕其形，或闕其義，或闕其音，蓋先師失傳，鄦起後漢，紹絶學，信以傳信，疑以傳疑，是其慎也。如旁下云闕者，闕其从之義。若从二方聲，已明言之矣。其實，不成字，但指左右旁達之事，亦事之易明者。如此之類，諸家多能明之。其他若“⿱漸酉”

“𠂤”諸文，已補注於《玉篇》諸書者，皆據補之。至如“呰”“叚”諸字，雖見於它書，然不説其形、義，故所闕者於形、聲、事、意不敢臆斷，仍以存疑云爾。

窳也。闕。《漢書·地理志》云：“呰窳媮生而無積聚。”應劭曰：“呰，弱也。”晋灼曰：“呰，病也。”如淳音紫。段玉裁以爲从此从吅，此亦聲。然鄦不入吅部而入此部，似不以爲此聲。疑莫能明。

借也。闕。此謂闕其形也。其音其義皆可知。凡叚物必以手，故从又。後又加人作假。古或以コ指所叚之物，以𠃉指所假之人，亦未知其審。古文叚。案，从彳，从冖，从又。冖指所覆藏之物。彳者，往叚之。又，持之。人指所叚之物與？譚長説叚如此，亦以彐、𠃉指兩人相叚借之事。

或曰嘼名。象形。闕。从肉，與能、龍同意。或以爲嘼名。有羸養之義。既曰象形，又無專物，故鄦不從其音，則羸、羸字皆从之得聲，舊讀郎果切是也。然不可言从亡、从口、从丮，其形義疑莫能明。

槎識也。从木、㚘。闕。《夏書》曰：“隨山栞木讀若刊。”聲義皆明，但㚘不成字形，不可識，未審知其形聲與會意也，故闕。篆文从幵。壁中古文作栞。此蓋李斯所作秦文改作栞。

我也。闕。此聲義皆明，以無灷字，於六書，未知爲諧聲與會意與？疑莫能明，故闕《釋詁》“朕，我也”。又《考工記》函人曰：“視其朕欲知其直也。”又瞽下云：“目但有朕，然則凡言朕兆者，其幾甚微。如舟之縫、龜之坼也。”故段玉裁據此在舟

部，當言舟縫也。从舟，弃聲。但字書無弃字，未敢遽信爲弃聲，亦不能定爲从廾火燭之見其朕否爲會意也。

闕。从丸，从女。《廣韵》讀芳萬切，則與䰈娩二字同音，此並闕其音義。

闕。徐鉉曰：今篇韵音皓，又音效，注云誤也。《廣雅·釋詁》云："嚳誤也，是其義、其音皆明，但於六書未審，知其爲會學者跌誤之意，抑从學諧聲耳。

右闕疑之文七。

重三。

附　録

鄦叙云："博采通人，至于小大，信而有證，稽譔其説。"蓋取當世通儒，互相參訂，發明宏恉，以迪後學。兹所采者，如二徐及段、王諸家已有傳書，不必備録，若同門諸子，吕氏翼文在尊經久承師訓所説六書，多可采擇，惜無傳本。其言象形指事諸例，僅見九經、樸學，其説或不全。湘、蜀道阻，無由鉤考，略據所見，附入此篇。他若曾滌笙之論轉注，孫愓齊之説叚借，亦并録之，以備參考云爾。

吕翼文説象形十一例

鄦君説象形，云："畫成其物，隨體詰詘。"故知象形爲獨體字。蓋物有專形，體必獨具，故不嫌其同意，亦何疑其有毋。今區之爲十一例：一曰見獨體無从正例。明獨體無外加之例。據泉成川而非从川，桼如雨滴而非从雨，爲好爪而非从爪，冏闓明而非从八，鄦例章章可考，故知主之从丶也，之从乁，非其舊文明矣。二曰見畫成例。亦獨體正例。據犬下引孔子説"視犬之字如畫狗也"，又下云"手之例多略不過三也"，畫例釐然，故知亢象人頸而云省大，禾象垂穗而云省垂，其脱譌明矣。三曰見隨體詰詘例。亦獨體正例。據乙下云寃曲，儿下云詰詘，勹下云包裹，乚下云迟曲，己下云辟藏，臣下云屈服，皆有説形之文，故知女下、心下、車下、子下不言何所斥，非其舊也。四曰見獨體變例，

明物有以半體爲獨者。據𣎵下倚著，故知广之對剌，卪之相合，皆半也。不嫌其半者，必畫其半體，乃爲全體也。五曰見獨體變例，明物有以合體爲獨者。冎下云頭隆骨者，嫌有兩骨也。𠕁下云象采井者，嫌其形之外加也。故㚒之腦蓋必兼畫其臂足，乖之背吕必兼畫其脅筋，以爲不如此則形不具，然其形非外加之，固不得疑合者之非獨也。六曰見形同意例。明同而不从，與後起字異例。據工、巫同意，故知巫亦人也，本非从工。而𢊁下乃云省豸。鳥、鹿足相似，而鳥下乃云从匕，此傳本之誤也。至於兔頭、鹿足、𦣻頭、𧰼爪之屬，例不一見，皆以明同而不从獨體之例。然則①自指事以下皆言从，則後起字之例也。七曰見古今字例。補師説所遺。獨體無从，乃爲古字。𧷸下、嗌下、柙下、番下、鳳下皆尌象形，古字是也。八曰見變通字例。明造字者不一師，有繁簡而無古今。凡一文數字異時，則曰古今字，同時則曰變通字。如燕繁而乚簡，然同一獨體之字，不可以一畫之。乚爲古於燕也。白之省自亦然。故鄦君於白下舉通變之明例，云："此亦自字也。省自者，詞言之气從鼻出，與口相助也。"省亦簡也，簡與繁各有主義，皆以形舉，非如从省之省對於所从之省者，爲後起也。九曰駁師説。如卜下、丩下皆見一曰駁文。蓋嫌灼與龜爲兩事，不如縱横之專斥兆者爲長。丩下云相糾繚，相之詞若有兩物，故駁云瓜瓠自結。凡所以明獨體之例。據此知井下言甕，非其舊也。十曰補師説。凡一曰、或曰、或説、或言，亦與前一義不相戾者，皆補師説之所遺也。如壬下、𦥑下及甲、乙、丙、丁、戊、己、庚、辛、壬、癸諸文下，皆有一曰是也。十一曰駁正篆。自秦時八體亡，新六書龎襍，非一官書，承用既久，學者習非迷是。當

① 然則，原作"則然"，據文義改。

時師説誤入正篆，故鄦君正之。有駁隸、變隸、省之迹者，如我下、民下、革下、酉下是也。有駁象形加聲之俗字者，如齒下、圅下、金下是也。有駁象形加偏旁之俗字者，如鎜下、笸下、巈下、衰下、裘下、秫下是也。學者能於此十一例推闡其説，則於鄦君象形之家法，思過半矣。

吕翼文説指事六例

象形者，實有其物。事則虚形而已，故謂之事。其例繼象形而起，故皆从象形字起之。既無實體，則必依坿於所从以爲體，既有从矣，則無體而有體，無形而有形。然由母形以起，子形則已自爲一事，非復母文之指矣。故指之所在，即事之所在，若指其掌然。故曰："視而可識，察而可見也。"羲農之世，削書伊始，踵事增華，當在倉頡、沮誦之官守。葢聖人不空作，必有依據。既窮於形，則必依形以起義。羣演既深，文化繁縟，則會意、諧聲之無形而有體者矣。粤稽其例，葢有六焉。皆無專形專字，必待有以起之而義始顯者。一曰雙文起義之例。此指事之椎輪也。鄦君舉丄、丅爲例，以一爲體，則高底之義相起而明。自傳本濫脱，上、下不言从一，孑、孓誤爲象形，其例大亂矣。然鄦君引而不發者，皆往往於説解中舉其明例。如𠫓下云："不孝子𠫓出，不容於内也。从到子。"以是知到人、到首皆坿形也，反仄、反身皆因體也。此單文起義之例也。由是增其文以起其義，則廴、㞢之以彳、巿爲體是也。引之、曳之既無專字，則非會意之流可知也。欲以起其長行傳世之義，故引之、曳之而可見也。由是省其文以起其義，則片、夕之以木、月爲體是也。後起之字既非广、卪之自具其體从省之例，又非若家、哭之更製正字，故知起義之

義，同出而異名也。若夫二虫爲蚰，三木爲森，四止爲歰，亦以合而見誼，不外於會意之支流。然以觀象之例言之，則此蚰、森、歰者，實以複之而起義，非以合之而成訓也。故知複其文以起其義，亦指事之旨趣也。至若交尢之爲交爲跛，步址之相承，雖無所增省於母字之體，實已演進於繁變之文。則其例之主於以變爲起義者，猶之主於以複爲起義，而皆不可强坿之於形意之區者也。指事之例，自來説者不了，故通推鄦法，理其脱譌，以待憤悱之君子。庶幾有同心之雅，而不斥爲詭辯也夫。

吕翼文説會意三例

會意在彌文之世，踵事增華，比類合誼，以成一字。如人、毛、化、𠬞、推、芉、棄、采之屬，皆連文成訓，無子母輕重，故翼文以爲象形、會意皆無偏旁之學，不可以屬之部首也。神農氏制器理財，治化漸啟，唐虞之世，典樂修禮，文字之用益廣。造文者乃比合形事而爲會意，由是遞推遞演，不可勝窮矣。據鄦君明例，有純用本義者，此最初之師法，再傳乃有以本義、訓義相襍而成訓者，如武下舉止之訓義，甘下舉一之訓義是也。學風所播，恢之彌廣，造字者既不一師，則純用訓義者比比然矣。如半下兩舉大與分之訓，法下兩舉平與觸之訓是也。而鄉曲無師之學，不識漢人舊義，乃徒以二體三體相合爲例，則鄦法之亡久矣。謙案，鄦説會意，首舉武信爲例。如吕所説，戈爲本義，止爲訓義，相襍成訓，則鄦君何不取閏、肅諸文之純用本義者以爲例乎？不知止爲下基，是其本義，止足、止此皆叚義也。武基於用戈，止於不用戈，二義正相成足，不必强爲分别。

吕翼文説諧聲三例

諧聲師法起於義之所窮，故以聲譬之。古無其字，而有其聲，自人呼之，其始衝口而出，皆有由。然則，聲以義起也，地異世殊，聲轉遞變，源流莫考，義始難窮。於是有有聲無義者矣，然其字皆繫於名，固不嫌於聲之無義，此所謂偏旁之學，即以通形之事爲名，其所譬之聲，不過若擯相之從君耳。故翼文以爲，會意之例如昆弟，無子母輕重，諧聲之例如夫婦，名從主人，聲自外來，故曰諧聲無二名，以其無兩族、兩事也。鄦書皆有明例，足證傳本濫脱之迹。嘗試推之，當時師法，葢有兩例。工以聲繫，可以義傳。据芋、芰諸説，章章可考，則知河下之舊説葢久佚矣。若夫江之譬聲，葢工、洪聲轉，玒下讀若，即其孤證，然既呼之爲工，勢不能舍聲而求義，此楚語、齊語，陳、宋語所爲因時而制字，非有音韵之學也。故家之从豭，哭之从獄，亦以聲之所繫，久成典憲，雖更製从宀、吅之正字，而不可置豭、獄之義於不問，使後世之考文者數典而忘其祖則。又洪工之變例，而介乎聲義之間，此省聲之師法所由立也。凡云省者，皆其義所從出，而亦在譬聲之例，故知介乎聲義之間，爲洪工之變例也。鄦君自敘但舉江河而説解，則有省聲之例者，以家、哭爲後起之支流，非諧聲之正例也。

曾國藩説轉注

戴氏專以訓詁解轉注，義有未盡，誠爲確論。至謂會意之老，形聲之考，焯然已知，而疑鄦氏合此二字爲轉注者，爲失之贅，

則竊以爲不可。鄦君固非絶無可議者，惟指考、老爲轉注，則在不可議之列。彼意謂履本訓踐，其所爲踐之具者爲轉注，是以虚用者爲本訓，實用者爲轉注。凡古今文字，何字不有虚、實兩用。如屨字以實用者爲本訓，而《羽獵賦》之“屨般首”，則虚用矣。舄字以實用者爲本訓，而《魯頌》之“松桷有舄”，則虚用矣。推之衣、巾、冠、帶，皆實字也，而《孟子》之衣褐，《周禮》之巾車，《史記》之冠玉，《月令》之帶弓，則虚用矣。宫、室、門、户皆實字也，而《爾雅》之“大山宫小山”，《左傳》之“復室其子”，《公羊》之“無人門焉”者，《漢書》之“王嘉户殿門”，則虚用矣。將循履字之例，概以虚者爲本義，實者爲轉注乎？抑有時以虚者命爲轉注乎？曩嘗譏戴、段二家以一部《爾雅》全目爲轉注，以五百四十部首全目爲轉注，以爲何必六書，止此一書足矣。今所述其病，殆亦近之。竊謂許氏考、老之指，以謂老者會意字也，考者轉注字也。部首之可指數者，如犛部、爨部、畫部、眉部、苒部、筋部、稽部、橐部、㝱部、重部、老部、履部、㱃部、鹽部、弦部、西部，皆轉注之部也。凡形聲之字，大抵以左體爲母，以右體之得聲者爲子，而母字从無省畫者。凡轉注之字，大抵以會意之字爲母，亦以得聲者爲子，而母字从無不省畫者。省畫則母字之形不全。何以知子之所自來？惟好學深思，精心研究，則形雖不全而意可相受。如老字雖省去匕字，而可知考、耋等字之意从老而來。履字雖省去舟文，而可知屨、屐等字之意从履而來。橐字雖省去豕字，而可知囊、橐等字之意从橐而來。㝱字雖省去夢字，而可知寤、寐等字之意从㝱而來。推之犛、爨、畫、眉等部，莫不皆然。其曰建類一首者，母字之形模尚具也。其曰同意相受者，母字之畫省而意存也。抑又有進者，轉注之字，其部首固多會意者矣，亦有不盡然者。如鹽，从

鹵，監聲，形聲字也，而所屬鹽、鹼等字仍不害其爲轉注之字。歓，从欠，㱃聲，形聲字也，而所屬之歠仍不害其爲轉注之字。至於酉者，象形字也，本不得目爲轉注之部，特以酉字之才不足以統所屬之字，似應别立酒部，而於醞、釀、醻、醋、醇、醨等字增曰"从酒省，昷聲""从酒省，襄聲""从酒省，壽聲""昔聲""享聲""離聲"，云云，乃與全書義例相合。蓋此等字本不僅胚胎於酉字，實由酒字貫注而來。斯又許君所未指爲轉注，而不害其爲轉注者也。

孫經世説假借

六書之有假借也，本無其字，而依聲託事。後聖所爲，滋指事、象形、形聲、會意、轉注之窮而。而通其用於不窮者，蓋舍是無由，故令長一證，許氏特偶舉㠯見例，其實此例散見於《説文》諸部，固指不勝屈焉。

今考諸部解語，有言故爲、故㠯爲、或㠯爲者，凡㠯明夫此之可借爲彼也。如𠌃下云"故㠯爲朋黨字"，烏下云"故㠯爲烏呼"，來下云"故爲行來之來"，韋下云"故借㠯爲皮韋"，𠧧下云"故因㠯爲東西之西"，𦣻下云"或㠯爲首𦣻"，止下云"故㠯止爲足"，是也。而嗇之爲嗇夫，能之爲能傑，州之爲九州，㠯及子之借㠯偁人，勿之借㠯偁遽，不肖之借㠯偁不佀其先，視此也。

有言《書》㠯爲、古文㠯爲、籀文㠯爲者，凡㠯明夫借此爲彼之淵源自古也。如㪔下云"《周書》㠯爲討"，屮下云"古文㠯爲艸字"，疋下云"古文㠯爲《詩·大雅》字，亦㠯爲足字"，詖下云"古文㠯爲頗字"，臤下云"古文㠯爲賢字"，㗊下云"古文㠯爲醜字"，丂下云"古文㠯爲亏字，又㠯爲巧字；哥下云"古文㠯

爲詞字”，㬎下云“古文目爲顯字”，㫃下云“古文𣃘，古文目爲魯衞之魯”，完下云“古文目爲寬字”，㑥下云“古文目爲訓字”，臭下云“古文目爲澤字”，汓下云“古文或目爲㵱字”，㵐下云“古文目爲灑埽字”，且下云“古文且，又目爲几字”，童下云“廿，古文目爲疾字”，鼎下云“古文目貝爲鼎，籒文目鼎爲貝”，爰下云“籒文目爲車轅字”，是也。而古文豕之即爲古文亥，篆文𡿩之即爲古文㳅，篆文𦬆之即爲古文䔒，篆文𩫖之即爲古文墉，篆文㝵之即爲古文得，篆文禼之即爲古文偰，篆文變之即爲籒文𡡾，目及《周書》之伯㡨爲古文冏，《商書》之㽕巘古文作由㮚，視此也。

有言《史篇》目爲、杜林目爲、楊雄目爲、賈侍中目爲者，凡目明夫借此爲彼之傳授有人也。如姚下云“《史篇》目爲姚易也”，㲋下云“杜林目爲麒麟字”，構下云“杜林目爲椽桷字”，㝵下云“杜林目爲貶損之貶”，𦉼下云“杜林目爲竹筥，楊雄目爲蒲器”，斡下云“楊雄、杜林皆目爲軺車輪斡”，戹下云“賈侍中目爲戹裹也”，亞下云“賈侍中目爲次第也”，是也。而娸爲醜，菫爲蔫根，樀爲椅，㘸爲法度，蹢躅爲足垢，稽、穃、𥡴爲木名之各本諸杜、賈，目及禼爲猛獸之出自歐陽喬，豦爲封豕之屬之出自司馬相如，視此也。

有言亦如是、亦如此者，凡目明夫彼之義不同此，而亦借此目爲之也。如堋下云“《虞書》‘堋淫于家’亦如是”，鎬下云“武王所都在長安西上林苑中，字亦如此”，嬄下云“闟嬄亦如此”，是也。而《虞書》蕘字之即借目少精之眊，丹朱字之即借純赤之絑，視此也。

有言或説、一説、或曰、一曰者，凡目明夫借此爲彼之自成一義也。如皀下云“或説一粒也”，我下云“或説頃頓也”，𡆧下

云“或説蠶薄也”，瀨下云“一説即瀨谷也”，㚘下云“或曰拳勇字”，賜下云“或曰古貨字”，霸下云“或曰早霜也”，巴下云“或曰食象它”，娃下云“或曰吴楚之閒謂好娃”，𦍩下云“或曰羠羊百斤𠃊又爲𦍩”，焦下云“一曰鶵字”，解下云“一曰解廌獸也”，奇下云“一曰不耦”，虓下云“一曰師子”，袤下云“一曰南北曰袤”，猶下云“一曰隴西謂犬子爲猶”，薏下云“一曰十萬曰薏”，滿下云“一曰半瀚也”，沾下云“一曰益也”，潛下云“一曰漢爲潛”，埶下云“一曰《虞書》雉埶”，鮪下云“一曰魚之美者，東海之鮪”，翬下云“一曰伊洛而南雉五采皆備曰翬”，是也。而他凡本義後别出一義，視此也。

有言一曰，而後引經傳以實之者，凡㠯明夫某之借義當屬之某，而非可概爲施也。如假下云“一曰至也”，而引《虞書》“假于上下”。竘下云“一曰匠也”，而引《逸周書》“竘匠”。湑下云“一曰露皃”，而引《詩》“零露湑兮”。鎛下云“一曰田器”，而引《詩》“庤乃錢鎛”。麓下云“一曰林屬於山爲麓”，而引《春秋傳》“沙麓崩”。婐下云“一曰女侍曰婐”，而引《孟子》“舜爲天子，二女婐”是也。而附婁之婁之爲小土山，而證㠯《春秋傳》“附婁無松柏”，視此也。

有别引經傳，而特申其説爲某者，凡㠯明夫某之見某，乃其借義，而無容與本義混也。如塈下引《虞書》“龍，朕塈讒説殄行”，而云“塈，疾惡也”。枯下引《虞書》“惟箘簬枯”，而云“木名也”；圛下引《商書》曰“圛”，而云“圛者，升雲半有半無”。搯下引《周書》“師乃搯”，而云“搯者，擂兵刃以習擊刺也”。貔下引《詩》“獻其貔皮”、《周書》“如虎如貔”，而云“貔，猛獸”。悆下引《周書》有“疾不悆”，而云“悆，喜也”。萈下引《周書》“布重萈席”，而云“織蒻席也”。戔下引《周書》

“戔戔”，而云“巧言”。斁下引《詩》“服之無斁”，而云“斁猒也”。庮下引《周禮》“牛夜鳴則庮”，而云“臭如朽木”。禕下引《周禮》“王后之服禕衣”，而云“謂畫袍”。皋下引《周禮》“詔來鼓皋舞”，而云“皋，告之也”。麗下引《禮》“麗皮納聘”，而云“蓋鹿皮也”。趡下引《春秋傳》“盟于趡”，而云“趡，地名”。枵下引《春秋傳》“歲在元枵”，而云“枵，虛也”。媽下引《春秋傳》“媽馬百駟”，而云“畫馬也”。斛下引《爾雅》“斛謂之疀”，而云“古田器也”。嬃下引《楚詞》“女嬃之嬋媛”，而云“賈侍中説楚人謂姊爲嬃”，是也。而《易》“突如其來”如之即爲㐬，《周禮》“柔皮之工鮑氏”之即爲鞄，㠯及“虎竊毛爲虦苗”之竊之義取諸淺，視此也。凡此皆明言假借也。

抑有不明言假借，而可彼此參互而得之者。如炕，炕慨也，而引《易》“炕龍有悔”，則㠯炕、亢聲同而借之也。黷，握持垢也，而引《易》“再三黷”，則黷、嬻聲同而借之也。緣，希屬也，而引《虞書》“緣類于上帝”，則㠯緣、肆聲同而借之也。殛，殊也，而引《虞書》“殛鯀于羽山”，則㠯殛、極聲同而借之也。繪，會五采繡也，而引《虞書》“山龍蕐蟲作繪”、《論語》“繪事後綤”，則以繪、繢聲同而借之也。戚，戉也，而引《商書》“率籲眾戚”，則㠯戚、慽聲同而借之也。炪，火光也，而引《商書》“予亦炪謀”，則㠯炪、拙聲同而借之也。玫，人姓也，而引《商書》“無有作玫”，則㠯玫、好聲同而借之也。狟，犬行也，而引《周書》“尚狟狟”，則㠯狟、桓聲同而借之也。辟，治也，而引《周書》“我之不辟”，則㠯辟、避聲同而借之也。嫋，婦人妊身也，而引《周書》“至于嫋婦”，則㠯嫋、屬聲同而借之也。碞暫碞也，而引《周書》“畏于民碞”，則㠯碞、僭聲同而借之也。睸氏目視也，而引《周書》“武王惟睸”，則㠯睸、冒聲同

而借之也。敀，迮也，而引《周書》“常敀常任”，則㠯敀、伯聲同而借之也。諭，問也，而引《周書》“勿以諭人”，則㠯諭、憸聲同而借之也。宲，臧也，而引《周書》“陳宲赤刀”，則㠯宲、寶聲同而借之也。緢，旄絲也，而引《周書》“維緢有稽”，則㠯緢、貌聲同而借之也。俒，完也，而引《逸周書》“㠯俒伯父”，則㠯俒、溷聲同而借之也。芼，艸覆蔓也，而引《詩》“左右芼之”，則㠯芼、顡聲同而借之也。夃，市買多得也，而引《詩》“我夃酌彼金罍”，則㠯夃、姑聲同而借之也。晤，明也，而引《詩》“晤辟有摽”，則㠯晤、寤聲同而借之也。睍，目相戲也，而引《詩》“睍婉之求”，則㠯睍、晏聲同而借之也。耽，耳大垂也，而引《詩》“士之耽兮”，則㠯媅、耽聲同而借之也。瞏，目驚視也，而引《詩》“獨行瞏瞏”，則㠯瞏、䠣聲同而借之也。嬒，含怒也，而引《詩》“碩大且嬒”，則㠯嬒、儼聲同而借之也。俁，大也，而引《詩》“伾伾俁俁”，則旳即駓之借也。枖下引《詩》“桃之夭夭”，媄下復引作媄，則㠯知媄即枖之借也。汜下引《詩》“江有汜”，洍下復引作洍，則㠯知洍即汜之借也。姆下引《詩》“静女其姆”，袾下復引作袾，則㠯知袾即姆之借也。褻下引《詩》“是褻袢也”，紲下復引作紲，則㠯知紲即褻之借也。薈下引《詩》“薈兮蔚兮”，嬒下復引作嬒，則㠯知嬒即薈之借也。躓下引《詩》“載躓其尾”，疐下復引作疐，則㠯知疐即躓之借也。僛下引《詩》“婁舞僛僛”，㩻下復引作㩻，則㠯知㩻即僛之借也。叏下引《詩》“叏兮達兮”，達下復引作挑，則㠯知挑即叏之借也。癛下引《詩》“癛彼淮夷”，瞿下復引作穬，則㠯知穬即癛之借也。艴下引《論語》“色艴如也”，孛下復引作孛，則㠯知孛即艴之借也。嬛下引《春秋傳》“嬛嬛在疚”，穴下復引《詩》作穴，忨下引《春秋傳》“忨歲而潵日”，翫下復引作翫、

作愒，則㠯知穴即疚之借，𣄓與愒即忨與𣄼之借也。𪏰下引《商書》“西伯戡𪏰”，或下復引作黎，𣮡下引《虞書》“鳥獸𣮡髦”，𣰡下復引作𣰡、作毛，逑下引《虞書》“旁逑孱功”，㤢下復引作救、作㤢，則㠯知黎即𪏰之借，𣰡即𣮡之借，救即逑之借，而髦與孱又即毛與㤢之借也。是則㠯前後文互勘焉而可得者也。

又如匪，佀竹匧器也，而媾下引《易》“匪寇婚媾”，則㠯知匪之可借爲非也。栝，㯬也，而杶下引《夏書》“杶榦栝柏”，則㠯知栝之可借爲檜也。繁，馬髦飾也，而𥻆下引《商書》“庶艸繁𥻆”，則㠯知繁之可借爲蕃也。后，繼體君也，而詷下引《周書》“在后之詷”，則㠯知后之可借爲後也。宿，止也，而詫下引《周書》“王三宿三祭三詫”，則㠯知宿之可借爲肅也。猗，犗犬也，而㲖下引《周書》“㲖㲖猗”，則㠯知猗之可借爲兮也。爪，丮也，而𧳙下引《逸周書》“𧳙有爪”，則㠯知爪之可借爲叉也。輖，重也，而惄下引《詩》“惄如輖飢”，則㠯知輖之可借爲𩏷也。兩，二十四銖也，而髳下引《詩》“紞彼兩髳”，則㠯知兩之可借爲㒳也。施，旗皃也，而罛下引《詩》“施罛濊濊”，則㠯知施之可借爲𢻫也。渼，溉灌也，而軜下引《詩》“渼㠯觼軜”，則㠯知渼之可借爲鋈也。棘，小棗也，而𩰫下引《詩》“棘人𩰫𩰫”，則㠯知棘之可借爲亟也。納，絲溼納納也，而𦨖下引《詩》“納于𦨖陰”，則㠯知納之可借爲内也。視，瞻也，而佻下引《詩》“視民不佻”，則㠯知視之可借爲示也。夢，不明也，而牧下引《詩》：“牧人乃夢”，則㠯知夢之可借爲㝱也。巨，規巨也，而業下引《詩》“巨業維樅”，則㠯知巨之可借爲虡也。革，獸皮去毛也，而瑲下引《詩》“鞗革有瑲”，則㠯知革之可借爲勒也。朱，赤心木也，而綅下引《詩》“貝冑朱綅”，則㠯知朱之可借爲絑也。和，相應也，而鬻下引《詩》“亦有和鬻”，則㠯知和之可借爲盉

也。萌，艸芽也，而耡下引《周禮》“目興耡利萌”，則目知萌之可借爲氓也。率，捕鳥畢也，而旗下引《周禮》“率都建旗”，則目知率之可借爲衛也。洗，洒足也，而觶下引《禮》“一人洗舉觶”，則目知洗之可借爲洒也。孽，庶子也，而薀下引《春秋傳》“薀利生孽”，則目知孽之可借爲蠥也。諑，亡也，而痁下引《春秋傳》“齊侯疥遂痁”，則目引《易》“夕愓若厲”，則目知若之借義爲相若也。或，邦也，而鞶下引《易》“或錫之鞶帶”，則目知或之借義爲或然也。畜，田畜也，而牝下引《易》“畜牝牛吉”則目知畜之借義爲畜養也。節，竹約也，而卮下引《易》“君子節飲食”，則目知飾之借義爲節制也。參，曑星也，而兩下引《易》“參天兩地”，則目知參之借義爲參兩也。萬，蟲也，而暵下引《易》“熯萬物者莫暵乎火”，則目知萬之借義爲千萬也。戲，三軍之偏也，而譃下引《詩》“善戲譃兮”，則目知戲之借義爲嬉戲也。報，當辠人也，而瑶下引《詩》“報之目瓊瑶”，則目知報之借義爲施報也。乾，上出也，而灘下引《詩》“灘其乾矣”，則目知乾之借義爲乾燥也。獨，犬相得而鬥也，而踽下引《詩》“獨行踽踽”，則目知獨之目知衹之可借目言適也。𩰲，羌人所歓角屠𩰲也，而濫下引《詩》“𩰲沸濫泉”，則目知𩰲之可借目言泉出也。涻涻水也，而枯下引《詩》“榛枯涻涻”，則目知涻之可借目言眾多也。䒠，日且冥也，而藟下引《詩》“䒠䒠葛藟”，則目知䒠之可借目言茂盛也。岐，岐山也，而嶷下引《詩》“克岐克嶷”，則目知岐之可借目言有知也。衺，衺衣也，而穮下引《春秋傳》“是穮是衺”，則目知衺之可借目言雝本也。榦，築牆耑木也，而楄下引《春秋傳》“楄部薦榦”，則目知榦之可借目言骸骨也。喙，口也，而餀下引《爾雅》“餀謂之喙”，則目知喙之可借目言食臭也。好，美也，肉，胾肉也，而瑗下引《爾雅》“好倍肉謂之瑗”，則

㠯知好與肉之可借㠯言孔言邊也。若，擇菜也，而𥄎下借義爲孤獨也。宛，屈艸自覆也，而坻下引《詩》“宛在水中坻”，則㠯知宛之借義爲宛然也。彼，往有所加也，而薾下引《詩》“彼薾惟何”，則㠯知彼之借義爲彼此也。去，人相違也，而蟦下引《詩》“去其螟蟦”，則㠯知去之借義爲除去也。終，絿絲也，而俶下引《詩》“令終有俶”，則㠯知終之借義爲終始也。縣，繫也，而㫃下引《周禮》“縣鄙建旐”，則㠯知縣之借義爲鄙縣也。獲，獵所獲也，而取下引《周禮》“獲者取左耳”，則㠯知獲之借義爲捕獲也。涂，涂水也，而溼下引《春秋傳》“脩涂梁溠”，則㠯知涂之借義爲涂路也。𠫓，禾麥吐穗上平也，而捷下引《春秋傳》“𠫓人來獻戎捷”，則㠯知𠫓之借義爲𠫓魯也。爾，麗爾也，而茜下引《春秋傳》“爾貢包茅不入”，則㠯知爾之借義爲爾汝也。雝，雝𪇰也，而巛下引《春秋傳》“川雝爲澤”，則㠯知雝之借義爲雝塞也。廣，殿之大屋也，而㲃下引《春秋傳》“晋人或㠯廣隊”，則㠯知廣之借義爲廣車也。甲，甲乙也，而擐下引《春秋傳》“擐甲執兵”，則㠯知甲之借義爲甲胄也。盛，黍稷在器中也，而𧝓下引《春秋傳》“盛夏重𧝓”，則㠯知盛之借義爲壯盛也。御，使馬也，而珠下引《春秋國語》“珠足㠯御火災”，則㠯知御之借義爲扞御也。離，離黃也，而昃下引《易》“日昃之離”，仳下引《詩》“有女仳離”，覭下引《爾雅》“覭髳弗離”，則㠯知離之借義爲離明，爲離別，爲彌離也。方，併船也，將，帥也，而圮下引《虞書》“方命圮族”，昌下引《詩》“東方昌矣”，娠下引《春秋傳》“后緡方娠”，娍下引《詩》“有娍方將”，彝下引《周禮》“㠯待祼將之禮”，掫下引《春秋傳》“賓將掫”，則㠯知方之借義爲方棄、爲方位、爲方然，將之借義爲將大、爲將送、爲將然也。是則㠯本文與旁見之文互證焉而可得者也。凡此皆得之所引經傳也。

引經傳而外，其借義多坿他字訓釋中。如於順言理，即㠯見治玉之理之叉爲順也。於㮄言常，即㠯見下裙之常之叉爲㮄也。於喜言樂，即㠯見音樂之叉爲喜也。於通言達，即㠯見行不相遇之達之叉爲通也。於親言至，即㠯見鳥飛從高下至地之至之叉爲親也。於尃言布，即㠯見枲織之布之叉爲尃也。於儉言約，即㠯見約束之約之叉爲儉也。於可言肎，即㠯見骨肉間肎肎箸之肎之叉爲可也。於計言會，即㠯見會合之會之叉爲計也。於詒言遺，即㠯見遺亡之遺之叉爲詒也。於速言疾，即㠯見疾病之疾之叉爲速也。於俗言習，即㠯見數飛之習之叉爲俗也。於代言更，即㠯見更改之更之叉爲代也。於償言還，即㠯見還返之還之叉爲償也。於偭言鄉，即㠯見鄉黨之鄉之叉爲偭也。於賃言庸，即㠯見訓用之庸之叉爲賃也。於緣言純，即㠯見訓絲之純之叉爲緣也。於㼖言蠹，即㠯見蟲齧木中之蠹之叉爲㼖也。於枱言臿，即㠯見舂去麥皮之臿之叉爲枱也。於尗言豆，即㠯見古食肉器之豆之叉爲尗也。於注言灌，即㠯見灌水之灌之叉爲注也。於愆言過，即㠯見過度之過之叉爲愆也。於憎言惡，即㠯見過惡之惡之叉爲憎也。於諜言反間，即㠯見間隙之間之叉爲諜也。於候言司望，即㠯見司事之司之叉爲候也。於略言經略，即㠯見織从絲之經之叉爲略也。於淺言不深，即㠯見深水之深之叉爲不淺也。於暫言不久，即㠯見从後灸之之久之叉爲非暫也。於忘言不識，即㠯見知識之識之叉爲不忘也。於假言非真，即㠯見僊人變形登天之真之叉爲不假也。於廷言倝中，於覲言秋倝，即㠯見倝夕之倝之叉爲朝廷，爲朝覲也。於艱言難治，於險言阻難，於䗂、於踿，言更易、言平易，即㠯見鶹鳥之難之叉爲艱、爲險，蜥易之易之叉爲更、爲平也。於遹、於般皆言辟，於任、於堢皆言保，於撥、於討皆言治，於儀、於擬、於過皆言度，即㠯見訓法之辟之叉爲遹、爲般，訓

養之保之又爲任、爲堨，治水之治之又爲撥、爲討，法制之度之又爲儀、爲擬、爲過也。凡若此類，亦皆目本文與旁見之文互證焉而可得者也。是又得之引經傳外也。

要而論之，假借則一，而其例有正有變。無其字而借，而所借皆同聲之字，是則爲正。有其字而借，及所借非同聲之字，是則爲變。《説文》於引古及襲用成語，往往正、變錯出，至自爲注義，則概從其正，間或偶涉於變。如釁下云“酉，所目祭也”，借酉爲酒。會下云“曾，益也”，借曾爲增。昆下云“匕，合也”，借匕爲比。旞下云“允，進也”，借允爲粇。寡下云“頒，分也”，借頒爲班。朢下云“壬，榦廷也”，借壬爲廷。孫下云“系，續也”，借系爲繼。此例要亦寥寥無幾焉。誠目變之可參，不若正之可守也。讀《説文》者，於諸部解語，別其字之孰爲借，復別其所借之孰爲正，孰爲變，而引而伸之，貫而通之，則於六書之學，思過半矣。

謙案，假借必以本無其字，依聲託義爲是。若本有專字，又復同聲假借，此漢人用字之法，非《史篇》舊例也。孫氏所説不無可訾，王筠辨之，亦未盡是。其蔽在不推造字之原，而强分於用字之後。雖盡取鄦君説解而分別之，猶不足盡假借之指。王筠既有專書，不必備録，得此亦足參證矣。

此八卷，九千三百五十三文，重一千二百六十二。説解凡二十二萬六千七百六十八字。首以象形，天、地、人、物，畫其全體，斯爲實形。畫不成物，則指以事，或省之，或增之，必坿於形以見義。或分半象，或得一體，如耳目口鼻，名爲畫形，實指所事，皆指事之支流也。事不可明，則會以意。兩意相足，其義始成，猶會合也。若兩者不足，或三之四之，取足其意而已，非

别有深義也。至若同一物也，而有牝牡之殊，則非象形所能窮。同一事也，而有議論之異，則非會意所能竟。此形聲、諧聲之所由判也。蓋聲音之始，與天地俱來，未有是字，先有是聲。近江者呼江，近河者呼河，皆以水爲形，不得不譬以工、可之聲，猶之鴉鳴“呀呀”，鵝鳴“哦哦”，但畫鳥形，則無以別，必譬以牙、我之聲，而後其物乃分。若更取義，何以説乎？此形聲之字取聲不取義明矣。若諧聲，既取事、意之文以爲之主，則所諧者，直聲而已，所謂名從主人，聲自外來，儼然妃合也。强於聲中求義，反有奪主之嫌。然亦聲諸文，鄦又明言聲兼義者，蓋大徐所竄亂，非其舊也。其實皆諧聲之屬，不更取義，自亂六書，故次於諧聲之後，使形、事、意、聲四者釐然，不至厖襍。然後通以轉注，用以假借，而文字之道備矣。故以假借終焉。至若聲、義不明，本鄦所闕，小子何知，聞疑載疑。既據陳子所編，兼采吕氏之説，坿以曾、孫之論，益以常、程之篆，增兹美富，宏我疏陋。其有削觚闡祕，載榼研奇，庶昭所訧，企予望之。

图书在版编目(CIP)数据

六书存微/(清)王闿运著;马涛,杨超点校. —长沙:岳麓书社,2024. 1
(王闿运全集/朱汉民主编)
ISBN 978-7-5538-1725-5

Ⅰ. ①六… Ⅱ. ①王…②马…③杨… Ⅲ. ①汉字—古文字—研究
Ⅳ. ①H121

中国国家版本馆 CIP 数据核字(2024)第 046738 号

LIUSHU CUNWEI

六书存微

著　　者:[清]王闿运
主　　编:朱汉民
点 校 者:马　涛　杨　超
出 版 人:崔　灿
出版统筹:马美著
责任编辑:许　静
责任校对:舒　舍
封面设计:谢　颖

岳麓书社出版发行
地址:湖南省长沙市爱民路 47 号
直销电话:0731-88804152　0731-88885616
邮编:410006

版次:2024 年 1 月第 1 版
印次:2024 年 1 月第 1 次印刷
开本:640mm×960mm　1/16
印张:45. 5
字数:550 千字
书号:ISBN 978-7-5538-1725-5
定价:200. 00 元(全二册)

承印:湖南天闻新华印务有限公司
如有印装质量问题,请与本社印务部联系
电话:0731-88884129